厚德 · 博学 · 砺志 · 笃行

衡阳师范学院校史

1904—2024

刘国武　蒋　杰◎主编

光明日报出版社

图书在版编目（CIP）数据

衡阳师范学院校史：1904—2024 / 刘国武，蒋杰主编 . －－北京：光明日报出版社，2024. 10. －－ ISBN 978－7－5194－8338－8

Ⅰ. G659. 286. 43

中国国家版本馆 CIP 数据核字第 2024X4M546 号

衡阳师范学院校史：1904—2024
HENGYANG SHIFAN XUEYUAN XIAOSHI：1904—2024

主　　编：刘国武　蒋　杰

责任编辑：杨　娜　　　　　　　责任校对：杨　茹　龚彩虹
封面设计：中联华文　　　　　　责任印制：曹　净

出版发行：光明日报出版社

地　　址：北京市西城区永安路 106 号，100050

电　　话：010-63169890（咨询），010-63131930（邮购）

传　　真：010-63131930

网　　址：http：//book. gmw. cn

E － mail：gmrbcbs@ gmw. cn

法律顾问：北京市兰台律师事务所龚柳方律师

印　　刷：三河市华东印刷有限公司

装　　订：三河市华东印刷有限公司

本书如有破损、缺页、装订错误，请与本社联系调换，电话：010-63131930

开　　本：170mm×240mm

字　　数：397 千字　　　　　印　　张：24.25

版　　次：2024 年 10 月第 1 版　印　　次：2024 年 10 月第 1 次印刷

书　　号：ISBN 978－7－5194－8338－8

定　　价：99. 00 元

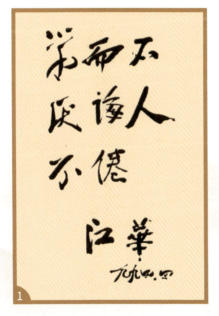

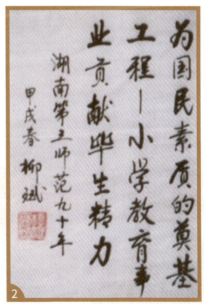

1 最高人民法院原院长、校友江华题词

2 原国家教委副主任柳斌
为原湖南省第三师范学校建校 90 周年题词

南学津梁是师多 东君裁培桃李盛 母校八十周年纪念

良才辈颖育才人 母校三师创建八十周年

3 湖南省委原书记、校友周里题词

4 原中共湘南特委书记、湖南省政协
原副主席、校友谷子元题词

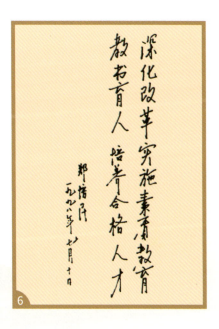

创办第一流师范
培养跨世纪人才
周远清
九八年七月

深化改革实施素质教育
教书育人培养合格人才
郑培民
一九九八年七月十日

5 　教育部原副部长周远清题词

6 　中共湖南省委原副书记郑培民题词

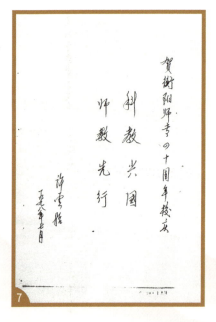

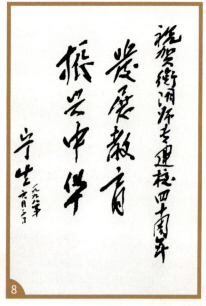

7　中共湖南省委原常委、省纪委原书记许云昭题词

8　原中共衡阳地委书记兼衡阳师范专科学校第一任校长宁生
　　为衡阳师范专科学校建校 40 周年题词

1　1922 年 4 月，毛泽东第二次来湖南省立第三师范学校时在雨操坪作题为"社会主义"的演讲（画照）

2   1986 年 11 月 8 日
中共中央书记处书记邓力群（前排右二）来校视察工作

3　最高人民法院原院长、校友江华（右一）
　　于1988年1月13日视察母校时与学生一起听课

03

红色校友 HONGSE XIAOYOU

张秋人

恽代英

蒋先云

黄静源

蒋啸青

谢维俊

陈为人

贺 恕

▲ 罗严、雷晋乾、高静山三烈士在湖南省立第三师范学校时的合影

陈 芬

李启汉

陈 奇

曾日山

袁 痴

李天柱

夏明震

颜克俊

李弼廷

唐 鉴

胡世俭

黄益善

黄亨明

伍文生

罗子平

刘寅生

黄克诚

◀ 曾任中国人民解放军总参谋长、
中共中央书记处书记等职，大将

江 华

◀ 曾任最高人民法院院长等职

张经武

◀ 曾任中央人民政府驻西藏代表、
中共西藏工委书记、
西藏军区第一政委等职

曾希圣

◀ 曾任安徽省委、山东省委第一书记、
中共华东局第二书记等职

张平化

◀ 曾任中共湖南省委第一书记、
中央宣传部部长等职

张际春

◀ 曾任农村工作部部长、
中共西南局第二书记、
中共中央宣传部副部长等职

周里

◀ 曾任中共湖南省委书记、湖南省政协主席等职

伍云甫

◀ 曾任中共中央军委秘书长、原卫生部副部长等职

谷子元

◀ 曾任中共湘南特委书记，湖南省政协副主席等职

本书编委会

主　任：陈晓飞　刘子兰

副主任：陈　敏

编　委：刘俊学　李玲玲　聂东明　李　斌　魏晓林

　　　　唐芳贵　唐　艳

主　编：刘国武　蒋　杰

编　辑：冯　伟　吴　越　曾朝阳　陈灿灿　段顺林

　　　　王鲁南　贺旖旎　戴　庆　覃梓源　左雯雯

　　　　钟宇静　黄智慧

前　言

　　衡阳师范学院的前身是创办于1904年的湖南官立南路师范学堂，是当时湖南创办最早的三所师范学堂之一。她经历了清末、民国和中华人民共和国三个历史时期，至今已走过了120年的光辉历程，她是近代以来中国教育由艰难曲折走向兴旺发达的一个缩影。

　　学校创立伊始，主要面向湘南地区25县（一说为24县）招生，首批招收学生120名。学校首任监督（校长）曾熙提出了"南学津梁"的教育思想。"南学"泛指江南历代先贤的先进学术和先进思想，其代表人物包括屈原、周敦颐、胡安国、王船山等；"津梁"本指重要渡口桥梁，意为接引天下万物，供陶冶、铸造之需。"南学津梁"的思想旨在培养学生继承和发扬南方先贤先进学术和先进思想，挽救民族于危殆，振兴中华。这种先进教育理念对学校的发展起到了重要的作用，铸造了学校一种胸怀天下、追求真理、严谨治学、艰苦奋斗、自强不息的办学文化底蕴，师生们学以致用，品学兼优，在服务社会中彰显人生价值。正是在这种思想潜移默化的影响下，学校不仅为国家的基础教育培养了大批优质师资，而且使学校成为"湘南的革命摇篮"。

　　学校具有光荣的革命传统。在中国共产党创立前，师生们深受民主教育思想的熏陶，先后组织了"学友互助会""湘南学联""心社"等进步团体，参加了五四运动、湖南的"驱张"斗争等。在20世纪20年代初，毛泽东曾多次来校宣传革命思想和从事革命活动，并于1922年4月底5月初亲手在这里建立了湘南第一个党支部。在第一次和第二次国内革命战争时期，学校进步师生积极投身中国革命的洪流，涌现了一个革命家群体。据不完全统计，学校师生如恽代英、张秋人、蒋先云、黄静源、蒋啸青、陈为人、李启汉、谢维俊等140多名校友为国捐躯。中华人民共和国成立后，黄克诚、江华、张经武、张平化、张际春、曾希圣、周里等部分校友担任了省级以上的重要领导职务。他们为中国新民主主义革命的胜利和社会主义革命与建设建立了不朽的功勋。

　　从1927年7月宁汉合流后至1949年10月中华人民共和国成立之前，学校办学异常艰难。在第二次国内革命战争之初，国民党把她作为"清校"的重点对象，企图从人们的思想上消除她的存在和影响。其间，学校多次易名。特别是在全面抗战时期，学校多次迁徙，成为一所典型的流亡学校。但是，学校在极端困难的条件下仍然坚持民主教育和光荣的革命传统，提出了"我们要在逃难中办学苦读"的口号，将主要精力用来抓教学，注重学生基础知识的培养和专业技能的训练，发挥学生自治会的自治作用。中华人民共和国成立之初，学校积极推动由新民主主义教育向社会主义教育的转变。

从1958年至20世纪90年代末，学校进入了新的发展时期，呈现出两个明显的特点。一是办学层次多样。除原有的中师教育外，1958年，开办了专科教育，创办了衡阳师范专科学校，培养初中师资。1979年和1980年，分别创办了衡阳市教师进修学院和衡阳地区教师进修学院，从事中小学教师培训及学历教育工作。在这一时期，学校形成了较完整的师范教育体系。二是从办学水平来讲，原衡阳师范专科学校和湖南省第三师范学校的办学水平居全国同类型、同层次学校的前列，并涌现了一大批全国优秀教师、全国优秀班主任。特别是衡阳师范高等专科学校锚定目标，在20世纪90年代，锐意改革，为学校升格为本科师范院校奠定了坚实的基础。

1999年3月，学校成功实现了办学的历史性跨越。经教育部批准，衡阳师范高等专科学校与衡阳教育学院合并升格为衡阳师范学院。学校成立后，于2004年召开了第一次党代会，这是一次对学校发展产生重要影响的会议。会上提出了学校实施"三步走"的发展战略：第一步，夯实基础，顺利通过2006年教育部本科教学工作水平评估；第二步，提升水平，积极为开办硕士研究生教育打好基础；第三步，打造品牌，努力把学校建设成在省内有较高地位，在国内有一定影响，在全国同层次、同类型院校中居于先进行列的以师范教育为特色的多科性本科院校。学校升格以来，秉承"厚德、博学、砺志、笃行"的校训，沿着既定目标，迈着坚定的步伐行进。1999—2006年，学校为建设合格的本科师范院校，首先，开展了"本科意识大讨论"，使学校在管理、教学、科研与学科建设、师资队伍建设等方面全面打下了本科教育的烙印，同时，采取措施提高教学和科研水平。其次，开辟新校区，加强学校基础设施建设，改善办学条件。2006年年底，学校以17个A的良好成绩通过教育部本科教学工作水平评估。

从2007年开始，学校向着第二步战略目标迈进。其间，学校抢抓机遇，迎难而上，奋力攀登。全面加强党对学校工作的领导，进行内部治理体系的改革与建设，推进依法治校与民主管理。实施转型发展战略，创新人才培养模式，进行教学改革，夯实本科教育的根基。实施人才强校工程，狠抓学科建设，打造高水平的学科建设梯队和团队，促进产学研一体化。用了12年时间，使学校综合实力步入全省同类院校的前列，于2018年被评定为硕士学位授予单位，成功地实现了第二步战略目标。

2019年以来，学校在继续扎实实施"十三五"发展规划，办学实力不断提升的基础上，综合分析高等教育发展形势和学校现实基础的情况下，于2021年5月召开了学校第四次党代会，大会报告紧紧围绕第三步发展战略，提出了"建设特色鲜明的高水平师范大学"的奋斗目标，决定实施"三六九"战略，即力争经过"三个阶段"，全力实施"六大战略"，重点推进"九项工程"，推动学校事业高质量发展。学校制定了"十四五"发展规划，启动"申大"工作，进行"三全育人"综合改革，进一步提升本科教学质量，提高研究生教学水平。强化优势学科和加强学科群建设，为学校实现第三步战略目标打下了良好的基础。

一个多世纪以来，学校始终坚持为地方基础教育服务的宗旨，师范教育弦歌不辍。截至2023年年底，学校已为国家培养了约20万名中小学教师和各类高素质应用型人才，为地方基础教育和经济社会发展做出了重要的贡献。

百年师范，百年耕耘；百年桃李芬芳，百年硕果飘香。在学校迎来建校120周年之际，学校党委决定重新编写《衡阳师范学院校史》，目的在于传承百年师范教育的悠久历史，弘扬光荣的革命传统，谱写新时代学校改革的新篇章。因此，新校史编撰中确定了三条基本原则：实事求是，尊重历史；突出重点，详略得当；记事为主，写人为辅。同时，突出四大特色：一是百年师范特色；二是红色师范特色；三是突出百余年来学校办学文化传统的传承。学校在长达120年的办学历程中，逐步形成了爱国爱校、民主办学，艰苦创业、勤俭办校，严谨治学、自强不息等办学文化传统；四是彰显地方特色。通过这部校史的编撰，激励全校师生求真务实，致知力行，砥砺深耕，为把学校建设成特色鲜明的高水平师范大学而努力奋斗。

学校沿革

衡阳师范学院的前身是1904年创办的湖南官立南路师范学堂，至今已有120年的历史。在这百余年历史发展的长河中，她由最初的一所中等师范学校发展成一所拥有中等师范教育、师范专科教育和成人师范教育的多层次师范教育体系。1999年，学校又成功地升格为本科师范院校。

衡阳师范学院是在原衡阳师范高等专科学校、衡阳教育学院和湖南省第三师范学校的基础上组建起来的。

1904年年初，湖南决定分路办学，湖南巡抚赵尔巽将湖南全省划分为中、西、南三路办学，决定在衡州（今衡阳市）设立南路师范学堂。1904年，在"振兴教育，首重师范"的口号声中，创立了湖南官立南路师范学堂，校址建于今衡阳市江东岸的晒金坪。这就是百年师范——衡阳师范学院的源头。1912年2月，南路师范学堂改称湖南公立第三师范学校。1914年4月，改"公立"为"省立"，称湖南省立第三师范学校。1927年年初（一说是1926年9月），湖南省令省内各学校高师部合并，省立第三师范学校高师部合并到长沙，初级部与湖南省立第三女子师范学校[①]初级部合并，改为省立第三初级中学，校长为蒋啸青。宁汉合流后，国民党进行了"清校"，省立第三师范学校是"清校"的重点，学校被迫停办半年。1928年春，学校复课，并与省立第三女子师范学校分开[②]，学校更名为湖南省立第五中学。1934年秋，学校奉省政府命令，省立中学随地区冠名，于是改称为湖南省立衡阳中学。学校实行双轨制

---

① 1912年秋创办于衡阳，1914年建新校址于衡阳市江东邹家码头的荷花坪，并设立附小。1927年年初与省立第三师范学校合并后组建为"省立第三初级中学"，1928年上半年（一说为1928年秋）两校分开，改名为"省立第六中学"，1934年改名为"省立衡阳女子中学"。1938年1月，学校迁到衡阳县渣江。1940年1月，第三行政督察区专员曹伯闻指定省衡阳女子中学迁到其家乡资兴县蓼江市办学。但因交通闭塞，又多瘴气，1941年1月，学校又迁入永兴县城。同年3月，"省立衡阳女子中学"师范部改建为"湖南省立第三师范学校"（后来的郴州师范）。"省立衡阳女子中学"也更名为湖南省立第三中学，成为男女兼招的普通中学。1944年迁入蓝山县，1946年迁回永兴县，1953年改名为永兴县第一中学。

② 一说是1928年秋，省立第三师范学校与省立第三女子师范学校分开。参见吴剑.湖南省立男女中等学校沿革［J］.湖南文史资料选辑，1986，20：205.

办学，既办普通高、初中科，又办师范科。

全面抗战爆发后，为避日机轰炸，学校自1938年1月从衡阳迁往耒阳谢乡贤祠，同年11月又迁入常宁县城北门外濂溪祠办学。1941年2月，奉省政府关于中等学校随行政督察区①命名的指示，学校改称湖南省立第二师范学校，简称"省立二师"。这时学校专门招收师范生，其初中、高中普通科并入省立二中迁入茶陵。1944年夏，常宁、衡阳先后沦陷，学校被迫于同年10月长途迁徙115千米，从常宁县迁到宁远县久安背李氏祠办学。1945年春，与当时省立第三师范学校②和省立第十一师范学校③合办，称为湘南联合师范，并迁入蓝山县。1945年8月，抗战胜利后，省立第二师范学校从湘南联合师范分出，再次迁入耒阳化龙桥（原湖南省财政厅的临时办公地点）办学。

中华人民共和国成立后，湖南省立第二师范学校迁回衡阳市江东岸，由于晒金坪校区大部分被日军飞机炸毁，只得暂借附近衡阳商校办学。翌年秋搬到衡阳市城南的黄茶岭，1953年，遵照教育部"师范学校之名称应按所在地命名"的规定，改名为衡阳师范学校。为了继承和发扬光荣的革命传统，1962年10月27日，经湖南省人民委员会批准，恢复"湖南省第三师范学校"的名称。2001年2月5日，湖南省人民政府下文，将湖南省第三师范学校整体并入衡阳师范学院。这样，这所具有师范教育悠远历史和光荣革命传统的学校完成了时代赋予她的历史使命。

衡阳师范专科学校创建于1958年9月1日。她是在"大跃进"运动中经湖南省教育厅规划、国务院批准而兴办的。校址北面毗连衡阳师范学校，校园面积约38万平方米。最初由衡阳师范学校代管，并与衡阳师范学校合在一起。1959年下半年，衡阳师范专科学校与衡阳师范学校共同建立了中共衡阳师范专科学校委员会。1962年，为了贯彻执行"调整、巩固、充实、提高"八字方针，湖南省教育厅决定撤销衡阳师范专科学校，改办衡阳地区教师进修学校，担负衡阳、零陵、郴州三个专区教师和学校行政干部的培训任务。1963年11月7日，湖南省教育厅转发了国务院关于恢复衡阳师范专科学校的批文，

---

① 行政督察区制度是国民政府于1932年正式实行的一种省以下与县以上的行政分区，行政督察区作为第二级行政区，是虚职，法理上只是省的派出机关的准行政区划，而非正式的行政区划，由行政督察专员公署管理。当时湖南省第二行政督察区包括耒阳县、衡阳县、常宁县、衡山县、攸县、茶陵县、安仁县、酃县（今炎陵县）共8县，治耒阳。

② 设在郴县，中华人民共和国成立后，改名为郴州师范学校。时郴州是第三行政督察区，该区包括郴县、桂阳县、永兴县、宜章县、资兴县、临武县、汝城县、桂东县、蓝山县、嘉禾县共10县，治郴县。

③ 1943年由湖南省立第一师范学校第一分校改设而成。

衡阳师范专科学校得以恢复。1966年6月，衡阳师范专科学校从湖南省第三师范学校分离出来。1969年9月18日，衡阳地区革命委员会未经湖南省教育厅和国务院同意，将衡阳师范专科学校与湖南省第三师范学校合并，校名为湖南省第三师范学校，下设高师部。1973年7月20日，衡阳地区革命委员会根据湖南省委的指示，决定恢复衡阳师范专科学校，并与湖南省第三师范学校正式分开。1993年6月，根据国家教委教计〔1993〕76号文件的通知，从同年6月2日起，衡阳师范专科学校更名为"衡阳师范高等专科学校"。1999年3月，经中华人民共和国教育部批准，与衡阳教育学院合并升格为衡阳师范学院。衡阳师范高等专科学校办学历史共40年，在"文革"结束前，学校发展起落无常；改革开放之后，学校迅速发展，其办学水平居全国师专的前列，是升格为衡阳师范学院的中坚力量。

衡阳教育学院的前身是衡阳市教师进修学院，创办于1979年，她是在原衡阳市教学辅导站的基础上建立起来的。1980年7月，衡阳地委又建立了衡阳地区教师进修学院，校址毗连湖南省第三师范学校，1982年9月经教育部批准备案。1984年3月，由于地、市机构合并，衡阳地区教师进修学院与衡阳市教师进修学院两校合并，定名为衡阳市教师进修学院。1991年更名为衡阳教育学院。1997年4月，担负城区小学教师培养任务的衡阳市教师进修学校并入衡阳教育学院。1999年3月，衡阳师范高等专科学校与衡阳教育学院合并升格为衡阳师范学院。

衡阳师范学院于1999年隆重举行成立大会和挂牌仪式。2003年夏，学校与珠晖区政府和其下辖的鄣湖乡政府草签了学校新校区的用地协定，学校占地面积达到了2166亩。随后学校开始了新校区的建设工作。2006年3月，新校区第一期主体工程竣工。同年8月1日，衡阳师范学院举行了隆重而简朴的迁校庆典，一些行政机构和部分专业迁入新校区。至2010年前后，学校的行政机构和大部分学院都迁入了新校区，另有少数几个学院及独立学院——南岳学院继续留在老校区办学。

衡阳师范学院历史发展沿革图

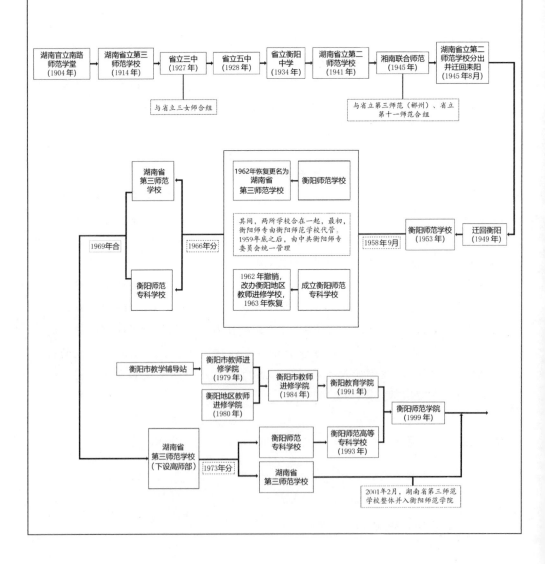

湖南官立南路师范学堂(1904年) → 湖南省立第三师范学校(1914年) → 省立三中(1927年) → 省立五中(1928年) → 省立衡阳中学(1934年) → 湖南省立第二师范学校(1941年) → 湘南联合师范(1945年) → 湖南省立第二师范学校分出并迁回耒阳(1945年8月)

与省立三女师合组

与省立第三师范(郴州)、省立第十一师范合组

湖南省第三师范学校

1962年恢复更名为湖南省第三师范学校 — 衡阳师范学校

其间,两所学校合在一起,最初,衡阳师专由衡阳师范学校代管,1959年底之后,由中共衡阳师专委员会统一管理

衡阳师范学校(1953年) ← 迁回衡阳(1949年)

1969年合

1966年分

衡阳师范专科学校

1962年撤销,改办衡阳地区教师进修学校,1963年恢复 — 成立衡阳师范专科学校

1958年9月

衡阳市教学辅导站 → 衡阳市教师进修学院(1979年)

衡阳地区教师进修学院(1980年)

衡阳市教师进修学院(1984年) → 衡阳教育学院(1991年)

衡阳师范学院(1999年)

湖南省第三师范学校(下设高师部)

1973年分

衡阳师范专科学校

衡阳师范高等专科学校(1993年)

湖南省第三师范学校

2001年2月,湖南省第三师范学校整体并入衡阳师范学院

目 录
CONTENTS

花开黄茶　赓续前行

雁鸣酃湖　续谱华章

上　篇

（1904 年—1958 年 8 月）

|

初创奠基　立足湘南

第一章

湘南师范教育的摇篮

第一节 湖南官立南路师范学堂的诞生

1901年，清政府宣布实行"新政"，教育改革是其中的一项重要内容，它促成了近代教育在全国范围内的兴起。在湖南，由于官员士绅齐心协力，新式学堂如雨后春笋般在湖湘大地上涌现出来。为了解决师资问题，湖南决定在全省设立中（长沙）、西（常德）、南（衡阳）三路师范学堂。1904年创办的湖南官立南路师范学堂，奠定了今天衡阳师范学院百年师范的基础。南路师范学堂开办后，在首任监督曾熙倡导的"南学津梁"教育思想影响下，学校在教学方面不断改革，体现了经世致用的学风，学生毕业后大都成了湖南尤其是湘南教育界和文化界的一支骨干力量。民国初年，学校先后更名为湖南公立第三师范学校和湖南省立第三师范学校，校长段廷珪等人进行教育改革，积极推进民主教育，为众多师生后来走上革命道路打下了思想基础。

一、湖南官立南路师范学堂的创办

1840年鸦片战争之后，国门洞开，向西方学习、挽救民族危亡便成为近代中国社会的主题。就湖南而言，在甲午战争以前，湖南文化属于典型的传统文化结构，封闭的湖南人对西方文明加以排斥，而从属于湖南文化的湖南教育，自然也属于传统的封建教育范畴。但是，甲午战争中，被国人寄予厚望的湘军被日军打得一败涂地，给封闭落后的湖南人带来了强大的心理冲击。为了谋求复兴，湖南人主张学习西方，进行维新变法，而这一切必须从改革教育入手。就全国而言，甲午战争以后，要求改革书院制度、主张废科举等革新教育的呼声已震撼清朝整个朝野，特别是康有为、梁启超等人积极主张维新变法，改良教育。湖南在革新教育方面走在全国的前列。1897年，湖南知识界先后在长沙创办《湘学报》旬刊和时务学堂。其中时务学堂在教育宗旨上改变了此前以入仕为目的的传统教育目标，要求从时务学堂毕业的学生，既要有宏大志向，又要有经国济世的才能。时务学堂学生活动的主要场所是南学会，在这里，学生在学术和思想两方面都受益匪浅。接着，杨概、熊希龄、左全孝等人又在衡阳尊园（今江东岸杨家花园）组织学会，称"任学会"（"任"即"梁任公"），与长沙的"南学会"遥相声援。

维新运动失败后，湖南的新式教育受到了打击。不久，八国联军发动了大规模的侵华战争，强迫清政府签订了屈辱的《辛丑条约》。清政府为了维系其统治，被迫于1901年宣布实行"新政"，其中有关教育方面改革内容有三项，即"停科举""设学堂""奖游学"。农历同年十二月，清政府任命长沙人张百熙为管学大臣。张百熙在北京主持制定了《钦定学堂章程》。因这年是旧历壬寅年，所以称"壬寅学制"。次年，张百熙等三人将重订的学堂复奏，得到清廷批准，即为《奏定学堂章程》，因这一年是癸卯年，故又称"癸卯学制"。它不仅在学制上为中国近代教育奠定了基础，而且使师范教育从普通教育中分离出来成为一个独立的教育系统。这一时期，湖南办学堂之风纷纷兴起，许多书院改为学堂。到1902年，湖南全省开办中小学堂已达40多个州、县。①同年，湖南教育行政机构——湖南学务处设立了。这样，新的学制、学堂、教育机构等都出现了。但是，要按照新的学制在全国各地开办学堂，首要问题就是师资问题。因为英文、数理化等科的教师极缺，而聘请外国教师来任教缺点甚多，何况一时找不到这么多教师。在这种情况下，一批当权者便想到"宜先急办师范学堂"。1902年，张百熙奏定各省设置师范馆。湖南巡抚俞廉三热心于教育，遵旨创办了全省师范传习所。同年冬天，开始筹建省城师范馆，馆址设于长沙黄泥街，第二年开学。因黄泥街面积狭小，湖南巡抚赵尔巽于1903年奏准清廷，废城南书院为全省师范学堂，师范馆迁入城南书院，不久，改为湖南全省师范学堂。同时，衡阳绅士周笃生等请于衡阳设师范学堂，常德绅士冯锡仁亦禀请在常德设师范学堂。于是在1904年年初，湖南决定分路办学，湖南巡抚赵尔巽将湖南全省划分为中、西、南三路办学，决定增设立西路（常德）和南路（衡阳）师范学堂，并将湖南全省师范学堂改为湖南中路师范学堂。其中湖南中路师范学堂招收长沙、宝庆（今邵阳）、

---

① 冯象钦，刘欣森.湖南教育史：第2卷［M］.长沙：岳麓书社，2002：192.

岳州等州、府属学生；西路师范学堂招收常德、澧州、辰州、永顺、靖州等州、府属学生；南路师范学堂招收衡州、永州、郴州、桂阳等州、府属学生。为了解决建校经费问题，还规定各州、县将减征钱漕以四成作为本境办学之用，其余作为师范学堂经费。且规定从1904年开始，把全省淮盐口捐加解银一厘，提作学堂经常费用。①

1904年，在"振兴教育，首重师范"的口号声中，南路师范学堂便在衡州古城诞生了，学校始称"湖南官立南路师范学堂"。

1904年春，衡州知府唐步瀛充任南路学务提调，并经营南路师范学堂建筑事宜，决定暂借衡州府中学堂地址建筑临时校舍。同年10月，巡抚陆元鼎奏派在籍陆军部主事曾熙为监督（校长），并拨银19 000两，作为开学费用。次年，临时校舍落成，4月，招收永久班（相当于师范预科）学生120名，分甲、乙两班，于5月8日正式开学。"所招学生，多属廪生秀才，于文学及中外历史地理，各科研究，颇具相当基础，故未专设史地科，仅设理化博物两科。"②学制5年，学生学费、膳食、校服、医药、书籍、课本笔墨等，全部由学校提供。同年8月，学校又招收简易科学生两班123名。1906年4月，湖南巡抚端方奏准拨购买新校址费用白银3万两。9月，端方委派曾邦彦为工程委员，开始建筑新校舍。新校舍建在合江套对岸之晒金坪，前临湘江，后依八甲岭，地面开阔，环境幽美，是读书学习的好地方。1907年3月，新校舍落成。4月19日，南路师范学堂正式迁入新校舍。

新校舍的规模宏大，设施齐全，除了教室、寝室、大厅、礼堂外，还有教员室、事务室、自修室、外操场、内操场、饭堂、储藏室、图书仪器室、阅读书报室、接应室、疗养室、理发室、洗刷室、浴室、厨房、校役室等，总计房屋170多间，建筑面积为657.49平方丈。

由于科举初废，各学堂急需师资，南路师范学堂在建筑新校舍期间，除临时校舍招收四个班243名学生外，还在省城贡院前面增设南路公益学堂，招收简易科学生80名。又租衡郡金银巷房附设南路公益学堂，招简易科学生124名，中学学生两班123名。1906年12月，增设、附设两校均予取消，其中123名学生转入本校永久班。接着又于城西租赁随园房开办分校，招收师范预科生71名，简易科学生102名。

---

① 载清光绪三十年实刊南路学务石碑。

② 何镛，李大梁.湖南南路优级师范学堂建设历程及其演变［J］.湖南文史资料选辑，1986，20：88.

1907年1月，永久班奉部令改为优级选科，加上停办之游学预备科学生20名，共124名，分为博物、理化两个班；原来之预科班奉令改为初级完全科，并招新生50名，共190名，编为三个班，后来又合并为两个班，称甲一、甲二班。选科班和完全科班分别于1909年8月和1911年毕业。

1908年开办附小学堂。1909年3月，又租赁杨林庙房屋，开办附设简易识字学塾，招收工人及附近贫苦农民入学，施行民众义务教育，亦供学生实验教学。

南路师范学堂的招生范围包括衡阳、衡山、耒阳、常宁、安仁、茶陵、酃县（今炎陵）、零陵、祁阳、东安、道县、宁远、永明（今江永）、江华、新田、桂阳、临武、蓝山、嘉禾、郴县、永兴、宜章、资兴、桂东、汝城25县。从生源来看，所招学生均为25县中年龄较轻的优廪、增、附生，也有已入中学数期者。学生毕业以后都有效力本省及全国教育的义务。

当时的南路师范学堂，无论从学堂规模、教学设备或社会影响力，都在湘南占有重要地位，享有"湘南最高学府"的美誉，是湘南师范教育的摇篮。选聘来这里任教的教师，多数是省内教育界的名流，他们有的具有资产阶级民主思想，有的胸怀反帝爱国情绪，有的尽管在政治上趋于保守，但也严于治教，望"青"胜"蓝"。择优录取来这里学习的学生，学业成绩相对较好，思想纯正。

二、首任监督曾熙与"南学津梁"的教育思想

南路师范学堂创办后的前7年，经过了两任监督，即曾熙和周先稷。其中周先稷在任时间不长，对学校影响不大。曾熙在任6年半，从创建到学校的教育和管理等方面都对这所学校后来的发展产生了很大影响。

曾熙（1861—1930），原名荣甲，字子缉，又字嗣元，晚年自号农髯，衡阳西乡龙田（今衡阳县渣江镇龙田村）人。1881年中举人，1903年中进士。历任兵部武选司主事，也曾担任过提学使、湖南教育学会会长、石鼓书院兼汉寿龙池书院主讲。甲午战争爆发后，曾一度投笔从戎。《马关条约》签订前夕，积极参与康有为的"公车上书"。他对清政府腐败无能感到不满，对维新运动虽不像康有为、梁启超、谭嗣同、熊希龄等人那样激进，但也是积极赞同的。湖南巡抚端方奏派他任南路师范学堂的监督，得到当时进步人士的赏识。他与康有为、谭嗣同、谭延闿、陈三立（湖南前巡抚陈宝箴的儿子、著名诗人）等人都有过亲密的交往。

曾熙学识渊博，对国文、经学研究颇深，著有《左氏问难》十卷、《春秋

大事表》两卷、《历代帝王年表》两卷，此外，还有书画录和诗集、文集等。他的书法与清末书法家李瑞清齐名。李瑞清宗北法，曾熙法南宗，故有"北李南曾"之称。日本人对他的书法也很欣赏，曾以重金买他的墨迹《金刚经》，尊称他为"曾九爹"，而不直呼他的名字。他的绘画艺术与齐白石齐名，现代著名画家张大千就是他的弟子。

为了培养新式学堂所需要的教师，曾熙本着原巡抚赵尔巽"从速建设南路"的奏令，一方面配合建筑工程委员曾邦彦，只用一年时间，就把600多平方丈的新校舍建成。另一方面，他根据科举初废、学堂兴起的形势，以多种培养目标和不同的修业年限，培养多类型的师资，有相当于初师的简易科，有中师速成科，有大专优级选科等，学制分别为一、二、五年，还租赁房子开设附属小学，以供教学实习。同时，在教学内容与教学要求上也不断改革。

曾熙不但精心组织教学和严谨治校，而且亲自教学，既教国文、经学，又教书法、图画。由于他学问高、教学认真，学生受他的熏陶、教师受他的感染都很深。在他的严谨治理下，南路师范学堂的校风、校纪和教育质量堪称湘南第一，在全省都产生了广泛的影响。这一时期培养出来的440名学生，后来绝大多数成为湘南教育界的骨干。以优级选科两班为例，学校对这两个班管理及考试相当严格，"1909年，提学史委吏部主事曾，率监考委员二人来校，主持毕业考试，所有两科各门试题，概由学校在省请外国专科教员拟定，分类密封，交主考委员带来……另有实习考试，各将实习所得列表，并考科学论文一篇。各科试卷，由请教委员收齐，汇交学署，请各出题委员评阅记分，造册呈部核复，再由学署发校榜示，手续极其严密慎重。毕业奖励，清廷仍用科举虚荣牢笼之术，一律奖给科举人，并加各部司务，或中书科中书等"①。经毕业考试复核，康和声等5人获优级师范奖励，作为师范科举，充中学堂之正教员；李在衡、何镛等83人获优级师范次等奖励，充中学堂副教员。后来，南路师范学堂的学生大都成了湘南教育界和文化界的一支重要力量，有的还成了有名的学者。如民国时期有名的书法家姚尊、向荣等，现代有名的学者马宗霍，就是当年南路师范学堂的学生。

曾熙不仅笃行教学，严格校风校纪，而且因陋就简开办各种类型的科班，这对以后发展教育起了一定的积极作用。例如，他在省城增设南路公益学堂，后来发展成有名的岳云中学；他在衡阳城西西湖开设的师范速成科，就是后

① 何镛，李大梁. 湖南南路优级师范学堂建设历程及其演变［J］. 湖南文史资料选辑，1986，20：89.

来道南中学的前身（今衡阳市十一中）。

1907年，学部《扎湖南提学史优级师范选科照准案》文称："湖南兴学以来……三路师范学校堪称肃然。"谭延闿（中路）、冯锡仁（西路）、曾熙（南路），均聘为学务处议绅。

南路师范学堂初定的教育思想是"南学津梁"，这一教育思想为首任监督曾熙提出。1907年，他还将这四字手书于一块横匾上，悬挂在学堂门前通道的桥头上。每字约一米见方，字迹刚劲雄浑，赫然在目。他还两次精修通道，定名为"南学津梁通衢"。

"南学"一词见于《南学会叙》。梁启超称："湘南天下之中，而人才之渊薮也。"清末谭嗣同、唐才常等维新派在长沙成立"南学会"，是维新派的组织，为湖南培养了一批维新人才。"南学"泛指江南历代先贤的先进学术和先进思想，其代表人物包括屈原、周敦颐、胡安国、王船山等。"津梁"本指重要渡口桥梁，又作"接引"解，意为接引天下万物，以供陶铸之需。曾熙悬挂"南学津梁"横匾于通道，旨在向社会公布学堂的教育思想，表示学堂要培养诸生继承和发扬南方先贤的先进学术和先进教育思想，挽救民族于危殆，振兴中华。

"南学津梁"教育思想及其横匾，不仅当时在校师生十分重视，而且后来者也极为珍惜。第三任校长段廷珪延续曾熙做法，于1914年10月续修"南学津梁通衢"，改木板桥为石板桥。

经过几次修建的"南学津梁通衢"，宽敞平坦，上铺石板，雨不湿鞋，风不扬尘。桥的附近及通衢两侧，树木葱茏，芳草萋萋。通衢长达四五华里，宽三四米，上通衡阳八景之一的石鼓山，下接江水奔流的耒水，左倚湘江，右傍农田和鱼塘，隔江对峙古色古香的来雁塔。这里风景秀丽，师生漫步其间，有忆"筷子洲上无蚊子"的传说，有吟王勃的"雁阵惊寒，声断衡阳之浦"的佳句，有陶醉湘江百舸争流、渔歌对答的画景，更有磋商学业、探铸救国救民之志者。1919年第七任校长颜昌峣又手书"吾道南来尽是濂溪子弟，大江东去无非湘水余波"对联，用木板雕刻，挂在学校门前，与"南学津梁"横匾相得益彰，蔚为壮观。

这所学校不仅鼓励和教育学生努力追求学业，而且日益焕发师生的爱国热情。其中在"南学津梁通衢"旁边就发生过一次捣毁两座民族耻辱碑的爱国故事。

这两座用白石建造的碑上，用外文刻记着意大利传教士范怀德、安守仁、董哲西的姓名及其生前的事迹。其实，这三人当时在衡州为非作歹，衡州人民对他们恨之入骨，在1900年"衡州大教案"中将其处死。但屈于帝国主义压力的清政府，立即命令湖南巡抚喻廉三派要员前来镇压，杀害"衡州大教案"首领，缉拿参加教案的中坚分子，并签署有损国权的条约，如"停止衡州文武考试三年""在范怀德、安守仁、董哲西等被处死的地方用白石兴建碑坊，以资纪念"等。师生们在"南学津梁"教育思想的熏陶下，目睹这两座民族耻辱碑，深感民族灾难之深重，反帝反封建情绪油然而生，岂容民族耻辱碑立于国土，立于"南学津梁"旁边。他们联络衡阳各校同学及一些工商市民，集于民族耻辱碑附近，讲述其缘由后，群情激奋，在一片"打倒帝国主义""打倒封建军阀"的怒吼声中，一举夷平了这两座民族耻辱碑。

"南学津梁"横匾在抗战时期因敌机轰炸，随同校舍被毁，但它永远铭刻在师生的心中。原湖南省委书记、中共中央顾问委员会委员、湖南三师老校友周里在20世纪80年代给母校题词时这样写道："东君栽培桃李盛，南学津梁良师多。"

总之，在这种办学思想指导下，师生们学以致用，关心国家的前途和命运。在五四运动及中国共产党成立后，一大批热血青年投身中国革命的洪流中，为中华民族的解放事业做出了重要的贡献。在学校招收的首届优级选科两个班学生中，也涌现了不少的进步青年和共产党人。例如，邝书春坚决反对袁世凯称帝，最后被军阀汤芗铭枪杀于长沙。又如，吴鸿骞在国共合作时，以共产党员的身份聘任为湖南高等审判厅厅长，任上严惩贪污和土豪劣绅。马日事变后，被逮捕入狱，后虽越狱成功，但因受刑致疾，不久病逝。此外，还有共产党员何伯年、陈佐卿、袁鬻鸤、潘贤录等。[①] 当湖南省立第三女子师范学校建立后，其中的校长和教职员，多数是官立南路师范学堂培养的学生。他们又把这种理念带到了这所学校，使这所学校也具有明显的进步色彩。

三、"中学为体、西学为用"的师范课程和学校管理

如前所述，南路师范学堂的招生范围为25县。开始招收两班作为优级选科生，先进入两年预科。但根据当时的形势，各地正在兴办中小学堂，亟须培养小学师资，所以又设简易科（速成科）。另外还添设完全科生之预科及小学师范讲习所。这一时期的教育和管理，一直处于尝试资产阶级民主教育与

---

① 何铺，李大梁.湖南南路优级师范学堂建设历程及其演变［J］.湖南文史资料选辑，1986，20：91—92.

维护封建教育的矛盾中，一方面受封建教育的某些制约，另一方面日益受资产阶级民主教育的影响。因此，南路师范学堂课程的设置和管理，体现了向民主教育过渡的特点。

"中学为体、西学为用"的师范课程，即政治和思想依旧是封建主义，教学方法和内容要用资本主义，强调"以忠孝为本，以中国经史之学为基，俾学生心术壹归于纯正，而后以西学论其知识，练其气能，务期他日成德达材"。首先突出的是经学，《学务纲要》中指出，"学堂不读经书，则是尧舜禹汤文武周公孔子之道，所谓三纲五常者尽行废弛，则中国不能立国"。因此，这门课程占总课时的1/4。其次突出师范性，安排了教育学和习字课。此外，则添加一些西方自然科学的课程。课程门目繁多，分必修科目、通习科目、外加科目等。如初级师范完全科，则有16门之多，每星期正课36学时，有读经、外语科目等，还必须在正课之外增加学习时间，加之经书文字艰涩聱牙，难读难懂，因此学生负担很重。现分别介绍如下：

（一）速成科

速成科是师资培训形式，一年毕业，也有少于一年毕业的，每周课程有修身2节、教育学12节、中国文学2节、历史3节、地理2节、算学6节、格致3节、图画2节、体操4节，合计每周授课36节。

（二）优级师范科

优级师范科，以培养初级师范教员和中学教员为宗旨。按照规定，要求师范简易科毕业或有中学两年以上学历者，方有入学资格。由于当时招收学生的文化程度不一致，所以先补习两年，才进入优级选科。选科修业年限为3年，其中第一年为预科，第二、三年为本科。预科毕业方能进入本科。实际上这一批优级选科学生在校学习了5年。

预科科目有伦理、国文、数学、地理、历史、理化、博物、体操、图画、英文，共10门。

根据省政府指令，南路师范学堂开办理化、博物两类本科。本科科目又分为两种类型，即通习科目和本科科目。通习科目有伦理学、教育学、心理学、论理学、英文、日文、体操。理化本科主课科目有物理、化学、数学、物理实验、地文等。博物本科主科课目有动物、植物、地质矿物、生理卫生、图画、物理、化学。理化、博物两科各一班，主要是由日本教员教授。动物、植物、矿物、地质、心理、生理由园田爱之助和生田洁两人担任；物理、化学、数学、论理则由大霍敬治、中木邓次郎两人负责。其次是本地教员，有颜昌峣（原名可铸）、谭凤梧、赵运文、恽树钰、沈有林等，他们在学识上都是有根底的教员。

优级选科仅仅只办这一届两个班。由于"设备简陋""器械及标本仪器均需购置"，要花很大一笔银子，没有能力再办下去了，因此这一届学生毕业后，便奉命停止了招生。

（三）初级师范完全科

初级师范完全科，修业年限为5年。正课科目有13门，即修身、读经讲经、中国文学、教育学、历史、地理、算学、博物、物理及化学、习字、图画、体操、英语。它以培养高等小学堂及初等小学堂的教师为目标。每项科目都提出了目的、要求和具体做法。

1. 修身。修身的目的在于培养学生"敦尚常伦之心"，鼓励他们树立奋发有为正气，明白个人与朋友、国家的关系。教师尤其要身体力行，并讲解修身的次序法则。该课的教学内容主要是摘讲陈宏谋的《五种遗规》《修正遗规》《训俗遗规》《教女遗规》《从政遗规》等。要求在讲解中，说理纯正，语言干练朴实，并经常结合日常各种活动对学生进行教育。

2. 读经讲经。教这门课的目的是向高级学堂输送人才并为之打下读经基础。根据学生现有文化程度，由浅入深，"先明章旨，次释文义"，不得好新好奇，创为异说。内容为《春秋左传》《周礼》两经，每星期读经6小时，讲经3小时，每隔一日为一讲。另外每星期温经3小时，在自习时间进行。平均每日要读完200字，5年要读完20万余字。

3. 中国文学。为适合对儿童的教育，先得熟练掌握普通语言文字，着重于文义文法、作文及教授法。所谓"文义"，指要懂得"文"是"积字而成"，即用字必须知道其来历和意义。所谓"文法"，即在文章中，要懂得文法，必须先读经史子集中平易雅驯之文及《古文渊鉴》，并从中进行讲解。此外还必须浏览近代有关文章，作为参考。所谓"作文"，即作文练习。题目大小，篇幅长短，不加限制，但要以清真雅正为主，忌用怪僻字，忌用涩口语，忌发狂妄议论，忌袭用报馆陈言，忌用空言敷衍成篇。还适当地讲授中国古今文章流别，文风盛衰之要略。作文题目，当就各学科所授各项事理及日用必需之事理出题，务取各学科贯通发明，即可易于成篇，且能适于实用。练习官话，以便教授儿童，使全国人民语言合一。

4. 教育学。教学的目的在于了解教育方面的普通知识、小学教育的旨趣和管理方法，并培养教育家精神。首先讲教育史，要求讲明中外教育的源流、中国教育家绪论、外国著名纯正教育家传记等。其次讲教育原理，要求讲明中国现在教育宗旨，以及德育和智育之关系。再次讲教育法令及学校管理法，根据现定的教育法令规则，结合本校建置、编制、管理、卫生及关系地方治理的重要问题进行讲授。最后是"实事授业"，实习学生、教员及附属学堂堂长当配合进行。教员当会同堂长督率实习生实习，品评是否恰当，并随时指导和示范。

5. 历史。历史的要旨在于"发明实事之关系，辨文化之由来，考察强弱兴亡之原因，以振兴国民之志气，并教授历史教学法则"。首先讲中国历史及中国近百年以来的大事，讲古今忠良贤哲的事迹，以及学术史、军事史、政治史、经济史、风俗史等。其次讲亚洲各国史。讲日本、朝鲜、安南、暹罗、缅甸、印度、波斯、中亚细亚诸小国，讲其事实沿革之大略，宜详于日本和朝鲜、安南、暹罗、缅甸，而略于余国；详于近代而略于远古；五十年内之事尤为详细。再次讲欧洲史、美洲史。重点讲授欧美各国历史中的重要事件，详讲欧美各大国，略讲各国的古代史。最后讲历史教授法则。

6. 地理。地理要旨在于了解地球形状、气候及大地与人类之关系，中国与外国的自然环境，并教授地理教授法则。第一，讲地理总论。第二，讲中国地理，让学生了解地球外面形态、气候、人种及人民生活等基本情况，以及中国地理概况，使学生学会绘制地图。第三，讲述外国地理，让学生了解亚洲、欧洲、非洲、大洋洲（指澳大利亚及太平洋诸岛）各国地势。第四，讲地文学，使学生掌握地球与天体之关系，了解地球结构及水陆气象情况。第五，讲地理教授法则。

7. 算学。包括算术、簿记、代数、几何。第一，讲算术。笔算包括加、减、乘、除、分数、小数、比例、百分算，以及开平方、开立方。第二，讲珠算。第三，讲簿记之学，使学生了解各种账簿的用法，以及各种计算表的制法。第四，讲平面几何及立体几何，兼讲代数。第五，讲算术教授法则。要求讲算术时，解说务求详明，法则必须简捷。讲代数，重在解释数理的问题；讲几何，必须详于理论，使学生能够应用于测量等实际中去。

8. 博物。包括植物、动物、矿物及人身生理。讲授植物时应当讲明形体构造、生理、分类、功用；讲动物时要求讲清楚形体构造、生理习性、特质、分类、功用；讲矿物时，当讲明重要矿物的形象、性质、功用、鉴识法的要领；讲人身生理，当讲明身体内部的各个部位，运动机关及卫生的重要事项；讲教授法则，要求根据实物标本，讲解准确，使学生适应日常生活，以及各种实业的用途，尤其应当仔细掌握植物、动物相互关系，植物、动物与人生的关系。

9. 物理及化学。"讲理化之义，在知物质自然之形状，并其运用变化之法则及与人生之关系，以备他日讲求农工商实业及理科之源。"物理学首先讲物理学总纲，其次讲力学、声学、热学、光学、电气、磁气。化学首先讲无机化学中重要的各种元素及其化合物。其次讲有机化学初步知识，以及有关实用的重要有机物。最后讲教授法。要求在实验的基础上得出准确知识，能运用到日用生活中去。

10. 习字。首先教楷书，其次教行书，最后教小篆并兼授习字法则。"凡教初学习字有六忌：一忌草率，二忌软弱（运笔迅速刚劲无软弱之弊），三忌欹斜，四忌不洁，五忌松散，六忌奇怪。"但以字形端正、笔画洁净为主。"楷书、行书以敏速为贵，方于应事有益。篆书亦不宜迟，迟则不佳，兼使练习速写细字，且习熟书写讲堂黑板，此皆为有裨实用计。后三年兼学小篆书者，欲令师范生粗识篆字，以为解六书通经训之初基，免致教授学童经书时多写俗别之字，妄造讹谬之解；欲习行书篆书与行楷备矣，不必秦汉古碑也。并可于写篆书时就使讲说之提要，每以讲部首数字，使略知作字之义。"

11. 图画。"先就实物模型图谱教自在画，俾得练习意匠，兼讲用器画之大要，及讲求各实业之初基。"次讲教授法则。要求以位置形状、浓淡得宜为主，"使学生以自己意匠图稿，并应使授以彩色之法"。

12. 体操。师范生的体操课以兵式体操为主。先教单人教练，柔软体操，小队教练及器械体操，再进则更练中队教练，教枪剑术、野外演习及兵学大意。对于普通体操先教准备法、矫正法、徒手哑铃等，进而教以球竿棍棒等，还要教授体操的次序法则。要求做到"规律肃静，体势整齐，意气充实，运动灵活"。

13. 英语。先讲英语读法、译解、文法、会话及习字，再讲修辞作文，最后讲教授法则。要求发音准确，明白语法，能翻译。

选择科目有农业、商业、手工。由学生自选一门或多门，各门都有具体要求。此外还有乐歌课。乐歌以歌诗为主，用以涵养德性，舒其肺气，消散疲劳。

南路师范学堂时期的培养目标没有固定，既有初级完全科，又有优级选科。但管理人员仍按优级选科配置，监督以下设三长：教务长、斋务长、庶务长。下面有教员、副教员、学监（由教员兼任）、管书、文案官、会记、杂务官、书记、校医。

监督统辖学堂内所有人员，主管全学堂教学事务。教务长专门稽核各学科课程、各教员教法及学生学业。教员专掌各种学科的教学及副教员、助教员的教授。管书专门管理一切图书仪器等项，均听从教务长安排。庶务长专管学堂的一切庶务。文案官掌握一切文报公牍，会记专管银钱出入，杂务官管理雇用人役、堂室器物。斋务长专门考查学生行动检点和学生斋舍一切事务，并安排学校各种杂务。监学官掌稽查学生出入，考查学生勤惰及学生一切起居动作等。检查官掌照料食宿，检视被服，注意一切卫生等事。监学官、检查官皆听从斋务长的安排。1909年下学期，选科学生毕业后，外籍教师解聘，亦不设三长，直接由监督统管。

学堂管理人员不多，但安排得恰当紧凑，行动有条不紊，学堂风纪整肃。这种局面的形成，有两个基本因素：一是由于科举初废，学堂新兴，选聘来的教职员不仅威望高，而且各自严守职责，勤于管理；二是经过多层严格筛选入校的学生，能力和是非观念也比一般中学堂的学生强，而且年龄最小的20岁，最大的35岁，具有自理的自觉性。除此之外，学堂秉承《奏定学堂规程》，及时制定出各员职分、功课考验、斋舍、讲堂、操作、礼仪、放假，以及各室管理、禁令、赏罚等10章，共28条，师生有章可依，按章办事，有效地保障和促进了教学、生活正常进行，形成了良好的校纪，而且为后来严谨治校奠定了传统基础。如各员职分规章中的第四条、第五条是"凡教员当执照所定日时上堂教授，毋得旷废功课，贻误学生""凡教习人员、管理人员有不遵照定章实力任事者，本学堂当报学务处查明，教员辞退，管理员撤差"。

在学生功课考验规章中规定："学生以端整品行为第一要义，本学堂监督学生及教员当随时稽察学生品行，并评定分数，与学科分数合算。""学生每月学科分数由各教员随时暗记登簿，候月终汇总教务处及监督，通一月之总数榜示于堂。"

讲堂分功课设立，不以班固定，各讲堂都根据不同功课布置陈设，各生上课时才由本日值日生率领入堂，按座位名次进退。闻下堂号音时，教员行后，学生由本日值日生率领下堂，仍按名次行至自习室散。学生在讲堂内，不得离位、偶语及带功课外的一切书籍，其他学习时间均在各自习室静习各门功课。学生在自习室无论如何，不得聚谈喧笑。

南路师范学堂的礼仪规章不仅严格，而且存在较多的封建礼教，行礼日期分为三类：一为皇帝万寿圣节，孔子诞日春仲秋仲上丁释奠；二为开学、散学、毕业；三为元旦及每月朔日。各类庆祝礼仪节，堂中各员都要整齐衣冠，学生穿本堂规定式，戴大帽至皇帝牌前或圣人位前肃立，率学生行三跪九叩之礼。礼毕，各员西向立，学生向监督、教员等分别行一跪三叩礼。

学生到学堂初见监督、提调、教员行一跪三叩礼，初见堂中各员行三揖礼。平时，学生随时随地遇堂中各员，立正致敬。

此外，还规定本学堂毕业生，都有效力本省及全国教育之义务，其义务年限分别等级区别。由官费毕业者，初级本科生和选科生皆6年，简易科生3年。由私费毕业者，本科生3年，简易科生2年。在义务年限内，不能私自应聘他往并营课他事。义务限满，视其尽心无过者，奖给官职。如有不得已事故，实不能尽效力义务者，应具禀声明实在情形，经有关部门批准，方得免其效力年限。如毕业生有不尽教育职事之义务，或因事撤销教员凭照者，当勒缴在学时所给学费以示惩罚。

附：赏罚规章

（一）学生赏罚由教务处提调或教员监学等摘出，呈监督核定。

（二）凡赏分三种：

1. 语言奖励；

2. 名誉奖励；

3. 实物奖励。

（三）语言奖励者，监督、教员各员对学生提出以温语奖励之，或特班传见以勖勉之。其应得语言奖励者略如下：

1. 各门功课皆及格；

2. 对各员无失礼，在各处无犯规章事；

3. 对同学皆有敬让无猜忌交恶诸失德；

4. 于例假外无多请假。

（四）名誉奖励者，以讲堂坐位置前座，或加考说送学务处及学堂传观，或由监督特餐（编者注：不知原文"特餐"的具体意思，疑为予以特别接见）。其应得名誉奖励者略如下：

1. 各学科中有一科出色者；

2. 温习功课格外勤奋者；

3. 能恪守堂中规条并能匡正同学者；

4. 立志坚定不为外物所诱者；

5. 用功勤苦骤见进境者。

（五）实物奖励者，以图书、文具及各科应用物器以奖励之。

其应得实物奖者略如下：

1. 各学科中有两三科以上能出色者；

2. 能就各科研究学理者；

3. 品行最优者，确据为众推服者；

4. 得名誉奖励数次者。

（六）凡罚分三种：

1. 记过；

2. 禁假；

3. 出堂。

（七）记过者，记名于簿，以俟改悔。无改悔者，毕业时，亦将所记之过书于毕业文照上。其犯过之事略如后：

1. 讲堂功课不勤；

2. 于各处小事犯规事；

3. 对各员有失礼事；

4. 与同学有交恶事（犯此条者记两人过）；

5. 假出逾限；

6. 詈骂役夫人等，不顾行检。

（八）禁假者，于数日内，无论如何不准出堂一步，或三日或五日或十日，俟监督制定后，督学奉行。其禁假之事略如后：

1. 志气昏颓，讲堂功课潦草者；

2. 于各处犯规不服训诲者；

3. 对各员傲惰不服训诲者；

4. 詈骂同学好勇斗狠者；

5. 假出后在外滋事者。

（九）出堂者，由监督在讲堂对众学生宣其罪过，斥出本堂。

其出堂之事略如后：

1. 嬉玩功课籍编侮辱教员，屡教不悛者；

2. 性情骄傲，纵行为悖谬，不堪教训者；

3. 行事有伤学堂声名者；

4. 犯禁假之惩罚数次不悛者。

（十）各种赏罚有随时用者，有一月汇记宣示者，有数月汇记宣示者，至其功过互相见抵者并宣示之，使不相掩而知惩劝。

（十一）除以上赏罚外，汇录讲堂各科功课分数榜示，藉资比较。

　　附：通习科目与本科主课科目时间安排表、南路师范学堂毕业人数统计表

表1-1　通习科目

科目	每星期钟点			
	第一学年		第二学年	
	第一学期	第二学期	第三学期	第四学期
伦理学	1	1	1	1
教育学	3	3	3	3
心理学	2	2	1	1
论理学	2	2	1	1
英　文	5	5	5	5
日　文			2	2
体　操	2	2	2	2

表1-2　理化本科主课科目

科目	每星期钟点			
	第一学年		第二学年	
	第一学期	第二学期	第三学期	第四学期
物　　理	6	6	6	6
化　　学	6	6	5	5
数　　学	5	5	5	5
物理实验	2	2	2	2
化学实验	2	2	2	2
地　　文			1	1

表1-3　博物本科主课科目

科目	每星期钟点			
	第一学年		第二学年	
	第一学期	第二学期	第三学期	第四学期
动　　物	6	6	6	6
植　　物	6	6	5	5

续表

科目	每星期钟点			
	第一学年		第二学年	
	第一学期	第二学期	第三学期	第四学期
地质矿物	1	1	6	8
生理卫生	2	2	2	
图　画	2	2	2	
物　理	2	2		
化　学	2	2		

表1-4　南路师范学堂毕业人数统计表

科　别	班数	人数	入校时间	毕业时间	备注
简易科 第一班	1	59	1905年8月	1906年6月	
简易科 第二班	1	59	1905年8月	1906年12月	
优级选科	2	118	1907年2月	1909年8月	1905年4月入学称永久班
完全科	2	147	1907年1月	1911年1月	
预备科	1	57	1908年2月	1910年3月	进入本校完全科
合　计	7	440			其中预科班57人进入完全科至民国后毕业

第二节　民主教育的开创

一、段廷珪的民主教育思想

辛亥革命后，中路、西路、南路三路师范学堂分别改名。1912年2月，南路师范学堂改名为湖南公立第三师范学校，段廷珪担任校长。1914年4月，又把"公立"改为"省立"，学校名称改为湖南省立第三师范学校。

段廷珪是蔡元培的得意门生，具有近代资产阶级教育思想。他上任后，积极贯彻南京临时政府关于教育方面的政策和主张，对于学校教育和管理进行了大胆的改革。他说："民国精神与专制异""专制精神施教与教授大都以利禄为依归。民国贵在自立求新，非具有世界观念以与时势潮流相应付无以为教。如孙中山先生所说：'今后办学之方针，当为全国人民负责'""发展教育在于办好师范，师范之实在于警觉"。他号召"在校诸君，应为国家谋福利，将自己的学知普及于大众……"。为此，段廷珪制定了学校《规程》。根据临时政府教育部《师范教育令》和《师范学校规程》之旨趣，明确以造就国民学校和高等小学师资为目标。并依省署规定，仍以前面所述的25县为招生范围，本省之他县学生（居住该县两年以上）亦可收入。南路师范学堂完全科班继续接办，并从1912年起，每年考取预科学生两班，开始招收本科班，到1918年以后，学校预科及本科生经常保持在10个班。本科第二部和甲、乙两种讲习科得视本省教育状况随时增设。

为了激励学生，突出"民本主义"的道德教育，学校定"公勇勤朴"为校训，并以"诚"字作为校训之中心，其内容包含了德育、智育、体育几方面。还规定了《湖南省立第三师范校歌》，其歌词：

> 衡之阳兮湘之干，佳气自往还。笃生圣哲濂溪兮后船山。温故知新为师，如金在镕日范。景仰先贤，陶铸后进，责任兹惟艰。愿吾侪服膺校训，"公勇勤朴"勿等闲。

歌词音韵铿锵，意义简明扼要，易于记忆歌唱。歌词中的"濂溪"是指北宋时期著名理学家周敦颐，湖南道县人，学识渊博，有《爱莲说》名世。王船山是明末清初著名的思想家，本境衡阳西乡（今衡阳县曲兰乡）人，学问博达精深。提出以他们为典范，目的在于激励学生勤奋，成为知识渊博、"扶持国家"的有用人才。

为了体现严肃的校风，学校要求学生统一着装。南路师范学堂时期只规定在庆典时统一穿校服，而这时期却要求无论在校或出校，都一律穿校服。规定夏季校服为灰色，寒季为青色，帽子也为灰色，都用本国布缝制。夏天还统一使用金色六角形的草帽，衣领上和草帽上统一缀上"第三师范"字样。为了突出师范性，适应新的形势和需要，学校增添了一些必要的设施。如增加音乐教室和手工教室，建设附小校舍，建筑内操场并扩充外操场，还在校左侧荒地上开辟农事实习场等，为学生开展各种课外活动提供便利条件。

段廷珪校长还主张"思想自由、兼容并包"。学校校规历来都是很严格的，从学习内容到日常生活，都得循规蹈矩。辛亥革命后，学校师生的思想发生了变化。特别是当部分教师了解到西方资本主义国家进步的科学文化后，总是在思考自己国家贫困落后的"原因何在"等问题。学习的目的是什么？人们也不能不有所思考。段廷珪是一个比较开明的校长，他不仅不限制学生的思想自由，甚至还支持学生成立学生自进会，在自进会组织下开展各项有益活动。自进会研究艺术、练习技能，借以陶冶品性，适于劳动创作为宗旨。其会务全由学生自行组织，仅受教员的监督指导。自进会内部组织有体育部、言语部、游艺部等。各部经常组织学生参加辩论会、讲演会、文艺、书法、图画、手工及各种体育活动。这些活动，不仅有益于学生获得多方面的知识，而且对培养学生的组织能力、阅读表达能力以及发展民主等方面都收到了良好的效果。在他的支持下，学生可以在校刊上发表文章，抒发自己的感慨和志趣。段廷珪任校长3年，为学校开创资产阶级民主教育做出了卓越贡献，是继曾熙之后最有影响力的校长之一。

在段廷珪去职以后，这个传统仍被沿袭下来，特别是五四运动后，"思想自由、兼容并包"的影响越来越大，达到不可遏制的地步。例如，1922年，省立三师《概论》刊载一位教师的文章，其中这样写道：

> 若在今日而守着旧制，不加改革，那真是不明现代教育的趋势。
> 最紧要的，在于适应社会进化的需要，"学校应该社会化"的呼声越来越高，我们深深感觉从前的教育是从学校到学校，实在不是教育的目的，我们现在要从根本上着手初等教育，应该要含社会的价值。总期养成判断、好尚、支配社会的能力。

这一段话，反映了当时办学上的思想斗争和办学要求。广大师生对当时社会现状极为不满，胸中压抑着愤懑的烈火，心中向往着未来和光明。后来，学生还自由地组织各种社会团体和组织，以座谈会、讨论会、演讲会、文艺演出、阅读与写作、出版等形式进行思想交流，广泛宣传马列主义。据统计，当时每月进阅览室的学生平均达2 562人次，最高的一天有104人次，而当时在校总人数才300多人。课外宣传活动也很活跃，而且扩大到社会政治斗争方面等。这是学校民主教育的成果，最终为建立社会主义青年团和共产党组织打下了良好的基础。

吴起凡继任后，仍按段廷珪的方法和要求办学。但向鑫接手后，根据袁世凯政府的办学宗旨，变通学科课程，减少英语教学，增加读经课时。为了进行中心训练，开始举行朝会礼。但此时新文化运动已经兴起，为了顺应潮流，1916年6月，学校咨遣学监童彪、体操教员周达、附小主事陈希蕃赴日考察，并顺道参观苏、沪各地学校，汲取外界新知识，借以促进学校教育，推动民主教育。

向鑫只任职一学期，又换新校长。自此以后，校长更迭频繁，依次有罗传矩、颜昌峣、颜方珪、刘志远、黄周宇、夏又康、彭德芳、蒋啸青。这几个校长中，有思想开明的，也有顽固守旧的。纵观学校这一时期的教育，在五四运动前，学校围绕着尊孔和反孔的办学思想争论不休，反映在教学内容上，既有封建主义的东西，又有资产阶级民主教育的内容。由于当时学校有一批精明强干的教师，他们不仅能娴熟地掌握教材，而且还有所发展和创新。教学始终是严格的，学习风气是浓厚的。以1914年的统计为例，全校教职员39名，其中专任教师24名，受过高等教育和师范教育的有15人。有的虽不是高门第出身，但也卓有成效。如马宗霍（1897—1976），衡阳县樟木乡人，本校毕业生留校任教，教课深受学生欢迎。他后来在大学任教40余年，又任过中央文史馆馆员、中华书局编审，并著有《文学概论》《书林藻鉴》《书林笔记》《音韵学通讯》等著作，是我国有名的国学大师。因此，这一时期，学校的教育虽然有打下封建烙印的一面，但也为资产阶级民主教育开了先河。

二、五四运动对民主教育的促进

袁世凯死后，中国进入军阀混战、政局动荡不安的时期。但在新文化运动的影响下，省立三师顺应潮流，不断吸收进步教师来校任教，民主思想十分活跃。同时，学校又运用在国外考察教育的成果，采取一系列变通措施，进一步发展了省立三师的民主教育。

（一）对民主教育的促进

五四运动后，颜方珪接任校长。颜方珪原在省立三师教书多年，最擅长地理教学，在师生中威信很高。据说他在讲堂上讲课，不仅语言生动有趣，而且信手在黑板上绘制的地图，几乎可以与印制的地图媲美。他当校长，作风正派，静穆严肃，每天起居、作息、学习、锻炼都很有规律，自己带头遵守校规，学校无不良风气。当时社会上盛行嫖赌之风，学校却无人敢参与。他热爱学生，要求学生"一要学习良好，二要品行端正"，学生对他则有"爱之若父母，畏之若雷霆"的赞誉。在用人方面，他能做到"唯才是举，不徇私情"。学校的财务账目，一律公开，接受师生的监督。他不允许别人干预学校事务，即使是亲家老子、妻子儿女，也不受理。他任校长两年多，学校的民主思想不断得到贯彻，教师队伍中的进步力量不断发展壮大，因而对学校的建设产生了极为重要的影响。

这时期的进步教师中，首先要数博物兼修身学教员蒋啸青。蒋啸青系本校早期毕业生，1916年应聘来省立三师任教。他崇拜达尔文，深信生物是进化的。通过博物课教学，他不仅向学生传授博物学的基础知识，而且热情地向学生介绍达尔文的《进化论》，对学生进行唯物主义教育。修身课本是传授旧的道德规范的学科，目的是教育学生不得犯上作乱，而要成为文质彬彬的君子。他却反其道而行之，热情宣传新文化、新思想。十月革命胜利后，他更加倾向革命，在学校第一个喊出"我们必须走俄国人之路"。五四运动后，他利用讲台，经常向学生进行革命教育，他说："一切社会问题都要实现社会主义才能彻底解决""社会问题的根本是经济制度，经济制度不解决，那就什么问题也解决不了"。1921年，蒋啸青由一个民主主义者转变为具有共产主义思想的知识分子，由毛泽东亲自介绍加入中国共产党。由于他的先进思想和积极行动，学生深受影响，蒋先云、黄静源、陈为人、谢维俊等为革命牺牲的英烈人物，都无不与他的指导有关。虞上聪（江华）、曾希圣、张际春、张经武、伍云甫等在回忆自己的战斗历程中都一致认为，自己能走上革命道路，同蒋啸青的教育是分不开的。

蒋啸青不仅在校认真教学，同时还担任"湘南学生联合会"第一任指导员，亲自组织和领导衡阳学生参加反帝反封建斗争与宣传救国救民的道理。1926年，蒋啸青担任省立三师校长，是中国共产党最早在湘南教育界登上中等学校领导岗位的代表。他任校长后，对学校教育进行了大胆的改革，提出"学为民用，学为国用"的办学宗旨，反对死读书、读死书，号召学生走与工农相结合的道路。他当校长后第一次在全校师生大会上讲话时说：社会上有三种人，一是放火，二是救火，三是观火。他问学生："哪种人最坏？"学生答："当然是放火的人最坏。"蒋校长说："不一定，如果放火烧掉反动的东西，放火者就是好人。"他用这粗浅比喻，深刻地教育学生要用辩证唯物主义观点观察事物、认识事物，鼓励学生投入社会，从事革命活动。学生下乡宣传或参加本地革命活动，他都给予补助和发给宣传用品。学生在社会上参加革命工作，照样计算学历。他的勇敢和积极表现，曾受到何叔衡、毛泽东、李达、恽代英等人的高度赞扬。"马日事变"后，他的处境十分危险，有人劝他去上海避一避，他却严正地表示："共产党员不能游安全地，湖南白色恐怖严重，这里更需要我。"他毅然回到耒阳，积极组织农民参加湘南起义。

在进步教师中，还有一位在校执教长达12年，颇具影响的屈天壁。屈天壁又名屈子健，在五四运动中，他曾担任过衡阳国货维持会会长，积极参加了反帝反封建斗争。1921年春，任省立三师教务主任。他主持教务工作时，运用自己的教务才干，与开明的校长颜方珪配合得很好，既积极进行师范教学改革，又倾向革命运动。他与蒋啸青是同一派人物，与向鑫、曾恕、陈镕等持保守落后观点的人相对立。在进步教师处于劣势的情况下，他设法吸收一批进步教师，亲自到长沙聘请何叔衡，又经毛泽东介绍延聘了黄和钧（省立三师第一任社会主义青年团支部书记）、彭粹夫、陈书农、易克嶷、吴鸣岗和同盟会老会员谢彬等来三师任教。在这一大批进步教师的支持下，学校成立了学制课程研究会，确定李在衡、易克嶷、郑桂芳、蒋式嘉（啸青）、吴干钦、毛凤祥等13人为会员，采用美国学制经验，对学制和课程进行全面研究，包括以下六大课题：①修业年限问题；②学制改革问题；③课程标准问题；④选科指导问题；⑤旧班生选科课程问题；⑥关于实行学分制问题。他对学校教务工作实行的一系列改革，为当时推进民主教育和传播马克思主义创造了有利条件。

进步教师彭粹夫，则是早期的中共党员，曾担任过《民众报》编辑。他来到省立三师后任国文教员。他的先进思想给学生以深刻的影响，在他所担负教学的班级里，学生加入社会主义青年团和共产党组织的就有20余人。1923年，省立三师爆发"驱刘"学潮后，由于当局的迫害，他离职到长沙从事党的宣传工作。

五四运动后，在蒋啸青、屈子健、彭粹夫这些进步校长、进步教师的推动下，学校不断地推进民主教育和传播马列主义，支持学生的进步言行，使广大学生不断受到启发和鼓舞，许多学生后来都走上了革命道路。

（二）实行十项教学管理制度改革

1912年，南京临时政府教育部公布了《师范教育令》《师范学堂规程》，取消"忠君""尊孔"，突出资产阶级的道德教育和知识技能教育，对师范教育做了一些重要改革。但是这个计划没有能够完全实现。虽然封建专制制度垮台了，但资产阶级民主教育思想与封建主义教育思想的斗争仍在反复进行着，并且持续了一段相当长的时间。民国初年，学校的课程设置没有大的变更，除增加"法制经济"外，只是在某些教学内容上或课时安排方面有所调整。在1913—1916年的学校《概览》中有这样的记载：学校仍有"修身""读经"专科。在"读经"计划中这样写道："注重身心性命之学，讲授四书训义，崇船山以崇程朱，崇程朱以崇孔孟。"只是把过去每周9小时减至5小时。又如数学，计划中写道："簿记一项暂不适用于中国社会，而珠算则为教授小学日常计算之必需，减去簿记，增加珠算。"可见内容只是略有改变。师范本科（以前的完全科）的全部课程有修身、读经、教育、国文、习字、外国语、历史、地理、数学、博物、化学、法制经济、图画、手工、农业、乐歌、体操等。以前的外语课未列入正式课程，现在开始作为基础学科。

这个时期的办学条件很艰难，教育也十分落后，广大穷乡僻壤的人民群众几乎处于文盲和半文盲状态。从1916年度的统计数字来看，全国在校中学生才11万人，约占全国人数的1/3 000，其中女生只有8 000人，所占的比例更是微乎其微。就是在小学，适龄儿童的入学率也是非常低的。究其原因，除了家境贫困，无力就读以外，缺乏师资也是一个重要方面。从1921年省立三师招考的学生成绩中，可以看出当时的教学状况：全境25县经考试择优选取的170名学生中，国文及格的占60%，算术及格的占17%，常识及格的占19%，心理学测试及格的占29%。年龄相差也大，大的25岁，小的14岁。为了招到文化合格的学生，迅速培养出小学师资，学校当时采取了两条措施：一是改年内一次招生为春、秋两季招生；二是变通部里要求招收自费生和半费生的规定，招收入校的学生一律按免费生对待，免缴学费并由学校付给校内学生的必要费用。在新文化运动推动下，1920—1921年，学校根据需要和适应性原则，实行十项教学改革，以顺应新文化运动潮流，急速造就国民学校和高等小学健全之师资。

1. 更定课程标准，实行新学制。1920年秋季，变通部定课程标准及授课时间，略减国文授课时间，增加英文授课时间，取消"读经"。国文教材文言、白话，参合教授，并注重课外阅读，学生每月须缴课外阅读书录一次。"修身"一科改为公民学，包括社会常识、法制经济等。从17、18班以下，实行新学制，分普通班和师范班，废止预科名称，初入校者为第一学年，修所有课程，至第五学年完全修毕。头三年习完普通科目，后二年习师范科兼采选科制，培养学生的爱好和研究专长。

在学制上，先是学习日本，后改为学习美国，修业年限有三年制、四年制、五年制，后来还试行了六年制。在课程上有单科制、选科制、多科制、完全科制等。1922年春，在省立第一师范学校联合召开的全省六所师范学校会议上，决定于当年下学期开始统一实行新学制，修业年限为六年，前三年完成必修科目，后三年开设选修科目。此后，准备在初中毕业生增多时，招收初中毕业生，全部改为三年师范科。

2. 制定学生成绩考查规程。这项改革，为求适应小学教学实际和提高学业程度。一则改订课程和精选教材；二则严加考查学业程度，以促进学生之注意与进步。考查学业成绩，分为临时测验、平日积分、定期试验三种。临时测验分口试、测绘两项，随时于课内举行。平日积分，则注重各科笔记簿、练习簿、实验报告、研究报告、作品。定期试验则于期中或期末按各科性质与需要，酌量举行。

3. 实行学分制。所谓学分，含义是把各种科目定为分数，由学生自由选修，每人每期选读至少达28学分，多则34学分以上。各科的学分衡量标准如下：需课外预备之科目，且每周上课1小时，满一学期者为1学分；不需课外预备之科目，且每周上课2小时者，满一学期亦为1学分，其余类推。考试成绩不及格的科目不能记学分，师范生必须修满256学分才能毕业。选读学分不是越多越好，而是根据自己的学习程度而定。如果选读的科目考试没有及格，就不能记学分；成绩及格者，获得学分；达到优秀者，还可以增加选读科目，可以得到更多的学分。到毕业时，以学分多少决定优劣。

4. 考察教育。在此之前，本校学生毕业前夕，只在湘南或本省学校参观考察。从1921年第13、14班毕业生起，派员率全体毕业生前往南京、无锡、上海等教育发达地区参观考察，往返时间约半个月。参观团回校后，便组织报告会，写出参观报告，作为改进教学的参考。

5. 改藏书室为图书馆。学校从创建时期起就附设藏书室，前期略藏经、史、子、集书籍，科学方面则以日文书籍为最多。新文化运动中，学生普遍注重自动教育，原有藏书已不能满足需要。1921年暑假，学校请求省教育司拨经费数百元，改建大操场北端一栋楼房为图书馆，把所有图书全部移置于此，并添购古书24种，新书315种，小说34种，科学书籍58种，杂志32种，这在当时经费十分困难的情况下，实在是一件不易办到的事情。

6. 改用分科教室。分科教室原在南路师范学堂时期就已经实行。民国初年，由于班次增多，教室以班级编制。1921年秋，学校根据心理学的研究，认为"教室环境时常变更，则学习亦容易发生兴趣"。于是又把所有教室，均改用学科编制，设置英文、数学教室3间，史地教室1间，博物教室1间，理化实验室1间，图画教室1间，音乐教室1间。各教室之设备，如器具、图表、黑板等，皆视该科之性质，分别设计。

7. 实行能力分组。由于当时湖南各地基础教育发展迟缓，招收入校的学生文化程度达不到要求，国文、数学、英文三科，破除年级界限，采用能力分组制，就各生文化程度的高低，分组教授。当年的教务报告记载："实行以来，进步较速。"

8. 实行选科制。1922年，学校在第17、18两班结束普通课程后，从第四学年开始实行师范科兼采选科制。选修科的教材，以精要为主，使学生获得研究高深学问的要领和方法，以备将来实用。选修的科目需教员指导择定，然后编组，编组后若非特殊情况不得更改。如果必修的师范科目有4科成绩在40分以下者，得另选别的科目代替。但是规定的主科如文、史、数、理等仍需达到及格要求方能毕业。

9. 设立教育研究室。学校感到："教育潮流，日新月异，教育事业，精深博大；不有专攻，如何能求深造，不有研究，如何能言顺应？"[①]1920年4月4日，学校设立了一所教育研究室，以供高年级学生研究，使其在校时，充分预备将来服务于社会的才干，且养成学生自力研究与自行探讨的习惯。使其毕业出校能常与教育新潮流相接触，不至于变成思想陈腐和落伍的教师。教育研究室内部组织，计分四部：①教育参考部；②儿童用书部；③图表统计部；④小学教材教具部。研究室备有中文参考书90多种，西文1种，图表6种，以及教育刊物和小学教具模型等，并力求逐步扩充设备。

10. 试行道尔顿制。1923年上学期，教育学一科首先试行道尔顿制（美国人柏克赫斯特于1920年在马萨诸塞州道尔顿市道尔顿中学所创造的一种教学制度，一时盛行于美国教育界），继而在语文、历史、地理三科采用。这种教学制度的特点是废除教学计划与课时安排，强调学生自主学习，自己做作业，老师常与学生接触，进行辅导和检查。这种教学制度，否定了作为教学的基本组织形式即年级、班级编排和以课堂为主进行教授的教学法，降低了教师的主导作用，是一种狭隘的经验主义和自由主义的教学制度，但对当时打破旧的教育体系，改进教学法，促进民主教育，算是一种尝试，也曾起到一定作用。

这一时期，尽管时局变幻不定，但学校始终坚持以教学为中心，严谨治教，不仅教学气氛浓厚，而且思想活跃。负责人员既抓行政管理，又深入课堂和开展教学研究，不仅教务主任兼课，而且事务主任、庶务主任也都兼课。据1925年统计，全校教职员共41人，专任教员27人，管理人员兼课的就有6人，学校教学质量可谓名噪一时。

（三）注重教育实习和体育锻炼

1. 教育实习

教育实习是师范教育的组成部分，学校把实习作为教学计划中的一项重

---

① 载1923年校刊《教务概要》。

要内容。学校《规程》规定，实习事项由本校实习主任、教员、学监及附属小学主事、主任教员、科任教师担任，由实习主任主持，实习中一切设备和编制安排，由学监负责。附小主事负责实习学生在实习中的指导批评事项。主任教员和科任教员负责实习生在该级或该科的一切指导批评事项。具体实施分为四个内容：参观、试教、勤务、批评。

参观分校内、校外两种。校外参观，即在实习期间，由实习主任教员及学监引导实习生到附近小学观摩学习，期限每部以二日为度；校内参观，即在试教前到本校附小参观学习，期限每部以二日为度。在试教以后再进行参观，期限每人以一日为度。校内参观时，应注意的事项，则由实习主任教员具体指导。负责的教师和实习学生都备手摺，参观时随时选择记录，并写出参观报告，送呈实习主任核阅。

关于试教，实习生试教前四天，小学主事及科任教员向实习生介绍该科的教授方法及该级训练和管理状况。试教时，按小学级数每部分为若干组，每人先后轮流试教10小时左右。对国文、算术两科每人都必须实习，至于技能学科，如图画、手工、唱歌、体操四科及高等小学的历史、地理、英语、农业等科目，各选其中两科或三科试教。如果自愿专试教手工、图画、唱歌、体操、英语、农业四科或五科者，免其试教国文、算术。

在勤务方面，试教时每组轮流派实习生一人值日，学习训练、管理、监护等事。每人值日以二日或三日为度，并佩有值日徽章。值日实习生担任的事务由附小主任教员或科任教员临时规定。每日须于上午六时前到实习学校，下午六时后返回。

批评分学级批评和全体批评两种。学级批评，每周课毕举行一次，由小学主任教员或科任教员主持；全体批评于试教结束时举行一次或两次，由实习主任教员主持。首先由小学教员推选试教成绩优良者，由实习主任教员再令其试教，集合全部实习生参加听课。批评会的顺序：实习生自陈，同学批评，职员批评。并临时推举书记记录于批评录，以作为实习生实习成绩评定的重要依据。

实习成绩的评定是以参观报告书、试教成绩、勤务成绩、教授批评录四项为依据。各种成绩分数的标准是试教成绩占40%，参观报告书、教授批评录各占25%，勤务占10%。其中试教成绩分教案和教授实施两项，由小学教员评妥，再送交实习主任核定。实习成绩分数，由实习主任教员汇定，与学业成绩总平均分数合并计算，实习分数占30%，学业成绩占70%。

除了搞好实习以外，学校还注意学习别人的长处。如前所述，学校每年都要组织一批毕业生到外地参观学习，前往地点主要是江浙和上海一带。

2. 体育训练

体育训练，那时被称为"体操课"。民国初年本科学生每周安排4节，训练内容有普通体操、兵式体操、国技及传授方法。教授者注重兵式教练和普通体操，游技次之。预科不授"游技"，只将"兵式器械与兵式教练、普通器械与普通体操混合演习"。本科第二学年以前，授以中学体操。第三学期开始，授以小学体操。国技分武力、武术两科。武力习弓刀石，武术习棍刀剑钯铜等。无论做何种训练，先以跑步开头。除酷暑外，在正常的情况下先进行十分钟跑步。1922年以后，体育课的教练时间每周减少至两小时，内容也有所改变。必修科有普通体操、游戏、田赛、国技。选修科还增加体育原理、运动生理、小学体育设备法、体育教授法。

体育正课训练以基本动作为主，大量的体育活动是组织学生开展各项竞赛活动。1916年，学校规定的课外活动竞赛项目有竞球、竞走、竞跳、竞技四种。竞球分习排球、足球、庭球、篮球等；竞走分障碍竞走，100码至400码竞走，图书、习字、英语、算术竞走，跳栏竞跑等。所谓图书、习字、英语、算术竞走是一项很有趣的活动，既赛体力，又赛智力。做这项竞赛活动时，每人先发石板一块，并对答题分别边走、边算、边看、边写、边读、边记……结束时，既看走的速度，又看读、写、答、记的结果。这种比赛是运动训育学上所谓"交替原则"，对培养学生敏捷、灵活的机动能力很有裨益。竞技分习天桥、浪桥、秋千、平合木马、铁杠、双杠、肋木平均台、跳箱、倒立、缘绳、提重、掷重等。每天晨起，不管天寒地冻或风雨雷电，学生自觉自动地进行晨跑，而后行朝会礼时，集体练习直立呼吸法和二分间体操或八段锦体操；晚间就寝以前在自修室练习静坐呼吸法。每月还举行各部运动会及野外运动一次；每年举行全校运动会两次。为了及时了解学生的身体状况和促使学生经常参加体育活动，每年春秋两季，由体操教师会同校医检查学生身体一次，参酌平时"善卫生、好运动"及体操成绩之优良与否，以判定身体成绩。

关于实施过程，从1916年下半年学校《概览》中一段记载，可以看出当时一般情况：

9月25日，开竞胜运动会（竞走竞跳）。
9月28日，揭示运动会优胜名次并发给奖品。
10月10日，开竞胜运动会（竞球竞技）。

10月13日，揭示运动会优胜名次并发给奖品。

10月，月内计划举行野外运动和旅行，检查学生身体、编造身体成绩一览表及身体成绩统计表。

10月25日，举行全校第二次运动会。

10月30日，揭示运动会优胜名次，并发给奖品。

学校对学生的体育训练要求是很严格的。学校规定："学业成绩未及格，其分数相差不及一分，身体成绩与操行成绩均列乙等的不给升级；或毕业成绩仅及格，其分数所余不足一分，操行成绩虽列丙等，而身体成绩列丁等者，仍不能升级或毕业""学生身体羸弱难望成就者，实行查照师范学校规程有关规定，令其退学""学生平时不讲卫生，不好运动者，随时予以相应的惩戒"。

学校为了搞好体育运动，建立较完善的设施，外操场扩展到2 929平方米，内操场有40.05平方米。各种运动器械在当时算是比较多的。由于学校重视体育，学生们养成了很好的体育运动习惯，也成了学校一个好传统，并且培养出很多体格健壮的优秀人才。

第二章

湘南革命的摇篮

当时所称的湘南，包括今天衡阳、郴州、永州三个地区所属各县，加上今天株洲市的攸县、茶陵、炎陵县，大革命时期为25个县。

辛亥革命以来，段廷珪等几任校长思想比较开明，作风比较民主，这在客观上为当时进步师生接受新思想、新文化创造了条件。五四运动爆发后，湖南省立三师的进步师生成立了湘南学联等进步团体，开展反帝反封建斗争，成为湘南学生运动的中心。随后，进步师生开始接受和传播马克思主义，毛泽东也多次来校演讲，宣传革命思想，指导省立三师的建团和建党工作。1922年4月底至5月初，湘南地区第一个党支部——中共省立三师支部正式成立。从此，省立三师在中国共产党的领导下，革命师生领导了水口山工人大罢工，开展了驱逐专制校长刘志远的"驱刘"学潮，声援"五卅运动"，迎接北伐军。他们深入社会，联合工农大众，在湘南各县建立了党组织。第一次国共合作破裂后，省立三师的革命师生坚持地下斗争，配合朱德、陈毅领导的湘南起义。其中黄克诚、李天柱、张际春、谢维俊、张平化等省立三师学生随朱德、陈毅的部队上了井冈山，为井冈山革命根据地的建立和红军的创建做出了重要的贡献。另外，据不完全统计，张秋人、恽代英、黄静源、蒋先云、蒋啸青、贺恕等140多位革命师生为中国革命英勇牺牲。因此，省立三师是湘南革命的策源地，被誉为"湘南革命的摇篮"。

第一节　湘南学生运动中心

一、从"学友互助会"到"湘南学联"的成立

（一）组织"学友互助会"

辛亥革命推翻了清王朝，结束了两千多年来的封建专制制度，但由于帝

国主义的侵略势力和封建主义未能彻底推翻，因此，民国建立不久，中国又形成了军阀割据称雄的局面。地处南北要冲的衡阳，自然就成为南北军阀拉锯的战场。每次战祸发生，民不聊生，甚至尸骨遍野，学校驻兵，校园遭毁。为了保护学校和师生安全，学生蒋先云、陈为人等组织同学，以班为单位分守自己的教室、寝室、自修室。还组织一些勇敢分子，日夜站岗放哨，严实地堵紧学校大门，并在院墙四周，用石灰圈上白线，院墙内外布满竹签利器，设假雷暗炮，院内学生举木棍铁器，勇敢地阻止军阀部队驻校。结果全城只有省立三师和三甲工（夏明翰组织同学护校）两所学校未遭枪兵破坏。通过护校斗争，蒋先云、贺恕、陈为人等学生认识到团结起来的巨大力量。加之新文化运动的蓬勃兴起，他们向往科学和民主，探求新知识、寻求中国光明前途的心情日益迫切。这时，在武汉外语专门学校读书的衡阳籍学生廖焕星，于1918年暑假回到家乡，并来省立三师拜访蒋啸青，"适值三师学生蒋先云、贺恕等人，为反对军阀驻兵破坏学校而自发组织起来，开展了护校斗争。他们在斗争实践中，既意识到内部团结的力量，又体会到外部精神支持的作用，希望有社会上的外援，廖就向他们介绍武汉组织'互助社'的情况。蒋先云、贺恕、黄静源等学生，因此深受启发"[1]。在恽代英组织"互助社"的影响下，蒋先云等于1918年夏，发起组织一个以"联络感情、互相帮助、提高新文化"为宗旨的"学友互助会"。

"学友互助会"成立后，学生纷纷摒弃过去带有地域观点和帮派意识的"同乡会"，积极要求加入"学友互助会"，成员很快发展到四五十人。由于他们经常在校门前的湘江沙滩上谈心交流，讨论如何提倡科学和反对迷信与盲从，如何提倡白话文批判旧文学，如何革新时政，抨击封建弊政，因而被人们称为"沙子会"。他们为了探求救国救民之道，促进新文化的发展，经常与外地联系。1919年年底，恽代英和廖焕星在武汉创办"利群书社"，廖焕星还经常把《端风》等进步书刊寄给"学友互助会"。会员们争相传阅，从中受到很大启发。"学友互助会"也办起了自己的进步刊物，取名《嶷麓警钟》月刊，由蒋先云担任主编。"学友互助会"的成立，团结了学校一批进步青年，由此点燃了湘南革命的星星之火，湘南革命拉开了序幕。

（二）"湘南学联"的成立

1919年，五四运动爆发后，由于督湘的军阀张敬尧实行封锁政策，消息

---

① 肖丽华，李子君.衡阳文化书社缘起［J］.衡阳城南文史，1991，6：105.

一时没有传播开来。5月8日，张敬尧召集各校校长进行"训话"，说"对于青岛问题，谓得中央来电，'和会'决议，由日本交还中国，似不得谓为外交失败，如鼓动风潮，恐招外人诘责"。他要求各教职员"告诫学生""力求镇静"。直到5月9日，才得知外间讯息。顿时，长沙、衡阳学生群情激奋，奔走相告，秘密联络。省立三师学生蒋先云、贺恕、韦汉、刘通著等"学友互助会"成员，不顾政府当局的恫吓，走出校门，联络省立三中、第三女子师范、私立成章、道南中学等校的爱国学生，集会游行、演讲，支援北京爱国学生运动。他们书写宣言、电文，联络教育界、工商界，并于5月17日，以《衡、永、郴、桂各界请办卖国贼电》通电全国，揭露曹汝霖、章宗祥、陆宗舆等甘心卖国、为虎作伥的罪行，坚决要求惩办卖国贼。[①] 还单独以"湘南学界通电"形式，要求当局"抵死力争""不得屈辱签字"，并坚决表示"湘南学界为之效命"。[②]

5月18日，张敬尧指令各级军警厅、局查禁学生散布"山东问题"的传单，防范学生上街游行。

5月27日上午，长沙各校代表在省教育会举行"湖南学生联合会"的成立大会，省立三师学生蒋先云和省立第三甲种工业学校学生夏明翰，以衡阳学生代表身份参加了大会，有力地推动了以衡阳为中心的湘南各地学生走向联合。

为了声援五四运动，蒋先云、夏明翰回衡后，仿照北京学生联合会和湖南学生联合会的做法，迅速联络衡阳各校学生代表，加紧组织筹备，于1919年6月7日，召集衡阳各校学生一千多人于雁峰寺坪，举行湘南学生联合会（简称"湘南学联"）成立大会。大会广泛宣传全国各地五四运动情形，报告学联筹备经过，宣告学联宗旨和行动主张，选举学联领导机构。经商议决定，将离省立三师不远处的浮桥公所划归湘南学联，作为学联的办公会址（现为湘南学联纪念馆所在地）。

"湘南学联"的宗旨是"联络感情，交换知识，促进文化，改造社会"。选举省立三师学生杨霖为第一任总干事，教员蒋啸青为指导员。蒋先云、夏明翰对学联的建立和发展起了重要作用，并分别任过第二、三、四届总干事。湘南学联从1919年6月7日创建至1927年5月衡阳"沁日事变"，历经8

---

① 湖南《大公报》，1919年5月17日。

② 中国科学院历史研究所第三所近代史资料编辑组.五四爱国运动资料［M］.北京：科学出版社，1959：91.

年16届，其中总干事或会长中有10届是由省立三师学生担任的。入会会员数千名，核心骨干300多人，主力是省立第三师范学校的学生。它的成立，使得衡阳的新民主主义革命运动在此后如火如荼地开展起来，成为中国共产党创立时期和大革命时期湘南地区革命运动的中心，成为毛泽东等老一辈无产阶级革命家在衡阳传播马克思主义、开展革命活动的重要阵地，并为衡阳乃至湘南地区中国共产党地方组织的创建和革命运动的开展做出了巨大贡献。

二、积极参加国货运动与"驱张"斗争

"湘南学联"成立后，进一步将衡阳的五四运动推向高潮，开展了"驱张"运动等反帝反封建斗争。

"湘南学联"成立不久，在湖南省学联会会长彭璜和上海全国学联代表的帮助下，衡阳、长沙的爱国学生商议了"互相联络""信息来往""现在计划""将来进行"等四项联合斗争办法，进一步开展反帝斗争。[1]

为了广泛而切实地掀起反帝反军阀爱国群众运动，学联做出了五条决定：（1）组织救国银行，以解决内部经济困难，加强对外经济斗争；（2）组织持真枪的学生义勇军，以维护爱国运动的顺利进行；（3）创设各种简易工场，为振兴实业、抵制日货、提倡国货而创造物质条件；（4）组织实业研究会，以总结和交流各项实业建设的经验和成果；（5）各处学生联合会应每月召开一次道德勉励会，以监督和检查各人从事爱国运动实际行动。[2]

"湘南学联"成立后，全市立即统一罢课。省立三师学生罢课后，连日与各校爱国学生举着"勿忘国耻，还我河山""誓死争回青岛""国人应判国贼罪刑"等花绿小旗，冒雨集会和示威游行。省立三师学生手持枪械，做志愿兵，行在队前，勇气逼人，看者钦佩。他们联络各校学生向驻衡的吴佩孚请愿抗议，又组织许多讲演团、宣传队分赴码头和农村，散发反帝传单，演出《爱国泪》《自由血》《惩办曹、章、陆》等时事新剧，教唱"五四"传单歌，宣传抵制日货，痛斥日寇侵占我国领土和军阀政府的卖国罪行。第5班学生黄玉亭每次登台讲演，怆天陈词，声泪俱下，听众掩面而泣。20班学生旷畴创作的《抱不平》新剧，通过一个女子深受压迫和奴役的痛苦经历，无情地控诉了贵族地主和封建礼教的罪行，抨击了"三纲五常""三从四德"的封

---

① 长沙衡阳学生会之联络［N］.大公报（湖南），1919-06-14.

② 湖南《大公报》，1919年6月23日。

建枷锁，提出妇女肩负起改造社会的责任，喊出了"杀尽全世界的暴官污吏"和"打破万恶的旧家庭制度，洒出全球的大光明"等战斗口号。[①]该剧在衡阳、南岳、郴县、耒阳等地演出，观众深受教育和鼓舞。一时间，衡阳古城和整个湘南掀起了反帝反封建军阀的热潮。

爱国学生运动使帝国主义和封建军阀惊恐万状，张敬尧以"过激党"捣乱的罪名，严令各警察厅、局拿办学生，扣留学生对外各种通电；又通函各校，迫令学生上课，并发表所谓"告学生训令"。与此同时，张敬尧还于1919年8月解散了省学联。但是，各种镇压措施，都没能阻止学生的爱国行动。

为了提高群众的政治觉悟，毛泽东于1919年7月14日创办了《湘江评论》周刊，该刊对省立三师学生的影响颇大。在《民众的大联合》等文章指导下，他们深深感到学生运动只是整个民众运动的一部分，必须与工人及各行各业的群众联合起来，才能取得成功。蒋先云还满怀激情地写了《帝国主义的末日快到了》一文，鼓励工人联合起来，打倒资本主义势力，推翻一切反动势力，并指出全世界人民联合起来，帝国主义就要崩溃。这年暑假，省立三师进步学生拒绝衡阳当局的威胁劝告，纷纷留校，联合各界群众，由蒋先云、黄静源、贺恕、唐朝英、唐鉴及三甲工夏明翰等人发起，召集衡阳各界代表会议，议定组织各界联合会、抵制日货分会、国货维护会等，分别领导以抵制日货为中心的反帝反封建军阀的爱国斗争。

国货维持会，推选湖南省立三师教务主任屈天壁担任会长。蒋先云、夏明翰亲自带领以省立三师学生为主的国货维持调查组和省立三师、三甲工的学生义勇军，深入不法奸商的货场仓库、商店铺房，清查和焚毁日货。每到一处，如发现日货，就加盖"仇""劣"等字样。发现明摆国货暗藏日货的奸商，就涂改其招牌，大书"亡国奴"。还与码头工人、店员"暗通声讯"，监视和拿获不法奸商偷运、偷卖日货，并提出"不买日本货，不坐日本船"等口号。

1919年9月，以囤积"仇"货著名的衡阳正街洋货店——太和祥，从汉口运来价值数万元的"仇"货，并扬言要组织"同行"与学生为难，激起学生极大愤怒。由省立三师学生和湘南学联联络衡阳各校学生及商会、军政机关人员，前去该店诘责，一举烧毁"太和祥"，震动全省。那时，有两艘往返衡阳、长沙的轮船，互相竞争。一艘是中国轮，一艘是日本戴生昌号。学生呼号群众"不坐日本船"，并在搭乘轮船的河岸设立纠察线，阻止旅客上日

---

① 《湖南三师校刊》第2期，1923年4月版。

本船。戴生昌号则采取不收船钱，还免费供应饭菜、香烟和一条手帕等办法，诱客上船，以此反抗学生的爱国斗争。但是，旅客在学生劝阻下，没有人为此动心。戴生昌号空无一人，时间一长，只好停泊。1920年4月25日，奸商王裕成由美国轮船公司运来大批"仇"货，在长沙用400元现洋请数名外国人押运。并将"仇"货改成药材，发往衡阳延寿堂，企图逃避查究，结果在衡阳被查出全部被没收。1921年5月18日，太和成、集美成、松茂林三家奸商带几船"仇"货，在城南珠琳码头靠岸，并预先纠集300多名打手，手持武器，埋伏近处，见学生前来检查，一拥而上，围打学生。幸亏各校学生及各界群众及时赶到，没收了"仇"货，驱散歹徒，追查凶犯。1921年5月18日《北京晨报》报道："衡阳市面上'仇'货差不多绝迹了。"这种抵制日货的斗争，此后还持续了多年。

1919年11月16日，被张敬尧用武力解散的省学联又恢复了，并发表了一篇言辞激烈的宣言，对张敬尧的黑暗统治进行了有力的揭露和抨击。12月2日，省学联联合长沙各界在教育会坪再次举行焚毁日货示威大会。张敬尧令参谋长张敬汤带领一营士兵，一连大刀队，冲进坪中，用枪托毒打学生，激起各界人士的愤怒。从这天起，波及全国的"驱张"运动开始了。

1920年年初，省城组织的以陈宗汉、彭光球先后任总干事、何叔衡为公民代表的驻衡"驱张代表团"来到了衡阳。在驻衡"驱张代表团"的领导下，省立三师学生和湘南学联联络衡阳教育会、女子救国会、国货维持会、劝学所、农会、商会等团体，协同驻衡"驱张代表团"，向政府及全国发出了几十份"驱张"通电。1920年1月9日，以省立三师学生为主体的全市学生400多人，赴衡阳驻军吴佩孚司令部请愿，面呈"请电中央撤惩张敬尧""张敬尧殴辱教职员及学生，请电京严办"等六条要求。在吴佩孚未做出切实答复之前，每数日即举行一次"驱张"请愿和集会游行。而且按照省驻衡"驱张代表团"的意见，利用直系吴佩孚与皖系张敬尧两派军阀之间的矛盾，直接要求吴佩孚出兵逐张。吴佩孚鉴于"驱张"形势对己有利，不等政府批准，就率兵北上，压迫皖军。吴佩孚从衡阳北上，同谭延闿、赵恒惕（两人属湘军）达成默契，吴军进一步，湘军跟一步，5月27日，吴佩孚进军长沙，张敬尧不战而退，6月26日全部退出。"驱张"运动取得了胜利。

省立三师师生在"五四"时期的反帝反军阀斗争中，表现十分英勇、果敢和顽强，是湘南爱国学生运动的主体力量和主要组织领导者。这不仅形成了省立三师师生反帝爱国的光荣传统，而且在思想上、组织上为衡阳建团建党奠定了良好的基础。

三、创办书报贩卖部

1920年1月，恽代英在"互助社"的基础上创办了利群书社，这是一个传播马克思主义的革命团体。毛泽东率"驱张"代表团从北京返湘过程中途经武汉，与恽代英、廖焕星建立了联系，毛泽东称赞由进步社团组织书社的做法。毛泽东回到长沙后，于1920年8月创办了文化书社，并与利群书社保持密切联系。随后，恽代英被邀作湖南之行。1920年暑假，恽代英在廖焕星的陪同下，到长沙和衡阳进行社会调查。恽代英在省立三师的几天中，常常与"学友互助会"的成员及教员蒋啸青、屈子健等彻夜长谈。在恽代英的指导下，"学友互助会"的成员又成立了"书报贩卖部"。这是湘南第一个贩卖新书的机构，它以"学友互助会"成员为主，其资金来源，由进步师生捐赠。并约定：不论谁投资，永不收回或索取利息，其中蒋啸青和屈天壁赞助最多。书报贩卖部设在校门口传达室的右侧，房子不到10平方米，设备只有一个木柜（现存放于湘南学联纪念馆），由蒋先云、黄克诚（一说为刘通著）负责经理，校工彭集云平时则帮助看管。① 书报贩卖部的书籍一部分系由武汉利群书社邮来，另有一部分后来购自长沙的文化书社。其中新书有《共产党宣言》《马克思资本论入门》《新俄国之研究》《新青年》等，以及柯卡朴著的《新社会主义史》等。小小书报贩卖部，顿时成为进步师生汲取精神食粮的宝库，每次新书报刊一到，大家便争相购买。为了扩大宣传，"学友互助会"成员有时在星期天把新书报刊带去三女师、三甲工、三中和成章等校销售，许多学校的进步师生一时以能购到新书报刊为荣耀。

长沙文化书社创办后，省立三师进步师生从报纸上看到《文化书社缘起》后，大受鼓舞，立即与长沙文化书社联系。1921年2月，屈子健到省立一师出席会议，经夏曦介绍，会见了毛泽东，并参观了文化书社。在征得毛泽东、易礼容（书社经理）的同意后，决定将书报贩卖部改设为长沙文化书社衡阳分社。同年3月20日，屈子健、贺恕将长沙文化书社衡阳分社再次更名为衡阳文化书社，成为衡阳进步书刊的经销点、马克思主义的传播站和此后共产党的对外联络点之一。屈子健后来回忆说：当时书社没有挂招牌，只是用纸写了"湖南衡阳文化书社"的条子，贴在墙上。此后衡阳文化书社从长沙购进的新书刊更多，像《社会主义史》《俄国革命纪实》《马克思主义解说》《劳农政府与中国》《晨报小说》《试验伦理学》《经济思潮史》《国际劳动运动史》《女

---

① 肖丽华，李子君.衡阳文化书社缘起［J］.衡阳城南文史，1991，6：106-107。

子参政之研究》《共产主义 ABC》《阶级斗争》《白话书信》《尝试集》等。销售量日见增大，几个月就能卖到四五千册。由于分社资金和人员有限，新书已不能满足广大读者的需求。1922年，经蒋啸青等介绍，由布政街（今衡阳市市府路）宝华书局分担部分新书销售业务。翌年又帮助陈锡奎与宝华书局店员萧远伦创办"衡阳文化书社"。后来"文化书社分社"又恢复为"书报贩卖部"，直到1927年"四一二政变"后被国民党捣毁。

衡阳文化书社，最初由"学友互助会"经办。1921年3月，"心社"成立后，书社由"心社"领导办理。这虽然是一个普通的书社，但她对衡阳影响巨大。首先，她对衡阳思想界产生了深远的影响。从此，省立三师的进步师生，开始运用马列主义理论，去寻找救国救民的方法，因而看到了中国的光明前途。1921年3月以后，省立三师的"马列主义研究小组""俄罗斯研究会"和"湘滨社"等组织相继成立，从思想上、理论上让更多的进步师生接受了马克思主义。其次，文化书社成为毛泽东了解衡阳，与省立三师进步师生联系的主要桥梁和纽带。如省立三师的学生贺恕、黄静源经常到长沙文化书社选购书刊，与毛泽东接触较多，毛泽东从中了解到衡阳的情况。特别是省立三师学生贺恕于1921年暑假赴长沙，在毛泽东身边工作，他们把衡阳热血青年的活动情况向毛泽东做了介绍，引起了毛泽东对衡阳一批进步青年学生的极大关注，为毛泽东将建党建团的目光投向衡阳打下了良好的基础。最后，湖南省立三师党团组织建立后，书报贩卖部的精神和事业，又被许多党团员带到各自的原籍县城，在各县城先后创办了书报贩卖部。如嘉禾籍党员雷渊博、黄善益、唐朝英在县城创办的"书报贩卖部"，既广泛地推销了马列主义书刊，又是中共的秘密联络中心和活动经费筹集机构。

四、恽代英与"心社"的成立

五四运动后，张敬尧禁锢湖南新文化、新思想的枷锁被打破了，十月革命的影响在湖南进一步扩大，不少爱国知识分子和先进青年对俄国和社会主义产生了向往。当时，谭延闿、赵恒惕先后督湘，慑于民众运动和社会舆论的各种压力，不得不暂时实行一些开明的政策，提出了"民治民主"口号，并于1920年7月22日，发布了"湖南自治""还政于民"的通电，借以稳固自己的统治。

在这种形势的影响下，省立三师对进步学生的革命活动和传播新文化不予阻拦，而且还聘请了一批有进步思想和有名望的教员，如恽代英、陈书农、彭粹夫、黄和钧、吴鸣岗、易克嶷，还有老同盟会会员谢彬等来校任教。

　　恽代英是1921年2月应聘来校的，其时正是寒假。蒋先云等"学友互助会"的多数成员自愿留校，以讲演讨论的形式切磋学问、评论时政。恽代英把少年中国学会和利群书社的情形向贺恕、蒋先云、刘通著、黄静源等人做了详细介绍。他们在一系列新思潮的启发下，感到过去以"联络感情""互相帮助""提倡新文化"为宗旨的"学友互助会"有必要进一步发展和提高。于是在1921年3月16日，由贺恕、蒋先云、刘通著发起，成立了革命团体"心社"。为何取名叫"心社"，就是为了保守秘密，因为大家都知道成立这个团体的目的是什么，彼此之间都心照不宣。1921年3月29日，湖南《大公报》以"衡阳学生界之曙光"为题，报道了"心社"的成立情况，说"这虽是个小小的团体，内部却还很有精神"。

　　"心社"的宗旨是"牺牲个人乐利，企求群众幸福，结合真纯同志，谋社会实际改造，预备为世界总解决时一部分底帮忙，作建设新社会时一个健全坚实的基础"。为达到这个目的，"心社"要求社员"作打倒旧社会的先锋，研究切实的学问、彻底的主义，考察社会的弱点和生活干枯的状况，揭开时下的新虚伪、新假冒，去发现它的病根，图改造之""筹办乡村各地农民工人教育，开辟他们的智识，帮助他们的组织""与国内外同主义的团体，力谋联络携手"[①]。当时，"心社"成员唐朝英在"心社"成立大会上即兴赋诗，写下了《礼堂里的菊花》歌颂这一革命团体，阐明"心社"宗旨：

　　　　庄严灿烂的礼堂里 / 几千朵红黄紫白……的菊花 / 正在那集合一堆齐首骈肩高高兴兴的开会 / 主席站在那阶台上 / 不屈不挠 / 朱也似的嘴唇带着微笑的报告 / 我们今天开全体大会 / 不是单纯的联络虚伪感情 / 不是诩饰的张扬团体威势……只为着那可恶的冽冽霜风 / 年复一年的摧残我们的肢体 / 只为着那无情的霏霏雪花 / 一层一层的侵害我们的皮肤 / 维持生活计 / 繁殖种族计 / 弭除外患计 / 提供给大家讨论 / 究竟要怎样绸缪 / 这就是开会的主旨！目的！ / 主席刚刚话毕 / 我也正在那酣听传神 / 可惜那无情的上课铃声 / 又在那叮……当……/ 叮……当……的催行 / 我只好边行边听 / 回忆那会场秩序 / 团体精神 / 藉为自慰无聊生活的一片继续不断的余兴！[②]

---

① 《先驱》第12号，1922年10月15日。

② 《湖南三师校刊》，1922年12月版。

　　"心社"的组织机构有总务、经济、编辑兼书记三股，其中总务主任是蒋先云、刘通著。最初参加者有贺恕、蒋先云、刘通著、袁痴、黄静源、唐朝英、雷晋乾、唐鉴8人。由于许多进步师生的向往，到3月29日发展到18人，10月即达30人。其成员除上述的8人外，还有李祖良、雷克长、黄逵、高静山、罗严、姜敬祥、乐开梁、赵楠、陈芬、韦汉、杜家俊、彭章达、唐孝明、曾克家、肖觉先、雷腾宇和教师蒋啸青等相继加入。参加"心社"的人必须是品学兼优、作风正派的进步师生，他们对自己要求甚严，不吸烟，不嫖赌，不染社会恶习。据"心社"成员姜静潜（后改名为姜敬祥）回忆，"心社"成员当时对自己提出的要求[①]：

　　第一，坚持冷水浴和日光浴，坚持晨跑以锻炼身体。

　　第二，参加劳动，跳水种菜，自己洗衣（当时的学生由于大多数人出身剥削阶级家庭，多是请人洗衣服的），并明确提出与贯彻了"劳工神圣"的口号。

　　第三，出门不坐车，不上馆子，提倡节俭作风。

　　第四，加入马克思主义学术研究会，以加强思想改造。

　　为了不断提高思想觉悟和砥砺言行，"心社"规定每个星期召开一次道德检查会，以勉励各个成员的言论和行动切实符合它的章程。

　　"心社"在扩大组织的同时，开展了许多有益活动，大力宣传马列主义，不断提高社员的思想觉悟并推广新文化。如前所述，在1921年3月以后，省立三师成立了马列主义研究小组、俄罗斯研究会和湘滨社等研究和学习马克思主义的重要团体。他们编辑了《明星》《先锋》《东升》《三师周刊》等杂志，每种油印数百份，各种刊物发表大量具有先进思想的文章。1921年"五一"国际劳动节，蒋先云为"心社"起草的《告劳动者》传单，散发各地。5月9日国耻纪念日，"心社"成员走上街头，向群众做了《怎样雪我们的国耻》的报告，引起了一般人的注意。[②]"心社"社员蒋啸青在课堂教修身课时，还结合教材，对广大学生说："劳动是人生应尽的天职，并非卑贱的事，不劳动硬要吃饭的人是强盗。"如此等等，对学生影响很深。1922年10月15日，中共央机关报《先驱》载文报道说："他们（指"心社"成员）颇受一般人信仰，因而文化促进得力亦多，省立第三师范学校书报贩卖部纯系他们主持，并

---

① 参见《姜静潜（敬祥）亲笔证明材料》，原件藏于湖南省衡阳市档案馆。引自刘永生．湖南共青团研究（1920—1927）[J]．上海：上海师范大学，2009：59.

② 《先驱》第12号，1922年10月15日。

筹办衡阳文化书社。又如马列学说研究会，星期讲演会，均由该社人发起组织。本团衡州地方团成立，该社社员已悉数加入。""心社"活动的地点主要是在学校附近山上的东山庙，这个地方也是后来学校党团员活动的重要场所。

"心社"还在年轻的工人和农民中开展"平民教育促进会"的活动，办起了工人和农民夜校，吸收省立三师、三中年轻的校工和附近的码头工人及菜农免费入学，由"心社"成员轮流担任教师。"心社"成员自己掏钱，准备了讲义和铅笔等文具用品，切实帮助入学青年学习文化知识，提高思想觉悟，这为师范教育和湘南社会教育开创了一种新型的教育方式，也为学生运动向社会运动的转变和发展进行了有益的探索。

"心社"成立后的活动和严格的社会生活，对毛泽东在衡阳建党建团，从思想上、组织上和干部上进一步提供了重要条件。这批成员不仅是省立三师的骨干，而且是衡阳地方团委和湘南学联的骨干，后来，他们中的绝大多数参加了中国共产党，成为优秀的党员，在历次革命斗争中，多数人献出了宝贵的生命。

第二节　毛泽东来校创建湘南第一个党支部

一、毛泽东来校宣传革命思想

毛泽东在1921年7月出席中国共产党第一次全国代表大会后回到湖南。同年10月10日，在长沙建立了中国共产党湖南支部，并任支部书记。在小吴门外的清水塘租赁一所房子，作为支部活动的秘密地点。毛泽东在长沙工人、学生中发展党团员的同时，对地处湘南政治、经济、文化中心的衡阳也极为关注。鉴于湖南省立三师在五四运动前后是湘南各地传播马列主义和开展反帝反封建斗争的学生运动中心，尤其是1921年3月"心社"成立后，涌现出一大批富有爱国热忱和具有初步的马克思主义理论和共产主义信仰的优秀师生。同时，为了领导和推动整个湘南地区的革命斗争，并使之与粤、桂等地的革命活动相呼应，毛泽东决定尽早在衡阳建党。

1921年10月，毛泽东在贺恕、夏明翰的陪同下来到省立三师，由早有联系的省立三师学生蒋先云、黄静源迎接入校。毛泽东来到省立三师，主要是研究发展党员，成立党的组织问题。① 毛泽东对"心社"尤为重视，听取了蒋先云、刘通著等"心社"主要负责人的汇报，然后与"心社"骨干成员进行个别谈话，特别是与蒋啸青进行了详谈。毛泽东认为"心社"的宗旨和主张，大体与"新民学会"相似，都在寻找纯真的同志，参加了实际斗争。"心社"成员已初步具备了无产阶级世界观，有很好的建党建团基础。于是，毛泽东在"心社"成员中发展一批社会主义青年团员，建立了湘南第一个社会主义青年团支部——湖南省立三师支部，由黄和钧任书记。1922年，改由赵楠担任。

同时，一天晚上，在省立三师一间教室里，毛泽东向约300名师生作了题为《中国历史上的农民革命》的讲演。"心社"成员悉数到会聆听。毛泽东用历史唯物主义的观点，讲述历史上历次农民战争的功绩，热情赞扬陈胜、吴广、黄巢、李自成、张献忠、洪秀全等农民领袖，把反抗封建王朝的农民起义，都称为农民革命，认为其具有深远的历史意义。毛泽东指出：应该把过去颠倒的历史再颠倒过来，恢复历史的本来面目。接着指出：历次农民起义和农民战争都先后失败了，其根本原因就是没有一个先进阶级的政党做领导。毛泽东的讲演，立论新颖，分析精辟，给人以深刻的启发和教育。讲毕，听众掌声不断，群情鼎沸，自发起立目送。演讲结束后，在省立三师的一间教室里，毛泽东召开了秘密会议，发展"心社"骨干成员蒋先云、黄静源、唐朝英和教员蒋啸青入党，建立了中共省立三师党小组，黄静源任党小组组长。

毛泽东这次在省立三师讲演和建立党团组织的同时，还指示党组织应着力宣传中国共产党的主义和方针，慎重扩充力量，逐步壮大队伍，并指示党团员应带领青年积极分子走与工农相结合的道路，深入工矿、农村从事革命活动。一次在渡江回江西岸大达利旅社的木筏上，还特意对陪送他的黄静源、唐孝明两位学生说："水口山铅锌矿的工人很多，你们应该到那里去。"1922年年初，党小组发展了韦汉、罗严、刘通著等人入党，4月底，又发展袁痴、李弼廷等人入党，因此党员人数不断增加。同时，党小组遵照毛泽东的指示，先后指派蒋先云、唐朝英、韦汉、黄静源等党员去水口山铅锌矿从事工人运

---

① 逄先知. 毛泽东年谱：上（1893—1949）[M]. 2版. 北京：中央文献出版社，2005：88.

动。1922年春，蒋先云、韦汉接受中共湖南支部的指派，分赴长沙、安源等地从事工人运动。

二、中共省立三师支部的建立

马克思主义在中国的广泛传播和全国一些地方党、团组织的建立和发展，推动了革命运动。与此同时，全国各地也出现了无政府主义、工团主义、基尔特社会主义等形形色色的西方社会思潮，这些思潮对全国各地党、团组织和学生运动产生较大影响。也就在这个时候，衡阳一些顽固守旧势力和封建遗老乘机活跃起来，公开指责进步师生是"俄国过激派"，一些学生的思想因而出现了混乱，不敢对顽固势力和错误思想进行反击。为此，黄静源写信向中共湖南支部汇报，要求毛泽东再次来衡阳指导工作。

1922年4月底5月初，毛泽东在夏曦、彭平之陪同下来衡阳，主要任务是指导水口山工人运动，了解省立三师建党建团的情况。4月底，毛泽东又一次来到省立三师，在雨操坪以"社会主义"为题做了讲演，参加聆听的师生达1 000多人。毛泽东指出：要改造社会必须有一种正确的远大的理想，并且为实现这种理想而奋斗，这个理想就是社会主义。[①]

原中共第八届中央委员、曾任中共中央宣传部副部长兼国务院文教办公室主任、原省立三师学生张际春对这次讲演记忆犹新，他于1964年湖南三师60周年校庆之际，以"伟大的启蒙和教诲"为题，撰写回忆录，刊登在湖南三师校刊上。1983年11月21日，中共中央宣传部又将全文在武汉《长江日报》上发表。现将全文附录如下：

> 大概是在1922年一个晴朗的日子里，正是湘江上帆船往来如织，两岸垂杨轻拂的时刻。从衡阳市潇湘码头，驶出一叶扁舟，经过石鼓书院旁边，徐徐向下游泛去，行至"南学津梁"附近，渐渐向东，正在来雁塔对岸的芳草如茵处，扁舟停住了。船上先走出两个青年，接着走出一个身着长衫的学者。他们相继上岸，进入了湖南省立第三师范学校。
>
> 这时上千名学生，已经在学校的雨操场上静候着。等不多时，学校教务处负责人从雨操场的侧门引入了这位学者，立即走上了演讲台。

---

① 逄先知.毛泽东年谱：上（1893—1949）[M].2版.北京：中央文献出版社，2005：93。

教务处负责人接着介绍了学者的姓名，他说，这位是毛泽东先生，他是我国著名的政治家、社会主义活动家、文学家、教育家……今天请毛先生向我们作政治和学术讲演……毛泽东同志身着蓝色衣衫，头发垂近两肩，站立在台上，举止从容，和蔼可亲。他小咳了一声之后便开始了他的演讲。他首先拿起一支粉笔在黑板上书写了"社会主义"字样的题目，接着说：许多青年同志对社会的现状不满，希望在改造社会方面做点事情，这是非常好的。但是要改造社会，必须要有一种正确的远大理想，有了这种理想后，才能够坚定地为实现这个目标而奋斗，才能达到改造社会的目的。最好的最正确的理想是什么呢？这就是社会主义的理想。

接着他分别指出了各种各色空想社会主义的流派和主张。例如无政府主义等主张的谬说，指出这些主张都不可能真正实现社会主义制度。然后他十分明确而肯定地指出：只有马克思主义的社会主义理想才能消灭人剥削人、人压迫人的阶级社会的制度，这是一种最好的从根本上改变社会制度的一种理想。我们青年人应该选择这种改造社会的正确的远大理想，并且为实现这种理想而奋斗。他每讲到上述的政治术语时，都用粉笔在黑板上一条一条地书写出来，使人一目了然，便于记忆和笔记。

最后他指出，中国当时的现实状况是各国帝国主义勾结中国封建阶级、买办资产阶级压榨中国人民，中国人民只有团结在上述理想之下，推翻帝国主义在华统治，推翻封建、买办资产阶级的统治，才能逐步改造中国社会，建立社会主义制度。接着，他勉励大家说：青年学生与一般人比，他们对于事物具有更锐敏的感觉，就像湘江水一样，愈上游愈清澈，愈下游愈混浊，青年人要保持这种锐敏的感觉，始终坚持革命的思想，与旧的势力作斗争，不要向旧势力屈服，要团结更多的人为社会主义的远大理想而奋斗，社会主义的理想就一定能实现。

毛泽东同志的演讲历时约两小时，全场鸦雀无声。他的明确的概念和每一句话每一个字都印在人们的心上，像饥渴中的甘露一样，一滴一滴的被人们深深地吸吮着。他那十分清晰的讲演的声音，长时间萦回在人们的脑际。演讲结束时，同学们赞叹不已，三三两两互相交谈自己的感受，有的在广场上踱步独自深思，有些人则走近毛泽东同志身边提问，请求解答疑难。毛泽东同志的这一演讲，给人的印象是极为深刻的，是使人终生难忘的。

　　这一次演讲对于三师同学来说，它不是一般的讲演，而是一次中国大革命实践前夕的伟大启蒙和教诲。后来三师的同学，不少的人能够继续走上革命的行列，有的投身到工人运动（安源、水口山）、农民运动（湘南各地）、北伐军队伍，直到后来有的投身到工农红军游击战争中去，之所以如此，和毛主席当时的这一伟大的启蒙和教诲是分不开的。

　　毛主席的这一演讲距今已经四十二年了。四十二年多来的中国革命在中国共产党和毛主席的领导下，经历着伟大的艰苦斗争，从民主革命到社会主义革命，从胜利走向胜利。这也就是马克思列宁主义与中国革命具体实践相结合的胜利，中国共产党政治路线的胜利，毛泽东思想光辉的胜利。今天中华人民共和国已是一个伟大的社会主义的国家，中国社会主义革命和社会主义建设，在中国共产党和毛主席的领导下，正深入地大踏步地向前迈进，它将在世界革命和人类历史进程中，起着伟大的作用。今天青年的任务是，高举马克思列宁主义的红旗，高举毛泽东思想的红旗，努力学习马列主义，学习科学文化，加强劳动锻炼，把自己培养成为有社会主义觉悟有文化的劳动者，成为有社会主义觉悟的能文能武的新人——共产主义的红色接班人。

1964 年 11 月 18 日于北京

　　毛泽东来湖南省立三师演讲，对学校的进步师生投身革命是一次重大的思想启蒙。当时，第20班学生唐鉴撰写了《深夜钟声》和《冬夜骤寒早晨》两首诗，就反映了毛泽东的演讲对师生产生的巨大影响力。现将其中的一首诗《深夜钟声》摘录如下：

　　朔风飕飕几阵吹 / 雪花六出满空飞 / 夜来睡魔随 / 拥被常不起 / 侧身呵欠 / 远远几声钟声 / 闻之心焉惕惕 / 瓦上雪光白如画 / 好似琼楼玉宇 / 满目玲珑 / 意志清新心神快 / 离别黑暗进光明 / 醒来不知身在床 / 疑是仙院中 / 侧耳细听 / 一片鼾声 / 并无光明境 / 钟声！钟声！祝君永日长鸣 / 唤醒人们进光明 / 祝君声更宏 / 唤醒人们进光明！进光明！进光明 / 恃君长鸣！恃君长鸣 / 钟声！钟声 / 将何以报我们！

　　同时，毛泽东在省立三师工人夜校召开了"心社"成员会议，将"心社"改组为社会主义青年团，将省立三师党小组改建为党支部——中共省立三师支部。①5月1日上午，毛泽东还在湘南学联会议厅召开了衡阳各校进步师生和党团员数十人的"五一"纪念会，并做了关于《马克思生平及其艰苦斗争简史》的报告，意在帮助广大青年和学生骨干澄清和消除各种错误思想影响，坚定社会主义信仰，进而决心投身革命。紧接着，毛泽东在湘南学联秘密召开党团组织负责人会议，听取党团组织发展和开展活动的汇报，还介绍了省立三师学生高静山等人入党。随后，学生中的团员雷晋乾、夏明震、唐鉴、江靖邦、杜家俊等人也相继加入党组织。在毛泽东的指导下，省立三师团支部也得以扩充，"心社"成员悉数吸收入团。同一天，各校团员也秘密集会于省立三师，正式成立了衡阳地方社会主义青年团委员会，黄和钧任书记。下设学生运动、社会教育、劳工运动三个委员会，共有共青团员47名。1923年5月10日，中共中央机关报《先驱》发表光亮写的《对于本届全国大会的感想》一文，评论全国各团组织近一年来的工作，着重表扬了衡阳地方团委，称道："无论就其组织完整和活动成绩，均以衡阳地方团为显著。"

中共省立三师支部是湘南地区成立最早的党支部，同时也是湖南成立最早的党支部之一。从此，中共领导的学生运动、工人运动、农民运动在湘南地区蓬勃地开展起来，省立三师的大批学生纷纷投身中国革命的洪流，为中国革命做出了巨大的贡献。

三、张秋人来校加强党支部建设

为了加强对中共省立三师支部的领导，毛泽东向中央请求派人来担任党支部书记。1922年5月，毛泽东在清水塘会见了省立三师教员屈子健。屈拟带一部分教员和实习生去江浙一带考察教育情况，并聘请一位英语教师。毛泽东当即为屈子健写了一封介绍信去上海会见陈独秀，请陈给予帮助。②实际上，毛泽东是想利用这个机会让中央派人来省立三师担任党支部书记。1922

---

① 关于中共省立三师支部成立的时间，原来的说法是1922年10月。根据最新的研究资料，衡阳党史学界认定为1922年4月底至5月初毛泽东第二次来衡阳时建立的。见衡阳市委党史资料征集办公室1984年9月17日的文件《早期衡阳党组织的建立、发展及活动》（衡市征发〔1984〕3号）已有相关研究结论：衡阳支部（中共省立三师支部）成立时间定为1922年5月间。依据是中共湖南省委党史资料征集委员会1984年2月23日"关于《湖南共产主义小组和建党初期湖南党组织情况》"专题所述："湖南约在1922年5、6月间创建了（中共）湘区（执行）委员会。因为一是至1922年6月，已有党员30人。二是此时已在长沙、安源、衡阳建立了地方执委会（支部），符合中央建立区执行委员会的规定。"我们认为：中共省立三师支部成立的时间应为1922年4月底至5月初。

② 逢先知.毛泽东年谱：上（1893—1949）[M].2版.北京：中央文献出版社，2005：95.

年8月，应中共湘区委员会书记毛泽东的要求，经中共中央执行委员会委员长独秀推荐，派共产党员张秋人来湘工作。毛泽东立即派张秋人来省立三师工作。为此，毛泽东于8日致信在长沙任教的原省立第三师范学校学生欧阳振垣，商量护送张秋人来衡事项。张秋人到衡阳后，以教英语为掩护，担任中共省立三师支部第一任书记，同时他还兼任衡阳地方团委书记，秘密地在学校从事衡阳党团工作的建设，发动学生运动。

当时无政府主义、工团主义等思潮在衡阳学界中蔓延。贺恕、蒋先云等党员骨干，因工作需要，被中共湘区委员会先后调往长沙、安源从事革命活动，"湘南学联"等群众组织的部分领导权被少数右派学生乘机篡夺，活动几乎处于停滞状态。博学多才的张秋人来衡后，一面从事教学，一面着手组织整顿。他在教学中一丝不苟，深受欢迎。特别是他平易近人、艰苦朴素、热爱学生、关心群众疾苦的品德，令人敬佩。他的工资在全校最高，每月120块大洋，上无父母赡养，下无妻儿负担，但他节衣缩食，生活非常简朴，就是严冬季节，也只是上着一件普通棉衣，下着一条青布夹裤。他把节余下来的钱，用作党、团活动经费，或支援困难同学和社会公益事业。"南学津梁"通衢下端，有一渠道无桥，来往群众和短途运输工具鸡公车通过极不方便。他不但自己捐款，而且还发动学校教职员和附近群众捐款，并亲自参加建桥劳动。石板桥建成后，桥旁竖立一块石碑，上面刻的捐款人名单中第一个就是张秋人。

除了学识、教学水平和对学生高度负责的精神，张秋人那勤劳、睿智和平易近人的作风，也为莘莘学子仰慕，这对他组织群众、教育群众，建设党、团组织，开展革命活动都有很大帮助。他通过深入的了解和细致的思想工作，进行了组织整顿，把衡阳党组织又分成三个支部：湖南省立三师的党员为一个支部，书记为黄静源；三中、三甲工、成章及莲湖小学的党员为一个支部，由夏明震任书记；其余几所私立学校的党员为一个支部，由刘泰任书记。三个支部的总负责人是张秋人。与此同时，对一些群众组织的领导也进行了调整，如派省立三师党员袁痴担任湘南学联的总干事，把原被右派学生夺去的部分领导权夺了回来，省立三师学生会主席也改由党员唐朝英担任。尔后，在进步师生中又发展了一批党团员，如吸收陈芬、张凤岗、曾克家、张廷迁、黄益善、李华芳、李应采、曾令钧、段辉唐、黄龙飞、夏明霖、李昌颐及教员吴鸣岗等人入党。

张秋人进行一系列组织整顿后，立即组织党团员和青年积极分子，从学校走向社会，深入工矿、农村，发动群众，开展工农运动，使湘南各地的革命活动又重新活跃起来。在工农运动中，张秋人把重点放在组织学生支援水口山铅锌矿工人的罢工斗争上。

1922年9月，刘少奇、李立三、蒋先云领导的安源路矿工人大罢工取得了胜利，给水口山铅锌矿的工人以极大鼓舞。10月，蒋先云、韦汉受党组织的指派来到了水口山铅锌矿。他们经过艰苦的工作，于11月27日正式成立了水口山工人俱乐部。12月初，蒋先云与路过衡阳的中共湘区执委会成员易礼容，一起来到省立三师，跟张秋人拟订出组织水口山铅锌矿工人罢工的计划、策略与口号。

罢工前夕，中共省立三师支部与湘南学联，按计划联络衡阳各界，秘密组织了以袁痴为主任的"后援会"，做好各项声援准备。12月15日，水口山工人宣布罢工，工人将各处锅炉停火，车头停水，工人纠察队手持旗帜，分守各处，全矿无一人上班。在矿山显眼的高坡上，悬挂着"从前做牛马，现在要做人"的巨大横幅。张秋人立即派袁痴领导"后援会"成员，把已经准备好的标语、传单和声援电文，赶送到水口山，贴满了工人俱乐部。又派黄静源带领省立三师学生，送去中共省立三师支部为其准备的数十捆纸张、油印机、宣传标语、宣传资料等物品。同时，还要黄静源带领学生在衡阳城各街散布罢工宣言传单，发动市民捐钱捐物，罢市游行，声援水口山工人。张秋人又派人将捐献的钱、物源源不断地用船运过去，及时给予水口山工人以支持。矿局在采用软硬兼施等手段都无法平息罢工的情况下，最后被迫答应工人提出的"增加工资，改善生活和组织工会"等12项条件，俱乐部随后宣布复工。

水口山工人罢工的胜利，是湖南第一次工人运动高潮中产业工人罢工的高峰，有力地推动了全国工人运动的高涨，在中国工人运动史上写下了光辉的一页。中国劳动组合书记部负责人邓中夏对此给予高度评价："中国矿山虽多，唯有全部组织的，只有江西之安源及湖南水口山二处，而水口山铅锌矿罢工，其雄壮不亚于安源。"[1]

罢工斗争胜利后，张秋人又指导"湘南学联"，从衡阳各校组织一批又一批学生前往参观，同工人一起欢呼，向工人学习。还将水口山铅锌矿俱乐部的"劳工神圣""罢工胜利""复工宣言"等传单带回，并在各校张贴，借以教育和鼓励学生，推动学生运动。

---

[1]　中共衡阳市党史研究室.中国共产党衡阳简史：1921—2021［M］.北京：中共党史出版社，2021：14.

1923年1月1日，张秋人组织省立三师的党团员公开以社会主义青年团的名义，把衡阳教育局的弊端用传单印出，在社会上到处散发。当局大为惊恐，也引起了效忠赵恒惕的省立三师校长刘志远的高度警觉，他们密切注视张秋人和进步学生的动向。

寒假，张秋人到了长沙，他向中共湘区委员会书记毛泽东汇报了水口山铅锌矿工人斗争的情况和衡阳党组织的工作，同时商讨如何进一步加强党的领导、开展学生运动和工农斗争等问题。

四、"驱刘"学潮与毛泽东的评价

1922年4月7日，刘志远继颜方珪接任省立三师校长。刘志远是一位佛教信徒，并加入会道门组织中的"同善社"，以赵恒惕为后台，在校压制民主，任用亲信，阻碍新文化、新思想的传播，并且克扣学生伙食，中饱私囊，故早为进步师生所痛恨。有的学生曾以"刘道士"为题给他写了一首打油诗："身着大马褂，头无一根发。口诵金刚经，内心全是邪。贪污伙食费，还把民主压。效忠赵恒惕，甘当大学阀。"1923年5月初，驱逐校长刘志远的斗争开始了。

学潮的导火线是学生伙食费问题。当时，政府发给学生的伙食费是每人每天1角1分，照理应该办得很好。但省立三师食堂伙食没有办好，引起了学生不断吵闹，甚至还发生罢餐现象。学生会主席唐朝英召集各班代表，组织以党员学生高静山为首的伙食管理委员会，调查伙食办得不好的原因。结果发现学校当局每人每天只发9分钱的生活费，余下的2分钱则被刘志远等人贪污了。黑幕一揭开，群情激奋，代表们立即向学校提出"按数拨足每天伙食标准""由学生管理委员会负责管理伙食"等5项要求。适逢校长刘志远外出，学校事务监督不同意，学生就罢课、发宣言，并且通告外界。学生的正义行动得到进步教师蒋啸青、黄和钧、彭粹夫、吴鸣岗、陈书农等人的支持，其他教师慑于学生威力也不敢进教室。学校当局一面电告省教育厅，诬告学生袁痴、唐朝英等威迫学生罢课，一面扬言要开除参加罢课的学生，并牌示强令学生复课。学生不顾威胁，声言不答应条件，决不复课。袁痴等人愤怒地掷牌于地，足抹其字，以示反抗。继而又推选各班代表，协同伙食管理委员会，向学校交涉，事务监督才不得不答应学生的正当要求。

省教育厅得知学生罢课的电文后，急令刘志远回校查办。刘志远一回校，不做调查工作和分析其中原因，而是指责学生"行动越轨"，并牌示"以予袁痴等人留校察看处分"。学生不服，立即派代表向校长陈述意见。刘志远不但不采纳，反而恶狠狠地训斥代表，还扬言辞职，拂袖而去。接着，刘志远再次去省教育厅。这进一步激怒了学生，他们将校长的训示牌打掉烧毁。这时，师生当中形成了驱刘派和拥刘派。校内一些校长的心腹，电告省教育厅说："属校此次风潮，袁痴、唐朝英等学生行动越轨，推其原因，实由英文教员张秋人酿成，张本社会党之过激派，袁痴等醉其学说，遂有此事发生。"省教育厅认为校长无去职之理，令其回校。并电令学校："开除学生袁痴、唐朝英、罗严三人学籍，以儆效尤。"

刘志远在省教育厅的支持下，欣喜若狂，遂于20日返衡，偏居于衡阳江西岸萃丰厚旅社，唆使少数学生和亲信职员组织"挽刘""拥刘"派，并准备列队去旅社欢迎校长返校。消息传开，全校轰动，进步师生不服，认为"校长既然辞退，就不该再返校"。随后，进步学生派出70多人的代表团赴省请愿，同时集合全校大部分学生，打着校旗过江，往刘志远住处求见，向他表明态度。这时，拥刘派也打着旗号赶来，蜂拥刘志远躲进衡阳知事公署。那几天，刘志远及少数亲刘的教职员连续急电省长赵恒惕及教育厅，捏造"捣乱"学生"缠头束腰""手持武器""包围公馆""大索呼打""沿途扼守要途"等事实，"乞速电令衡阳谢镇守使、谭知事、刘警察厅厅长维持"。

在长沙，省教育厅厅长李剑农接见"驱刘"代表时，认为请换校长"无理"，遂派梁铸球委员来衡阳，省政府并电令谭知事合同查办。梁铸球是刘志远的老同学，他来衡阳后，不问是非曲直，就与刘志远一起又拟好一个开除50名学生的布告和镇压学生的计划。28日，梁铸球乘着三人抬的大轿，前头由"拥刘派"学生双行列队开路，随后，200多名荷枪实弹的军警，拥着警察厅厅长、镇守使副官、知事护送刘志远，气势汹汹地闯进学校。一进校门，立即布置岗哨，并在墙上贴出开除高静山等53名学生的布告，并勒令全校学生在操场集合，按册点名，颁发临时符号。没有符号的学生，立即赶出校门。接着，梁铸球带着警察厅厅长、镇守使副官、县知事及刘志远来到张秋人住房，通知他已被辞退，勒令他当天离校。

进步学生送走张秋人去长沙后，立即在江西岸集合，组成第二批请愿代表团赴省。

滞留长沙的第一批请愿代表团坚持不换校长就不走，省教育厅厅长李剑农于29日上午动用兵丁，以武力挟持学生出厅。这时，省学联主席夏明翰召集长沙各校代表开会，到会的28校共100余人，决议在报纸上发表声明，指责教育厅把学生"视若囚幽、断绝饮食、武力挟持，过于俘虏，并殴辱省学联代表"等罪行，遂再次派出代表刘光夏、夏明翰、赵自选、王基永4人前去教育厅质询。正在这时，省立三师学生第二批请愿代表团300多人，乘水口山工人资助的专轮到省，在省学联夏曦、夏明翰等人的指导和帮助下，与前一批被军警挟持出教育厅的同学一道，发起第二次请愿示威。他们怒不可遏地缴了警卫的枪械，冲破层层防守，进入了教育厅大楼。一方面直接要求教育厅厅长李剑农惩办刘志远并撤销无理开除53位学生学籍的成令，另一方面向省议会提出申诉，要求主持公道，惩罚压制民主、克扣学生伙食、大批开除学生的刘志远。同时，向省城及全省各地教育会、各校学生会、社会人士、社会团体发出呼吁，请求声援。事情越闹越大，弄得省府当局惊慌失措，手忙脚乱，也撼动了赵恒惕在湘的统治。

后来，经过省学联、湘南学联的协助，在省议会中的有识之士和教育界贤达何炳麟等人的调解下，省教育厅撤销了开除53名学生的成令，并在何炳麟等组织的代表团的护送下，省立三师两批请愿团的学生，分乘两只专轮返回衡阳。不久，刘志远被免职。但是被开除的53名学生，多数没有回校，有的转入其他学校学习，大部分党团员因工作需要，毅然放弃复学，分赴湘南各地及安源、广东等地从事革命活动，有的还考入了黄埔军校。进步教师蒋啸青、彭粹夫、黄和钧等人也都离开了省立三师。

省立三师"驱刘"学潮后，留在校内的党员不到10人，团员有20名左右，衡阳学生运动面临严峻的考验。此时，毛泽东在长沙与李维汉、夏曦、何叔衡等一起，支持谭延闿的"讨贼军"，开展反对赵恒惕的斗争。不料，行踪被赵恒惕政府侦获，毛泽东不得不离湘赴粤。途中，在衡阳停留数日，先后住在省立三师和湘南学联，并接见了省立三师学生夏明震及省立三女师毛泽建等人，听取了省立三师党、团负责人的汇报。此后，他在省立三师一间教室里对衡阳地方100多名党团员和积极分子做了报告。首先，他阐述了当前国内外斗争形势，宣传党的统一战线政策。其次，他对省立三师学潮做了高度评价。他说：政学系毕业的校长刘志远，是赵恒惕的忠实人物，学生起来反对他，实际上就是一次反对军阀政府的革命斗争，是整个工农及各界群众运动的一部分。省立三师学生敢于斗争，在斗争实践中受到了锻炼，学到了本领，增长了才干和见识，很有成果。他还指出：这次学潮的缺点是没有形成最多数，没有彻底孤立顽固势力。他希望党团员今后要多看进步书籍，深入群众，注意斗争策略，把广大师生都发动起来，团结起来，包括那些在学潮中反对过自己而又不愿倒向军阀政府和帝国主义势力的"拥刘"派人士，为打倒我们共同的敌人而斗争。之后，毛泽东离开了衡阳，步行到曲江，再乘火车去广州。在曲江一个小客栈里会见了被省立三师当局解聘的教师蒋啸青、屈天璧。毛泽东对他俩说，三师学潮是阶级斗争，刘志远代表反动势力，张秋人代表进步势力，在张秋人领导下，学生觉醒了，与反动势力的矛盾尖锐了，于是爆发了斗争，最后胜利了。缺点是缺乏经验，行动有些幼稚。

毛泽东对学潮的评价，大大振奋和鼓舞了省立三师的进步学生。他们先后选举蒋元斋、夏明震、张凤岗等人为党、团负责人，不断地整顿党、团组织，积极开展活动。读书会、文学研究会、哲学研究会、讲演会、话剧团、球赛等活动频繁地开展起来。他们通过各种活动，在师生中进行新文化、新思想教育。同时，他们又能总结这次学潮中的经验教训，注意团结师生大多数，因而不到一个学期，就把"驱刘"运动中的"中立派"和"拥刘派"中的许多师生团结在党、团组织周围，有的人还参加了中国共产党。后来的"驱黄"斗争的胜利，也证明了这一点。

黄宇周在刘志远被驱逐后担任校长，黄与刘如出一辙，都是赵恒惕政府在省立三师的忠实代表。他继刘志远后任校长一年，"素以潇洒见称"，每天约二三同僚在外"弄丝调竹""饮酒斗雀"，弄得学校财经日益亏空。至于校务概不过问，严重影响学校教学和师生生活，师生早已愤恨。1924年5月15日，师生在省立三师党支部领导下，发起以清算经费为主的"教师索薪""学生要书"活动。黄宇周吓得魂不附体，立即电请辞职，卷起铺盖就走。这时正是"驱刘"学潮发生后的一周年，因此，5月16日的湖南《大公报》在报道中便把它称为该校风潮周年的一个"纪念"。

附："驱刘"学潮中被开除的湖南省立第三师范学校53名学生

袁　痴	唐朝英	罗　严	高静山	彭章达	曹亨璨	李晋禄	黄　莞
李玉成	唐　鉴	唐建元	雷克长	李慕白	李绍龙	黄龙飞	尉文熙
黄益善	李祖连	李禁林	姜敬祥	黄静源	李智廷	冯志远	刘通著
周景绅	陈　芬	雷晋乾	刘启义	邓树蔚	毛升珍	雷衍初	唐孝明
李俊卿	雷润森	石家信	彭　英	李焕新	何铺汉	杨辅仁	李学优
李用之	蒋先启	欧阳良章	李秉勋	何宗源	王　鹜	雷陈吉	
胡安涛	李枝芬	胡湘圭	乐云岩	刘立三	陈兴荃		

第三节　革命师生积极投身国内革命运动

1924年1月，第一次国共合作建立后，湖南省立三师的革命师生在中国共产党的领导下，纷纷投身中国革命的洪流，他们深入社会，联合工农，建立各级党组织，组织和发动群众，掀起了轰轰烈烈的反帝反封建斗争。

一、帮助湘南各县建立党团组织

为了加快革命步伐，中共省立三师支部的党员回到自己的家乡，播撒革命火种，在湘南各县建立各级党组织，以推动大革命高潮的到来。

1924年2月，原省立三师学生雷晋乾奉命从衡山回到衡阳，担任衡阳地方团委负责人，主办了新民学校，联系各校学生骨干，组织爱国励进会、妇女励进会等组织。在各项革命工作中，尤以中共湘南地方执委会和湘南各县党组织的建立最为突出，是推动湘南革命蓬勃发展的原动力。

1924年春，原省立三师学生贺恕奉中共湘区执委会书记李维汉的派遣，来衡阳筹建中共湘南地方执委。夏历五月，成立中共湘南地方执行委员会，初期，执委会成员中有省立三师学生贺恕、罗严。1925年6月，贺恕、罗严去广州，省立三师学生胡世俭任执委。中共湘南地方执行委员会成立后，领导湘南25县和水口山的党团组织及其活动。从1924年年初到1925年夏，中共在湘南的主要工作是整顿和发展组织，并先后派出了一大批包括省立三师学生在内的干部赴湘南各县建立党团组织。从此，省立三师将革命的火种逐渐从衡阳扩展到整个湘南地区。

据已收集的党史资料，从1922年至1927年4月，湘南各县先后建立了中共基层支部和县委（其中大多数建立于1924年以后），而其创建者多为中共省立三师支部培养出来的党员。它不仅推动了湘南各县革命运动的蓬勃发展，而且为中国共产党培养了大批的骨干力量。现将湖南省立第三师范学校的中共党员在大革命时期被派往湘南各地建立中共组织（仅部分县的调查资料）的情况简述如下。[①]

---

① 资料来源：湖南省第三师范校史：1904—1994［Z］.湘衡文准字〔1994〕第45号：81-83；中共衡阳市委党史研究室中国共产党衡阳简史：1921—2021［M］.北京：中共党史出版社，2021：19-20.

中共水口山支部：1922年11月，中共湘区委员会派蒋先云到水口山矿建立了中共水口山小组。1923年5月初，成立中共水口山支部，蒋先云任书记，贺恕任委员。

中共衡山特别支部：1925年9月，刘爱农、戴沥本被派遣到衡山，建立了中共衡山小组。1926年2月成立了中共衡山特别支部，刘爱农任支部书记，戴沥本任委员。

中共耒阳县地方执行委员会：1924年2月，中共湘区委员会派贺恕及其妻子朱舜华（又名张琼）回耒阳建立党组织。4月，成立中共耒阳县支部。年底，耒阳党组织由1个党支部发展到3个党支部。1925年2月，成立了中共耒阳地方执行委员会，这是全省第一个县级党组织。委员中有陈芬、黄龙飞。1926年6月，改为中共耒阳地方执行委员会，辖32个支部，隶属中共湘南地方执委领导。

中共宜章地方执行委员会：1924年5月初，高静山被派遣到宜章建立中共宜章近城小组，高静山任组长。1925年上半年，党员发展到30多人，建立4个支部，7月，成立了中共宜章地方执行委员会，隶属湘南地方执委领导，书记为李文香。

中共郴县地方执行委员会：1925年9月，胡世俭、孙开球参与组建中共郴县小组，隶属中共省立三师支部领导。10月，经中共湘区委员会批准，成立了中共郴县特别支部，代号"陈蒂"，书记由孙开球担任，隶属中共湘南地方执委领导。1926年3月，陈芬被派遣到郴县，建立了中共郴县地方执行委员会，代号"郑杰"，陈芬任书记。

中共江华地方执行委员会：1924年，韦汉被派回江华，建立了中共江华支部。1927年1月中旬，省立三师蒋元斋又被派遣到江华，参与建立中共江华地方执行委员会，负责人是韦汉。

中共嘉禾特别支部：1923年6月，省立三师学生黄益善、李祖莲被开除学籍后，回嘉禾秘密成立了中共嘉禾小组，组长黄益善。1924年年初，唐朝英又被派遣回嘉禾从事建党工作，于同年8月建立了中共嘉禾县特别支部，书记为李祖莲。

中共酃县特别支部：1926年夏，省立三师学生刘寅生被派遣到酃县筹建中共酃县特别支部。1928年3月20日，组建成中共酃县县委，刘寅生任书记。刘寅生牺牲后由黎育教任书记，委员中有周里。

中共临武县特别支部：1926年春，袁痴被派遣到临武县，建立了中共临武县特别支部，袁痴任书记，贺辉廷任委员。

中共永兴县特别支部：1926年9月，黄庭芳被派到永兴县，建立了中共永兴县特别支部，有党员17人，黄庭芳任书记。参与建党的还有省立三师学生陈甲衡、唐乐吉、邝成馨、黄克诚。

中共祁阳县特别支部：1925年冬，雷晋乾受中共湘南地方执委的派遣回到祁阳，从事农民运动和建党活动。1926年元月，雷晋乾建立了中共祁阳县特别支部，代号为"雷希扬"，雷晋乾任书记，参与建党的还有王镇湘、段文元。

中共零陵县总支委员会：1925年秋，唐浩、舒翼被派遣到零陵从事建党活动。1926年春，陈云也回到零陵参与建党，同年6月，建立了中共零陵小组。9月，成立中共零陵县直属支部。1927年1月，改为中共零陵县总支委员会，唐浩任书记。

中共衡阳县神皇山支部：1926年3月，戴今吾被派遣到衡阳县从事农民运动工作。在那里，戴今吾建立了衡阳县第一个农村党支部——中共衡阳县神皇山支部，戴今吾任书记。

中共资兴县支部：1926年10月，段廷璧参与建立了中共资兴县支部。1927年2月，段廷璧任支部书记，邵杰生任支部委员。

中共蓝山县支部：1926年夏，胡祖舜被派遣到蓝山县建党。7月，成立了中共蓝山县支部，胡祖舜任书记，胡国镇、夏承虞任委员。

中共桂东县支部：1926年夏，陈奇被派遣回原籍桂东县。他以县立初级中学为据点发展党员，建立了中共桂东县支部，陈奇任书记。

中共新田县支部：1926年，在校读书的新田籍中共党员黄亨明、黄海民，被派遣回原籍开展建党活动。7月，建立了中共新田县支部，黄亨明任书记。

中共湘南地方执行委员会和各县党组织的建立，不仅推动了湘南各县革命运动的发展，而且为中国共产党培养了大批的骨干力量。从1924年年初到1927年春，仅省立三师学生就先后有萧觉先、李振林、陈奇、夏承虞、彭良、黄逵、陈炳连、袁作飞、刘寅生、戴今吾、曾令钧、黄亨明、黄克诚、虞上聪（江华）、刘禹漠、罗芳芝、刘炳黎、黎育教、胡仕虞、黄文标、袁玉松、唐乐尧、张际春、蒋启乐、蒋应采、李一鼎、胡国镇、戴寿凯等分别在校或各自原籍加入中国共产党。他们在湘南各县走上了中国革命的道路，其革命的足迹遍布全国各地，在中国革命和社会主义革命与建设时期都能看到他们矫健的身影，展现了强烈的革命奋进精神。因此，湖南省立三师成为湘南革命的策源地，被誉为"湘南革命的摇篮"。

二、声援"五卅运动"和悼念黄静源

"五卅运动"标志着大革命高潮的到来。1925年5月，上海、青岛等地日本纱厂的中国工人，先后举行大罢工，遭到日本帝国主义和北京政府的镇压。5月15日，上海日本纱厂资本家枪杀了共产党员顾正红，打伤工人10余人，激起全市工人、学生和市民的愤怒。5月30日，上海学生200余人在租界内宣传声援工人，号召收回租界，被英帝国主义逮捕100多人，随后群众集会万余人，集中在公共租界南京路巡捕房门口，英国巡捕开枪屠杀群众，打死13人，伤无数，造成"五卅惨案"。消息传来，湖南也像全国各地一样，迅速掀起了声援上海、青岛群众性的反帝反军阀斗争的新高潮。6月6日，湘南学联召集衡阳各校职员和学生代表开会，决定联络工、商各界正式成立"湘南对沪惨案雪耻会"，发动罢课、罢工、罢市，散发对日、英17条交涉宣言。6月8日，"湘南对沪惨案雪耻会"召集衡阳各界群众，在雁峰寺坪举行声势浩大的联合大会。大会通电北京政府和各省长官，要求他们停止内战，一致对外，以雪国耻。会后游行示威。当天，学校停课，报纸停刊，码头工人、人力车工人停工，商店停市。接着，全市开展经济抵制运动，检查货物出入，没收日、英劣货。工人、店员退出日、英工厂和商店，学生退出日、英办的学校，封闭所有日、英商行货栈。

省立三师学生站在声援运动的前列，连日组织讲演队在大街小巷广泛宣传、散发传单，痛斥日、英帝国主义的侵华罪行，发动群众参加反对日、英帝国主义的斗争。忠于赵恒惕的衡阳商会萧会长，一贯崇洋媚外，公开大卖日货，且讥骂学生是"过激党"，污蔑公众游行队伍是"乌合之众"。6月中旬的一天，省立三师、三女师等校学生数千人，冲进商会，愤怒地痛打了萧会长，捣毁商会所有财货、文件、陈设器具等。

6月25日，省立三师学生发起募捐活动，决定全校捐助一周的膳食费，支援"五卅惨案"后上海的失业工人。请求学校提前一周放暑假，把回乡学生分县组成讲演团、宣传队，去农村进行广泛宣传。7月5日，"湘南对沪惨案雪耻会"按照省立三师学生的倡导，采取四项行动：（一）成立募捐委员会，向各界募捐，以接济上海失业工人；（二）三师、三女师暑假留校学生联合组成讲演队，连日在衡阳各庙宇、各城门，讲演外交惨史；（三）成立纠察队，沿街取消日、英广告并分赴轮船码头，劝阻国人勿乘日船，勿租公私住宅给英、日人居住或经商；（四）通电全国军政长官，速息内战，一致对外。

正当抵制英、日劣货蓬勃发展的时候，1925年9月21日，赵恒惕伙同赣西镇守使，以"传播赤化，扰害治安"等罪名，突然逮捕原省立三师学生、时任安源路矿工人俱乐部副主席黄静源。当局虽对黄静源酷加刑讯，却毫无所获。赵恒惕便于同年10月16日，将黄静源枪杀于俱乐部前坪。黄静源临刑前，面不改色，大呼"我黄静源死不要紧，工人们联合起来！"的口号。噩耗传来，省立三师学生悲痛欲绝，怒火冲天，湘南执委、湘南学联当即发出宣言和通告：全市各校放假一天，举行追悼大会，沉痛悼念黄静源。当烈士遗骨、遗物运回原籍，路过衡阳耒河口时，以省立三师学生为先导，省立三中、三女师等校学生和衡阳各界群众数千人，从省立三师到耒河口列成长队，手挽黑纱，胸佩白花，沿途奠祭致哀，并在省立三师雨操场举行一场盛大的追悼会。会上，人人泣不成声，义愤填膺，会后抬棺游行，低沉地唱着追悼歌："凄凉风雨悼英豪，源君殉难气节高，艰苦擘画几多载，为谋解放舌唇焦。"沿途张挂诗歌、挽联，满城痛哭，大呼"还我黄静源！""打倒赵恒惕！""血债要用血来还！"等口号。郴州各县学校接到黄静源牺牲的消息后，也举行了追悼大会。

追悼黄静源，在衡阳，在湘南乃至在全省各地激起了大规模的反帝反军阀的群众运动。除了反对日、英劣货外，还掀起了反对基督教的浪潮。长沙接二连三地发生雅礼、信义、益智、雅各等教会学校学生的退学风潮。衡阳上空也响彻"收回教育权""取缔教堂及教会学校""没收教会财产"的怒吼声。中共湘南执委、共青团衡阳地方执委会发表《反基督教宣言》，湘南学联于1925年12月25日发表了《湘南学生联合会反基督教宣传纲要》，历数基督教来到中国300多年来刺探军情、暗绘地图、剥削劳工、摧残妇女等罪恶事实。

省立三师等校学生数百人，在街上散发上述"宣言""纲要"传单达2 000多份，并在三女师、杨泗庙、雁峰寺、常公祠等地举行露天讲演大会，还成立了40多个小分队，分赴大街小巷和市郊农村宣传讲演，唤起民众加入反基督教行列。一向以"神"的化身自命的洋教头子们，这时也感到"上帝"不能庇护他们了，于是向衡阳督办公署讨来"保护外教的告示"，张贴在教会门口。省立三师学生会组织的反基督教讲演队视"告示"若废纸，愤怒地闯进衡阳天主教总堂，发表措辞激烈的讲演，抨击洋教头子们的侵略罪行。其时正值总堂举行圣诞纪念活动，堂内职员出面阻止，讲演队大加斥责，与之辩驳，他们自然无言以对，只好全堂停止纪念活动。

声援"五卅惨案"和追悼黄静源，促进了工、农、商、学各界的大联合。1926年元旦，在湘南执委领导下，湘南学联在衡阳城北门外杨泗庙举行工、农、商、学各界联合大会，衡阳形成迎接国民革命的热烈气氛。

三、迎接北伐军

赵恒惕主政湖南期间，镇压工农运动，并让吴佩孚的军队开进了长沙，因此，湖南人民发动了"讨吴驱赵"运动。在这种情况下，赵恒惕的内部发生了分化。这时，与赵恒惕有矛盾的驻衡湘军第4师师长唐生智，开始倾向革命。为了争取唐生智迅速转向革命，1926年5月末，中共湖南省委派夏曦等8人代表团来到衡阳，同中共湘南执委商议，利用唐生智与赵恒惕的矛盾，决定联唐驱赵。当时，广州政府也派代表陈铭枢、刘文岛来衡疏通唐生智起义易旗。此时，赵恒惕也派来说客宾步程，利用宾与唐是同乡兼老师的身份，企图拉拢唐生智，阻止北伐军入湘。宾步程来衡后，湘南执委急速部署省立三师学生向大名和三女师学生毛泽建等人，带领广大学生游行示威，发表讲演，伸张声势和发动群众，戳穿赵恒惕的阴谋。宾步程在一片人人喊打声中躲进唐生智的公署。次日，宾步程以为众怒已息，在县长陈其祥的陪同下，竟出来串街逛市，闲游观光。行至城中心，谁知哨声四起，学生一下围拢过来，抓住宾步程就打。陈其祥见势不妙，趁机逃跑。宾被一阵拳头打得龟缩一团，连连求饶。接着，学生令宾步程戴上高帽，自敲小锣，游街示众。最后，宾步程在一片怒吼声中被驱逐出衡。

宾步程被打，刊登在湖南《大公报》上，一时成为轰动全国的特大新闻。面对人心向背，加上直系吴佩孚大军压境，唐生智于1926年6月2日宣布起义，归附国民革命，接受国民政府委任的国民革命军第8军军长兼北伐前敌总指挥职务。随后，唐生智又在衡阳宣布成立湖南临时政府。

唐生智归附广东国民政府之后，赵恒惕安插在省立三师任校长的彭德芳，在学生一片"打倒赵恒惕""驱逐彭德芳"的怒吼声中，也被赶出了学校。彭德芳走后，省立三师迎来第一个共产党员校长蒋啸青。

这时，中共湘南执委书记陈佑魁及委员陈芬、袁痴、胡世俭、蒋元斋、李弼廷、毛泽建、朱舜华（张琼），工农商学大联合委员长唐朝英，湘南学联会长向大名等，分头组织力量，广泛宣传发动群众，筹备粮草，做好一切迎接北伐军的准备工作。省立三师学生向大名带领10名同学，组织一个侦破特别队，经过简单的军事训练，被派驻衡山—朱亭之间，沿湘江两岸侦察敌情。还有些学生参加屈森澄率领的向导队，为北伐军挺进湖南开辟道路。

1926年7月初，北伐军的先遣队开进衡阳，全城彩旗飘舞，标语满墙，鞭炮不息。以省立三师学生为先导的各界人民群众数千人，手执彩旗，敲锣打鼓，夹道欢迎北伐军。"打倒军阀！""打倒帝国主义！""欢迎北伐军！"等口号此起彼伏。省立三师校园驻扎了一个连队，学生们热情地为指战员让铺位，打扫卫生，慰问伤病员，送茶递水，胜似亲人。他们还一同举行盛大的军民联欢会，演出各种节目。北伐军驻校期间，每天晚餐后，不是联手打球，就是在一起聚谈。有时还互相传授文化和军事知识，整个校园洋溢着军民鱼水般的情谊。8月，北伐部队第4、7、8军分三路向北挺进，离开衡阳时，省立三师全校师生夹道欢送。

四、走向社会，联合工农

1926年7月开始的北伐战争，成为大革命的高潮，它不仅沉重地打击了北洋军阀，而且推动了南方各省工农运动的迅猛发展。在湘南地区，省立三师的革命师生为推动这一带工农运动的迅速发展做出了重要的贡献。

早在1925年8月，毛泽东就为指导湘南农民运动又来到了衡阳，住在蒸湘中学。在听取了湘南执委的汇报后，毛泽东要他们派党、团骨干去广州农民运动讲习所学习，借以培育农民运动骨干，迎接大革命高潮的到来。他还带来了中共中央的指示，通知贺恕去广州工作。接着，毛泽东又在省立三师侧旁的东山庙（省立三师共产党员经常活动的地方）召开会议，指示衡阳党组织将工作重点放在水口山、郴州、衡山等地，发动群众，准备武装斗争。中共湘南地方执委一方面加强了对农民运动的领导，另一方面决定选送省立三师学生罗严、夏明震、雷晋乾、黄克诚等去广州农民运动讲习所和政治讲习所学习，为开展大规模的农民运动从思想和干部上做准备。

这时，湘南地区的迫切任务是普遍建立政权和组织广大工农群众投身大革命。根据形势和任务的要求，国民党湖南省党部采取短期培训措施，择定在省立三师举办政治讲习所，名义上由唐生智任所长，实际上由省立三师校长蒋啸青负责办理。讲习所从衡阳各校招收500多名党团员和进步学生，教员由省立三师早期共产党员担任，省党部郭亮、夏曦也来此授课，一个学期培训3~4个月，讲授政治、军事和农、工、妇、学运等基础理论和基本知识。毕业后，即派往北伐军及湘南各县担任指导员、特派员，作为开展国民革命运动的骨干。[①] 与此同时，校长蒋啸青根据国民革命急需人才的特点，鼓励和支持省立三师大批共产党员、共青团员和进步学生，走向社会，联合工农，

---

① 中共衡阳市委党史研究室.中国共产党衡阳简史：1921—2021［M］.北京：中共党史出版社，2021：27.

从事革命活动。此后，省立三师的一大批革命师生便分赴各地从事革命工作，大致情况如下。

　　先后在湘南学联担任领导的有杨霖、蒋先云、贺恕、黄静源、谭步昆、袁痴、向大名；领导水口山工人运动的将光云、韦汉等人；领导岳北农工会的有雷晋乾、唐朝英等人；参加湘南执委领导工作的有贺恕、罗严、胡世俭、蒋啸青、唐朝英、袁痴、罗子平、夏明震、杜家俊、陈芬、刘寅生；被派为省农协特派员、县农协委员长、县总工会委员长的有雷晋乾、黄廷芳等10余人；赴广州农民运动讲习所学习的有夏明震、罗严、雷晋乾、刘寅生、黄益善等；赴黄埔军校学习的有蒋先云、陈奇、冯志远、伍文生、段辉唐、黄逵、李天柱、戴彦玺等；赴广州、武汉中央政治讲习所学习的有黄克诚、曾希圣、黄廷芳、夏明霹等。除上述师生外，还有赴法国、赴莫斯科的陈为人、李弼、萧明、萧振声等。

　　随着湘南各县中共领导机构的建立，农民群众在中共的领导下，层层建立区、县农民协会，打破几千年来的封建枷锁，开展如火如荼的减租、减息和反霸斗争，实行"一切权力归农会"，当时的声势十分浩大，封建势力受到沉重的打击。

　　在湘南各县的农民运动中，以衡阳县（包括今衡南县）最为突出。省立三师学生罗子平、萧觉先、夏明震、戴今吾和三女师夏明衡（夏明翰之妹）、毛泽建等，分别担任这个县的农协会主席以及区、乡农协会委员长或指导员。他们组织力量，在集兵滩、廖田墟等区、镇，办起了农村夜校和乡村农民运动讲习所，发动青年农民学习文化，学习农运基本理论，训练学员800多名。在衡阳县建立乡农民协会244个，区农民协会23个，会员达60万之众（当时全省农会会员约451万人），并在全县范围内普遍实行减租、减息、减押（租），将田租由五成以上减至五成以下，成为全省农运工作开展得最好的一个县。宋庆龄、何香凝、邓演达和苏联顾问鲍罗廷亲临衡阳，予以赞扬。由戴今吾、萧觉先、毛泽建建立的神皇乡农民协会，成为全省模范农民协会，受到当时国民党省党部授匾表彰。

　　雷晋乾等领导的祁阳县（包括今祁东县）的农民运动，开展7项工作，诸如"废除苛捐杂税；没收公产、义田归农会；斗争土豪劣绅；筹办农协经费；建立农民银行；提高雇工工资；加强农协组织"等，颇有示范作用。

　　湘南边远地区的桂东县和崇山峻岭的江华、永明县，散居着少数民族，交通不便，文化闭塞，省立三师学生韦汉等分别在那里建立了党的领导机构和农民协会。

省立三师党团员和进步学生走向社会，联合工农，在湘南各县建立党的领导机构和农民协会。广大农民群众在中国共产党的领导下，先后建立纠察队、自卫军，把抗拒减租、减押、减息的土豪劣绅捉起来，情节轻的就地斗争，具结释放；罪恶严重者则戴上高帽子，穿上花衣，自敲铜锣，自述罪过，游乡示众；对那些民愤极大、十恶不赦者，则送县农民协会关押，或处以极刑。在衡阳县，对大恶霸地主、残害农民的黄庆萱和破坏农运的大恶霸彭健初、刘笠僧等人，押至由县农民协会组织的特别法庭，经庭长罗子平审理后，立即处以极刑。

随着北伐战争的胜利进军，全国农工运动的蓬勃兴起，国民革命在全国即将取得全面胜利时，蒋介石于1927年4月12日发动"四一二政变"。同年7月，汪精卫又在武汉发动"七一五"分共事件，于是大批共产党人和革命群众被屠杀。在湖南长沙，许克祥也发动了"马日事变"，并宣称省立三师是"湘南共产党策源地、大本营"，扬言要斩尽杀绝湖南省立第三师范学校的进步学生。衡阳县县长徐芳济、驻衡湖南防军独立团团长喻业裕于5月27日发动了"沁日事变"，开始杀害共产党员和革命群众。而第一个惨遭杀害的共产党员，就是省立三师毕业的学生曾克家，当时他是衡阳莲湖小学的校长。

中共省立三师支部和湘南特委隐蔽在衡阳境内的40多名党团员，一直坚持到1927年7月，最后在省立三师雨操坪召开会议。中共省立三师支部书记黄文标对大家说："形势有变，蒋介石叛变，唐生智靠不住，我们只有转入地下斗争，分赴山区野林，坚持斗争……"与会的党团员，慷慨激昂，低沉地唱着《国际歌》，然后离去。

据不完全统计，从1927年第一次国共合作破裂到中华人民共和国成立前夕，省立三师的共产党员，先后惨遭国民党杀害或为中国革命英勇捐躯的烈士在140人以上。

五、建立工农武装，参加湘南起义

长沙"马日事变"后，湘南各县的团防局和土豪劣绅组织的"挨户团"，到处抓捕和屠杀共产党人与革命群众，各县建立的中共组织和刚刚兴起的农民运动遭到了严重摧残，整个湘南笼罩着白色恐怖。这时，中共湘南执委改为湘南特委，坚持斗争。省立三师毕业的分赴各县的共产党员，有的惨遭杀害，有的被迫出走，多数就地坚持地下斗争。他们建立工农武装，开展武装斗争和土地革命，参加朱德、陈毅领导的湘南起义，并帮助湘南起义部队完成战略转移，实现朱、毛会师。

1927年9月，湘南特委根据中共湘区执委的指示，发出"全体共产党员、共青团员立即行动起来，迅速发动群众，举行武装暴动，打击反革命的嚣张气焰，保卫革命政权"的号召。号令所至，党团员和革命中坚分子立即行动起来，在20多个县内，分别建立了革命武装，有的叫赤卫队、农民军，有的称工农革命军或游击队。名目虽然不同，但都重燃起革命的火焰。

各县革命武装的领导人，大多是省立三师培养的共产党员。如罗子平、刘禹漠领导的衡阳工农革命军第8师，戴今吾、萧觉先领导的衡北游击师，陈芬、萧觉先领导的衡山工农革命军第10师，刘寅生、周里、黎育教领导的酃县游击队，黄克诚领导的永兴游击队，黄益善领导的嘉禾农民军等。特别是耒阳，全县18个乡、区，普遍成立了赤卫团，人员近万人，伍云甫、谢维俊、刘泰、张凤岗、刘文伟、伍文生，还有省立三师校长蒋啸青等分别担任各团负责人。全县赤卫团总指挥是省立三师毕业生李天柱，他曾在黄埔军校学习，参加过北伐军叶挺独立团，经历多次恶战，指挥有方，智勇过人。耒阳的刘泰、谢维俊、伍云甫等带领一些队员，趁年节黑夜，机智地一举全歼集聚在耒阳县县长曹水仙家里赴宴的10多个军政官员和劣绅。

为了解决武器问题，各革命武装采取了三种办法：一是收买枪支；二是夺取敌人的；三是自己铸造。罗子平嘱咐其弟罗子高卖掉家里13担稻谷，买铁买炭，在王形皂（现属衡南县）打造梭镖、匕首、大刀、三股叉、鸟铳等100多件，同时夺取敌军中逃兵的枪支，武装自己的队伍。衡阳有一个省立三师学生卖尽家产，将其所得，悉数交陈佑魁买枪。许多县的工农武装部队，还用酒瓶盛火药，造出手榴弹，挖空松树，造成松树炮。

在组织武装队伍的同时，各地秘密恢复了中共组织和建立苏维埃政权，发展党员。周里就是在白色恐怖下入党的典范。他在十分艰险的游击战争中，迅速锻炼成英勇善战的指挥员和中共的优秀领导干部，后来湖南省的地下武装，几乎都在他的领导下，一直坚持到1949年全省解放，为解放湖南做出了卓越的贡献。在白色恐怖下入党的省立三师学生，各县都有，他们不畏强暴，不怕牺牲，前仆后继，这是当年省立三师进步青年留给后来者光荣的革命传统之一。

多数调查资料证明，在白色恐怖下，湘南各县恢复的中共组织和建立的苏维埃政权，主要领导者中大多是省立三师毕业的学生。以资兴为例，县委书记、县苏维埃政府主席黄义藻（中共省立三师支部的早期党员），县苏维埃政府青年部长袁作汉（袁穆如），县赤卫队政治指导员和队长段辉清、李祚章、曹亮华以及蓼江市苏维埃政府委员长邵杰生、副委员长曹智莹，还有一度担任过恢复中共县委工作的指导者、湘南特委秘书袁作飞等都是省立三师蒋啸青的得意门生。校长段廷珪，在白色恐怖和湘南起义中，也积极支持和掩护这些共产党员，蓼江市苏维埃政府就设在他的家里。湘南起义失利后，资兴县国民党集团误认为他是"资兴县共党的领袖"，立案上报，要求"处以极刑"。后因蔡元培等社会贤达极力援救，在关押两个月之后终于脱险。

1928年年初，朱德、陈毅率领转战在湘粤边境的南昌起义部队余部600多人，在宜章、郴县、资兴、永兴、耒阳5县农民军的有力配合下，攻入宜章，打败了许克祥的部队，揭开了湘南起义的序幕。朱德、陈毅宣布成立工农革命军第一师，朱德为师长，陈毅为党代表，王尔琢为参谋长。湘南起义爆发于郴州地区，但其高潮出现在耒阳，并在耒阳实现了战略大转移。

为扩大革命影响，朱德、陈毅等果断做出了北上郴耒、发动湘南总暴动的决策。2月4日，朱德、陈毅率领部队攻入了郴州城。10日，朱德率工农革命军第一师主力离开郴县，向耒阳挺进。16日，第一师主力在耒阳农军的配合下，攻克耒阳县城。2月底，工农革命军经过三公庙、新市街等战斗，解放耒阳全境。接着，耒阳开展了政权建设，宣布成立耒阳县工农兵苏维埃政府（刘泰任主席）；开展土地革命，制定土地分配方案，实施插标分田；建立革命武装。耒阳各区、乡设立了赤卫队，作为地方常备武装，平时保卫生产、镇压反革命，战时配合主力部队作战，把湘南起义推向高潮。

同时，湘南各县的武装队伍，纷纷会合。黄益善领导的嘉禾游击队开赴宜章，与省立三师党员黄克诚、张际春、谢维俊、雷渊博、张凤岗、蒋啸青等数十名校友领导的各县武装部队互相呼应，参加朱德领导的湘南起义，连克郴县、桂阳、永兴、资兴、耒阳等县城，前锋直达衡阳城郊东阳渡。

湘南起义震惊了国民党。1928年3月下旬，湘粤两省敌人出动7个师的兵力，向湘南大举进攻。朱德、陈毅认为工农革命军难以在湘南立足，决定实行战略转移，向井冈山进军，与毛泽东会师。准备从耒阳出发、经安仁、酃县（今炎陵县）上井冈山。部队分两线作战：一部分向东，通过三打安仁的战斗，夺取通往井冈山的必经之路——安仁，朱德、陈毅率主力部队由此上了井冈山；另一路是保卫耒阳，牵制敌军，掩护朱德、陈毅的部队上井冈山。在保卫耒阳苏维埃政权和掩护朱德、陈毅的部队实行战略转移、向井冈山进军的过程中，省立三师的党员做出了突出的贡献。

3月10日，敌第19军李宜煊师两个团，沿衡耒公路向耒阳春江铺扑来。李天柱指挥各地农军进入阵地，于14日对敌发起进攻，敌军伤亡惨重，被迫退守衡阳。28日，国民党第7军第2师向春江铺急速开进。李天柱急令田园乡附近村庄中16岁以上男子全部上阵作战，伴随着松树炮的轰炸声，农军不顾一切地冲入敌阵厮杀，将敌军逼退。但因缺乏正规军事训练，农军乘胜追击敌人时，遭到敌人伏击，在衡阳堆子岭一带，几千农军壮烈牺牲，指挥部急令农军返回春江铺构筑防卫工事。30日，敌军组建一个纵队再次进抵春江铺。激战中，许多农军战士牺牲，被迫退到火田资家村。4月1日，敌人凭借优势兵力和精良武器，攻占了耒阳县城。

敌军占领耒阳后，农军发动了一次攻城的菜园战斗。4月2日，战斗打响，七八百农民武装冲到敌人的驻地对面距其三四百米的菜园里。双方对峙起来，农军弹药快要耗完的时候，敌人就从工事里钻出来，向农军发起了反冲锋，农军被敌人冲垮。在撤退中，伍云甫等带领的约200人被敌人压至一道河湾里，背水与敌人展开了死战。当敌人冲出来时，有的农军被敌人包围之后抓获，敌人用刺刀穿透了他们的手掌再用电线穿过去，把他们拴在一起集体枪杀。有的农民和敌军抱在一起同归于尽，有的农民战至最后，为了不当俘虏，纵身跳下耒水。此次战斗，共牺牲了120多人。^①

由于敌强我弱，中共耒阳县委决定，组织军政人员和部分革命群众，跟随朱德、陈毅的工农革命军第1师奔向井冈山。省立三师的学生黄克诚、李天柱、张际春、张平化、谢维俊、高静山等率部随主力部队上了井冈山。桂东县陈奇为了掩护湘南起义部队撤退，在桂东城郊阻止敌人追兵，全歼敌人一个连。1928年4月初，蒋啸青因公未赶上朱德向井冈山转移的大部队，于是率胞弟蒋次青、堂弟蒋式麟、其子蒋乐群等在耒阳、永兴边界的上架、大义一带打游击。4月18日，在上架古楼山被敌包围，蒋啸青率部奋起抵抗，激战中蒋次青、蒋式麟、蒋乐群相继中弹牺牲，蒋啸青四肢均受重伤被捕。由于蒋啸青声望高，被尊称为"湘南的教育王"，敌人对他软硬兼施，但无济于事，遂于4月26日将蒋啸青杀害。

总之，从中共的创建到1928年的湘南起义，省立三师的革命师生，在中国共产党的教育和领导下，由革命的民主主义者转变成具有共产主义思想的革命者。他们不仅在革命斗争中起到先锋和桥梁作用，而且建立了各级党、团组织，广泛地深入社会，走与工农相结合的道路，组建革命武装，使革命的火焰燃遍了整个湘南地区。尤其是国共合作破裂后，当中国革命处于危急关头时，省立三师的革命师生没有退缩，他们前赴后继，继续开展斗争，有

① 中共衡阳市委党史研究室. 中国共产党衡阳简史：1921—2021［M］. 北京：中共党史出版社，2021：50–51.

力地配合了湘南起义，为井冈山革命根据地的创立和红军的创建做出了重要贡献。省立三师的张秋人、恽代英、蒋先云、贺恕、黄静源、陈为人、雷晋乾、蒋啸青、李启汉、谢维俊等140余人为中国革命牺牲。他们中间涌现了许多可歌可泣的英雄事迹。如省立三师学生贺恕和其夫人——三女师的朱舜华（又名张琼）投身在革命中，一共5个孩子都没有了。1923年，毛泽东派贺恕到水口山从事工人运动，赵恒惕派兵前来镇压，敌人将其妻子张琼团团围住，逼其交出工人俱乐部的名册。张琼不肯交，敌人将其胎儿踢死在腹中。1927年大革命失败后，敌人将贺恕三岁的儿子活活砍死，并将尸体钉在门板上示众；同年冬，贺恕到邵阳任湘西南特委书记，张琼任特委委员。在组织农民年关暴动时，二人不幸被捕，在严刑拷打中，敌人再次以其两岁半儿子威胁他们交出党组织的名册，但贺恕夫妻都没有说，敌人就用枪托将其第三个儿子打死，再剖开小孩肚子，把尸体套在张琼的头上，张琼当场晕倒，被敌人抛到野外，最后在深夜被周围的农民救回来。贺恕和张琼另外两个子女也在革命中失散，一直杳无音信。1947年，贺恕由于长期遭到国民党的迫害而在上海病重，临终前对张琼说："看来我们要分手了，我们的五个孩子都没有了，今后只剩下你孤单一人了……上海马上要解放了，解放后一定要见到润芝同志，把我们的事告诉他，希望你跟党走，一不为名，二不为利，革命到底。"[①] 由此，湖南省立第三师范学校在中国革命史上写下了光辉的一页。

---

① 参见周万明.生命不息，奋斗不止：记女共产党员张琼［J］.湖南党史月刊，1989（1）：26-27；朱冬云，朱诗慧.为了革命，我们五个孩子都没了［J］.文史博览，2017（2）：30-31.

第三章

向社会主义教育转变

1927年，宁汉合流后，国民党统治区党化教育色彩日益浓厚。在湖南，国民党为了"清校"，下令将全省中等以上学校全部停办，直到1928年春，才渐次恢复。在国民党统治时期，省立三师的发展呈现出以下特点。一是国民党把她作为"清校"的重点对象，企图从人们思想上消除她的存在和影响。但是，学校在困难的条件下仍然坚持民主教育和光荣的革命传统。二是多次易名。学校曾先后改名为湖南省立第五中学、省立衡阳中学、省立第二师范等。三是抗战时期，学校是一所典型的流亡学校，反复迁徙。其办学条件之艰苦，可想而知。新中国成立后，学校迁回衡阳市江东岸，不久又迁到地域开阔的黄茶岭，建立了永久性校址。此后，学校认真贯彻新民主主义的教育思想，并积极推动学校由新民主主义教育向社会主义教育转变。

第一节　坚持民主教育和优良革命传统

从1928年到1949年，学校校名不断更迭，校址也因抗战爆发而不断变迁，其办学困难情形可想而知。由于师生追求进步、热爱祖国、热爱教育，故能和衷共济，上下同心，不但坚持把学校办下去，而且能贯彻民主教育思想，把省立三师的优良作风、光荣传统继承下来，并且发扬光大。

一、"清校"后学校办学的困境

"马日事变"后，国民党对省立三师这所曾有"湘南共产党策源地、大本营"称呼的学校进行严厉清校，除屠杀该校的共产党人和进步师生外，还将校名改为湖南省立第五中学（以下简称"省立五中"）。省立五中实行美国式

"双轨制"办学体制，既办高中、初中普通科，又办中等师范科。1934年秋，奉省令省立中学冠以地方名称，又改为湖南省立衡阳中学（以下简称"省立衡中"）。省立五中、衡中，历13年，校长更换4人，即张干、唐劫、李孝先、雷振清。

省立五中在办学中，面临着严重困难。首先，由于国民党的"清校"和改名，学校招生面临困境，报考者寥寥无几，这是学校从清末创建从未出现过的情况。此前学校招生形势很好，湘南25县的优秀青年争相报考这所学校。但到1928年4月第一次招生时，尽管降低录取条件，只招到10人。前后通过四次招生，只招到40名学生。开学后，仍在招生，来者不拒，但还是招不到几个学生。面对招生困难，校长张干决心"以身作则，致力办学，彻底公开财政，用人行政悉秉至公，务使人尽其能"。通过组织一个业务能力强的管理班子和教学班子，严格管理和执教，提高教学质量和学校声誉，严格执行校纪校规，改进作风，团结同人，经全校教员的努力，省立五中在社会上的地位逐渐提高，招生困难也随之解决。

其次是当局的防范。国民党"清校"，把学校改名为湖南省立第五中学之后，学校当局也跟着宣传为"本校始建"，把新招收的学生编为"第一班"，并宣布一切从头开始，企图从人们思想上消除湖南省立第三师范学校的存在和影响。为了严格控制学校，国民党在学校安插骨干力量，混入教师队伍和学生当中，作为控制学校的一股潜在势力。学校也秉承政府的旨意，分别召集校务会议和训育会议议决所谓"监视自首学生办法"，定出重点监视对象，采取"思想回报""社会调查""个性调查""随时训话"和"不准随便离校""不准聚众交谈访友"等办法，严格控制学生。地方政府还通过规定"铲共纪念周"活动，指定省立五中学生参加。为了防止学生参加革命团体，学生入校要交"誓愿书""保证书"，誓愿三个"绝对"，即"绝对崇信中国国民党党义""绝对不加入一切反动团体""绝对恪守学校规定"。国民党对待这个学校是既恐惧又敌视，给学校办学带来了很大的压力。

最后是灾害多。在20世纪30年代，学校曾遭遇4次重大灾难，对学校影响颇大。在1930年暑假，学校校工晚上点蚊香失慎而引发火灾，将学校图书馆和书箱焚毁。这是学校创建以来第一次重大损失，导致校长张干去职。第二次是1931年6月，又因为火灾，烧毁学校第三、第四2进校舍，计自修室3栋，办公室1栋，屋内所有的文卷簿册等全部被焚毁，其损失大于第一次的火灾损失。第三次是国民党军队内战，桂系军阀犯衡，在来雁塔附近与国民党的中央军隔湘江对峙，两军架起大炮、机枪等武器，虽未大战，但两军不时发射冷枪冷炮，使校舍受损，造成学校教职工死伤多人。第四次是 1933 年 4 月 7 日，衡阳沿湘江一带，狂风猛起，摧庐折舍，拔木沉船，学校不但房屋多处倒塌，而且压死压伤多名学生和校工。以上几起事件，对学校的发展造成了严重影响，学校校舍修缮不但耗资巨大，而且前后达五年之久，严重地影响了学校的教学秩序。

二、"双轨制"办学体制和教学方法改革

1928 年更名后，学校实行"双轨制"办学，既有初中、高中，又办师范科。到 1930 年，在校学生达 462 人，11 个班级。这个时期的教育宗旨是"中华民国之教育，根据三民主义，以充实人民生活，扶植社会生存，发展国民生计，延续民族生命为目的，务期民族独立，民权普遍，民生发展，以促进世界大同"。这个教育方针，是国民党于 1928 年 3 月 25 日第三届中央执行委员会第四次会议正式通过的，归结到一点，就是要实行国民党的"三民主义"教育政策。

为了实施这个教育宗旨，1928—1933 年，国民政府陆续公布了一系列的教育"法令""规程"，诸如《中学法》《中学规程》《职业学校法》《职业学校规程》等。1932 年，国民政府教育部又公布了《中小学学生毕业会考暂行办法》，规定各县、市中小学生均须参加毕业会考。

在课程的设置上，省立五中、省立衡中按 1932 年 11 月国民政府教育部颁发的《中等课程标准》，增设了党义课（初中为公民）和军事训练课（初中为童子军训练）。但是，对部颁规定的"取消学分制、恢复钟点制"和"取消选科制"一直没有执行。学校认为："湖南三师前期实施必修、选修学制和学分制，有发挥各（学）生专长和最大限度满足成绩优良者要求多学的愿望。"因此，省立五中、省立衡中除在某些课程开设及课时方面略做增减外，不仅师范科仍然按前期实行必修、选修学科制，而且高中、初中第三年也实行选修科。师范科开设的必修课是党义、国文、外国文、世界史、地理、伦理学、社会学及社会问题、科学概论、生物学、体育、军事训练、教育学、普通心理、教育心理、小学组织及行政、普通教学法、各科教学法、教育史、近代教育史、参观实习。师范科又分为三组，各组选修科目又有些不同：第一组注重国文及社会学；第二组注重数学及自然科学；第三组注重艺术及体育。从以上开设的课程看，还是体现了培养合格小学教师师范性的特点。

在教学方法上，特别值得一提的是参观实习。参观实习本是"艺友制"的教学法，也是陶行知"教、学、做"教育理论的具体体现。省立三师从创

办以来，每届毕业生都要开设这一课。省立五中、衡中也继承了这一传统做法。为了组织好参观实习，学校设实习主任1人，学校所办的附属小学和附设的民众夜校，担负着师范生见习和实习的任务，此外还选择附近一些著名小学进行参观见习。同时，学校在坚持近处参观实习的基础上，又发展到省外参观，称为"远足参观"。学校认为："他山之石，可以攻玉""相观而善之谓摩"。在《五中一览·远足参观》的"序言"中说："本校偏处湘南，对湘南小学教育之改进与发展，培养健全之师资，除了吸收省内小学教育的经验外，还得参观研究省外著名小学的优点，取他人之所长，以为模范，览他人之所短，以供反省。"

远足参观的经费，采取"学生自筹、政府补贴"相结合的办法解决，并函请有关学校对参观学生寄宿和搭餐提供方便。远足参观的路线，一般去江、浙一带，有时也去北平（北京，1928年改称北平）、天津。每次远足参观的时间为40~45天。

以1932年上学期师范第4班为例，从5月4日出发到6月14日归校，历时41天。从衡阳乘轮船到长沙，经武汉、南京、上海到杭州，行程数千里，参观单位达40多处，其中有公立、私立小学、幼稚园、孤儿院、聋哑盲人学校、少数民族以及厂矿子弟学校，著名的有楚怡、长郡、晓庄、燕子矶等校，也有极简陋的乡村小学，还参观了少数大学和图书馆。考察项目多，知识面广，师范科的考察重点：（1）晓庄师范陶行知先生的"教、学、做合一"的办学经验，燕子矶小学丁超的复式教学方法，这些在当时的湖南是没有的；（2）参观江、浙普通小学的自然科学教学方法；（3）看上海工部局帝国主义租界所施行的西方教育；（4）参观各大图书馆、民众教育馆、体育场、商务印书馆；（5）调查各地小学教师的经济待遇；（6）参观外省大、中、小学的行政管理和了解国家整个教育的轮廓。通过这次远足参观，学生各方面的收获很大。如去晓庄师范时，正碰上陶行知校长挑大粪，殊觉惊奇，对这所著名学校教育结合劳动的做法，印象十分深刻，都说"看到了中国教育的新途径"，回校后，着重向全校师生做了介绍。

历次参观报告，都记录了许多办学经验，这些经验不是终日埋头书案所能学到的，多数毕业生后来运用于实际工作中，对发展湘南基础教育起到了一定的促进作用。

三、学生自治会

大革命时期，省立三师学生组织了学生会，它是在共产党组织的指导下开展活动的，因而起到了传播新思想、新文化和组织学生参加反帝反封建斗争的作用。省立五中、省立衡中时期学生中的群众组织叫学生自治会，它是在学校训育处的指导和监督下开展活动的。

1929年1月23日和10月9日，国民政府先后颁布了《学生自治会组织大纲》和《学生自治会组织大纲施行细则》，在公布《大纲》前一个月，即由国民政府行政院发布"整饬全国学风"的通令，并发表蒋介石的"告诫全国学生书"，要学生"凛古人思不出位之训诫"，不得干涉教育行政，并警告学生说：如果参加学生运动，就要"执法以绳"。

尽管学生自治会必须以三民主义精神为宗旨，但当时校长及多数教员，曾受蔡元培"思想自由、兼容并包"的教育思想影响较深，加之前校长段廷珪提倡的"自治""民主"作风，因此，他们把主要精力用来抓教学，注重学生基础知识的培养和专业技能的训练，至于学生自治会则让其发挥自治能力。

省立五中、省立衡中时期，学生自治会的主要活动如下。

第一，开展学术研究活动。自治会组织有博物、数学、社会科学、地理科学、语言练习、小学教育、艺术学科等研究会，经常开展课外自由研究。研究内容比较广泛，尤其重视各科基础知识的探讨和基本技能的训练。师范科学生则注意师范教育和如何培养小学健全师资的研究，以及如何在小学进行这些科目的教学等。

第二，开展文学研究活动。尽管当局严格禁锢学生的思想，他们还是从衡阳宝华书店买到了不少进步书籍和刊物，如《创造》《洪水》等刊物，鲁迅、郭沫若和成仿吾等人的著作，并在学生中广为传播。学生读了这些进步作品后，在文学研究会上提出"文学艺术应当走适应潮流的道路，反对复古"等观点，并在《五中学生》刊物上发表。文学研究会还经常结合报纸上发表的文章开展讨论。学生自治会还主办《五中学生》和《文艺刊》，其中《文艺刊》每半月出一次。为了鼓励学生写作，自治会还与衡阳《国民日报》副刊挂钩，源源不断地向副刊投稿。

第三，组织文娱体育活动。自治会文艺股除了组织同学开展经常性的音乐、戏剧活动外，每一学期都要举行一次全校性的文娱晚会，并且提倡自写、自导、自演。体育股则组织开展体育课外活动，并选拔有技术专长的同学，组成全校球类、田径、国术等代表队，经常与船山、成章、道南等校进行比赛。当时的竞技水平，不仅誉满衡阳城，而且在全省、华中乃至全国运动会上，也能取得优异成绩。如1930年，在全省运动会上，伍先烈获得游泳第1名，杨芳的100米赛打破省纪录，还获得10项全能冠军；1934年5月，学校派 10 名选手参加华中运动会，伍先烈、袁克权等在铁饼、标枪和 10 000 米赛跑中，分别打破了华中运动会的纪录。

第四，学生自办伙食。学生自办伙食是这时期学生自治的又一特点。资料记载："办得很好。"自治会设有食事科，专办此事。食事科成立特种委员会，设主任 1 人，干事 1 人。特种委员会下设经理课和监察课，每周分别有周经理、周监察 1 人，人员由各班票选 2 人轮周担任。但周监察在同一周内不得监察同班周经理。食事科特种委员会干事，每周会同周经理向学校会计室领取伙食费，交周经理应使，并统计全期出入账目，交学生自治会监察委员会审查公布，并同学校会计室结算全校全期伙食账目。周经理负责购办全周需用的米、煤等主要物资并妥为保存，但必须会同监察或食事干事一起办理，并统计本周出入和移交账目，交特种委员会审查公布。除周经理、周监察之外，每日有值日经理和值日监察 1~2 人。值日经理采办本日食物，统计本日账目，交本日监察审查颁布。本日监察监督厨工注意卫生，并监察本日有无弊端，得随时报告周监察，随即由食事科召集特种委员会议决处理。

1929 年下学期，食事科特种委员会主任利用职权，要求厨工给他炒小锅菜，被食事监察发觉，举报到学生自治会。学生自治会召开全体会员临时大会，决定报请学校，处以乙罚二次（乙罚三次即开除学籍）。全部厨工由食事科特种委员会雇请，工资由伙食费付给。食事采购员是厨工中的总领头，安排每一个厨工的工作和随同值日经理采购，但不经手经费。食事科特种委员会制定的食事规约严格，并由学生自治会全体会议通过。规约规定：值日经理不任职者，除罚洋四角外并由所在班另派；周经理不任职者，罚洋一元，也由所在班另派。值日经理、周经理侵吞舞弊，其数目在一元以内，除追还原款和罚洋五角外，还向全校公布姓名，取消其在校一切公权；其数目在一元以上者，除报告学生自治会，开除其会籍，还由学生自治会面请学校开除学籍。学生发现饭菜不卫生时，需向周经理、周监察或特种委员会干事交涉处理，不得私入厨房调换。学生损坏公用菜碗（饭碗、筷具、汤匙自备），照价赔偿。学生不得虐待或谩骂厨工，厨工如有传染病或行为不正以及懒怠过甚者，由特种委员会议决解雇，如此等等。

四、迁徙图存，读书爱国

抗日战争全面爆发后，日机频繁轰炸衡阳。学校地处衡阳机场附近，更兼国民党陆军第 14 军伤兵驻校，严重干扰教学和生活秩序，故于 1938 年 1 月，被迫迁往耒阳谢乡贤祠，11 月，又迁入常宁县城北门外濂溪祠。1941 年 2 月，湖南省政府命令，省立中学（含师范）随行政督察区设立。衡阳属湖南省第二行政督察区，因此，湖南省立衡阳中学又改名为湖南省立第二师范学校（以下简称省立二师），杨朴庵任校长，专收师范生。学校原有的初中及高中普通科并入省立二中迁入茶陵。在常宁，借用濂溪祠、蹇祠、刘祠和双蹲书院作为教学、生活和办公的地方。1944年夏，衡阳沦陷，常宁县城随即失守，学校被迫迁往常宁北乡一个名叫杉树洞的小镇。同年10月，又长途跋涉115千米，将学校迁到宁远久安背李氏祠。1945年春，与当时省立第三师范（属第三行政督察区，设在郴州）和省立第十一师范合办，称湘南联合师范，迁入蓝山县。1945年8月，抗日战争胜利，省立二师从湘南联合师范分出，又迁回湖南耒阳（校址在化龙桥原湖南省财政厅的临时办公地），先后由李启礼、袁觉民任校长。在抗战国难期间，学校师生在辗转迁徙中艰难图存，但始终没有放弃读书救国的理想。

　　1. 艰难求存

　　全面抗战爆发，为了把学校办下去，被迫屡屡迁徙，当时师生那种不畏艰难万险和顽强奋斗的精神，实在令人惊叹，是学校发展史上宝贵的精神财富，其中在常宁杉树洞和宁远久安背两处的事迹最为典型。1944年6月，日军犯衡。省立二师没有料到战争来得如此突然，仍想按原计划完成这一学期的教学任务，所以延至7月初才宣布放假。此时，衡阳保卫战已经激战了10余天。粤汉铁路及多处公路等已经不通，湘江船运也被迫停止。而家在衡阳及湘南的学生有200多人，只好结伴而行。当行至距衡阳15千米的铁光铺（今属衡南县）时，只见衡阳上空火光冲天，枪炮声不绝于耳。当得知衡阳保卫战激战正酣时，学生忧国忧民的心情油然而生，哭泣之声充满市镇，第二天大家不得不返回学校。校长杨朴庵见学生返校，既担心学生膳食费无法开支，又担心学生的安全问题。起初不愿接纳，学生没有饭吃。这时湘南北区学生把杨校长的父亲请来。其父对杨朴庵说："你是学校头儿，如果这些学生没有饭吃，要讨米，那你也应该做叫花子头子。"杨校长没办法，只好收留这些学生。此时，日军屯驻在常宁与耒阳边境，形势危急。为做好应变策略，学校立即组织男学生成立消防和自卫队，又从师管处领来30多支步枪和一些子弹。女学生则学习救护工作，进行战争自卫准备和训练。最辛苦的是男学生，一要担负日夜值勤，二要担负疏散物资的任务。疏散物资分两条线：一条是由宜水船运图书仪器到常宁烟州市，一条是人力担运全校的油盐等日常生活物资，存置到常宁北乡一个偏僻的小镇——杉树洞，留作退路。每人每次担30斤，每天来往若干次。

1944年8月，衡阳沦陷，接着常宁县城又被日寇占领。学校只好将学生与教员、家属分批撤到常宁与祁阳接界的杉树洞。这是一个山区小镇，没有墟场。男生住张氏祠，女生住在镇上的一座庙里，大约住了一个月时间。此时正值炎暑时节，但当地习俗不准人们到小溪中去洗澡，学校又无浴洗设备和地方，加上前段奔徙中饮食不洁，环境不好，绿头苍蝇到处都是，同学们普遍患上痢疾。当时学校没有医药，求医又无门。好在当地遍种萝卜，学生向当地人民讨来萝卜，用大锅熬汤喝下，才阻止痢疾病的蔓延。即使在这样困难的情况下，男同学还要带病日夜轮流站岗，严防敌人来袭。同时，所有学生还要坚持学习。

常宁沦陷后，双蹲书院被焚，原在此院的桌椅、床铺等校具全部被毁，存詹氏宗祠内的图书仪器，以及运到烟州一带的珍贵图书一并遗失或被焚毁。

9月底，校长杨朴庵赴省开会，当得知日军有经杉树洞赴祁阳之势，致函给学校教导主任罗季光，嘱咐他率领学生向宁远转移。罗接信后，立即全力抢运食盐和粮食，准备转移。但10月2日晚上，突然机枪火炮大作，师生互相搀扶，仓促向附近一个神庙逃避。由于夜黑无法清点人数，严重痢疾患者周震人同学，在途中昏迷不醒，直到敌人过去后，才发觉地面留下一条爬行的指痕，两手的指头已深深地抓进泥土中，他已经死去多时。同学们见状，悲痛万分。在那战乱年代，粮食和食盐最为珍贵，可是在往宁远转移的路上，所有的粮食和食盐又偏偏被强盗抢走。师生们在那荒无人烟的崇山峻岭中艰难行进，经狗爬山，过野猪园，出大茗洞，用泉水止渴，乞讨大蒜解毒。有病不能行走的女同学，男同学用椅子缚木棍，把她们抬着在高山绝岭中攀爬。特别是沿途与国民党的溃军时遇时离，颇受虚惊。在步行115千米后，于10月18日到达宁远县城。

2. "我们要在逃难中办学苦读"

来到宁远县城后，师生疲惫不堪，但县城满巷都是逃难的难民，师生无法立足，也找不到办学地方，师生焦虑。校长杨朴庵激励师生说："我们坚信中国不会亡……为了中华民族，我们要在逃难中办学苦读。"最后在当地一个姓李的校友帮助下，找到距下灌乡4 000米的久安背李氏祠办学。但开课仅一周，日军百余人蹿入下灌乡，省立二师师生带着学校重要的簿籍表册、文卷等，随同居民躲进距校10千米开外的瑶山。一部分男生抢运急用的大米入山，另有武装好的男生由校长杨朴庵率领，守护久安背校舍的存粮，日夜巡逻。一周之后，日军退出，教职员工及学生才返回上课。

在宁远久安背办学共一个学期，这是学校办学历史上最艰苦的一个学期。

师生缺少课本，由教师自编教材，油印讲义。有的科目连油印讲义也没有，上课时，只得老师讲，学生记。没有作业本，每人发一刀毛边纸。没有课桌板凳，就给每人做一条矮凳，一块方木板，以膝盖代课桌板凳。生活方面，一餐只有一碗南瓜或半碗萝卜下饭。星期天，男女同学都要到几千米以外的山上砍柴，规定男的要砍100斤以上，女的要砍不少于50斤。在这艰苦的学习环境里，师生的读书救国的精神，实在可敬可爱。晚上在煤油灯下，无一人走动闲谈。业余时间，抗日歌声荡漾山谷，附近老百姓无不为之振奋。参观实习课，竟要跑到数十里以外的地方去，因为那时只有九嶷山下才办了小学。农历年节，学校出钱，除南瓜外，另加一碗牛肉，半年多没跟肉打交道，吃起来特别有味。好在大家认为，在那国难当头之时，有书读已属万幸，故能同甘共苦，互相鼓舞。

学生们除了努力学习外，还关心国家存亡大事。省立衡中学生对英勇抗战的官兵十分敬佩。一个学生以"严严"为笔名在第二期《衡中学生》刊物上发表《荒郊吟》诗，其开头几句写道：

我走到没有人到过的荒郊 / 凭吊为国而牺牲的战士的墓坟 / 我没有鲜花 / 没有美酒 / 只有我一颗至诚的心 / 凄怆地吊念你 / 为国而牺牲的战士英灵。

诗的下面几句是描写战士坟的凄凉情景，最后以"在静谧的安闲里，闪烁着你们永古不灭的精神"结束。特别是陈登标同学，挥笔疾书一首《从军》诗，也刊登在同期校刊上：

我要从军 / 我要杀掉几个敌人 / 我要藉着热烈的炮火 / 来激发我一颗壮烈的雄心。

这些诗句，如果从艺术的角度看，也许写得不是很好，但它是从血管里流出来的，是发自肺腑的最富情感的语言，因而获得了大家的共鸣和响应，一时跟随陈登标前去报名参军的学生络绎不绝。但是，政府当局却不肯接受他们的申请，学校也不予支持。陈登标同学气愤不已，又挥笔写出《告别书》，发表在衡阳抗敌后援会主办的《抗战周刊》上，而后第一个毅然决定直奔前线，同学们为他开了欢送会，这件事在全校影响很大。

同学们这种炽热的爱国热情，还突出表现在查获大赌犯一事上。1937年，衡阳的赌博风盛行，严重危害社会秩序和人民生计。省立衡中联络市内各校学生，组织纠察队上街禁赌，查获赌犯就扭送到政府究办，没收的赌款，一律寄交抗战前线的部队。有一次，省立衡中学生查获衡阳梓园酒家一宗大赌案，4名罪犯中有一个是衡阳警备司司令的亲戚，该犯依仗权势，肆无忌惮地枉法行赌，谁也不敢招惹他。这次被省立衡中学生抓住，一样没收所有赌款，还被学生押去衡阳市南区警察分局，准备第二天送政府处理。这个分局为了讨好上司，报知警备司司令，并密谋将这4名大赌犯偷偷放走、另抓4名假赌犯关押。第二天被学生发觉，当即向社会公开揭发，并由学生自治会召集100多名学生到县府请愿，迫使政府不得不把南区警察分局局长撤职查办。

总之，省立二师就是在这样艰难的情况下办学，从1941年到1949年年底，共培养学生647人。这些学生不但是中国未来教育的希望，更是传承中华文化、弘扬民族精神的一支重要力量。

3. 反迫害

1943年12月，学校迁入常宁期间，该县县长邓少云以"异党"罪名，加害省立二师学生。为此，省立二师全校师生愤怒地与邓少云展开了一场尖锐的斗争。事情的起因是这样的：1943年11月13日，常宁县举行第三届全县运动会，省立二师学生也参加。13日上午，负责径赛总裁判工作的常宁县立中学体育教师，为袒护县中运动员，屡屡误判。省立二师的体育老师当即向大会提出批评，大会却置之不理，甚至在终点处，总裁判借冲线之机，搂抱省立二师女运动员。这一举动激起省立二师学生公愤，要求肇事者公开道歉，彼此争执不下。此时常宁县县长邓少云匆忙赶到，直登司令台，拔出手枪，声色俱厉地进行恐吓。省立二师运动员见此情状，更为愤慨，群集于司令台下，要与邓少云评理。邓却如临大敌调动警察进行弹压。省立二师学生毫不畏惧，斥其退出会场。邓少云恼羞成怒，当日下午竟在大会上辱骂省立二师学生是"捣蛋鬼"，说这次运动会遭到破坏，完全由省立二师负责。同日下午，省立二师第15班女学生邱琼英忽然失踪，经多方侦察，才知为县政府拘押。傍晚，省立二师校本部大院前后突然被全副武装的四五个警察包围，不准全校师生出入。副教导主任外出查舍（因当时学校分设四处），竟被阻止，横遭辱骂。进入学校的枪警，把守学校门口，女生入自习室时，则乘机戏谑。六时许，一人手持驳壳枪率全副武装者4人，冲入校长办公室，手持县政府公函，声称为"特务案猎捕异党"，公函对所列捕之学生邓明柱，严密检查其行李、书籍、笔记、信札，未发现丝毫嫌疑。校长以该生即将毕业，翌日即应考试，不忍使该生功亏一篑，愿为去县府办理担保手续，但枪兵禁止校长自由行动。所列捕之邱琼英，乃为一名不满16岁的女孩。事后查明，方知为县政府事务员钱有容以该生年幼可欺，乃悄入女生宿舍将其哄骗出校，以绑票方式劫拘于县政府。

省立二师师生对邓少云此种卑劣行径极为愤慨，纷纷要求控告邓少云。校长杨朴庵于次日凌晨，即亲往省政府（当时设在耒阳）向省主席薛岳报告，恳请查办。15日，以教员张伊人、吴培元为首，又代表全校师生向省政府呈上书面报告。省府后来虽派人做了调查，证明省立二师师生所述属实，但没有及时处理。12月21日，杨校长再次向薛岳呈文，进一步说明邓少云诬陷省立二师师生，非法包围学校，借故侮辱师生员工，关系到省立二师声誉及青年学生心理，应当严予追究云云。经过两个多月的正义斗争，终于迫使省政府免去了邓少云的县长职务。

五、坚持不懈，迎来解放

抗战胜利后，蒋介石不顾全国人民的和平呼声和要求休养生息的愿望，全面发动内战，引起全国人民的强烈反对。在教育战线上，广大知识分子和青年学生也在国统区掀起了民主运动，国民党的教育制度和教育思想日益破产。民主教育和学术自由是当时省立二师教育思想的主要特点。

1945年11月1日，《民主教育》刊物出版，这是当时国民党统治区教育界的进步刊物。通过这个刊物，宣传民主。在它的创刊号中，发表了陶行知的《民主》《民主教育》两篇短论、翦伯赞的《人类的尊严与教育自由》和邓初民的《民主政治与民主教育》等文章，提出反对国民党党化教育的问题。《民主教育》刊物对省立二师师生的影响颇大。那时省立二师的各种课外活动组织很多，学术团体有"九九文艺学社""新声""滴滴"等，数量多达10个以上，都是由学生自发组织起来的。各个学术团体出版石印或油印刊物，各班还办了墙报、黑板报等。个人的政治见解、对时局的评论、揭露社会的黑暗、评论学校的得失、教学上的经验等，都可以发表。学校当局对各种课外活动和各种学术研究组织不加任何干涉，校长李启礼的思想正如他在20班毕业纪念册上写的"序言"那样：

> 懔树人之计，慨复校之艰难，夙兴夜寐，竭虑殚精，其属望殷殷者，厥维诸生朝夕钻研，学成而有以致诸实用也……

师生们学术自由在这一时期有所发展，不受任何控制。1947年3月，国民党三青团组织进行总甄核登记，湖南支团坚持要在省立二师建立分团和进行甄核登记，并拉李启礼校长任分团团长，但李校长坚持不任。不久，国民党三青团的活动在校内基本停止。1948年8月，李启礼校长因病辞职，他将三青团印章砍去一角，作为废物移交给继任校长袁觉民。同年，北平等地爆发了"反饥饿、反内战、反迫害"运动，省立二师进步师生群起响应，他们张贴标语，进行示威游行。

1948年6月，省立二师进步师生发生了"怒打邮电局"事件。当时，省立二师进步学生熊兆生、龙盛两人收集班上同学的废钞，去耒阳邮局买邮票发信，邮局职员冷眼相视，恣意斥责人。学生不服，与之评理。邮局职员无言以对，便动手打人。熊兆生回校撞钟传讯，学生闻之，一百多人直奔邮局，一举将邮局的门窗玻璃打碎，迫使邮局负责人出来道歉，并抬着一箩筐鞭炮，从西门的邮局门口转向北门，再到南门，一直鸣放到省立二师学校，以示赔礼。

1949年4月，解放军横渡长江，随即挥师进入湖南。桂系白崇禧率部溃退至衡阳一带。省立二师周围到处都有驻军，常发生骚扰事件。为了保护师生安全和校产，迎接解放，省立二师在地下党组织负责人雷天一的指导下，组织了护校委员会。在组织护校委员会之前，省立二师地下党团员对校长袁觉民做了一系列统战工作。袁觉民以国民政府的腐败对照共产党的政策，不能不考虑自己的未来。从1949年年初开始，袁觉民的立场即有所转变。在成立护校委员会时，地下党团组织认为以袁觉民出面公开组织护校委员会最为恰当，于是推选他为护校委员会主任，地下团员、学生会主席廖学仲为副主任。团员陈瑞琪则被抽调下乡，发动群众迎接解放。

为了武装护校同学的思想，省立二师地下团组织经常从地下党组织创办的耒阳立文书店中，把《大众哲学》《新民主主义论》等书刊输送到学校，还通过地下党传来湖南省主席程潜和集团军司令陈明仁分别署名印制的《关于禁止学校驻军和保护校产的布告》，贴在学校大门上。

1949年6月20日，袁觉民亲自去省领取经费，面见程潜，陈述"时局紧张，学校不好办"。程潜则用"安心办"三个字鼓励他，并批给袁觉民1 000烂板银圆（1烂板银圆只值0.8银圆），在当时钱库已空的情况下，算是对省立二师的特殊照顾。由于随身携带银圆十分危险，袁和随行人员将银圆换成金条，紧捆于腰上。袁觉民回到耒阳后，立即派人去资兴、安仁、永兴等地用部分经费购回数千斤粮食，以保证护校师生食用；一部分留作新中国成立后的开学经费，交给事务主任妥善保存。

1949年中秋节，耒阳吃紧，一些城镇居民和校友感到校外不安全，纷纷来到校园避难。护校队与袁校长商量，认为难得与大家过这样一个不平凡的节日，决定立即买回月饼，居民、同学每人两个，紧闭校门，欢度佳节。此时，校外国民党军队人喧马嘶，正匆匆溃退。午夜，中共地下组织派去茶陵迎接解放军的陈瑞琪，带来了解放军明天进城的喜讯。护校队立即把早已拟就的标语赶紧写好，第二天贴遍耒阳街头，并组织宣传队宣讲中共的政策，动员商民照常营业。

中华人民共和国成立后，湖南省立第二师范学校在耒阳首先开学，人民政府及时拨给10 000多斤粮食作为开学经费。1949年10月，湖南省人民政府主席程潜给袁觉民来信说：

> 得悉你响应和平起义号召，保护学校财产及档案文书，迎接解放，空谷足音，难能可贵，深堪欣慰，至望全校师生在人民政府领导下再接再厉，为人民教育事业作出新成绩，有厚望焉。

袁觉民把程潜主席的亲笔信，公布于学校布告栏，借以鼓舞全校师生。

第二节　社会主义办学体制的确立

1949年10月，耒阳迎来解放，饱尝颠沛流离之苦的省立二师，喜获新生，全校广大师生员工要求将学校迁回原址。校长袁觉民对此也极力支持，经报请省人民政府教育厅同意，遂于当年12月带领大家克服重重困难，将学校迁回衡阳市江东岸。1950年6月，在衡阳市人民政府关怀下，通过全校师生努力，学校又从江东岸迁到地域开阔的黄茶岭，建立了永久性校址。1953年，遵照教育部颁发的《中等师范学校暂行规程》中"师范学校之名称应按所在地命名"的规定，省立二师又改为湖南省衡阳师范学校。1953年3月，湖南省政府遂将她列为全省三所重点师范学校之一。

中华人民共和国成立后，这所历史悠久、富有光荣革命传统的学校，得到了党和政府的重视与关心。在毛泽东关于"有步骤地、谨慎地进行旧有学校教育事业和旧有文化事业的改革工作，争取一切爱国的知识分子为人民服务"的指示下，最终实现了由新民主主义教育向社会主义教育的转变，确立了社会主义的办学体制。

一、迁校建校

省立二师因战乱反复迁徙，中华人民共和国成立后再度迁回，历时12年。由于原校舍大部分毁于战火，余者又被空军航空站占用，学校只得借用江东晏家坪的高级商业学校（原克强学院衡阳分院）旧址搭建临时校舍。1950年2月，汤菊中接任省立二师校长，衡阳市人民政府对学校新址的选择相当关心，副市长陈维清亲自出马与屈子健（老校友，知名人士）、汤校长一道，相继察看了包括成章、船山和含章中学等多处旧址，因含章中学旧址地处黄茶岭，有利于将来发展，最后被确定下来。

校址选好后，便立即着手搬迁工作。晏家坪与黄茶岭不但相距几千米，而且相隔湘江，交通很不方便。全校师生在既无汽车，又无马车的情况下，硬是靠肩挑手抬，经过10多天的奋战，将学校搬迁完毕，结束了学校多年的迁徙历史。1950年8月，学校举行了迁校庆功会，会上通过了一封上呈毛泽东的报喜信。中央人民政府办公厅于1950年12月8日给省立二师师生复函说：

> 你们寄给毛主席的信收到了，感谢大家的盛意。过去二师为革命培养了许多优秀干部，这是二师历史上的光荣，希望大家继承优良传统，努力工作、学习，在新民主主义教育的原则下，培养出更多的革命人才。

这封回信，给全校师生以极大的鼓舞，师生们纷纷表示一定要把学校办好，以实际行动报答党中央的亲切关怀。

当时，办学条件十分艰苦。原含章中学校舍少而破旧，大部分是篱笆墙的平房，只有一栋两层楼的教室，几栋宿舍被暂驻的陆军医院占用一半，用房相当紧张。生活也十分艰苦，饮用水都需学生课后到500米远的湘江去挑；煤不够，便以糠壳作为燃料。师生们还利用节假日和课余时间开荒种菜，养鸡喂猪，开辟运动场。

1951年，陆军医院归还了借用的房屋，接着又开始扩建校舍。1952年修建了一座质量较好的大礼堂（因是东西向建筑，且过于陈旧，已在1999年拆掉，并把原址及邻近花园扩建为新广场）。同年11月，衡阳地区专员公署拨给省立二师基建费12 000万元（旧币，1万元合新币1元，下同）维修了校舍。1953年，接收衡南县第一中学在黄茶岭的校舍18栋，房屋共69间。1954年，又新建了两层教学楼3栋，澡堂1栋。到1956年，学校已有平房12栋，楼房宿舍1栋，办公楼1栋，平房教室2栋，楼房教室4栋，大小礼堂各1栋，琴房、澡堂各1栋，食堂2栋。此外还有实验室、绘画室、俱乐部等，共计72栋大小不等的房屋。学校的教学设备也大量增加，1953年，地区专员公署拨给设备费2 300万元，主要添置课桌椅、床铺、图书仪器、体育器材等。以后又逐年添置了一些教学仪器设备。到1956年，学校共有化学药品218种，化学器械118件，物理仪器388种，生物标本115种，矿物标本11盒，钢琴1架，风琴27架，图书1万余册。此时学校的办学条件大为改善，已成为全省较有名气的中等师范学校。为了支援兄弟学校办学，还赠送给湘潭师范学校物理仪器85件，化学器械95件。

二、破旧立新，贯彻新的教育思想

中华人民共和国成立后，遵照《共同纲领》所规定的"人民政府应有计划有步骤地改革旧的教育制度、教育内容和教学法"的精神，在"以老解放区新教育经验为基础，吸收旧教育有用经验，借助苏联经验，建设新民主主义教育"的方针指导下，着手清除封建的和资产阶级教育思想，并对旧的教育体制进行社会主义改造。1951年8月，第一次全国初等及师范教育会议之后，湖南省召开了师范教育会议，提出了"学习苏联，集体教学，面向小学"的口号。省立二师立即组织广大师生认真学习苏联的教育理论和新的教学方法。1953年，校长谭雪纯从北京师范大学学习苏联的教育理论和教学方法归来后，学校掀起了一个学习、推广和普及苏联的教育理论与教学方法的新高潮。要求教职员除早晨学习一小时外，每晚还安排一定时间学习，由谭校长和教育学组的老师定期做辅导报告。在个人学习的基础上，以教研组为单位开展大讨论，帮助教师透彻了解凯洛夫教育思想，熟练掌握"苏式"教学大纲和教材。在各科教学实践中，教师们努力贯彻苏联的教育思想，逐步运用凯洛夫的"五个教学原则"和"五个教学环节"，并经常组织公开教学和观摩课，检查学习新教育思想的成果，推广运用新教学方法的经验，以提高教学质量。

（一）加强对师生的政治思想教育

在社会主义改造时期，学校的主要使命就是要加强对师生的政治思想教育，肃清旧社会的流毒，抵制资产阶级腐朽思想的侵蚀，用无产阶级世界观武装师生的头脑，为社会主义革命和建设事业造就一代新人。这一时期，省立二师党组织，除按照上级布置，在教职工中开展了审干运动、思想改造运动、肃反运动和整风"反右"运动之外，还特别重视加强爱国主义教育、共产主义道德教育以及校风校纪教育。朝鲜战争爆发后，在全国掀起了抗美援朝、保家卫国的热潮，省立二师的同学们踊跃报名参军上前线。几天之内，各班报名人数竟达半数以上，被批准入伍的有汤建良、李兰蕙等男女同学140余人。1954年，《中国青年报》相继发表了《杨成文是怎样走向反革命的罪恶道路的》和《侯红鹅被拖进了反革命泥坑》两篇文章，学校即利用这两个反面教材，对学生进行了一次较集中的共产主义道德教育，从而使学生划清了界线，认识到坚定无产阶级立场和树立共产主义世界观的重要性。

（二）推行多种学制

1952年10月1日，国家在颁布《关于改革学制的决定》中指出："我国原有学制（即各级各类学校系统）有许多缺点，其中最重要的是工人、农民的干部学校，各种补习学校和训练班，在学校系统中没有应有的地位……改革各种不合理的年限与制度，并使不同程度的学校互相衔接，以利于广大劳动人民文化水平的提高，工农干部的深造和国家建设事业的促进，都是必要的可能的。"并规定：师范学校，修业3年，招收初中毕业生或同等学力者；初级师范学校招收小学毕业生或同等学力者，修业年限3到4年。师范学校和初级师范学校均得附设师范速成班，修业1年，招收初级中学毕业生或有同等学力者，并得附设小学教师进修班，吸收在职小学教师加以训练。遵照这个规定，省立二师的初师、中师普通班均实行三年制。1953年10月开始，设二年制师范速成班（1954年后改称轮训班），招收小学在职教师；1954年又改为一年制；1955年开设行政干部培训班，招收小学在职行政干部进行短期培训，学制为半年。另设有小学教师进修班，如数学进修班、史地进修班等，学习期限不定。

（三）更新课程设置

中华人民共和国成立后，放弃了国民政府时期的教材，重新编写和启用了在内容上富有革命性的新教材。取消了"党义""公民""童子军""军事训练"等科目，逐步更新了课程设置。1953年以前，主要开设政治常识、语文、历史、地理、数学、物理、化学、生物、卫生、教育心理、教育通论、教材教法、教育学、音乐、图画、劳作、参观实习等。1953年，增设自然常识教学法、时事政策等科目。1954年，中师部开设政治常识、语文及其教学法、数学、物理、几何、代数、自然教学法、化学、学校卫生、达尔文主义基础、历史（中国近代史、世界近代史、苏联现代史）、历史教学法、地理、图画、音乐及教学法、体育及教学法、作文、教育实习等科。师范速成班主要开设政治常识、语文、算术及教学法、历史、地理及地理教学法、人体解剖、图画等科。初师班主要开设政治常识、语文、几何、代数、物理、化学、外国史、历史教学法、地理及地理教学法、人体解剖、图画、体育、音乐、教育实习等科。1956年的课程开设分为以下四部分：①政治文化科目，社会科学常识、中华人民共和国宪法、语文、数学、物理、化学、矿物学、人体解剖生理学、达尔文主义基础、历史、地理、音乐、体育、图画；②教育科目，心理学、教育学、少先队工作、学校卫生及各科教学法；③教育实习，平时实习和集中实习；④基本生产技能教育，工厂实习、农业生产基本知识及实习、简单教具和学校用品的设计制造。

同时，学校还十分重视开展各种课外活动，主要有报告会、朗诵会、歌咏会、时事竞赛、技巧比赛等形式。1951年，举办了一次创作成绩展览会，包括仪器、图表、模型、稿件、标本等100多件。1952年下学期，又成立了各种创作和钻研小组，其中有电动机模型创作组、矿石收音机创作组、幻灯片制造组、米丘林学说研究小组、速成识字法研究小组等。1953年以后，课外活动开展得更为活跃，组织形式和参加的人数也更多。课外活动小组的成绩最大、影响最广的是合唱团、戏剧小组、舞蹈小组和木偶戏研究小组。1954年以来，学校在全市连获学生歌舞会演"合唱""集体舞"甲等奖及舞蹈创作奖，并多次在市剧院专场演出。

三、健全组织机构，建立新的管理制度

改造旧学校的首要任务是加强党的领导，同时建立和健全组织机构与各项管理制度。

（一）健全组织机构

1951年，由教师党员1人，学生党员2人组成省立二师党小组，直属地委组织部文教支部领导。1954年学校开始党的建设工作，新发展党员18人。至1956年，全校党员已达45人。学校党支部是1952年建立起来的，但支委会直到1954年才正式成立。

为团结广大青年投身于伟大的社会主义革命和建设事业，充分发挥党的助手作用，1951年，在上级党团组织的关心下，学校建立了团总支，直属新民主主义青年团衡阳地方工作委员会领导。1955年，团总支升格为团委会，团员达393人。早在1949年10月，以前的学生自治会被宣布撤销，名称改为

学生会。这时候，不但学生会得以健全起来，同时各班又分别成立了班委会。1951年冬，中国教育工会省立二师委员会正式成立，尹名琬当选为工会主席，接任的有谷毓苞、胡士斌和朱岳。至1956年，学校教职员工95%参加了工会组织。

新中国成立初期，学校成立了以校长为首的管理委员会，实行校长负责制。下设教、总两处。1952年年底，按学科建立了教研组，由教导处管理。1951年2月，谭雪纯以副校长代行校长职务。1954年，干部实行双线配备，增设曹菁为副校长。1956年取消校长负责制，实行党支部领导与监督行政工作制度。

（二）建立新的管理制度

为了适应新的办学体制，在学校管理方面也逐渐形成了一套新的管理制度，诸如教师学习制度、班辅导制度、集体备课制度、听课制度、劳卫制度、财产保管制度、伙食管理制度、人民助学金支付制度等。1953年7月，教育部颁发了《中等师范学校暂行规程》，学校在原有制度基础上，又制订和完善了《校长职责》《教师职责》《教导主任职责》《班主任职责》《学生会章程》等。1955年，省教育厅颁发了《湖南省师范学校学生守则》（修订草案），学校又相应地建立和健全了一系列学生管理制度。在诸多管理制度中，尤以考核制度和教师集体教学制度建立得较早较好。

1. 考核制度。考核制度分为对教师的考核和对学生的考核两种。对教师的考核，由教研组长配合教导处进行。每周每组至少抽查一个教师的教案、教学进度、课时计划和作业的批改，并公布抽查的结果。对优秀教案和批阅认真的作业予以展览；对不好的给予批评。每学期结束时，对素质不高、责任心不强的教师进行淘汰，改调他处。对学生的考核主要是考试，分单元考、期中考、期末考三种，考试一律闭卷。试题必须由教导主任亲自过目，掌握试题程度，根据具体情况调整试题。以前的学生考试成绩按百分制计算，从1953年下学期开始，学习苏联做法，普遍实行五级分制。

2. 教师"集体教学"制度。这也是学习苏联的做法，主要包括集体办公、集体备课、公开教学和多种听课制度等。（1）实行集体办公制度。1951年下学期，到衡铁四中参观学习后，也开始设立教研室和建立集体办公制度。1952年，湖南省师范教育会议提出了"学习苏联，集体教学，面向小学"的口号，学校进一步强调集体办公，从此建立起规范的集体办公制度。（2）建立集体备课制度。学校对每次集体备课的时间、内容和要求都做了详细的规定。每次集体备课之前，教师个人必须充分地钻研教材，并做笔记，对教学目的、重点和疑难症结提出自己的意见，作为集体讨论发言的根据。集体备课时，先总结上次集体备课的得与失，然后对本次的内容进行研究，并确立教学重点，讨论疑难问题，根据集体讨论的意见，结合班上的具体情况写出教案或对原有教案进行修改。（3）组织校内观摩课和对外公开教学。校内观摩课经常有计划地进行，校外公开课则要做好许多准备工作。1953年5月，学校组织了物理和历史对外公开课，参加听课的有湘南文教处、区党委、区团工委、市教育工会和市一中、衡铁一中、成章中学等8所学校，加上本校的领导和教师，多达98人。由于准备充分，公开课上得精彩，接待工作也做得不错，故获得了相当高的赞誉。（4）建立多种听课制度。包括突击听课、通知听课、平线听课（听同一科目同一进度老师的课）、单线听课（听完一位教师一个单元的授课）、多线听课（听担任某班课程几个老师的授课）和去附小听课等。为此，学校不仅对领导、教导主任、教研组长和每个教师的听课节数都做了具体规定，而且还提出了许多具体要求，如要求做好听课笔记、对授课者提出改进教学的意见等。

总之，1950—1956年，在中国共产党的领导下，在师生的共同努力下，不但完成了对旧学校的改造任务，而且取得了突出的成绩。1953年3月，学校被列为省重点师范学校后，湖南省教育厅师范科与视导科牵头，由一师、女师、艺师、湖大教育系、湖南教师社、新湖南报社、省工委、文化教育委员会等单位派员参加的视导团，在省教育厅周世钊和曹国志等率领下，来校进行了为时半个月的视导工作。他们对学校的行政领导、教职员的工作、教研组的活动、与附小的联系、学生的专业思想、师生的健康状况各个方面进行了一次全面的了解与考察，并给予了相当高的评价。1955年4月，省教育厅引介湖北省师范教育参观团到衡阳师范学校参观指导。与此同时，省教育厅发动全省师范学校的领导到校参观取经，为时达一月之久。以上这些，都使学校的声名远播省内外。

中　篇
（1958 年 9 月—1999 年 2 月）

I

花开黄茶　赓续前行

第四章

在艰难曲折中前进

本章主要概述1958年9月至1976年10月学校发展的历史。

在社会主义教育方针确立之后，由于受到历次政治运动尤其是"文革"的影响，学校的发展艰难曲折。1958年9月，创办的衡阳师范专科学校，办学条件相当艰苦，发展也起落无常。在十年探索时期，师专与中师积极探索教学改革，建立教学、生产劳动、科研相结合的教学模式，取得了一些成功的经验。1966年5月，"文革"爆发后，不仅这种探索停止了，而且学校还饱尝了动乱之苦。这一时期，衡阳师专和衡阳师范学校（1962年，恢复为湖南省第三师范学校）分合不定。这在某种程度上延缓了两校的发展速度和应该显现出来的不同特点。直到1973年才正式分为两个学校，即衡阳师专和湖南三师。

第一节　衡阳师范专科学校的创办

衡阳师专创办于1958年，是"大跃进"运动的产物。当时，全国工农业生产出现了"大跃进"，带动了教育事业的"大跃进"。湖南省教育规划小组要求到1962年农村普及初中教育，城市普及高中教育，实现乡乡有中学，并期望各专区到1959年形成较为完善的高等教育体系。衡阳专区同全省一样，几个月的时间就普及了小学教育，并提出了普及中学教育的口号，但中学师资严重短缺。为了解决这个难题，中共衡阳地委在"大跃进"运动的推动下，决定创办师范专科学校。经湖南省教育厅规划，国务院批准兴办了衡阳师范专科学校。1958年9月1日，在衡阳师范学校校门上挂出了衡阳师范专科学校的校牌。

一、筚路蓝缕　艰苦建校

衡阳师范专科学校校址勘定在衡阳市南郊黄茶岭，学校北临衡阳师范学校及其附属小学，南接现衡阳市职业中专，西临黄茶岭麓，东靠衡阳市八中。校区面积约38万平方米，几乎尽是坟山荒坡。学校创办伊始，一无校舍，二无教师，三无教学设备。教学所需教师、图片资料、仪器设备、师生食宿等均由衡阳师范学校提供。中共衡阳地委十分重视学校的创办，决定由衡阳地委书记宁生兼任校长，实际工作则委托衡阳师范学校代管，在衡阳师范学校党支部统一领导下开展工作。时任衡阳师范学校校长的谭雪纯受地委委托代行衡阳师范专科学校党政职责，担负筹建衡阳师范专科学校的重任。在学校的组织领导下，衡阳师范专科学校、衡阳师范学校的师生积极投入师专的校园建设。两栋教学大楼的土建任务和砖、瓦、木材、水泥等运输任务主要由衡阳师范专科学校学生承担，还自烧红砖20多万块。师生们手磨起了泡，肩磨出了茧，流下了辛苦的汗水，为建校做出了无私的贡献。半年多时间，在那不毛之地上建起了第一栋建筑面积2 930平方米的教学大楼，共有教室27间，除3~7间用于办公教学活动外，可容纳1 000~1 200名学生上课。1958—1959年，省教育厅两次基建拨款仅17.4万元，学校经费相当紧张，师生节衣缩食，自己养猪、养鱼、种菜，走自力更生之路。教师住房、办公条件十分简陋，节约每一分钱去办学。至1959年春，学校添置了350名学生的课桌和床铺，购置图书3 864册，订购报刊100多种，购进化学药品66种，化学教学仪器122种，数学教学仪器19种共332件，体育设施52种计198件，其他一般设备23种共113件，基本上能满足首届招生后的教学需要。

二、几经曲折　艰难前行

1959年年底以后，由于衡阳地委充实了学校的领导班子，内部管理机构也逐步完善，学校教育事业呈现出上升发展的势头。1960年，学校招生专业由1958年的3个（语文、数学、化学专业）增加到5个（另加物理和俄语专业），教职工由1958年的19人增加到70人（不含工人），在校学生由1958年的273人增加到733人。此后，由于"先天不足"，又遇"后天失调"，学校发展起落无常。1961年，开始贯彻"调整、巩固、充实、提高"八字方针，俄语、物理两专业停止招生。1962年5月25日至6月2日，湖南省教育厅召开全省教育工作会议，根据"压缩规模、精简人员、提高质量、合理布局"的原则，制定了全省教育事业调整精简方案，方案决定大幅度裁并大专、中专学校，衡阳师专属撤销之列，要求改为衡阳教师进修学校，担负衡阳、零陵和郴州3个专区中小学教师和学校行政干部的培训任务，教师进修学校受省教育厅和当地专署教育机构双重领导。衡阳地委要求将衡阳师专延办到1963年，完成1961级学生毕业后再停办。于是在1962年、1963年学校停止了招生，并将1958年勘定征购的校区38万平方米土地大半退给了周边的大队、生产队。这时，恰逢1963年中南局宣传部负责人到衡阳师专视察，该负责人建议湖南省教育厅恢复衡阳师专。于是，湖南省教育厅以（63）教高字第641号文向教育部"呈报停办邵阳师专、常德师专，恢复衡阳师专的理由及师生处理的情况报告"，报告称："我省现有师范学院一所、师专三所（即吉首、邵阳、常德），从目前中学师资需要来看，有一所师院、一所师专（吉首师专为湖南少数民族地区培养初中教师）即完全可以够用……第四个五年计划，中学教育将有发展，教师需要量增加，为保证质量，采取办第二师院的办法来解决。关于第二师范的设立问题，从全省的布局来看，我们认为以选择衡阳为宜。我们曾考虑将邵阳、常德两所师专中留下一所作为将来成立第二师院的基础，但比较起来，条件均不及衡阳……故请准邵阳、常德两所师专停办，恢复衡阳师专，在师专的基础上，筹备成立第二师范学院。"1963年10月24日，国务院以国文办713号文件批复："……同意恢复衡阳师范专科学校。"1963年11月7日，湖南省教育厅以（63）高教密字第745号文件发出《摘转国务院关于恢复、改建和停办部分高等学校问题的批复》："衡阳师专从通知到达之日起恢复，今明两年均暂不招生。在此以前即担负教师进修任务，办好教师进修学校，一切财产设备均需妥善管理，防止散失损坏；原有领导干部和行政骨干仍应保留不动，并积极准备师资条件，以适应将来招生的需要。"按照省教育厅的意见，衡阳师专这一年举办了语文、数学教师进修班和小学行政干部训练班，1965年恢复了中文和数学两个专业的招生。次年，由于"文化大革命"的爆发，衡阳师专不但招生停止了，而且失去了一次发展的良好机会。

三、招生与培训

1958年至1976年的19年里，由于调整、撤销、"文化大革命"等原因，衡阳师专有8年没有招生。1958—1965年，招收的是统考或保送学生。1958年，中文、数学、化学3个专业首次共招生183人（实际到校人数），来源于全省54个县市，其中129名中小学教师是保送进校的，他们大都是教学骨干。1960年，物理、俄语专业开始招生。在课程设置方面，语文专修科二年制开设课程为文学理论、现代文学、现代文选、心理学、体育；语文专修科一年制开设课程基本上与二年制相同，仅心理学改授教育学，增开古典文学课。数学科二年制开设课程有平面几何、心理学、代数、三角、解析几何、体育；一年制开设课程基本上与二年制相同，仅心理学改授教育学，增开了物理学。化学科二年制开设课程为普通化学、普通物理、数学、心理学、体育。政治和劳动课列为各科的必修课。

按照省、地指示，这一时期还举办了中小学语文、数学、理化、英语、音乐、美术、体育教师进修班和小学行政部训练班，据现有的统计资料共有学员1 151人（包括"文革"时期培训的部分学员），他们进修培训时间最长的为两年，最短的为半年。例如，1965年3月举办的半耕半读中学教师训练班，培训时间为两年，有学员203人，大都是农业中学、夜校或民办中学教师。1965年12月，衡阳师专制定了《衡阳半农半读师范专科学校五年规划》，旨在逐步推行两种劳动制度、两种教育制度，以适应半农半读、半工半读中学和农业中学对师资的需要，并明确"从1966年招收的新生为起点，改为三年制。在这三年中，一年从事生产劳动，两年从事教学和其他活动"。但由于"文化大革命"的开展，此规划未能实行。

第二节　积极探索　曲折前进

1958年至1965年是衡阳师专的初建时期，尽管从各县一些中学抽调了一些有经验的教师来校任教，并利用暑期从他们当中选派一些人到湖南师范学院去参观学习，但学校的领导和教师没有一人在高校工作过，没有高校教学和管理的经验，一切都得通过实践探索。其间，教育战线突出贯彻落实中共中央提出的"教育为无产阶级政治服务，教育与生产劳动相结合"的教育工作方针。但在理解和执行上出现了"左"的倾向，加之批判资产阶级学术思想和开展"又红又专"大辩论中的某些误导，更增加了探索的艰巨性和复杂性。衡阳师专和衡阳师范学校与全国其他大专、中专院校一样，在探索中既取得了成绩和经验，又有失误和教训。

一、探索高校的管理工作

衡阳师专建立后，根据高等院校的特点，逐步建立了一套自己的管理系统。首先是完善领导机构。1957年"反右派"运动以后，中国共产党加强了对教育战线的领导。1958年年底至1959年上学期，衡阳师专与衡阳师范学校建立了党总支部委员会，下设师专教工、学生、师范教工、师范附小教工党支部，学校建立了党总支领导的校务委员会，全面领导学校工作。1959年，中共党内开展"反右倾"运动，并波及学校，谭雪纯受到错误的批判和处分，年底被免去了衡阳师范学校校长职务。衡阳地委决定衡阳师专与衡阳师范学校共同建立中共衡阳师专委员会，调东安县委书记崔树峰任学校党委书记，任命邹立斋为衡阳师专副校长兼衡阳师范学校校长。中共衡阳师专委员会，下设5个党支部，实行党委领导下的校长负责制。明确了"有关方针、政策的重大问题及教学工作计划，必须经党委研究决定后贯彻执行，学校各个工作组织和各个部门必须经常向校党委请示报告，按党委意图办事，做好本职工作"。同时，衡阳师专与衡阳师范学校共同成立了共青团委员会，分别设立了两个团总支。1964年下半年，中共衡阳师专委员会改为党总支委员会，组织关系由地直机关党委管理，邹立斋任党总支书记，湖南三师党支部书记王月长任党总支副书记。

衡阳师专创办初期，为了加强对各项事务的管理，逐步建立了组织部、宣传部、青工部、教务科、人事保卫科、总务科、校办公室、中文科、数学科、化学科、物理科、外语科，各教学科均设立了教研组，以加强对学校各项工作，尤其是教学工作的领导。

其次，制定各项规章制度。1958年暑假，制定了《衡阳师范专科学校暂行学则（草案）》，对入学、注册，课程修习、加选、退选和免修、缓修，请假、考勤，考试、考查、补考、升留级，转科、转学，休学、毕业，学生守则，奖惩等方面做了严格而详尽的规定，以便首次招生后有章可循。各科也制定了岗位职责和管理制度。1959年之后，学校又先后制定了《衡阳师专课程考试和考查暂行办法》《衡阳师专、师范学校请假制度》《劳动生产检查评比方法》《仪器室制度》《仪器丢失、损坏的处理办法》《阅览室制度》《膳食管理制度》《保卫工作的几项规定》《衡阳师专、师范学校财经、生活、福利管理制度》等。由于学校处于建校初期阶段，某些管理制度尽管还不够科学和完善，但对衡阳师专初期的管理发挥了较大的作用。

二、加强思想政治工作

学校党委和党总支一直把加强两校的思想政治教育作为学校管理的重要环节。从1958年至1966年年初，学校主要开展了"红与专"的大辩论等一系列教育活动。如社会主义教育、"三面红旗"教育、党的教育方针教育、形势政策教育、共产主义前途教育、劳动教育等；同时开展了三方面的学习活动，即学习毛主席著作活动、向雷锋学习活动、向焦裕禄学习活动。当时，针对衡阳师专部分师生不安心教学或学习等问题，校党总支、党委分别请地区党委书记宁生、地委宣传部部长王来苏等来校向全体师生做报告，提出了"党委领导、群众办学、因陋就简、就地取材、能者为师、通力协作"的办学方针，要求全体师生用共产主义思想和革命精神，在党委领导下，群策群力把这所新型的大学办好，为全区培养符合规格的"又红又专"的中学教师而努力。接着，以党团支部为核心，在全校师生中开展了学习整风、辩论的活动。如在党员中开展了"八比"（比革命干劲，钻劲；比执行党的政策决议；比遵守党纪国法；比向坏人坏事作斗争的勇气；比转变作风，联系群众；比大公无私，勤劳节俭；比积极创造；比学习劳动）；在教员和学生中开展"十比十好"（教员中的"十比十好"：比教学改革贯彻新的教育方针好；比政治思想进步好；比劳动锻炼好；比开展批评和自我批评好；比向学生、劳动人民交知识好；比干劲、钻劲，多快好省，政治加技术好；比面向小学、面向农村，热爱民办教育事业好；比技术创新，创造发明好；比普通话学得好，讲得好；比服务态度好。学生中的"十比十好"：比思想品质好，比学习成绩好，比劳动锻炼好，比体育锻炼好，比文娱生活好，比组织纪律军事锻炼好，比普通话讲得好，比清洁卫生扫除做得好，比教育实习、热爱专业、热爱儿童好，比社会活动好）。这样一来，学校政治氛围浓厚，全校有85个毛主席著作学习小组，辅导员175人，师生自行订购和借阅毛泽东著作等有关政治书籍达21 000多册，写有心得体会22 208篇，论文7 068篇。除了丰富多彩的思想政治教育活动外，校党委还重视政治课的教学，把政治课作为向学生进行思想政治教育的主渠道，树立辩证唯物主义世界观，提高学生理论水平。据当时的总结统计，师生中要求入党的团员达96%，要求入团的青年占91%。在日常思想政治教育中，各班辅导员及教研组教师都深入学生中去，班辅导员对每个学生全期应谈话1~2次，教研组教师一般要对任课班学生每人谈话1次。总之，这一时期，由于国家的政治运动一个接着一个，政治学习活动成了学校的工作重点，它有利于加强学校思想政治工作，但在一定程度上影响了学校教学的中心工作。

三、建立教学、生产劳动、科研相结合的模式

（一）从劳动入手进行探索

1958年下半年，为了贯彻毛泽东关于"高等学校应抓住三个东西，一是党委领导，二是群众路线，三是把教育与生产劳动结合起来"的指示，以及中共中央、国务院发布的《关于教育工作的指示》，湖南省委决定，全省大、中、小学停课一个月，从大搞生产劳动入手，开展轰轰烈烈的"教育大革命"。校党总支和行政执行省委的决定，组织师生员工大搞劳动和科研，探索建立教学、生产劳动、科研相结合的教育体制。一年半时间内，学生参加劳动时间人均达两个月左右。概括而言，参加的主要劳动有以下几项。一是全民大炼钢铁的运动。衡阳师专与衡阳师范学校学生日夜守在高炉旁，共炼钢23吨，烧水泥163.2吨；二是积极投入修建校舍的劳动。两校学生一道完成了2幢3层80余间教学大楼的土建任务和全部砖、瓦、木材6 000多吨公里的运输任务；三是响应学校党委"每人百斤粮食一头猪，千斤蔬菜百条鱼"的号召，自力更生，做到蔬菜副食自给。开荒400多亩，一周内便种下蔬菜183亩。为此，市委蔬菜现场会在学校召开。四是搞校办工厂和厂校挂钩。以衡阳师专化学科为主办起了小钢铁厂、水泥厂、化学药品试剂厂等，有小型车间20多个。又同衡阳市电解食盐厂、硫酸亚铁厂、酒精厂、石油厂等10多个厂挂钩，在研究项目和设备、资料运用方面，互相支援。学生在教师和技术工人指导下，一边学习，一边生产劳动。衡阳师范学校与土建机械厂合并，经厂校双方研究，成立了临时党委会，统一领导生产和教学。合并期间，师生以班为单位定期去工厂劳动半个月，师生和工人互相学习，以促进工人阶级知识化、知识分子劳动化，这种做法维持了半年时间就自行结束了。至1960年年底，全校完成各项研究达2 080项，其中重要的达100项，完成科研论文3 797篇，工厂投入生产产值达25万余元。

青年学生在校学习期间，适当地参加生产劳动，对于培养学生热爱劳动，了解工农的生产和生活，增进知识分子与劳动人民的感情，提高动手能力和树立科研意识无疑是有益的。但是，学生的生产劳动、社会实践时间安排过多，过于集中，学生劳动负担过重，影响了学校的教学秩序，冲击了教学的中心环节。

（二）建立正常的教学秩序

针对学校各类社会实践活动安排过多、冲击了教学的问题，中央及时觉察到"教育革命"中所出现的问题。1959年6月，中共中央在批转教育部和共青团中央的报告中指出：当前最重要的是把正常的教学秩序建立起来，使教师能有充分的时间备课和批改作业，学生能有充分的时间读书。同年，中共湖南省委根据国务院发布的《关于全日制学校的教学、劳动和生活安排的规定》，对学校教学和生产劳动时间做了必要的调整，明确规定学生全年在校期间的劳动时间不得超过55~60天，教师全年劳动不超过40天，对年老体弱的教师应予以照顾。学校党委认真执行了中央和省委的指示，从1960年开始，决定恢复正常的教学秩序。

首先，坚持以教学为主，妥善安排劳动和社会活动时间。要求学生每周参加劳动时间为6小时（一般不集中），教师每周参加劳动锻炼时间为4小时（年老体弱者可以适当减少），保证教师每周用于教学的时间有44~50小时，即有5/6的时间用于教学，保证学生每周有52小时（包括劳动在内）学习时间，要求学生每周早自习6小时、晚自习12小时，保证教师、学生每天有8小时睡眠时间。

其次，发挥教研组在教学中的作用。为了发挥教研组在教学中的作用，学校明确教研组长有组织全组教师完成授课计划及课时计划，组织本组教师进行公开教学、观摩教学、相互听课、教学质量检查等9项职责和任务。教研组充分发挥教师的主导作用，要求教师正确理解理论联系实际的原则，大力改进教学方法，从各科教学任务出发，尽可能联系当前的政治斗争、生产斗争和学生的实际，防止生搬硬套地结合，但决不能削弱对基础知识的传授。

最后，认真组织教育实习。1960年，衡阳师专有首届二年制学生毕业实习和第二届一年制学生毕业实习，学校对此十分重视。党委书记崔树峰作实习动员报告，指出教育实习是检查学校教育教学质量、改正教育工作、提高办学水平的重要环节，是提高学生实践能力、保证人才质量的重要环节。参加本届教育实习有语文、数学、化学科二年制毕业生169人，语文、数学科一年制毕业生92人，共计261人，实习时间一个月，分布在衡阳地区和衡阳市共30所中学。为了搞好这次教育实习，学校制订了衡阳师专毕业生教育实习计划，以县为单位组建实习大队，配置实习指导老师1~2人，并明确其职责。要求实习学生除了必须参加并听取实习学校教学工作、班主任工作经验介绍外，还必须在指导老师指导下，按照大纲要求独立钻研教材和编写教案。二年制学生完成课堂教学任务3~4节，一年制学生完成课堂教学任务2~3节。

衡阳师范学校从1961年开始，根据上级的部署，认真学习和贯彻执行《全日制中学工作暂行条例》(简称《中教五十条》)，推动学校各项工作走上正轨，重新确立以教学为主，恢复正常的教学秩序。为了落实中共八届九中全会的"调整、巩固、充实、提高"的方针，学校采取了三种办法控制办学规模。一是动员学生放弃学籍回乡生产。1961年5月，有169名学生被动员回乡务农。二是延长毕业年限。1963年，遵照省教育厅的指示，将三年级265人延期至1964年毕业。三是压缩招生人数。1961—1964年，普师只招收了5个班，共195人，其中1962年未招新生。

（三）开展教学改革

学校按照省委的部署，在总结经验、提高认识、建立正常教学秩序的基础上对教学内容、教学方法进行改革，旨在更好地贯彻落实"教育为无产阶级政治服务、教育与生产劳动相结合"的教育工作方针，建立教学、生产劳动、科研三结合的教育体制。

当时，衡阳师专在教学内容和教学方法上存在着一些问题。在教学内容上，一是教材内容陈旧落后。如专科数学教材中高等数学所占的分量很轻，近代数学内容几乎没有。二是重复烦琐。如与中学数学内容重复的初等数学占50%以上，现代文选课所选中学语文课本上的内容占了1/3。三是脱离实际，在实践中有广泛应用价值的知识涉及很少。在教学方法上存在的问题是理论脱离实际，如数学教学中，不注重讲授概念及实际应用价值，或不分主次轻重，忽视关键和重点，不注意发挥学生主观能动性。针对上述教学中所存在的问题，师专按照培养"又红又专""一专多能"的中学教师的培养目标来设置课程或调整课程教学内容，制订教学改革方案。1960年，中文科、数学科、化学科都先后制订了教学改革方案。如中文科明确该科二年制学生开设的课程有政治理论、教育学、体育、外语、生产劳动、文艺理论、现代文学、现代文选及习作、现代汉语、古典文学、苏联文学、当代文学、民间文学等13门。同时调整了一些课程的课时。如加强文艺理论课的教学，由原来的每周3节增至每周4节，以培养学生识别"香花和毒草"的能力。现代文选及习作对学生分析、写作能力的培养具有重要意义，根据学生实际，由原来的每周3节开设一年增至每周4节开设两年。选读的各种作品，以散文为主，占70%，小说占15%，诗歌占10%，戏剧占5%。数学科在教改方案中明确指出：建立新的学科体系，加强与有关学科的联系，调整教学内容，去掉教材中陈旧落后或重复的教学内容。如取消了算术、初等代数、初等几何、三角等课程，增设高等代数、线性规划、概率论与数理统计、计算数学、函数论、物理、变分法等课程；对数学分析课程的内容进行拓宽和加深，增开数学物理方程，加强数学与物理之间的联系。

在教学方法上，注重提高学生运用所学知识解决实际问题的能力。如数学科贯彻实践—理论—实践的原则，从实际问题引入概念，充分揭示概念的现实意义。同时，抓住关键，突出难点，讲清重点，充分发挥学生的主观能动性，做到举一反三，触类旁通。中文科现代文选习作课，让学生掌握各种文体的基本知识，并准确地使用祖国的语言文字，写出多种体裁的文章。每期习作7次，其中快作3次（课堂内2小时交卷），慢作4次（在指定的时间内完成）。加强对学生的辅导，因材施教、全面提高。

1964年，各科根据各自教学改革方案的精神，对原有的课程教学大纲进行修改和完善。纵观这些教学改革方案有以下特点：①按照培养"又红又专""一专多能"的中学教师的目标设置和调整课程或课程内容，为学生的发展提供较广阔的空间和平台。②课程的取舍合并是根据需要来决定，不因改革的形势一哄而起，搞一刀切。③在教学内容的安排上，尽可能结合政治、科研、生产劳动来安排，注重提高学生运用所学知识解决实际问题的能力。如数学科的"制图与测量""数理统计""线形规划""运筹学""优选法"等都是为当时的生产和建设急需而开设的。

湖南三师也进行了教学改革的探讨，修改了教学计划，突出以教学为主，削减了劳动时间，增加了文化专业课的授课时间。1962年上学期课程恢复到13门，比1960年下学期增加了4门，并明确以政治、语文、数学、教育学和音乐、体育、图画为重点课程，强调了教学的师范性。同时，改正教学方法，坚决废除违背教育规律的"双高课"（高速、高质课）和"放卫星"（在一堂课内教很多的内容，学生称之为"看电影"；或在一个晚上编写出高质量的教学大纲等）的教学方法，努力抓好"双基"教学。

第三节 "文化大革命"时期

1966年5月，我国爆发了"文化大革命"。在这场动乱中，教育战线首当其冲。学校停课闹革命，高校停止招生。1970年，两校恢复了招生，改革了招生制度，实行"开门办学"，大搞"教育革命"。同时，在这十年中，衡阳师专、湖南三师两所学校进行了几次分分合合，最终各自走上了独立发展的道路。

一、湖南三师和衡阳师专的分合与独立发展

1966年5月下旬，原湖南省委驻校的"四清"工作组（1964年5月进校）奉命重返学校，指导"文化大革命"。这时，上级要求衡阳师专和湖南三师两校分开进行"文化大革命"，这是两校第一次分开。

1969年9月18日，衡阳地区革委会未经过湖南省和国务院的同意，宣布衡阳师专与湖南三师合并为湖南三师，成立新一届湖南三师革命委员会，在湖南三师下设高师部，这是两校第二次合并。当时，少数留校的教职员工，由校革委会和"工宣队"组织到农村接受贫下中农"再教育"，开展"革命实践"活动，大多数教师被下放到"五七"干校和农村劳动。1970年，学校开始招收工农兵学员。年底，部分下放的教职员陆续从干校和农村返校工作。

1973年7月20日，按省委指示，衡阳地区革委会发出"关于恢复湖南省衡阳师范专科学校"的通知，指出："湖南省衡阳师范专科学校和湖南省第三师范学校于1969年合并为湖南省第三师范学校，为了加强教师队伍建设，促进教育革命的发展，经地委批准，现将原湖南省第三师范学校分为湖南省衡阳师范专科学校和湖南省第三师范学校。"从此，衡阳师专和湖南三师在15年间分合无常的情况下正式分家，各自走上了独立发展的道路。直到2001年，湖南三师才整体并入衡阳师范学院。分开后，衡阳师专与湖南三师分别建立了学校党委会，配置了行政领导，着手进行复课后的教育教学工作。地委书记李丽君兼任衡阳师专党委书记和校长，王国栋、金丽光为党委副书记，王国栋、金丽光、吴若虚、梁中夫、陈德超、尹鸿志为副校长。9月，衡阳地委任命邹立斋为湖南三师党委书记兼校长，彭家祜、张尧道任副书记兼副校长。直到1976年10月"江青集团"垮台，两校才逐渐走上正轨。

二、"开门办学"与"教育革命"

1966年8月，邹立斋被免去湖南三师校长职务，衡阳师专和湖南三师两校分开进行"文化大革命"，学校瘫痪达四年之久。1967年10月，中共中央、湖南省委虽然分别发出了《关于大、中、小学复课闹革命的通知》，但两校学生回校的很少。1968年1月，湖南省委再次发出通知，要求各类学校尽快复课，并举办"复课闹革命的试点"。1970年恢复招生后，课堂教学得到了一定

的重视。

（一）改革招生制度

自"文革"开始后，大中专院校停止了招生，开始了"停课闹革命"。1970年，湖南三师高师部（衡阳师专）开始招收"文化大革命"以来第一批工农兵学员，招生办法不是实行统一考试、择优录用，而是"实行群众推荐、领导批准和学校复审相结合的办法"，招收所谓"工农兵学员"。学制缩短至2~3年。1970年，中文、数学、物理、化学和英语专业开始在全省范围内招收高师部试点班学生共6个班。1971年，又招收4个班，共510人。招生的对象是高中毕业后经过两年以上实际锻炼的回乡知青和上山下乡知识青年。1975年，体育专业开始招生。1976年，音乐、美术专业开始招生，学制均为两年。1970—1976年，学校招收的均为工农兵学员。另外在1975年招收了100名"社来社去"的学生。从1958年创办到1976年这19年间，衡阳师专一共招收统考生、保送生、工农兵学员2 835人，其中中文（语文）671人，数学677人，化学631人，物理（理化）354人，俄语40人，英语311人，体育90人，音乐39人，美术22人。

湖南三师在1970年尚未正式招生，根据衡阳地区革委会的通知，举办了两期教师培训班。第一期是1970年4月至8月，共开办了6个班，培训语、数、理化教师389名；第二期为同年的9月至12月，共有5个班，培训语、数、理化、外语教师269名。1971年下学期，衡阳地区革委会通知，湖南三师在本市和各县招收初中毕业生或相当于初中文化程度的师训班学员800名。1972年，招收600名，以上学制均为一年。1973年9月至1974年7月培训中学音乐、体育、美术教师134名。至1976年，共招收四届中师生，计1 694人，一届300人的在职教师培训班。

（二）复课后的课程设置

在1970年恢复招生后，国家对课程设置也做了具体的规定："以毛主席著作为基本教材的政治课；实行教学、科研、生产相结合的业务课；以备战为内容的军事体育课。文、理、工各科都要参加生产劳动。"在教学工作中还确定了工农兵学员学习期间的任务，即所谓"上大学、管大学、用毛泽东思想改造大学"。因此，各大中专院校都进行了"教学改革"，除有部分课堂教学内容外，大多是政治课、批判课和劳动课。衡阳师专和湖南三师两校课程也是这样设置的。

学校复课之初，尚能重视专业课的教学。如1972年湖南三师高师部（衡阳师专）学员教学工作提出："……要正确处理'主''兼'关系，切实保证教学时间和质量，在通常情况下，一年要保证有42周的教学时间，学专业（包括实习）时间要达到70%左右，两年'走出去'学工、学农时间不少于两个月。"

1973年贯彻"学制要缩短，课程设置要精简，教材要彻底改革"的指示，学校对原教学计划和课程进行了调整。在五个学期中，入学教育1周，学工、学军4周，教育实习10周，集中劳动5周，上课73周，期末考试5周，分配教育1周。开设的公共课有政治课、毛泽东思想课、军体课、劳动课。在专业课方面，如中文科开设毛泽东文艺思想、革命文选、写作、现代汉语、现代文学、中国通史等课程。

1975年，为了适应"农业学大寨"、学习《毛泽东选集》四卷和关于无产阶级专政下继续革命理论的需要，对各学科的课程设置和教学内容做了较大的调整。普遍增设了"农业学大寨"基础课，以推行农业"八字"宪法（土、肥、水、种、密、保、工、管），总结丰产经验为主的教学内容。政治课重点放在学习无产阶级专政下继续革命理论、毛主席教育思想和通读《毛泽东选集》上，适当开设哲学、政治经济学和党史专题讲座；要求各学科坚持感性知识和理性知识的统一，坚持现场教学和课堂教学的统一，现场教学时间不低于总课时的1/3，力争达到或超过1/2。

1976年，学习"共大"（江西共产主义劳动大学）、"朝农"（朝阳农学院）、"举抗大旗"（中国人民抗日军事政治大学）、"走共大路"和"学朝农样"，实行半工半读，勤工俭学。秉着精简和"一专多能"的需要设置课程，教材删繁就简。突出"三课教育"，即马列主义必修课、阶级斗争主课和劳动实践基础课。农业基础知识课为各学科的公共必修课，分四个学期开设。以农场为基地，拜当地老农为师，根据农业生产季节搞科研、搞试验、搞劳动，重点放在研究水稻、棉花、小麦和油料作物上，各科专业课除保留实用的部分外，其他原来开设的课程基本上被砍掉了。

（三）"走出去""请进来"的办学模式

所谓"走出去"，即由小课堂走向大课堂，由学校走进工厂、农村，走向社会；"请进来"即请工农兵学员、老工人、老农民、老模范等作为学校兼职教师，到现场讲阶级斗争教育课或文化技术课，参加听课、评课。1970年冬，学校组织400多名在校师生，组成三个教育革命小分队，分别到衡东县沄泊公社祝高大队、衡阳化工厂、衡阳建湘机械厂搞开门办学和接受工人、贫下中农再教育。1971年4—5月，组织高师部180多名师生，沿着毛泽东在"大革命"时期考察湖南农民运动至衡山的路线，往返行军350多千米，到韶山学习毛主席的伟大革命实践，以韶山农村为课堂，与贫下中农同吃、同住、同劳动、同搞革命大批判。1972年，学校针对社会上和学校教师中提出的教育质量今不如昔的反映，对"开门办学"提出了某些疑问。于是学校通过组织批林批孔、批判"修正主义教育路线"在学校"回潮"等运动，在1973年继续组织师生分别到水口山、广州铁路局基建处第二工程段和衡南县三塘区供销社搞"开门办学"。1974年，衡阳师专15个班的工农兵学员，分别到1个农场、2个公社、7个厂矿和一些工程单位，开展批林批孔、学工学农和社会调查，到4个县搞教育革命实习。如中文、外语科130名师生在衡南县廖田公社、衡阳县樟树公社学农，数学科师生到衡山县九观桥水库结合典型工程学习测量课程，承担一个大队2 500米渠道的测量任务。1975年，全校师生为"农业学大寨"而走出课堂，开门办学时间平均达四个半月，占课时的42%，先后到94个单位，结合59个生产项目与社会活动进行教学。如数学科又为3个公社测量渠道、防洪堤2 700多米，改河造田1万多亩，为常宁农机厂描图500多张；物理科为4个单位修理柴油机4台，拖拉机1台，架设和安装维修广播线路、电话线路90千米；化学科为20多个单位进行腐殖酸分析，帮助两个大队搞了土壤普查，为常宁县钾肥厂研究了5个原料配方，并为教育实习所在社队配制了12种土农药。1976年，开门办学时间更长，达到75天，占学期总课时的50%。同年，湖南三师还建立了固定的开门办学基地22处，分别由各党支部定为联系点。在开门办学中，大多采用现场学、现场用、现场考试或考查。所有课程采取分散考试或考查的办法，不搞集中的学期和学年考试。

（四）办工厂、农场和分校

为了搞好学工和学农，衡阳师专和湖南三师两个学校还办了"校办工厂、校办农场"，作为学工、学农基地。1971年，衡阳师专和湖南三师办起了"五七"工厂，最先有木工、油漆车间。到1976年，又增加蓄电池和极片两个车间。工厂有固定职工9人，固定资产2万多元，产值7.6万元，能容纳一个教学班学生学工。1971年，两校又办起了农场，面积为14亩。其中鱼塘水面8亩，果园4亩。两校分开后，衡阳师专也办起了校办化工厂。化学科根据"农业学大寨"的需要，土法上马，经过反复试验，腐殖酸高品位提纯获得成功，并投入生产。到1975年，整个校办工厂的产品、产量和产值均比1974年增长3倍以上。同时，以园艺、畜牧为主的240多亩的校办农场扩建也在加紧进行。

　　1974年12月，国务院科教组、农村部与辽宁省联合召开了"学朝阳农学院教育革命经验现场会"。"朝农"的主要"经验"是大办分校，口号是"辽宁有多大，朝农有多大，把'朝农'办到贫下中农的家门口"。会后，湖南省为落实会议精神，组织教育战线赴江西"共大"学习。于是湖南教育战线开始学"朝农"、学"共大"，"教育革命"又出现了新高潮，推行"社来社去""社来国去"等多种分散办学形式。衡阳师专首次招收"社来社去"学生100名，分别在常宁县、衡南县的"五七"大学里办教学点，为社办"五七"中学培养师资。常宁县重点培训农化教师兼学农机，衡南县重点培训农机教师，兼学农化。湖南三师学"朝农"，在衡阳县咸水公社半岭和爱吾征购山地243亩多地办起了分校。师生们战严寒、斗酷暑，分期分批地参加建校劳动。筑起了15间工棚，开垦了110亩梯土梯田，种下了30余亩蔬菜，当年就收获了4 000多斤红薯和2万多斤蔬菜。

第五章

拨乱反正　全面贯彻党的教育方针

1976年10月，在湖南省委和衡阳地委的领导下，学校进行了拨乱反正，落实知识分子政策，恢复和整顿教学秩序，实现了学校工作重点的转移。这一时期，学校专科教育正式步入正轨，并稳步前进。中师教育出现蓬勃发展的态势。1979年和1980年，为了适应教师培训的需要，先后创办了衡阳市教师进修学院和衡阳地区教师进修学院，从而形成了师范专科、中等师范与成人师范教育并存和共同发展的格局。

第一节　匡正教育工作的指导思想

一、正本清源

"文化大革命"结束以后，教育战线的拨乱反正显得非常重要，非常紧迫，但也非常艰难。教育战线的拨乱反正首先是从一些具体工作开始的，由表及里，速度较为缓慢。

通过揭批"林彪、江青集团"和清除"左"的指导思想，打碎了长期套在学校干部和教师身上的枷锁，使两校工作重心得以顺利转到以教学为中心的轨道上来，适应了经济和社会发展的客观要求，在指导思想上完成了拨乱反正，成为推动学校各项工作向着正确方向发展的动力。

在揭批"林彪、江青集团"的同时，两校遵照党中央的指示，纠正冤假错案，落实知识分子政策工作。

衡阳师专和湖南三师纠正冤假错案是从1979年开始的。大体分两步进行。第一步，从1979年上半年开始，原衡阳师专成立了由党委副书记王国栋为组长的5人专门班子，对衡阳师专建校以来，在历次政治运动中所造成的冤假错案，不管本人是否申诉，是否在世，是否在校，都按照政策一一予以甄别纠正。到1980年下半年，衡阳师专共甄别纠正了131个教职工的历史遗留问题。其中为在"反右派"斗争中开除党籍的3位教师恢复了党籍，改正被错划为"右派"的9人，改正被错划为"反革命"的11人，解除其他处分14人，更改家庭成分28户48人，给有关家属和已调离学校人员所在单位发出改正《通知书》和信件453件。湖南三师从1979年起，对本校历年来被处理的56名师生员工进行了逐个复查，彻底纠正了冤假错案。具体情况如下：（1）对在1957年被错划为"右派"而受到处理的11名教师，全部改正；（2）对在1958年被错划为"右派"和"反党反社会主义"的学生26人，全部改正；（3）对在1959年庐山会议后的"反右倾运动"等事件中被错误处理的10人，全部改正；（4）对在"文化大革命"中受到处理的6位教师和5名学生，予以更正。此外，学校对因其他问题而受到错误处理的7人，也予以改正。第二步是从1981年至1983年，学校根据中组部（80）21号文件精神和省委、地委部署，又进行了复查和清档、建档工作。在这一年多时间里，衡阳师专对255个教师、干部的档案普遍清理了3~4次，清出了历次运动中塞进去的含有不实之词的材料4 793份。湖南三师对受到错误处理的师生档案进行了清理，清理出各种检讨、错误结论及证明材料约200份。

在知识分子的历史遗留问题澄清以后，衡阳师专和湖南三师又把关心和解决知识分子在工作和生活中的困难作为工作主题。当时，学校条件艰苦，许多教职工不同程度地存在着各种各样的困难，如夫妻两地分居、子女没有工作等。对此，两个学校都设法加以解决。例如，衡阳师专职工因照顾夫妻或子女关系而调入本市的有16户，由农村户口迁入本市的有17户共40人，调入本校工作的有71户共99人，以上共计100余户，占衡阳师专职工总户数（336户）的近1/3。

在教师住房方面，优先解决骨干教师的住房问题。如1979年以来，到衡阳师专工作的教师大量增加，住房空前紧张，有的老教师三代同堂。于是学校克服资金不足和用地紧张等难题，兴建教师住房。至1981年年初，兴建了3栋宿舍，基本上解决了三代同堂的现象。

党的十一届三中全会以来，衡阳师专与湖南三师两校党委较深刻地认识到教师在学校工作中的地位和作用，做出了要充分吸收优秀教师尤其是骨干教师入党的决定。到1983年年底，衡阳师专发展党员54人，教师党员人数占了37%。学校还提拔重用了一批骨干教师担任学校各级领导。1984年，衡阳师专在7个学科中，从骨干教师中提拔科长1人，科主任4人，副主任4人。

1984年1月，曾锡滨被提拔为衡阳师专校长，李承志被提拔为副校长。一年后，刘学圃也被提拔为副校长。

与此同时，学校还兴办集体福利事业，免除教职工的后顾之忧。当时两校教职工购买日常生活必需品比较困难，步行要走1 000米才能够买到，理一次发要花2~3个小时，影响了教职工的工作。衡阳师专于1980年11月集资兴办了学校商店，建立了理发室，解决教职工买菜、买煤等难题。

通过全面落实知识分子政策，不但把长期压在知识分子身上的沉重石头搬开了，而且解决了教职工在工作和生活上的困难，极大地调动了知识分子的积极性。

二、全面准确地理解党的教育方针

全面准确地理解党和国家的教育方针、端正办学思想，是教育战线拨乱反正的落脚点，也是办好一所学校的关键。

1978年4月，邓小平在《在全国教育工作会议上的讲话》中指出：学校要"提高教育质量，提高科学文化的教学水平，更好地为社会主义建设服务"[1]；"学校要大力加强革命秩序和革命纪律，造就具有社会主义觉悟的一代新人，促进整个社会风气的革命化"[2]。在教育与生产劳动的关系上，邓小平说："现代经济和技术的迅速发展，要求教育质量和教育效率的迅速提高，要求我们在教育与生产劳动结合的内容上、方法上不断有新的发展。"[3]这一讲话为教育界全面贯彻党和国家的教育方针，端正各级学校的办学思想定下了基调。

关于办学方向和学校的中心任务，两校认为，要"真正做到完整地正确地坚持社会主义方向，全面贯彻执行党的教育方针，全校工作必须以教学为中心"，"努力提高教育质量和教学水平，多出师资，快出师资，出好师资，为提高整个中华民族的科学文化水平，加速实现我国社会主义四个现代化的进程做出应有的贡献"。

在政治与业务的关系上，坚持又红又专的方向。改变"文化大革命"时期政治冲击业务的做法，认为"红"与"专"是统一的，一个师生员工的"红"，不仅表现在政治思想方面，而且表现在教学和工作的实际上，只"红"不"专"或只"专"不"红"都是不对的。

---

① 邓小平文选：第2卷［M］.北京：人民出版社，1994：103.

② 邓小平文选：第2卷［M］.北京：人民出版社，1994：105.

③ 邓小平文选：第2卷［M］.北京：人民出版社，1994：107.

在理论和实践的关系上，坚持理论联系实际的原则。要改变频繁下厂下乡的做法，实行教学、科研、生产三结合的制度，文科要以社会为工厂，注意研究社会现状；理科要加强实验室的建设和管理，注意实验室的开设和质量，学会理论联系实际的有关技术操作。

在主学和兼学的关系上，坚持"以学为主，兼学别样"的原则。以传授基本知识，基本理论为主。从1979年开始，衡阳师专的主学和兼学的比例为85∶15，即课堂教学占85%，学工、学农、学军、生产劳动占15%。

随着办学思想的端正，衡阳师专和湖南三师结束了"以阶级斗争为主课"，学工、学农、学军和生产劳动过多违背教育规律做法的历史。

第二节　专科教育稳步前进

衡阳师专创立以来，曾多年与中师合在一起，没有独立的校园，中间又有几年停止招生，特别是受到历次政治运动的影响，学校发展起落无常，一直没有走上正轨。学校办学条件较差，校园面积不够，没有专门的图书馆和资料室，就连课桌、凳子都比较缺乏；师资短缺，专业也不多。到1977年恢复高考时，学校处于百废待兴的状况。恢复高考招生后，学校采取措施，一方面，全面贯彻国家的教育方针，恢复和整顿教学秩序，建立各项管理制度；另一方面，努力改善办学条件。经过几年的努力，专科教育步入了正轨。接着在1985—1991年间，学校又根据国务院于1985年颁布的《关于教育体制改革的决定》精神，进行了改革探索，推动了专科教育的稳步前进。

1977—1998年，先后担任学校党委书记的有李丽君、王国栋、孟庆德、毛允明、曾伏生、邓春生、唐君成；担任党委副书记的有王国栋、金丽光、梁中夫、张玺亭、李忠、彭纳揆、曾锡滨、唐承新；担任纪委书记的有张玺亭、邓达顺和朱正录。担任校长的先后有李丽君、陈德超、曾锡滨；担任副校长的分别有王国栋、陈德超、金丽光、梁中夫、尹鸿志、吴若虚、陈秋云、欧阳均一、蔡新民、李承志、邓达顺、刘学圃、陈诗孝、高儒、周玉明。

一、明确培养目标

培养目标关系到一个学校的发展方向，影响到一个学校的专业设置、课程设置和管理模式。衡阳师专自1977年恢复高考至20世纪80年代末，在培养目标上经历了一场从争取升格本科到立足专科教育，"面向农村，培养合格的初中师资"的转变。

1977—1985年，学校从教师到领导都不满足于专科教育的现状，把立足点放在专升本上，教学、管理都向本科师范院校看齐。原因是1963年11月，省教育厅以第641号文件向教育部呈文，决定将衡阳师专改为湖南第二师院。后来，出于各方面的原因，湖南省筹办第二师院的计划被搁置下来。但这件事情在全校教职员工中的影响较大，后来成为他们多年奋斗的目标。恢复高考后，学校一直在争取升格。1979年秋，省政府文教办报请省长办公会议批准，正式通过了同意把衡阳师专改名为衡阳师范学院的方案。但在征求衡阳地委意见时遇到了困难，学校升格未成。此后几年，学校并没有放弃升格的愿望。在1985年下半年制定的《衡阳师范专科学校发展规划》中提出："我校将同时担负培养初中、高中及职业中学师资的任务，力争在'七五'计划期内，将中文、数学等8个专业先后改为'四二'学制，即四年制本科、二年制专科，预计在1986年，中文、数学、物理和英语4个专业开始招收本科生，到1988年，政教、历史、地理和化学招收部分本科生。"以上说明，在1985年以前，学校在培养目标上是向本科看齐。这虽然定位较高，但它促使了教师努力钻研业务，夯实了专科学生的基础。衡阳师专后来能成为全国一流的师专，不能不说与向本科师范院校看齐有关。

1986—1990年，是衡阳师专明确自己定位和培养目标的时期。1986年4月12日，第六届全国人民代表大会第四次会议通过了《中华人民共和国义务教育法》。该法规根据我国经济、教育发展的实际情况和社会主义现代化建设对教育的要求，提出在我国实行九年制义务教育。这部法规对学校的发展和培养目标的改变产生了重要的影响。随后，学校开展了三次办学思想的讨论，认识到要在占全国人口80%以上的农村普及九年制义务教育，师范专科学校要担负起农村师资力量的培养和培训工作。1987年6月30日，在学校首届教职工代表大会上，曾锡滨校长在大会的工作报告中提出："进一步端正办学思想，坚定不移地为普及九年制义务教育服务，培养合格的初中教师。"接着，学校又进一步明确了培养合格的农村初中教师的目标。1988年下半年，学校组织了50多名干部、教师下到各县乡镇中学调查，了解农村中学教育现状，进行人才需求预测，这对衡阳师专今后明确办学方向、专业结构的调整、人才培养规格的确立都具有指导意义。同时，湘潭师专已经升格为湘潭师范学院。在这种情况下，学校教职工克服了"升格"的思想，明确了专科教育的任务和性质，把学校的培养目标定为"面向农村，坚定为农村基础教育服务，为乡镇中学培养合格师资"。

二、整顿教学秩序和初探教学改革

1977年，恢复高考招生后，衡阳师专开始整顿教学秩序。从1983年开始，学校开始了教学改革的初步探索，确立了以教学为中心的指导思想。

（一）整顿教学秩序

从1977年至1982年，是衡阳师专恢复和整顿教学秩序的阶段。在这段时期内，学校制订了各专业教学计划，增设新专业，加强教学管理。

恢复高考后，学校就制定了《衡阳师专三年制教育工作大纲（1977级开始）》（草案），该草案根据"又红又专"的人才培养标准，把教学内容分为政治思想教育、专业教育、党的领导和行政管理三部分。在专业教育中，删去了以前的学工、学农、学军、批判资产阶级等课程，充实了业务课。如中文科三年课堂教学为2 204课时（教育实习除外），外语科为2 274课时，数学科为2 268课时，物理科为2 310课时，化学科为2 351课时，体育科为1 916课时。1979年，学校又制定了《1981届教学工作计划》，将学生三年周学时分配列表如下。

表5-1 衡阳师专1981届三学年周学时分配表（1979年制定）

项目	各学期周数						合计
	一	二	三	四	五	六	
上 课	16	17	18	18	14/18	14/18	101
考 试	1	1	1	1	1	1	6
军训、社会实践及建校劳动	2	2	2	2	教育实习（5周）	教育实习（5周）	13
机 动	0	1	1	1	1	1	5
假 期	4	6	4	6	4	0	24
总 数	23	27	26	28	25	20	149

在课程设置上，学校把课程分为公共课和专业课。公共课包括政治理论课、教育学、心理学、外语、体育等。除少数新办的专业外，中文、数学、外语、物理、化学等专业的课程设置与本科院校基本相同。此后各年度制定的教学计划日趋完善。同时，学校要求各专业严格执行教学大纲，做到教学工作科学化、标准化，不得任意变动。任课教师要根据教学大纲拟订教学计划，计划应包括教学目的、要求、课时划分，以及考试、考查、作业安排等，报学科和教务科备案。这就改变了自"文革"以来教师教学随意性大的问题。

1977年，恢复高考招生时，衡阳师专设有6个学科，共8个专业：中文科，设中文专业；数学科，设数学专业；外语科，设英语专业；物理科，设物理专业；化学科，设化学专业；体艺科，设体育、音乐、美术3个专业。在此之前，各专业都是二年制。从1977年冬季招生开始，各学科均改为三年制。由于衡阳师专是衡阳地区中学师资培养的主要阵地，为了加快培养中学师资，学校一方面兴办新专业，另一方面扩大招生规模。1978年增设政史科，设政教、史地两个专业，1982年，史地专业又分设历史、地理两个独立专业。这样，中学所需要的各主要学科专业基本上齐全了。后来学校根据东安会议精神，国家要在郴州建设体育训练基地，衡阳师专体育专业遂于1983年起停止了招生。从1983年到1991年，衡阳师专的专业一直稳定在10个。同时，从1981年起，衡阳师专又开始招收干训班学员，到1985年体育教育培训班结束，共招收培训学员268人。在招生方面，衡阳师专1977年招收专科学生434人，1978年为437人，1979年为388人，1980年为429人。

从1977年到20世纪80年代末，衡阳师专在教学过程中遇到的一大难题就是教材缺乏。衡阳师专组织教师编写教材、讲义或资料，主要有《鲁迅作品浅析》2册、《阅读·写作·教学》5册、《外国文学作品选讲》《基础化学》《逻辑代数》《英语语法教材》《英语翻译讲义》《初中语文教材教法》等几十种。至1985年年底，衡阳师专教师参编各类高校教材23种。到20世纪80年代末，衡阳师专各专业都逐步用上了全国高质量的教材，如中南五省教委组织协编教材等，这为提高教学质量打下了基础。

为了提高课堂教学质量，衡阳师专指出要提高学生的"三基"（基础知识、基本理论、基本技能）、"四能"（自学能力、分析能力、口头和文字表达能力、组织能力），要求教师认真备课，搞好课堂教学。为了保证教师将主要精力放在教学上，学校建立了教师工作量制度，严禁教师在外面兼课或从事其他行业，各级领导深入课堂进行听课、开展评课；以教研组为单位，组织教学经验交流会；召开学生座谈会，征求对授课教师的意见；搞好教育实习等。

（二）以突出师范性、为基础教育和农村经济服务为特点的教学改革

衡阳师专的教学改革始于1985年。这一年，国务院颁布了《关于教育体制改革的决定》，启动了全国的教育改革。衡阳师专组织教职工认真学习和讨论，并结合学校实际进行探索，确立了以突出师范性和为农村经济文化服务为特色的教育改革目标。

1. 突出师范性

从1985年开始，学校围绕这个目标，认真修订各专业的教学计划，加强教育基本理论和教师职业技能课程。在加强教育基本理论教学方面，增加教育学、心理学的课时量。到1991年，三年制专科教育理论课由110课时增至160课时。在教师职业技能的培养上，衡阳师专更具特色。从1986年开始，增设了"三笔字""普通话"两门必修课，开设了"音（乐）美（术）欣赏"等选修课。学校规定，每天早上7：40—8：00为教师技能训练时间。学生以班为单位，由推普员负责进行训练，各系严格考勤，学校每周检查评比训练的结果。这几门课的开设极大地提高了师范生的职业素养，受到了社会尤其是用人单位的广泛好评。从1986年开始，学校每年举办一次大规模的"师范生素质系列赛"，包括演讲、书法、绘画、作文、文艺等方面的能力竞赛。

2. 加强实践教学

1985年以来，学校强调要加强实践教学环节的建设，注重学生能力的培养。文科学生专门安排了时间进行社会调查、参观和访问。如政教专业的学生到井冈山、农村等地去参观、做调查；历史专业的学生到长沙（参观省博物馆）、韶山、花明楼和南岳等地参观学习，进行革命传统教育，帮助学生加深对传统文化的认识；美术专业的学生加强野外写生和考察，地理专业的学生赴桂林等地考察，化学专业学生赴岳阳化工总厂等单位去考察学习。对于理科专业，学校还注意加强实验课的教学。此外，继续加强劳动技能课的教学。

搞好教育实习，探索教育实习基地建设的新路子是衡阳师专搞好实践教学又一个重要环节。1987年，学校制定了《教育实习实施方案》，以规范管理教育实习。为了加强对教育实习的指导，规定师范生集中实习35天，学校按1∶10的比例选派指导老师，加强对实习生课堂教学和班主任工作的指导力度。学生经过实习后，不仅能端正专业思想，而且全面提高了能力。

从20世纪80年代中期开始，衡阳师专开始了实习基地的建设，到1986年

年底已初步建立了第一批7个教育实习基地。1988年年初，根据国务院〔1987〕88号文件和省教委于1987年12月在零陵师专召开的关于加强教育实习管理和教育实习基地建设现场交流会的精神，学校加快了第一批实习基地的建设步伐。衡阳师专的教育实习基地一般选择在学校规模较大，师资力量较强，教学水平较高，管理规范且交通较方便的中学。1990年6月，国家教委师范司司长金长泽视察了祁东白地市镇中实习基地，肯定了衡阳师专重视教育实习基地建设的做法和经验。到1990年年底，已建成了13个教育实习基地。

3. 突出为农村经济和基础教育服务的专业特点

恢复高考以后，教师的需求量大，尤其是农村中学，民办教师和代课教师为数不少，师专毕业生很少。为了加快培养师资的步伐，衡阳师专进行了学制改革。从1986年开始，将政教、历史、地理、音乐、美术5个专业由三年制改为二年制。但到1989年，政教、历史等专业又恢复了三年制。

1987年，衡阳师专传达了国家教委副主任柳斌的《高等师范院校如何为基础教育服务》的讲话精神，各专业就如何为基础教育服务召开了座谈会。1989年10月，国家教委副主任王明达视察衡阳师专时指出：师专必须注意为发展农村经济服务。在农村的青少年中，升入大学的毕竟是少数，大部分还是当农民，农村经济的发展迫切需要他们提高劳动技能。我们师范毕业生大部分要面向农村，在向学生进行常规教学的同时，必须加强对学生劳动技能的培养，使他们切实掌握一至两门农村劳动技术。根据上述讲话精神，衡阳师专根据农村中学条件差、规模小、编制紧、与生产结合更为密切的特点，提出了人才培养的具体内涵：（1）有热爱农村教育事业的献身精神；（2）能任教两门以上课程；（3）至少懂得一项劳动生产技术，不仅能帮助学生掌握基础文化知识，还能学到一些致富的本领。基于此，学校对教学内容进行了改革。第一，实行主辅修制，拓宽学生知识面。如政教辅修历史，历史辅修政教，地理专业辅修生物等。第二，开设了一些与农村经济建设密切相关的一些选修课程。如文科开设了计算机语言、自然科学概论、文学艺术欣赏等课程；地理专业开设了国土经济学、农村人口学、乡村地理学等课程；物理专业开设了家用电器维修课程；化学系增开日用化工、环保化学、农药化肥等课程。化学系教师还筹建了校实验化工厂，1991年完成产值10万多元，获利润3.9万元。通过上述改革，师范专科教育与农村的联系加强了。

三、恢复和探索思想政治工作

恢复高考制度后，衡阳师专在整顿教学秩序的同时，恢复和探索思想政治工作。就衡阳师专而言，1977—1982年是学校思想政治工作的恢复时期；1983—1991年是学校思想政治工作的探索时期。

在思想政治工作的恢复时期，学校主要是引导全校师生重新树立马克思主义世界观和共产主义理想，建立思想政治工作的队伍和制度，整顿校纪校风，加强对学生道德思想的教育。

首先，认真学习马列主义理论、毛泽东思想，开展共产主义理想、前途教育。1977年，衡阳师专率先在全国恢复了马克思主义理论课的教学（当时全国大部分院校是在1978年年底恢复的）。在1977级的《三年制教育工作大纲》中，规定"政治"课不分文科和理科，每学期每周开设3节课，计划开设学时300节，实际上开设了220节。政治课的内容包括中共党史、哲学、政治经济学和科学社会主义（或国际共产主义运动史）。1980年7月，教育部发布了《改进和加强高等学校马克思主义课的试行办法》，规定了马克思主义理论的地位和作用。根据这一精神，学校加强了对马克思主义理论课教学的针对性和实践性。为了配合马克思主义理论课的教学，学校组织师生到农村、工厂调查，参观湘南学联等地。1982年10月，教育部又发出了《关于在高等学校逐步开设共产主义思想品德课的通知》。不久，衡阳师专又开设了思想品德课程。这些理论课和实践课的教学工作，使全校师生在潜移默化中受到了一次较全面的马克思主义教育，加强了学生的道德修养。

其次，恢复团的工作，建立一支年富力强的思想政治工作队伍。学校要求各学科配备一名专职支部副书记和一名学生干事专管学生的思想政治工作，建立班主任工作制度。1977年下半年，衡阳师专共青团的工作也得以恢复，并在各系建立了团组织。1980年4月，教育部、团中央联合发出《关于加强高等学校学生思想政治工作的意见》，强调要发挥共青团组织的作用，规定了从事共青团工作人员的待遇和机构编制。同时，在团员、青年中开展了加强社会主义民主和法制的教育，革命纪律、革命传统和艰苦奋斗的教育，共产主义理想和前途教育。

最后，开展"五讲四美三热爱"和"文明礼貌月"活动，对学生进行道德、纪律和劳动教育。恢复高考后的前几年，由于条件简陋，学校曾一度出现"脏乱差"的现象。学校决定整顿校容校貌，制定了"文明宿舍""三好学生""先进班""文明礼貌"等各项管理制度。建立了校月查、科半月查、班周查、领导不定期抽查制度，对学生课堂、课间操、教室和宿舍卫生、学生仪表、治安保卫等进行检查评比，及时总结，奖罚分明。通过整顿，学校的校容校貌和师生的精神面貌发生了改变，向着文明、健康、积极向上的方向迈进，涌现了一大批好人好事。如中文系学生欧阳海鹏跳进波涛汹涌的洪水中，抢救一对落水父子，受到了省报的表扬；1982年，在支援衡阳地区灾民活动中，全校师生共捐献钱粮物资价值共计5 000多元。

1983—1991年，是衡阳师专思想政治工作的探索时期。其间，一方面，学校党委探索改进思想政治教育的新途径；另一方面，根据师范院校的特点，着重对全校师生进行了坚持四项基本原则的教育、学生行为规范的教育、专业思想教育和服务农村等方面的教育，取得了明显的成效。

20世纪80年代以来，由于学校思想政治工作还处于初创时期，国内部分高校学生受到一些西方自由化思潮的影响，主张在中国仿效西方的政治制度，导致了一些不安定因素的出现。如1986年年底，由于受资产阶级自由化思潮的影响，合肥、上海、南京、北京等地高校学生打着"要民主，要自由"的口号上街游行，先后波及全国28个省、自治区、直辖市的310所高校。[①] 上述问题的出现，暴露了高校思想政治工作的薄弱环节。因此，中共中央于1987年5月29日正式颁布了《关于改进和加强高等学校思想政治工作的决定》，指出了加强高校思想政治工作的重要性，提出了改进高校思想政治工作的8点意见。衡阳师专根据中共中央、湖南省委的精神，加强对思想政治工作的探索，把思想政治工作提高到一个突出的位置。在实践中，学校采取了一系列措施，加强思想政治工作。

第一，加强学校对思想政治工作的领导，理顺工作思路。学校于1987年成立思想政治工作领导小组，负责协调各部门、各学科的教育活动；充实了思想政治工作队伍，建立了领导接待日制度、学生干事和班主任工作制度；建立校领导联系学科，有关科室干部、马列教研室教师联系班级的制度。把教师尤其是班主任老师做学生思想政治工作的成绩作为教师业务考核、职务聘任、奖励晋级的重要条件，从而形成了党、政、工、团、教师、学生会互相配合、齐抓共管的思想政治工作格局。

第二，努力改正学校政治理论课的教学，做到理论联系实际。1985年8月1日，中共中央发出了《关于改革学校思想品德和政治理论课程教学的通知》，调整了高校政治理论课的课程设置，决定开设中国革命史、中国社会

① 李国钧，王炳照.中国教育制度通史：第8卷［M］.济南：山东教育出版社，2000：287.

主义建设和马克思主义原理课程，文科还增开了世界政治经济和国际关系课程。1987年11月20日，国家教委又发出了《关于高等学校思想教育课程建设的意见》，规定高校思想教育课程设置为形势与政策、法律基础、大学生思想修养、人生哲理、职业道德5门课程。衡阳师专在试行一年后，于1988年将上述课程全部列入教学计划中。学校还成立了思想政治教育教研室，人员列入教师编制，参与职称的评定。同时，为了防止空洞的说教，学校利用英模、录像、报告和组织学生参加社会实践等形式，做到理论联系实际。1983年，学校组织全校师生开展了向张海迪和知识分子的楷模蒋筑英、罗健夫学习的活动。1986年，学校又组织学生收看了曲啸的录像报告和解放军英模报告团《理解万岁》的电视节目，开展了慰问老山前线战士们的活动等。1989年后，学校又在全校开展了坚持党的领导、坚持社会主义道路等教育。在教育活动中，各系部都成立了学马列小组。至1991年，全校学马列小组发展到106个，参加的学生占全校学生总数的55.4%。1991年，学校还先后邀请了老红军陈鹏、全军学雷锋标兵赵燕青和著名思想教育家庄青教授来校做报告。这些举措对于帮助学生树立共产主义世界观、人生观都起了积极作用。

第三，严格校纪校风，加强对学生行为规范的教育。抓校风、严管理，是衡阳师专办学的一大特色。20世纪80年代初以来，学校组织学生学习《高等学校学籍管理办法》和《大学生守则》，狠抓制度的建立和完善。在原有制度的基础上，先后修订了《考试纪律》《请假规定》等十几项规章制度，并于1987年颁布了《衡阳师范专科学校学生学籍管理办法实施细则》和《衡阳师范专科学校学生手册》。其中《学生手册》内容包括学生行为规范、学籍管理办法实施细则、教室规则、考试规则、实习手册、宿舍管理规则、就餐制度、会场纪律等15项规定。《学生手册》的出台，标志着衡阳师专对学生的管理已进入一个制度化的新阶段。在实践中，学校自1985年，就提出了"三整顿（整顿校风、校纪、校容），创一流，建文明学校"活动，从抓学生的"一室（教室）、两操、三堂（课堂、食堂、会堂）、四容（学生仪容）"入手，整顿校纪校风，开展"文明教室""文明寝室"的评比活动。1988年，在省教委组织的高校学生宿舍评比活动中，学校荣获湘南片第一名。在校容校貌方面，分别被湖南省和衡阳市政府授予"文明卫生先进单位"和"绿化先进单位"的称号。学校创造了一个安定团结、文明健康、环境优美的育人环境。

第四，进行专业思想和服务农村基层的教育。出于各方面的原因，衡阳师专历年在录取新生时，有相当一部分属于第二、三志愿或是调配志愿。学生进校后专业思想不牢固，认为做一名教师没有出息。直至毕业前夕，仍有部分学生不愿从事教师这一职业，更不愿到农村中学去。因此，必须加强对学生的专业思想教育和服务农村基层的教育。新生入学后，学校就抓住时机，重点对学生进行专业思想教育，校系领导、学生辅导员、班主任老师都将专业思想教育列入对学生日常教育的一个重点。老师们在教学中，寓专业思想教育于各科教学之中，为学生树立牢固的专业思想做出了榜样。此外，学校组织学生参观农村中学，开展农村教育现状的调查，邀请市、县、区教委领导来校与毕业生座谈。同时进行典型教育，学校邀请在基层工作且成绩显著的毕业生回校作报告，宣传扎根农村、献身农村教育事业，激励学生自觉投身到农村教育事业中去。

四、办学条件的初步改善

如前所述，衡阳师专自创立以来，其办学条件明显跟不上形势的需要。为此，历届校领导秉着"艰苦奋斗、勤俭办学"的宗旨，努力改善办学条件，如充实教师队伍，拓展校园面积，兴建图书馆，进行实验室建设等，为提高学校教育质量、培养合格人才提供了物质基础。

（一）充实教师队伍　提高教师水平

恢复高考后，衡阳师专遇到的一个主要困难是教师严重不足。"文革"开始后，大部分教师受批斗，或被下放劳动。到1969年，学校仅留骨干教师5人，干部1人。到1976年，衡阳师专教职工人数为161人，其中教师86人，职工75人。教师数量虽不少，但师资质量较差。为了解决师资不足的矛盾，衡阳师专多渠道引进教师。（1）1978年年底以前从各县、市属中学抽调一批教师来校工作，平均每所县、市属中学抽调1~2人，即大县8~10人，中等县5~7人，小县4~5人，衡阳市8~10人；（2）抓住全国各地部分院校拨乱反正工作还没有完全落实的时机，从一些高校调进一批教师；（3）从全国重点高校毕业生中分配来的和从衡阳师专选留部分优秀毕业生充实教师队伍。经过几年的努力，衡阳师专的师资队伍数量和结构大为改善。截至1983年年底，衡阳师专已有教职工456人，其中教学人员305人（包括教师251人，教辅人员54人），占教职工总数的67%。从教师的年龄结构来看，通过调整充实，251位教师中，年龄在26岁以下的有31人，占12.4%；27~36岁的有78人，占31.1%；37~46岁的有78人，占31.1%；47~56岁的有41人，占16%；57岁以上的有23人，占9.2%。同时，学校重视教师职称的评定工作。1978年，国务院发布了32号文件，决定在高等院校教师中评定职称，并颁布职称评审条件，以提高教师的教学和科研水平。衡阳师专根据上级有关文件精神，成立了职称评审小组，从1979年开始了职称的评定工作。在1979年9月28日通过的首批职称评定中，衡阳师专的陈秋云、廖化骏、王子牧、穰维道、曾锡滨等19名教师晋升为衡阳师专讲师。至1983年年底，衡阳师专已有副教授4人，讲师98人，助教65人，初步形成了一支梯队结构和职称结构较为合理的教师队伍。在教师业务提高方面，衡阳师专采取了在职进修和外出进修等多种形式来提高教师的业务能力，重点放在青年教师身上。对青年教师选派指导老师，帮助他们提高。在外出进修方面，到1982年年底，学校共派出104人次到全国各重点院校和研究机关进修，收到了良好的效果。广泛开展各种学术活动，仅1982年度，就派出了48人次参加全国性的学术活动。另外，邀请专家、教授、学者来校讲学，召开教学经验会等，这些都有效地提高了教师的业务水平。

（二）校园建设

1958年，衡阳师专创办时，曾勘定校区面积为38万平方米，但到1962年、1963年学校停止招生时，将其中的大部分土地退还给当地农村。到1977年，衡阳师专龟缩在70余亩土地的范围内[①]，总共才几栋房子，总建筑面积为1.3万平方米。所以，面积狭小一直是困扰学校发展的一大难题。为了改变这一现状，历任校领导、行政都把拓展校园面积作为学校发展的重要议题。1977—1984年，学校先后三次向湘江公社高兴大队征地，共征地约143亩[②]，作为师专的综合教学楼、图书馆、操场、家属区的用地。其中一次征地为45亩，属高兴大队第三生产队，搬迁了一个包括20户人家的小村庄。随后，学校开展了大规模的校园建设。学校从实际出发，对校园进行分区规划，调整布局，依照教学设施优先建设、生活设施配套跟上的方针，一方面兴建了一批新的建筑，如办公楼（1977年年初建成，建筑面积为4 248平方米）、400米运动场（今属新世纪广场）、培训楼（1985年年初建成，建筑面积为2 421.18平方米）、综合教学楼（1988年年初建成，建筑面积为6 931平方米），1990年又建成新的田径场，并建成了3栋学生宿舍。它们是1980年年初建成的B08

---

① 根据湖南省革命委员会教育局文件1978年4月8日湘教计字〔1978〕22号文件《关于学校规模投资的批复》；另一说校园面积约为100亩土地。

② 陈秋云. 在第一次教工代表大会上的工作报告［Z］.1981-04-29.

栋和B09栋，1990年年初又建成了B12栋，三栋宿舍的建筑面积为9 655.78平方米。在生活设施方面，1979年建成了教工食堂，1984年建成了医院楼（建筑面积为4 252.14平方米）；1985年建成锅炉房，1986年建成排灌站，1987年建成配电房；从1980年至1991年，共兴建了9栋教工住宅，总建筑面积为22 796.11平方米。在学校美化方面，至1991年，修建了四通八达的水泥道路，以及校门、苗圃、新世纪文化广场、图书馆前的园林风景区、花园花坛等，尤其是新世纪文化广场的兴建，成为学校师生学习、休闲的理想场所，是学校一道美丽的风光带。同时，砌好了六段310米的护坡、330米长的水沟和六段340米长的围墙，完成了双高压线路输电和双水管供水两项工程，从根本上解决了停电、缺水的问题。另一方面，学校又改造了一批旧房，如1986年，全面维修好第五、第六、第七、第八栋学生宿舍。到20世纪80年代末，学校拥有各种教室90间，体育器械、运动场馆等设施也基本齐全和配套。这一时期，是衡阳师专校园建设的一个黄金时期，改变了师专原来面貌差、布局不合理的局面。须要指出的是，校园建设得到了省教委和衡阳市政府的大力支持。同时，学校在资金困难的情况下，发扬艰苦创业的精神，齐心合力搞好校园建设。从1977级入校后起，到20世纪90年代中期，学校规定每班每学期要劳动一周时间。在劳动中，大多数学生都安排在基建场地，挑土担红砖，或从事园林建设，学校草坪的除草也划分给各个系养护，如此等等。衡阳师专能在恢复高考后的百业待兴中崛起，与艰苦创业、勤俭办学的精神密不可分。

（三）图书馆的兴建和实验室的建设

图书馆和实验室的建设，是搞好学校教学和科研的阵地。在"文革"中，学校不但没有添置什么图书和仪器设备，就连原有的资料和仪器都丢弃不少，损失较大。1977年之后，学校将这两项硬件建设作为学校发展中的大事来抓。

1973年，原衡阳师专从湖南三师分离出来后，建立了图书室，但藏书较少。1980年，学校共有图书137 211册，其中外文藏书8 784册，期刊610种，期刊和内部资料存数2万册，设有文、理两个报刊阅览室，这些都挤放在当时3栋（已拆除，属于今天的西校区行知楼的一部分）一楼的几间房子里。可见当时设施简陋，图书资料严重不足。1983年8月，省教育厅下发了《关于衡阳师范专科学校新建图书馆计划任务书的批复》，随后学校开始兴建图书馆，1985年年初竣工，建筑面积5 080平方米，这是当时湘南地区最大的图书馆。1986年元月，正式迁到新馆,5月12日正式对外开放。图书馆下设办公室、采编组和流道组等机构，共有书库4个（社科、自然科学、外文、期刊书库）、阅览室7个（社科、自然科学、现刊、外文、教师、工具书和古籍）、阅览桌74个、座位423个。学校挤出资金，加紧图书资料的采购，到搬入新馆时，馆藏图书总数累计为30万册，其中外文图书1万多册，中文过刊1 610种，中文现刊1 100种，报纸125种。图书馆结合学校情况，制定了中文图书分编规则和图书目录，改革借还书制度，图书馆的建设初见成效。到1991年，图书馆的藏书达40.5万册，比1980年增长近2倍。同时，学校采取措施提高图书馆管理人员的业务水平，从20世纪80年代初开始，所有人员都参加了衡阳地区专业学习和检查考试。

在这段时期内，衡阳师专实验室的建设也开始起步。1977年上学期，学校对教学设备进行全面清理，单价在20元以上、使用期在一年以上的能供学生做实验的完好设备，物理科只有35件，化学科仅有6件。此后到1979年，由于学校对实验教学认识不足，加上经费困难，添置仪器甚少。1980年以来，学校根据省教育厅的指示，开始加强实验室建设和实验课教学，成立了物理实验组，建设了化学实验室，分别由一名多年来从事高教、实践经验丰富的讲师担任组长，实验课也被列为一门独立的课程。为了保证实验课的教学，学校增拨了经费，增添实验用房，加强了对实验室系统的管理。第一，制订实验室建设计划，优先购置基础实验仪器。如先建设化学科无机化学、有机化学和分析化学实验室，然后再建设物理化学实验室，最后建设化工基础和物质结构实验室。在购置仪器时，按实验内容要求，配套购置。第二，修旧利废，自制仪器。至1982年年底，物理科修复了仪器设备25件、化学科自制仪器达30多件。第三，加强实验教师队伍建设。学校除健全和稳定实验教学机构，增加人员编制外，着重抓了实验室人员对实验课的认识及业务水平的提高，帮助实验人员克服"授实验课低人一等"的思想，要求实验指导教师有过硬的基本功，要做到"三会"（会讲、会做、会教），有能力处理实验中出现的每个问题。第四，建立实验室规章制度，实行"三统"（统一采购、统一回收、统一管理）制度。经过努力，学校实验室建设在1982年以后走上了正规化道路。到1989年年底，学校已拥有物理、化学、地理、气象、音像和电子计算机等实验室15个，单台（件）100元以上的实验仪器达2 000多台（件），电视卫星接收站也投入运转，全校实验设备总价值达168.7万余元。

第三节　中师教育的兴盛

湖南三师经过拨乱反正后，全面贯彻国家的教育方针，把工作重点转移到教学上来，进一步发扬光荣革命传统，严谨治校、治学和治教，面向小学，面向农村，努力培养合格的新型师资。在各个方面都取得了令人欣慰的成绩，在全省乃至全国都享有较高的知名度，中师教育进入了一个兴旺发达的时期。但是，1997年实行全面"并轨"后，学校的发展面临着新的抉择。

1977年年底，湖南三师再度被列为省重点学校。1978年6月，被湖南省委、省政府授予全省教育战线红旗单位称号。1983年7月，学校被省政府授予全省"先进集体"的光荣称号。1984年4月和1986年5月，全省中师"三定"会议和"全国中师培养目标研讨会"先后在湖南三师召开，这两次会议对于推动学校改善办学条件、提高教育质量起到了重要的作用。

在此期间，原中央书记处书记邓力群，原最高人民法院院长、老校友江华，全国人大常委会委员刘达、许嘉璐（原北师大副校长、时任全国人大常委会副委员长），国家教委副主任王明达、柳斌和师范司负责人岩明远、金长泽、孟吉平，老校友黄克诚的夫人唐棣华，刘少奇的女儿刘琴，以及海内外来校参观的代表团等，对学校悠久的历史、光荣传统、办学条件和治校理念，都给予了充分的肯定，并称赞湖南三师是名副其实的全国一流师范学校。

一、学校管理

（一）机构设置

学校的管理体制和组织机构，在这期间发生了变化。20世纪80年代中期开始，中师实行了校长负责制。学校历任校长有彭家祜、熊兆生、黄振云、欧阳康、王际寿、邓纯元6位。学校历任党委书记有彭家祜、熊兆生、吕保齐、秦明远、吴俊开。1977年，学校只有行政、教工2个支部。至1994年，已发展到机关、教务科、后勤、文科、理科、学生、离退休、附小8个支部。1979年恢复了教育工会，并于1983年召开第一届教职工代表大会，此后每年都要召开1~2次。1984年，设立了团委，及时抓好团员的思想政治教育和组织建设，开展适宜青年特点的各种活动。

至于中层机构，1979年，把原政工科、教改科和总务科改为办公室、教导处和总务处，并恢复了工会组织。1980年，又将人事工作从办公室分出，成立了人事科。1984年，成立了纪检会、教科室，撤销了人事科。1993年，把教导处改为教务科，把总务处改为总务科，还增设了保卫科和学生科（从原教导处分出）。此后学校的领导体制则包括校长全面负责、党组保证监督、教职工民主管理三方面。此外，学校还设有德育工作指导小组、爱卫会、绿委会、调解委员会、计生领导小组、普法领导小组、禁赌小组、职改领导小组等其他常设和非常设组织。

（二）学校管理制度建设

经过"文革"的巨大冲击后，学校的各项管理制度经历了逐渐恢复、建立和完善的过程，大致可分为两个阶段。1977—1983年，是恢复和建立阶段；在这一阶段，从1978年起，学校抓整顿建制，颁发了《湖南三师暂行规章制度》（共16章74条）《湖南三师有关管理制度（草稿）》等，使学校管理做到有章可循。1984—2000年，是改革、完善阶段。1984年以后，学校根据客观形势发展的需要，对各方面的管理制度进行了大刀阔斧的改革，从而逐渐建立了一整套更为科学、系统和切实可行的学校管理办法。

在学校综合管理方面，全面推行了岗位责任制。1993年11月，学校实行中层干部聘任制，各科室都制定了为期三年的《任期管理目标》。1994年9月，又制定了《湖南三师人事制度改革方案》和《湖南三师关于工资津贴部分实施方案》，进而把聘任制在全校教职工推行，并把不聘、缓聘、转换岗位和低职高聘等引入竞争机制，使人事制度改革向着更为广阔和纵深的方向发展。在教学和科研管理方面，通过制订、修改和不断完善的办法，形成了《教师教学工作量制度》《教学工作质量评估制度》《教学管理制度汇编》和《关于教育科学研究和教学改革成果奖励条例》等文件，既适应改革形势，又可具体操作。在学生管理方面，亦逐步建立和完善了目标管理和量化管理制度体系，如《班主任工作暂行管理办法》《湖南三师学生日常行为规范20条》《湖南三师奖学金改革方案》《湖南三师学生手册》等。在后勤管理方面，也同样形成了一套较为完善的管理办法，在《财务室报账制度》《会计出纳工作职责》《食堂管理制度》等基础上，最后汇编成《湖南三师后勤管理》。

二、思想政治工作

按照中师的培养目标，学校始终以中央先后颁发的两个关于社会主义精神文明建设的文件为指导，认真贯彻执行《中国教育改革和发展纲要》《关于进一步加强和改进学校德育工作的意见》《爱国主义教育实施纲要》等文件精神，坚持把德育工作放在整个学校工作的首要地位，重视对师生的政治思想教育，特别是革命传统教育。

（一）突出重点

学生在校三年，每年都有教育重点。一年级主要是革命传统教育，培养学生爱国、爱市、爱校意识，培养集体主义观念；二年级主要是理想前途教育，帮助学生树立正确的人生观、世界观、价值观，树立为人民服务的思想；三年级主要是专业思想教育，教育学生热爱家乡、热爱小学教育事业。同时又结合学生的思想动态和社会的形势，每一段确定一个德育工作主题，以此统率全校的德育工作。其中对学生进行理想前途教育和革命传统教育是湖南三师思想政治教育的两大突出特点。

1. 理想前途教育。理想前途教育是德育工作一个永恒的主题。1977年以来，学校围绕这一主题，先后开展了学雷锋、学张海迪、学徐洪刚等多项活动，组织学生听取解放军英模团、衡阳市共产主义思想教育报告团、总参离休老干部王遐方等人的报告，并收看朱伯儒、曲啸、李燕杰以及教育战线职业道德讲演团等先进典型的录像报告。通过这些生动活泼而又富有说服力的宣传教育活动，收到了良好的教育效果。如1985年，全校团员青年给老山前线捐款；1986年，给贫困山区捐物；1993年，购买"湖南希望工程爱心券"；1999年，组织110名师生无偿献血2万多毫升，购买"希望工程邮资明信片"980余套，为伤残军人捐款3 000多元等。

2. 革命传统教育。光荣的革命传统是湖南三师最宝贵的精神财富，也是学校在德育工作上的一大优势和一个永恒的主题。每届新生入学时，都必须上好革命传统教育这一课，并探索出"四个第一"的经验：新生入校后听的第一个报告是学校光荣革命传统的报告，参加的第一次活动是参观校史陈列室和湘南学联旧址，观看的第一部电视录像片是《湘南革命摇篮——湖南三师》，开展的第一次班会活动是学习《三师英烈垂千古》一书，以及讨论如何继承与发扬学校的革命传统和优良校风。国家教委副主任柳斌赞誉这一经验"有优势，有特色，有成效"。1988年1月13日，老校友江华来母校视察，看望了全校师生，并到课堂听课，使师生深受鼓舞。为了利用这一教育优势并强化这方面的教育，学校在1984年和1994年的12月1日，隆重地举办了80周年和90周年的大型庆典活动。参加这两次庆典活动的校友、各级领导和来宾，多达1 500余人，像谷子元、冯志远、曹汉武（原衡阳市常务副市长）等老校友都参加了。因故不能前来的老校友如黄克诚、江华等，则寄来贺信、贺诗或贺词。

（二）注重方法　讲求实效

首先，学校注意完善规章制度。在贯彻执行教育部颁布的《师范学校规程》《中师学生手册》和《中师学生日常行为规范（讨论稿）》时，学校还结合本校实际拟订了各种实施细则。1990年10月，汇编成《湖南三师学生手册》。1996年，通过全校大讨论，又形成《湖南三师学生行为规范20条》。这样就使学生有章可循，对养成良好行为规范大有裨益。其次，把住两个关口。一是入学教育关。从20世纪80年代末开始，新生入学后，进行为期一周的军训，时间虽短，但对于学生养成良好的作风和形成新的集体观念起到了明显的作用。二是毕业教育关。按照专业思想教育"三年不断线"的要求，在学生毕业前夕，学校组织他们学习《校友的足迹》一书，并邀请获得全国优秀教师（含班主任）、省级劳动模范称号的老校友每年来校报告，借以激发学生热爱小学教育特别是乡村教育的热情。

（三）抓好队伍建设

为了加强学校的德育工作，在学校党委统一领导下，成立了以校长和主管学生工作副校长为正、副组长的德育工作指导小组，成员有学生科、团委会的干部、班主任和政治课教师。德育指导小组除确定阶段教育内容、组织重大活动和开展经验交流外，还特别重视抓好两支队伍建设。一是加强班主任队伍建设。学校制定班主任职责和奖励办法。1980年，开始实行《班主任津贴制度》；1987年，制定《班主任工作职责和奖励办法》，后又制定《班主任工作暂行管理办法》等。学校挑选合适人选做班主任工作，并使班主任队伍相对稳定。坚持每周一次的班主任例会制，分析学生思想情况，商量解决某方面的问题。二是狠抓学生干部队伍建设。学校一直十分重视对学生干部的遴选、指导和培训工作。

由于学校思想政治工作得力，湖南三师学生呈现出健康向上的精神面貌，涌现了一批先进典型。如230班学生刘国荣出席了省"新长征突击手"会议，229班学生刘春生被团市委和省教育厅命名为"三好学生"，242班学生赖群阳被推荐为出席全国三好学生座谈会的代表。

三、学校基本设施建设

（一）"三定"会议推动办学条件的改善

"文革"结束以来，湖南三师一直坚持艰苦创业和勤俭治校的优良传统，不断改善办学条件。1977年，全校总面积约100亩，农场25亩，建筑面积可用部分仅1.66万平方米（经衡阳地区基建局鉴定不能使用的危房达3 215平方米），年产值约8万元的校办工厂1个。在教学设备、设施方面，仅有6万余册图书，仪器价值2.5万元，电教设备只有2台老式幻灯机。学校没有合格的运动场，绿地覆盖率仅为20%左右。1978年，学校在《湖南三师的沿革、现状和规划设想》中向省、地两级政府提出了7年建设规划，后又提交了《关于请求拨款修建革命纪念地湖南三师的报告》。时隔6年，湖南省中师"三定"会议又在三师召开，开创了湖南三师校园建设的黄金时代。

1984年4月，湖南省中等师范学校"三定"会议在湖南三师举行。会议的内容是"定任务、定规模、定近期基建项目"，出席这次会议正式代表共47人。省教育厅厅长周忠尚在会上传达了"全国师范教育研究会准备会议"的精神，并做了"加速中师建设，提供足够数量的合格的小学教师"的重要讲话。此后，学校校园建设进入了一个高潮。1988年，在全国中师标准化建设检查验收中，获得国家教委的表彰和10万元奖金。

到2000年，校园面积达171.4亩，建筑面积为5.13万平方米；乔木1.8万株，草地2.4万平方米，生物园1个，花坛、花园38个，绿化面积达95%以上。1986年，被湖南省建委、省绿委授予"园林式单位"称号；1997年，被再次予以确认。从1977—2000年，学校修建了写字教室（建筑面积953平方米）、第三教学楼（建筑面积1 772平方米）、音美教室（建筑面积1 514平方米）、琴房110间（建筑面积470平方米）、学生食堂及礼堂（建筑面积3 477平方米）、400米田径运动场（建筑面积10 670平方米）、图书科技楼（建筑面积5 522平方米）、体育馆（建筑面积3 300平方米）和馆外球场等。同时修建了教工宿舍6栋（建筑面积15 913平方米）、学生宿舍5栋、工会俱乐部、中心广场等。此外，学校建成了电教中心演播室1间、语音实验室2间、微格教学实验室8间。拥有图书23.5万册。湖南三师的办学条件，从总体上看，在这20多年间，一直位于全省30余所中师的前列。

（二）勤工俭学

湖南三师勤工俭学活动开展较早，历时时间长。其组织与管理工作，原由总务处负责。1990年，成立勤工俭学办公室。1994年8月，勤工俭学办撤销，有关工作仍由总务科负责。勤工俭学的形式主要有以下两种：

1. 校办农场。1978年，湖南三师咸水分校被撤销，征购的土地和修建的校舍全部退还和送给当地政府。之后，即将精力放在校内的猪场和鱼塘上。学校原有猪场1个，大小鱼塘5口，均承包给私人，师生每年都能从中受益。后来由于兴建教工住宅和支持教育学院用地，鱼塘渐次减少，最后只剩下2口。

2. 校办工厂。学校的"五七"工厂，从1976年7月1日起，更名为蓄电池厂。后来又举办了印刷厂、矽钢片厂和涂料厂。蓄电池厂开始经营情况不好，后来扭转困难局面，并在原来的基础上又增设了一个极片车间。1977年，总产值达10万元，1978年达16万元，利润达4万元。以后时好时坏，直至最后停办。矽钢片厂和涂料厂，由于原料缺乏，质量难以过关，很快就停办了。1984年3月，兴建了印刷厂。该厂先由总务部门直接管理和组织生产，并先后制定了《湖南三师印刷厂定额管理》(试行稿)和《湖南三师印刷厂厂规》(试行方案)，1992年后，实行承包。1993年初，学校为创收又筹办塑料食品袋厂，并以17.22万元购进了设备，因决策失误，结果流产。

四、教师队伍建设和管理

在中师系统中，湖南三师的师资力量一直较强。但由于"文革"的危害，教师整体素质大不如前。1980年5月，学校对83名教学人员的基本情况做了一次全面分析。结论是，胜任的43人，基本胜任的14人，不能胜任的26人。有的学科教师非常缺乏，多年要从外面请人上课；有的学科则缺少骨干。1980年6月，全国师范教育会议召开，对教师提出了三个重要条件：有比较渊博的知识；掌握教育科学，懂得教育规律；有高尚的道德品质和崇高的精神境界。根据上述条件，学校在"文革"结束以后的20多年间，强化目标管理，在《加强师资队伍建设的规划》中，把10%的研究生学历、20%的一专多能型、30%的独立科研能力和100%的教师会教书育人、会做教育管理工作作为提高教师素质的具体目标，逐渐形成了一支力量雄厚且有梯队的教学工作队伍。同时，学校采取了许多措施，如积极筹集资金，加大对师资培训的投入。1990年，学校成为"中国—联合国儿童基金会师资培训赞助项目单位"之一，先后获得8万美元以及汽车等多项赞助。

（一）改革教师管理办法

1977年以来，学校在对教职员工的管理方法上，制定了许多管理制度。

如《教师岗位责任制》（1980年）、《湖南三师教师工作量及奖惩试行办法》（1984年1月制定，1990年3月修订）、《湖南三师教学管理制度汇编》（1989年10月）、《教学质量管理办法》（1990年）等。1995—1996年又制定了《教师教学评估方案》《教师教学工作量制度》《教师工作量计算方案》等，对以上规定又做了一些重要修改和补充。归纳起来，上述措施包括以下三方面的内容。一是改进教师工作量的计算方法和课时津贴发放办法，真正贯彻多劳多得原则，克服了分配上的平均主义。二是认真试行教师教学工作考评制度，做到与奖罚措施挂钩。这就是试行量化办法对教师教学工作进行考核、评估，即把考评项目分为教学工作量、授课质量、教学出勤等9个大项、24个小项，逐项考评计分，最后定出优、良、中、差4个等次，作为年度工作鉴定、年终评先评奖、分配、挂黄牌以及是否继续聘任的重要依据。三是积极推行教师聘任制，打破"铁饭碗"。结合教师教学工作考评，采取如下措施：对考评成绩不及格者，实行缓聘；对考评成绩65分以下者，给予黄牌警告，扣发部分奖金；对担任某项教学工作确有困难者，另行安排工作；对教书育人、科研工作成绩十分突出者，实行低职高聘，以资鼓励。在1995—1996年间，有3位教师被低职高聘，6位受到黄牌警告或缓聘处理，2位在工作安排上做了调整。

（二）不断充实力量

为了解决教师队伍紧缺的问题，学校采取了"一分二调三回收"的办法。"分"，就是从高校毕业生中经过考察择优分配进来；"调"，是指通过有关人事部门从外校（包括从县属学校）调入；"回"，就是通过落实知识分子政策把在"文革"和其他运动中被错误处理且尚能从事教学工作的教师请回讲台。1977—1994年，分配到三师工作的高校毕业生共63人，从外校调入的有44人。此后随着离、退人员增加，学校规模不断扩大，从高校分配进来的教学人员就占了主导。1997年，学校在岗教工203人，其中专任教师为108人。教师职称评定情况：1982年，在87名教师中，有38人被评定为讲师，次年欧阳铣老师被评为副教授；1988年，有47人被评为高级讲师，43人被评为讲师。此后逐步转为职称评定常规化，但高级讲师始终保持在40~50人之间，在全省中师教学队伍中，湖南三师的师资力量始终居于前列。

（三）全面提高素质

为了提高青年教师的教学水平，学校主要采取了以下措施：（1）组织业务进修，进一步提高学历层次。这主要是通过在职进修和脱产进修两条途径来解决，如组织部分教师参加电大、函授学习。到2000年，已有20位教师参加过研函班学习，其中有4人已获得硕士学位。同时，鼓励和支持部分青年教师报考委培研究生（包括硕士和博士），其中委培6人（5名硕士，1名博士）。到2000年，全校本科以上学历教师达到90%以上。（2）加强实践锻炼，把帮助青年教师顺利通过一年转正、三年合格（教学基本功考核）、五年达标（教育、教学、科研和管理能力）这三大关作为学校的一个重大课题切实抓好。首先，对于新教师的按期转正，要求经过严格检查考核。要求他们主要完成三件事：交一本全学年的完整教案；上一堂较好的汇报课；写一份全学年的工作总结或教学论文。其次，重视青年教师的教学基本功以及教研、科研能力的培训与考核。基本功包括普通话、三笔字、写教案、课堂导入设计、电教、电脑和微格教学诸项，培训与考核成绩载入教学业务档案。1997年，湖南三师青年教师先后参加片、省课堂教学比武和论文比赛，最后有5名青年教师获得课堂教学比武一等奖，9名青年教师撰写的论文分获一等奖和二等奖。2000年，参加全国数学教育学会组织的第一届全国中师数学教案比赛，蔡江涛等4位青年教师分别获得了一等奖和二等奖。最后，要求他们能胜任班主任工作。（3）组织教师外出学习考察。如1999年，组织教研组长、大专班班主任和骨干教师，先后参观考察了晓庄、南通、惠州、中山等一批在全国有影响的师范学校。通过参观学习，拓宽了教师的视野。

学校对师资队伍建设常抓不懈，教师的教学管理水平不断提高。在1984—2000年，除了嘉奖、立功和获得其他荣誉外，郭荣善、周雅丽被评为省劳动模范，周书芝、周雅丽被评为全国优秀教师，毛秉生、郭荣善分别获得曾宪梓教育基金会教师奖二等奖和三等奖。黄振云、周书芝、刘国忠、毛秉生等4人被评为特级教师，黄振云被评为"有突出贡献的专业技术人才"。

五、教学工作

（一）"全国中师培养目标研讨会"

1977年年底，湖南三师被列为湖南省重点学校。1978年6月，被湖南省委、省政府授予全省教育战线红旗单位称号，学校影响力扩大。20世纪80年代中期，国家教委在湖南三师召开"全国中师培养目标研讨会"，这对学校的发展产生了重要影响。

1986年5月，国家教委在湖南三师举行了"全国中师培养目标研讨会"。会议内容是适应新的发展形势，从德、智、体、美、劳五方面对中等师范学校的育人目标进行类似学术性的探讨，还讨论了中师各类课程标准、修改中师教学计划等问题。通过广泛、深入交流，最后形成了包括目标表述、课程设置等项内容的文件初稿。会议期间，与会者对湖南三师进行了全面的考察和了解。省教委普教、师范处处长陈若海在湖南中师组的讨论会上，将国家教委师范司几位领导和与会的各代表对湖南三师的印象做了这样的归纳：湖南的师范教育堪称全国之冠，而在全国1 028所中等师范学校中间，跨入先进行列的有100多所，其中湖南三师自然又是位于这100多所先进学校的前列。

这次会议推动了学校的发展。湖南三师重新制定了学校的发展规划，在改善办学物质条件和教育、教学、教改各个方面加快了前进的步伐，也进一步提高了学校的知名度。

（二）灵活多样的学制

这一时期，湖南三师实行的学制比过去更加灵活多样，半年、一年、两年、三年制（短时期还有四年制，不过很快又改为三年制）均有。除普师班、民师班、幼师班、特长班外，还办了成人中师班、电大班。1994年，开办非师范专业的电算班；1997年，首批招收了小教大专班。学生的来源亦由本地向外延伸到粤、桂两省的一些地方，学校规模比1984年"三定"时扩大一倍。1997年，在校学生多达3 000余人。

1. 普师班。因招生对象和培养目标不同，普师班大致呈现出四个发展阶段。第一阶段（1976—1978年），以培养七年制学校教师，即以培养初中及小学教师为目标，学制为两年。1976年，招收的是"三来三去"（社来社去、厂来厂去和校来校去）学员；1977—1978年，通过统一考试，招收具有高中毕业文凭的回乡与上山下乡知识青年。第二阶段（1978—1982年），培养目标由"初中、小学教师"向"小学教师"过渡，招收高中毕业生，学制仍为两年。1982年9月，最后一次招收高中毕业的统考生。同时，开始招收初中毕业生（274班），作为三年制的试点。第三阶段（1983—1997年），中师培养目标转轨任务已经完成。1983年，全部招收初中毕业生，学制稳定为三年。第四阶段（1997—2000年），开办小教大专班。从1997年开始，首批招收两个班100人，随后因2001年1月并入衡阳师范学院而发生变化。

2. 民师班。学制为两年，招收的对象是高中或中师函授毕业的小学民办教师。1981年至1982年招收的8个民师班，按教育部颁发的"两年制（招收小学教师）教学计划"教学，学员在校学习两年。1983年，根据省、市教委指示，学校招民师中函提前班，主要招收中函毕业的小学民办教师，学制仍为两年，但在校学习时间只有一年，以学习教育专业课为主，其余一年时间回原单位实践。

3. 幼师班。1990年，经省、市教委批准，试办幼师脱产培训班2个，主要招收幼儿园和学前班教师，学制为两年。1991—1994年，又先后招收8个班，学制改为三年，招生对象扩大到有志于从事幼教事业的社会青年和应届初中毕业生。

4. 特长班。为满足小学对英语和音、体、美教师的需要，湖南三师又先后开办了英语和音、体、美特长班。英语班，1979年招2个班，1981年招1个班，均招收高中毕业生，学制为两年。1982年，音、美特长班各招20人，学制为三年。体育特长班，1987年、1989年两年，先后招收3个班，招收的对象也是初中毕业生，学制亦为三年。1995年以后，继续开办了英语、音乐、体育、美术特长班。

此外，学校还开办了成人中师班、电大班、电算班、培训班、小教大专班、自考班等。

以上各种班级招收的学生，绝大多数为公费公派。以后又招收了一些收费生、委培生，也由国家统一安排工作。从1986年开始，招收自费生，不包分配。1994年，开始跨省从广东招收自费生142名，以后连年不断，并由广东扩展到广西钦州等地区。

（三）课程设置

由于实行了多种学制，所以在课程设置上，也呈现出多样化的现象。在1990年以前，湖南三师的普师、民师、幼师、特长班课程的开设情况如下。

1. 普师班课程设置

普师班又分为两年制（招收高中毕业生）和三年制（招收初中毕业生）两种情况。

两年制课程设置：1976—1978年"三来三去"的师范班，第一学年开设8~9门普通课程；第二学年分为政文、文艺、数理、数化班，突出专业课的学习，开设5~6门课。1978—1979年，因招收的是参加全国高考的高中毕业生，全部改为学习普通课程。开设了政治、语文、数学、教育学、外语、物理、化学、生物、历史、地理、音乐、美术、体育及生理卫生、教育实习等。

三年制（招收初中毕业生）课程设置：1983年首届招收。根据教育部1980年颁发的三年制（招收初中毕业生）教学计划，共开设政治、语文、数学、物理、化学、生物、生理卫生、历史、地理、心理学、教育学、各科教学法、体育、音乐、美术、教育实习和生产劳动17门课程。1986年6月，国家教委对1980年的中师教学计划进行了修订，增设了小学思想品德教材教法课，总课时减少了251节，减少了7.04%。同年6月底，学校结合承担并完成国家教委师范司"中等师范学校（普师）课程设置、课程结构和各类课程比例"科研项目研究，进行了课程设置改革，逐步实行了必修、选修、课外活动、教育实践四大块相结合的教学模式。1990年，招收的一年级已全部按照国家教委颁发的《三年制中师教学方案》进行教学。在课程设置上，除新方案所规定的14门课程外，增加了小学电化教育课，共开设15门必修课。

2.民师班课程设置

民师班课程分为在校学习两年和在校学习一年中函提前班两种情况。1981年，招收的按教育部颁发的"两年制（招收民办教师）教学计划"教学，开设政治、语文、数学、物理、化学、生物、历史、地理、教育学、心理学、体育、音乐、美术等课程。1990年3月，湖南省教委对政治、语文、数学三门课程的分支科目进行调整，并增设了劳技、教育实验、复式教学等。从1983年9月起，根据省、市安排所招收的民师中函提前班，在校学习一年，按照教育部（82）教师字010号文件《小学教师进修中等师范教学计划（试行草案）》和湖南省教育厅湘教师字〔1983〕10号文件的有关精神，开设教育学、语文、小学数学及研究、音乐、体育、历史、地理、自然常识。其中教育学、语文、小学数学及研究、历史为考试科目，其余为考查科目。后来又调整为政治（法律常识、小学思想品德、师德）、语文教学法、数学教学法、自然教学法、儿童文学、语音、电教、劳技、写字、音乐、体育、美术、中外名家教育思想、教育实践与实验等。

此外，学校招收的成人中师、幼师班、委培生、自费生班的课程设置，一般采用三年制中师教学计划或两年制成人中师教学计划开设课程。学校招收的专业班和特长班的课程设置，或参照两年制师范班教学计划调整开设，或按三年制师范班教学计划调整开设，增加专业课的分量。

1992年，学校全面实施国家教委颁发的"三年制教学方案"。在课时安排上，又大致确定了"四大块"（必修课、选修课、课外活动课、教育实践）的比例关系。

（四）教学改革

1989年6月，国家教委师范司颁发《三年制中等师范学校教学方案（试行）》。湖南三师在完成了"新时期中师培养目标"研究课题的基础上，结合本校实际情况，又于1990年2月制定了《关于实施全国〈三年制中等师范学校教学方案（试行）〉的意见》（以下简称《意见》）。该《意见》的最大特点是突出了师范性，对加强师范学生能力训练，开发学生智力，进行中师教学改革，培养合格小学教师具有指导意义。湖南省教委师范处肯定了湖南三师这个《意见》，并组织部分中师校长对该《意见》进行修改和补充，作为《湖南省三年制中等师范学校教学计划（讨论稿）》下发到全省各中等师范学校。在十几年的不断改革实践中，湖南三师逐步形成了"明确一个方向（面向小学、面向农村、为小学教育培养德才兼备的合格师资）、加强两个训练（加强对学生的教师职业技能训练和劳动技术训练）、建设三个基地（教育实践基地、劳动实践基地和社会实践基地）、搞好四个结合（必修课、选修课、课外活动和教育实践有机结合）、突出五个育人（思想育人、教书育人、管理育人、服务育人和环境育人）"的整体改革思路，主动适应基础教育由"应试教育"向"素质教育"的转轨和社会经济的发展。

1. 加强基本功训练

为了提高学生的基本素质，学校采取措施，强化在校学生的基本功训练。1985年，教导处拟订了《学生教学基本功训练要求》，规定每个在校学生必须练好12项基本功。1986年，全国中师培养目标研讨会和1990年新教学方案出台后，不但提出了更为明确的要求，而且还建立了基本功考核制度。学校颁发给全校师生基本功《考核手册》，推行合格证制。在学校确定的十几项基本功中，重点抓了以下三方面的训练。一是普通话训练。学校成立了"双推"（推广普通话，推行汉语拼音工作）领导小组、辅导小组和监督小组等机构。1986年，学校建立了现代化的语音实验室，配备了3位专职语音教师，编写了《普通话练习手册》《一、二、三级常用字》等辅导书发放给学生。要求学生三年过"三关"，即语音关、口语关和综合考核关，毕业生普通话合格率大幅提高。1987年，学校被评为湖南省"双推"先进单位。在1988年"全国新时期语言文字知识竞赛"中，参赛学生获得一等奖1名，二等奖4名，三等奖10名，学校还获得了集体组织奖。二是强化三笔字（毛笔、钢笔和粉笔字）训练。为了加强写字教学，学校除安排了专职教师（1~3人），配置了专用教具（教学幻灯机、银幕、写字桌等）外，还开辟了专用教室，专门制作了30张双人写字课桌，购置了一台高亮度投影器。学生除课堂写字外，每天晚上还安排20分钟让学生练字。据粗略统计，1980年以来，有40多个学生在各级各类书法比赛中获奖，另有20多人加入了各级书法协会。1997年，由《中国语言文字报》主办的"全国中师生第二届硬笔书法赛"中，共17人参赛，有9人获奖，曾泰明老师荣获"最佳辅导老师奖"。原湖南三师学生何满宗在校期间就打下了较好的书法基础，后来成为湖南省书法家协会主席。三是音、体、美训练。从1980年起，学校就把音、体、美列为重点学科，作为必考科目。1982年，学校建成110多间风琴室，要求学生"三会"（会识谱唱歌、会舞蹈基本功动作、会弹风琴）；1983年，学校开设了舞蹈课；1988年，音乐组老师增补了"怎样为歌曲配伴奏""常见乐器的特性及演奏"等内容的教学；1989年，为了加强学生音乐技能技巧的基础训练，赵协簧老师进行了二部节奏教学的改革尝试。在美术教学方面，1982年，学校要求抓好工艺美术、宣传画、教学挂图等小学实用绘画技能的训练。美术组老师开设了简笔画、粉笔画课。1987年，又加强了剪纸、编织、根雕、泥塑、布贴之类的手工劳作训练。1991年，在全省中师美术作品展览中，学生粉笔画获一等奖1个，二等奖2个，三等奖3个，展出奖6个；学生根雕"鹿回头"和"力"分获全省中师美术书法作品展览二等奖，且获1992年全国中师学生美术作品展出奖。体育方面，1980年，教导处和体育组制定《关于推行〈国家体育锻炼标准〉的通知》，并对全校学生进行了达标测验，达标率为85%。此后，定期进行达标测验。在衡阳市大中专院校运动会中，三师的学生接连取得了骄人的成绩：1981年，分获男、女团体总分第二名；1982年分获男、女团体第一名；1986年，获女子中专组第一名，男子中专组第二名，女子足球冠军。

2. 第二课堂

第二课堂即课外活动，是课堂教学的补充和延伸，是培养学生能力、开发智力、训练技能技巧和扩大知识面、发展个性特长，使学生成为"一专多能"的有效途径。历年来，学校组织的各种课外活动小组，既有全校性的、年级性的和班级性的，也有学生自由组织的各种各类协会和兴趣小组，数量常达30多个，占全校学生80%以上。同时，注重课外活动的多样性。一是围绕教学，有计划地组织学生课外阅读和自学课外书籍，从中获得丰富的文化科学知识，也提高了阅读和写作能力。二是举办各类比赛，校内的包括作文、书法、歌咏、普通话、手抄报和文娱体育等项内容，校外的包括派出人员或组队参加省、市田径运动会和文艺会演等。如1986年，学校组织了16场学科比赛，获奖者达356人次，其中291班陈中平同学撰写的小论文《一个不等式的推广》在《厦门数学通讯》（1986年第4期）上发表。1995年12月，学校举办了首届校园艺术节。其间，举行了各种活动，如诗歌朗诵、文艺演出和美术书画摄影作品展览等，活动项目共36个。三是根据教学需要开展科技活动。如生物兴趣小组在老师指导下，制作了海洋生物浸制标本和植物标本各100多件，采摘植物种子20多种。多年来，学校在开展科技教育活动方面做了许多工作，如成立遥控模型、科技制作等16个科技活动小组，经常组织各种科技竞赛活动。1996年12月，学校举办了首届校园科技节。四是组织外出参观学习。如1986年历史组组织学生参观王船山故居；地理组开展了观察月球、找北极星的活动，并组织参观水口山矿井，了解有色金属矿床的形成、分布、开采情况，采集了许多岩石和矿石标本等。

通过上述措施，三师学生的综合素质大大提高。如1988年，在全省中师文艺会演中，4个节目参赛，3个获得一等奖，1个获得二等奖，且荣获精神文明奖。1996年，在全省中师文艺会演中参赛的两个节目，又分获一等奖和二等奖，并在闭幕式上再次演出。1997年，参加全国中师化学知识竞赛，有40人分别荣获一、二、三等奖；在学生各种科技成果里面，429班学生王燕设计的教师多用包已申请实用型专利，该包已由宋庆龄基金会收藏并展出。参加湖南省第四届中师绘画、书法、工艺制作比赛，有26件作品获奖，获奖总分位居全省第三。

3. 重视教育实践

教育实践是师范学校思想教育、文化知识、教育理论和技能技巧的综合训练课，也是学生将来从事小学教师职前教育的必要环节，学校一直把教育实践作为一件大事来抓。

在教育实习上，学校建立和健全实习制度。为了确保每届实习工作的顺利进行，还制定和完善了《湖南三师教育实习指导人员职责》《实习生手则》《湖南三师教育实习成绩评定办法》《实习成绩评定标准》和《优秀实习生的评选标准》等。

湖南三师学生实习分为平时见习、试教和集中教育实习两部分。平时见习，每个学期一般安排3~7天。集中实习的内容为教学实习、班主任工作实习、少先队辅导和课外活动实习。多年来，学校采取分散见习和集中实习、单项实习和综合实习相结合的办法。三年制的学生，第一学年主要是"看"，第二学年主要是"听"，第三学年主要是"做"，逐步形成了"看—听—做"的教育实习模式，做到"见习实习不断线"。

学校重视教育实践基地的建设。"文革"结束后，原来开办的分校撤销，与中小学的实习基地脱钩，这样学校实习基地的建设就成了学校的一件大事。1990年，衡阳市教委在湖南三师召开了各县（市、区）教委负责人会议，商议了实习基地建设的有关事项，并于3月15日，发出了《关于确定中师实习基地的通知》（衡教〔1990〕16号）。在市教委的帮助下，学校于1991年1月与衡阳市郊区高兴小学、祁东白地市镇中心小学、衡山县城关镇完小、南岳完小、衡阳县西渡镇三校等5所学校确定了实习基地关系。1992年5月16日，衡阳市教委又下发了《关于确定第二批中师教育实习基地的通知》，把衡南车江镇中心小学、衡阳县渣江镇中心小学、衡东县大浦镇中心小学、耒阳市公坪圩镇中心小学确定为三师实习基地。

4. 加强电化教学

学校电教工作虽然起步艰难，但发展速度快。1980年3月，湖南省中师电教会议在湖南三师召开。1988年获"衡阳市电教仪器先进单位"称号，1989年获"湖南省电化教育先进单位"称号。1988年，在衡阳市中师学生电教课程教学比赛中，参赛的3名学生，分别获得一、二、三等奖。经过在校的电教训练，学生毕业后都能在实际教学中较好运用电教手段教学。据1988年调查统计，衡东县城关镇小学共有教师58人，在三师毕业的28人中就有12名电化教育骨干；衡山县1988年举行全县电教课比赛，获一等奖的都是三师的学生。

5. 教研组工作

教研工作在教导处（后改为教务科）指导下，主要由教研组进行。1978年，设立政教、语文、体艺、数学和理化5个教研组。以后随着学校规模扩大，教研组也随之增加。到1994年，有政史地、语文、数学、教育心理学、物理、生化、音乐、体育、美术、电教等10个教研组。在实际工作中，教研组建立一套较好的制度，每个学期和每个年度都要把开展各项教学、教研、科研的活动计划制订好。其主要活动有三。一是开展集体备课，达到五个统一，即统一教学目的、教学进度、教学提纲、教材重点难点和作业布置。二是组织"四课两专"活动，即组织教师上试验课、研究课、观摩课、电教课，举办专题讲座和专题讨论，其中开展教学改革是重点，要求教师在课堂教学中做到"五认真"（认真备课、上课、辅导、批改作业和总结教学经验）、"五示范"（教案、语言、教法、板书和批阅作业均应为学生提供示范）。三是坚持听课评课制度。

（五）教学研究

湖南三师的教育科研工作，可分为两个阶段。前期是1977—1983年，属于教育科研的初期。1980年，成立了教育学科研究小组，开展了许多活动，在教材编写方面取得了较大的成绩。1978年，贺士禹参编了《汉语基础知识》，盛文彬主持编写了中师《数学》和中函《数学》教材。1979年，欧阳铣、刘培成合编了《心理学讲授纲要》，继而在省教科所组织下，欧阳铣将它改为《心理学》，作为中师试用课本，满足了本省和江西、广东、广西、陕西等省区部分师范学校教学的需要。刘培成、欧阳铣还参编了《简明教育心理学》。后期从1984年开始。1984年6月，由于黄振云校长的重视，教育科学研究室正式成立。同年，学校制定了《教育科研和教学改革成果奖励条例》，1996年，又拟订了《湖南三师教育科研五年规划》和《课题指南》，并对科研成果奖励条例做了一些修改和补充。教科室成立后，学校教学研究的计划性和研究方法都得到加强和改进，研究课题和科研成果也不断增加。从1984年至2000年，湖南三师共发表教学研究论文或作品1 693篇（件），其中省级以上的论文352篇；编写教材和著作352部。现简介如下。

（1）从1984年创刊到2000年为止，《教育探索》刊物共办18期。以《实践、探索、改革、发展》为书名，编辑了第1辑（37万字，内部交流）和第2辑（40万字，正式出版）。（2）完成省级以上的教研课题多项。1986年，完成了省教委布置的"新时期中师培养目标"的课题研究。同年，又承担国家教委师范司下达的"关于中等师范学校（普师）课程设置、课程结构和各类课程比例"的"七五"重点科研项目。1987年6月，写出了约6万字的《中等师范学校（普师）课程设置、课程结构和各类课程比例研究报告》。该研究报告于1987年3月和6月在北京、吉林由国家教委师范司组织召开的"中师部分课题座谈汇报会"和"全国中师教学计划研讨会"上交流。由教科室周远成申报、经省教委师范处于1997年10月批准立项的《能力优化组换制与学生的整体素质》研究，除在本校一些班级实验外，还与南京、吐鲁番、广西等地部分师范学校合作，取得了阶段性的科研成果。2000年，有6篇论文在全国性报刊上发表或获奖。（3）完成主要的市级课题。1990年，衡阳市教委将学校管理体制的研究交给了湖南三师。经过一年多的调查研究，于1991年完成了《中等师范学校管理》一书的写作并出版，全书约33万字，发行到全国26个省、市师范处（科）、师范学校等单位。

第四节　衡阳教育学院的建立和发展

衡阳教育学院是一所师范性质的成人高等学校，主要担负着在职中小学教师和教育行政干部的培训任务，是衡阳市中小学教师和教育行政干部培训的重要基地。衡阳教育学院的历史共20年，其发展历史可以分为两个阶段：1979—1991年，学校艰苦创业，不断改善办学条件，采用多形式、多层次的办学模式，努力提高教学质量，为学校的发展奠定了良好的基础；1992—1998年，是衡阳教育学院发展史上的兴旺时期。

一、学校的创建

"文化大革命"结束后，教育事业开始步入正轨。但是，衡阳地区中小学教师严重不足，且有相当一部分是民办教师，无论是学历还是知识结构都难以适应基础教育发展的需要。为适应新形势下教育事业的发展，衡阳市政府于1979年创办了衡阳市教师进修学院。她是在原衡阳市教学辅导站的基础上发展起来的，坐落在今衡阳市雁峰区黄青巷36号，占地面积为2.37亩，建筑面积（含家属宿舍）约2 000平方米。学院建立时，教职工只有10多人。党支部书记由衡阳市教育局副局长彭平原兼任，欧建鸿任名誉院长，文圣录任院长，吴田任副院长。学校担负衡阳市中小学在职教师的培训任务。1980年7月，在中共衡阳地委、衡阳地区行署的具体部署下，又创办了衡阳地区教师进修学院。当时，在湖南三师校内西北角划出了一块12.2亩的地盘做校舍，学校东连衡阳市粮油五仓库，南接湖南三师，西临衡阳市三建公司（原衡阳地区建筑公司）。学院相当于县级事业单位，由地区行署领导，由同级政府教育部门管理，培训规模为300人。1980年11月6日，衡阳地区教师进修学院正式开学。首任党委书记为潘治中，谭雪纯任院长，孟庆德任党委副书记，阳美仁、周道任副院长。1982年9月，经教育部批准备案。

衡阳地区教师进修学院建立初期，办学条件十分艰苦。学校创办时，衡阳地区拨款22万元作为办学经费，学校最初的建筑面积1 000余平方米。在计划经济体制条件下，新建学院没有建立户口，一切计划指标都没有，供电、供水、供煤及其木材、钢材等都相当缺乏。当时，学校只有教学楼2栋，但实际可作为教室的仅一半，其他多为危房，党委和行政同在一间房子里办公，图书阅览室只好安置在危房中。教职工宿舍仅3套，学院没有食堂，学生在湖南三师搭餐。总之，学校办公经费相当困难，教学人员严重不足，教学设备简陋。为使教职员工集中精力教学和工作，学校采取措施解决教职工生活上的困难。如先后从常宁、永兴等地运回生活用煤44吨，基本上解决买煤难的问题，为教职员工代购一些生活物资，因陋就简为职工修建了厕所12间，煤房13间，为教职员工提供生活方便。

1984年3月，由于地、市机构合并，衡阳地区教师进修学院和衡阳市教师进修学院合并组成衡阳市教师进修学院，属于衡阳地属高校，归口衡阳市教委领导，接受湖南省教委业务指导，校舍是原衡阳地区教师进修学院。两院合并时共有教职工89人，不久调出19人到衡阳市教师进修学校工作，到年末实有教职工70人（含退休人员2人），学员137人。学校组建后，从1984—

1988年，由周诚任党委书记，欧建鸿任名誉院长。1989年至1999年，学院党政领导班子又做了相应的调整，刘仁达、刘锡贤先后任党委书记，王际寿、严洪涛（兼）、高国全（兼）、彭时俊先后任院长。1991年，学校更名为衡阳教育学院。

1984年11月，在衡阳市教师进修学院组建后，衡阳市教委又在原衡阳市教师进修学院的校址（黄青巷36号）办起了衡阳市教师进修学校，专门培训培养衡阳市城区小学教师和小学行政管理干部。

二、改善办学条件　加强学校管理

如前所述，衡阳市教师进修学院在创建时，条件相当艰苦，制约了学校的发展。为此学校克服困难，改善办学条件。学院原占地面积为12.20亩，到20世纪90年代末为14.71亩。学院先后新建校舍5栋，建筑面积为1.4万平方米，投资710余万元，其中上级拨款230万元，其余资金全靠自筹。这些建筑主要包括3 600平方米教学综合大楼（投资400多万元），使教学用房达到55间；1 800多平方米办公大楼，2 000多平方米的食堂和会场，380平方米的干训宿舍，300平方米的女生宿舍，6 000多平方米的教工宿舍；教工宿舍117套，学生宿舍109间，床位1 149个；食堂2个，篮排球场4个，澡堂1个（100平方米），文娱活动室1个（500平方米），音乐舞蹈练功房1间（500平方米）。还先后改造修建了语音室、多媒体电脑室、卫星地面接收站与闭路电视等，建立了理化生实验室、语言实验室、电教室、微机房、卫星地面接收站等现代化教学设施，电教设备及教学仪器基本适应教学需要，改变了学校基础设施落后的面貌。1995年，学校顺利通过了省教委专家评估组的办学条件评估。此外，学校筹资25万余元，将自来水扩管，改善部分线路，配备办公用具和用品，使教学生活设施配套，校园美化、绿化也不断呈现新气象。这些都推动了学校各项工作的发展。

在图书室建设方面，学校装修了教师资料室和阅览室，基本上解决了教师、学生借书难、看报难的问题，提高了图书资料的利用率。为了充实图书资料，学校在资金困难的情况下投资70万元购置图书。到20世纪90年代末，学校图书藏量约为6万册，报纸53份/年，杂志200份/年。

在学校管理方面，衡阳市教师进修学院逐步建立了科学严格的管理制度。首先，学校先后建立和健全了教学管理制度，学生管理制度，行政管理制度，财务管理制度，劳动、工资管理制度，医疗费管理制度，校园管理制度等50

多个制度，提高了学院的管理水平和工作效率，使管理逐步走上制度化、科学化的轨道。其次，严格函授管理。把高师函授站纳入学校统一管理，重新任命高函站负责人，清理整顿函授学员的学籍。最后，学校对人事制度和后勤管理工作等方面进行改革。如在人事制度改革方面，对中层干部实行聘任制，进行岗位轮换，接受民主评议；对调入的教学人员实行听课和考核，把好质量关；院内临时工实行公开招聘制。又如在后勤工作方面，1984年，衡阳市教育局共拨给学校现金11万多元，其中用于全院教职工的工资、副食补贴及年终岗位奖8万多元，其他经费开支实际只有3万多元，资金极端困难。为此，学校对食堂管理进行改革，采取定编定员，亏损不补，结余分成，克扣加罚，超额完成任务给奖等措施，从而调动了食堂工作人员的积极性，增强了他们的责任感，改善了服务态度，提高了服务质量，扭亏为盈。

三、办学形式和招生工作

衡阳市教师进修学院采用灵活多样的办学方式，实行长训与短训相结合、脱产学习和函授相结合、学历教育与岗位培训相结合的办法，开办了教师专修科脱产班、教师专修科函授班、函授专科普通班、电大普通师资班、卫星电视师专班、小教大专班、教师专修本科代培、专业合格培训班等8种，开设有中文、数学、英语、历史、地理、物理、化学、生物、政治、体育等8个专业。在教学上，采取长短结合、远近结合、点面结合等多种形式，使学历教育和岗位培训、师资培训与师资培养、系统进修与短期培训、校内教学与校外办班紧密结合起来，逐步形成了一个以脱产培训和函授教育为主干的多层次、多类型、多规格的办学格局。

学校建立之初，主要从事中学教师和管理人员的短期培训工作，开办高级函授暑假讲习班，以县为单位集中举办了高师古代汉语、高等代数、有机化学三科讲习班；开办了政治、语文、英语等培训班，短期不少于10天，长期为一年。从1980年7月至1983年8月，衡阳教育学院短期培训行政干部49人，中文174人，数学86人，政治41人，英语34人；在函授专科方面，共培养了中文681人，数学351人，物理142人，化学317人，共招生1 491人，毕业910人。

衡阳市教师进修学院组建后，学校就着手抓好招生工作。首先是结束两院的遗留工作。合并前，原市教师进修学院为市职教办代办了1个电大班，原地区教师进修学院为市委组织部代办了3个干部专修科电大班，共有4个班，170多名学员，学校按计划继续办好这几个班。同时，完成了两院原来招收的高师专科函授学员 1 000 多人的毕业工作和部分学员的补考工作，让学员顺利毕业。

1984 年，招收的学员与以往的短训学员相比有三方面的不同：一是新招收的学员是经过湖南省统一命题、考试、择优录取的，改变了过去招生名额分配到县、文化考试不严的招生办法，缩小了学员文化上的差距；二是规定学制为三年，毕业后发专科文凭，改变了过去那种短期培训，只发结业证的办法；三是规定了学员的教龄和年龄界限，改变了过去那种不分公办民办和教龄长短的状况，缩小了学员的年龄和教学经验的差距。1984 年秋季，学校开设了中文、数学、英语 3 个专业，共 4 个班，首次招收了中学教师专修学员 128 人（其中中文专业 39 人，数学专业 41 人，英语专业 48 人），接收代培生 9 人，全院学员计 137 人。后来，学校又招收了大专层次的教师专修科、高师函授、卫电师专、高函普通班、电大师资班、军队干部文化提高班以及中学校长培训班等各类学员 3 810 人，已毕业、结业的学员有 3 020 人，其中获得大专毕业证书的有 2 440 人。

从 1980 年至 1999 年上半年，衡阳教育学院在学历培训方面，共培训 7 257 人，其中大专 6 348 人，中师或中专 909 人；在干部培训方面，共培训 1 038 人，其中中学校长培训 775 人，小学校长培训 263 人；继续教育培训 2 614 人，其中中学教师继续培训 377 人，小学教师继续培训 2 237 人；新教师上岗前转正培训 1 422 人，其中中学教师上岗前转正培训 861 人，小学教师 561 人；其他培训培养 788 人，其中中学 580 人，小学 208 人。以上五项共计 13 119 人。衡阳教育学院为衡阳市经济和教育事业的发展做出了重要的贡献。

与此同时，衡阳市教师进修学校于 1997 年 4 月合并到衡阳教育学院。从 1984 年 11 月至 1997 年 4 月，该校始终坚持"勤俭办校，严谨治学，改办师训，精心育人"的办学思想，先后举办了中师函授 21 个班，毕业 519 人；举办教师继续教育班 21 个，结业 651 人；小学新教师上岗培训班 5 个，结业 280 人；开办了小学校长、幼儿园园长培训班 6 个，结业 215 人。该校共计培养了 1 665 人。

四、教学改革

1980 年 7 月，衡阳地区编委给学院暂定编制为 25 人，实际只有 23 人。除去行政管理人员，教师数量不多。1981 年 11 月，学院共有教职员工 33 人，其中教师 17 人（语文 5 人、数学 3 人、物理 1 人、化学 3 人、外语 3 人、政治 1 人、史地 1 人）。1984 年两院合并后，衡阳市教师进修学院教学力量有所增强，但师资力量仍然短缺，部分课程无法开设。随着学校办学规模的扩大，教师数量在不断增加。至1989年，学校在职教职工64人，其中教师33人，具有中级职务的专业技术人员达36人（含副教授10人，讲师及其相应职务达26人）。为了加强师资队伍建设，学校在《"八五"师资队伍建设规划纲要》中，提出要建立一支高素质、高效应、专兼结合的师资队伍。学校采取了引进专任教师要把好入口关；稳定教师队伍，在实践中培养教学骨干和学科带头人；把好兼职教师的聘任关，以合同的方式明确其职责与任务；在青年教师业务能力的提高方面，以在岗自学为主，要求制订自学计划。同时，重点选拔中青年骨干教师参加有关进修培训和学术会议等。通过努力，逐步建立了一支专兼结合、结构合理的师资队伍。其中，许定国获曾宪梓教育基金会教师奖三等奖，李杨辉被评为"全国优秀教师"。

在教学改革中，学校围绕教学的中心环节，提高教育教学质量。组织全院教职员工，认真学习兄弟单位的先进经验，掌握新的信息，严格要求教师，加强教学管理，改革教学内容，改进教学方法和考试制度，积极开辟第二课堂。

在教学内容上，学校提出各科的教学内容必须根据"三个面向"和学校教学计划的要求，在有利于加强"三基"（基本知识、基本理论和基本技能）、增强"三性"（知识性、针对性和科学性）、有利于联系中学实际的原则下进行改革；在教学方法上，要求教师在加强"三基"和培养学生的能力上下功夫，提倡"研讨式"，力戒"注入式"和"满堂灌"，重视学生智能的培养，增强教学效果，大力开展教研活动，进行评教评学，发现问题及时解决。中文教研组邀请了本省6所同类学校的中文教师到学校召开了中文教学研讨会，学校专门组织了各教研组长到华东和华南的部分教育学院取经。在考试制度方面，大胆进行改革，取消了半期考试，实行期末考试和专业结束考试。同时，学校十分重视教学研究工作，鼓励教师进行教学改革的理论探讨。至20世纪90年代末，共有10人参与了各类教材的编写工作，正式出版的教材有6种；在各级报刊及省部级学术刊物上发表论文60余篇。

由于学校坚持以教学为中心，因此，学生的业务能力居全省同类院校的前列。1990年，在全省卫电统考中，学校的理论力学、分析化学、世界地理、中国现代史四科成绩位居第一；中国古代文学位居第二；在1991年卫电班中文专业文学概论统考中，又以平均分84.17分的成绩，位居全省第一。1995年，省教委授予衡阳教育学院"中小学校长培训先进单位"。学校跨入了全省教院系统的先进行列。

五、党的建设与思想政治工作

（一）机构设置

衡阳地区教师进修学院建立时，只设立1个党支部，另设立人秘、教务和总务3科。1984年，衡阳市教师进修学院成立，学校于同年9月建立了3个基层党支部，建立了团委。行政方面，成立了工会，设立了办公室、组宣科、教务科、总务科4个科室。到1999年，学校党委下设6个基层党支部。行政机构设置了党政办公室、教务科、总务科和学生科。教学机构分设文科组、理科组。学校按照干部"四化"的要求，对中层机构和中层领导班子进行了调整，选拔部分优秀中青年教师充实中层干部。调整后的中层干部队伍，文化结构和学历层次有所提高，平均年龄从51岁降到43岁。

（二）党的建设

学校党委紧紧围绕改革、发展和稳定这个中心，坚持从严治党，加强党的思想建设、组织建设和作风建设。

学校党委根据省委提出的以"先锋工程"为载体，大力加强党的基层组织和党员队伍建设，狠抓"四个工程"。一抓"创优工程"。开办了业余党校，参加业余党校学习的师生员工达300余人。从1996年至1999年学校发展中青年教师党员25人，发展学生党员81人。到20世纪90年代末，学校共有教职工党员59人。开展了"争创红旗党支部，争做模范共产党员"活动和民主评议党员及党员冬训活动，严格组织生活，加强对各基层党支部组织生活的督促和管理，促进各支部规范化建设，形成一种互相争先、敢比敢超的竞赛局面。二抓"形象工程"。以塑造好支部形象、党员形象、全面提高自身素质为目的，加强在市场经济条件下的"公仆意识"教育。三抓"活力工程"。在各基层党支部"领头雁"的带领下，增强党支部的凝聚力和战斗力，把优秀人才吸收到党内来。四抓"示范工程"。突出抓好"四个带头"，就是带头学习政治理论，带头改造世界观，带头接受组织监督，带头创一流水平，使各支部成员争当遵纪守法、廉洁自律的模范。

（三）思想政治工作

学校始终坚持社会主义的办学方向，牢固树立"德育为首，社会效益第一"的观念，贯彻"教书育人、管理育人、服务育人"的育人理念。提出了"团结、严谨、勤朴、创新"的八字院训。1995年，学院党委提出：一个共同的思想——团结战斗，振兴教院；两个重点——以教学为中心，以管理为重点，全面提高教学质量和管理水平；三个深入——深入学习孔繁森，爱岗敬业、爱我教院、兴我教院，深入开展"教室、寝室、食堂"三个文明建设，培养师德高尚的人民教师，深入开展爱国主义教育，立志振兴中华；四个严格——严格执行聘任制，严格岗位责任制，严格考核，严格奖惩；五个目标——教学科研上新水平，教学、管理改革有新的突破，学生思想政治工作有新的起色，团结奋斗出现新局面，校园文明建设出现新的面貌。在实际工作中，教育学院加强对学员进行专业思想教育，使学员明确为中小学教育服务的目标。为端正学风，严查学员的到课率，严肃考纪考风；加强对学员行为规范的教育，使学校校风良好。

第六章

锐意改革　向本科师范院校目标迈进

1992年1—2月，邓小平先后视察了武昌、深圳、珠海、上海等地，发表了南方谈话。指出：要大胆地解放思想，把有中国特色的社会主义事业全面推向前进。在这一讲话精神的指导下，中国又一次掀起了改革的浪潮。教育界积极响应，认真探索新一轮教育改革。1993年3月，中共中央颁布了《中国教育改革和发展纲要》，描绘了未来中国教育体制改革的蓝图，推动了全国高等院校新一轮改革。

湖南省于1993年、1994年、1996年、1998年连续四次召开了普通高等教育工作会议，部署深化教育改革，形成了20世纪90年代湖南高等教育的改革思路，即改革体制，转换机制，保证质量，提高水平。

根据国家教委教计〔1993〕76号文件，自1993年9月18日起，衡阳师范专科学校正式更名为衡阳师范高等专科学校。以此为契机，学校结合本校实际，于1993年初提出了学校改革的指导思想和方案，即以建设有中国特色社会主义理论为指导，以《中国教育改革和发展纲要》为指针，以建设全国一流的师专为总目标，转换机制，增强活力，充分调动广大教职工的工作积极性和办学热情，不断提高办学水平和效益，更好地为地方基础教育和经济建设服务。

第一节　进一步改进和加强思想政治工作

一、坚持把德育放在首位

1994年8月31日，中共中央发出了《关于进一步加强和改进学校德育工作的若干意见》（以下简称《意见》）。《意见》站在跨世纪的战略高度，全面规划了学校思想政治教育工作。指出要整体规划学校的德育体系，科学规划各教育阶段具体内容、实施途径和方法，防止简单重复和脱节。为了贯彻落实上述《意见》，次年11月，国家教委又颁布了《中国普通高等学校德育大纲》。在这两个纲领性文件的指导下，衡阳师专的德育工作在深化改革中得到加强，进一步向科学化、制度化、规范化迈进。

这一时期，学校围绕"深化改革、促进发展、保持稳定"的指导思想来加强和改进思想政治工作，把理论学习与实际结合起来。学校组织全校师生认真学习《邓小平文选》第3卷、中共中央《关于进一步加强和改进学校德育工作的若干意见》《中国普通高等学校德育大纲》和中共十五大的有关文献等内容。结合学校改革发展实际，认真分析社会主义市场经济条件下高校的发展形势，增强师生员工在改革中求发展的信心，结合香港回归开展爱国主义教育。学校"学马列学党章"小组不断增加，到1996年增至81个，参加学生为1 781人，占在校学生68%。由教师辅导和学生自学相结合，加强学生的理论修养。同时，衡阳师专继续办好业余党校。1996年6月23日，新华社派记者参加了学校新党员入党宣誓大会，《人民日报》还刊登了现场拍下的大幅照片。

进一步加强"两课"教学的针对性。从1993年以来，学校经常召开"两课"座谈会，探讨在社会主义市场经济条件下"两课"教学的新路子。通过探讨，加强了"两课"教学的针对性，及时吸收新理论、新知识，拓深知识层次，教学内容要紧密结合社会和学生的思想实际，解决学生的一些认识问题。1998年，湖南省教委发布了《关于进一步深化普通高校马克思主义理论课教学改革的意见》，对"两课"教学内容和课程体系做了改革。规定专科开设《马克思主义哲学原理》《毛泽东思想概论》《邓小平理论》等课程。衡阳师专根据上述规定对学校的"两课"课程体系进行了重新规划。为了提高"两课"的教学水平，1996年，制定了《衡阳师专德育专职教师培训制度和职务评聘办法》。《办法》规定："学校保证德育专职教师培训所用经费的支出，其标准不低于专业教师的平均培训经费"；在职称评定与指标分配上与"其他教师一视同仁"等。这一措施调动了"两课"教师工作的积极性。

开展"三育人"，强化全员德育意识。在20世纪90年代初，学校按照"教书育人、管理育人、服务育人"的新要求，加强全校德育工作。1996年，学校制定了《衡阳师专"教书育人、管理育人、服务育人"制度》，对教师的教书育人、管理部门的育人和服务部门的育人职责做了详细的规定，把德育工作渗透到学校的各行各业中去，全面提高了育人质量。每年在全校开展一次德育工作检查评估活动。对学校各系、各处室的"三育人"情况进行了评估，有力地推动了学校的全员德育意识和精神文明建设。

建立德育实习基地。衡阳师专积极响应中宣部、国家教委和团中央关于组织学生参加社会实践活动的指示，组织学生深入农村、工厂、学校、革命圣地等地参观访问，开展社会调查，了解社会、服务社会，认识国情，受到了社会和学校师生的广泛赞誉，多次被中央和湖南省授予社会实践活动先进单位。其中1992年和1997年，学校两度被中宣部、国家教委和团中央授予衡阳师专"社会实践活动先进单位"和"文化、科技、卫生'三下乡'"活动优秀志愿服务队。为了方便学生参加实践活动和提高学生社会实践活动的质量，学校在一些地方建立了德育实习基地。1996年5月29日，衡阳师专第一个德育实践基地在常宁县蒲竹瑶族乡正式挂牌。该地是衡阳市唯一的一个少数民族自治乡，经济文化落后，衡阳师专在这里建立德育实践基地，旨在更好地对学生实施教育，并将它作为长期固定的扶贫对象。至1998年，衡阳师专已建立了5个德育实习基地。

二、学生管理体制改革

这一时期，衡阳师专为了加强对学生的管理，对学生管理体制进行了改革。改革的重点是建立一套科学的对学生管理工作的评价体系和对学生的评价机制，激励学生奋发向上。

首先，以校园文明建设为切入点，促进学生管理工作走向制度化、规范化的轨道。衡阳师专从20世纪90年代初开始，在全校开展了每年一次的系级文明建设检查评比和系级学生工作评估活动。学校围绕"一贯彻"（全面贯彻国家的教育方针）、"二提高"（提高学生素质、提高文明程度）、"三爱"（爱国、爱校、爱专业）、"四讲"（注重修身，讲公德；尊重师长，讲礼貌；言谈举止，讲文明；教室宿舍，讲整洁）、"五不"（不迟到、早退、旷课；不乱扔、乱倒、乱吐；不说脏话痞话；不准男女交往越轨；不准浪费水电、粮食）、"六禁止"（禁止赌博、酗酒；禁止陪歌陪舞；禁止打架起哄；禁止考试舞弊；禁止破坏公物；禁止看黄色书籍、录像）的原则，制定了《衡阳师专校园系级文明建设检查评比和系级学生工作评估细则》，对各系学生工作进行全面检查评估。通过这一评估，学生的文明程度、行为规范、道德水准和学习的积极性都得到了提高，各系的学生管理水平得到了提高。

其次，建立一套全面的、合理的对学生的评价机制。20世纪80年代中期以来，学校就在全校学生中推行综合测评，从德、智、体等方面对学生进行全面评价，经过几年试行之后，到20世纪90年代初学生综合测评步入正轨，作为学生评先、评优、入党、毕业分配的主要依据。为了使综合测评更准确、全面，学校制定了《衡阳师专学生综合测评评分细则》，各班、各系均详细记录学生一学期以来在各方面的表现和奖惩情况，然后按照综合测评分数的高低，把学生的奖学金定为甲、乙、丙三等。这种评价体系较为客观、公正，学生不仅能自我约束和自我管理，而且广泛参与各种活动和实践，提高自己的综合素质，以增强竞争实力。

最后，改革专业奖学金制度，建立激励机制——ABC滚动制。为了调动学生学习的积极性，在综合测评的基础上，学校建立了公费生与自费生的收费标准转换机制。对于学期综合测评在班上倒数第一名、一学期考试两门以上课程不及格者、考试舞弊者或受到记过以上处分的公费生，其下学期按自费生标准收费，同时不享受专业奖学金待遇；对于综合测评进入班上前5名的自费生，其下学期按公费生标准缴费，同时享受专业奖学金待遇。这就是ABC滚动机制。学校控制奖学金的总人数不变，打破公费生与自费生的界线。同时，学校设立特别奖学金，重奖特别优秀的学生。从1994年年初开始，在学生中推行这一竞争机制。到1995年10月，一共有14名学生获得特别奖学金，先后有54名自费生免交一学期学费，享受了助奖学金待遇，有80名公费生按自费生缴费，且不享受奖助学金。1996年年底，又有24名自费生转为公费生，66名公费生转为自费生。这项措施打破了公费生的"铁饭碗"，给自费生提供了发展空间，使衡阳师专形成了良好的学风和校风。

同时，对于特困生，学校采取措施，为他们发放困难补助，设立勤工俭学岗位。如1997年，学校共为特困生评发了近6万元困难补助，设立了48个勤工俭学岗位。

三、校园文化建设的兴起和初步发展

校园文化是以学校师生为主体共同创造和享受的一种群体文化，是一项综合性的文化工程。衡阳师专为了贯彻湖南省高校工委《关于进一步加强高校校园文化建设的意见》（湘高发〔1995〕16号）的文件精神，一方面加强校园环境综合治理工作，为校园文化建设打下了良好的基础；另一方面，开展丰富多彩的文化活动，加速学生社团的发展。

1993年下半年以来，学校开展了校园环境的综合治理工作。最初是整治校园的乱堆乱放、摆摊设点、乱贴乱画、乱吐乱扔、乱泼脏水、乱倒饭菜、赌博等不良行为，后来发展到6个专项整治，即商业网点的整治，交通秩序的整治，整治乱建、乱种、乱养，环境卫生的整治，学生宿舍的整治和学校治

安秩序的整治。为了巩固治理成果，在全校学生中，开展"文明修身，告别陋习"活动，设立文明监督岗，规范学生的行为，净化校园环境。

建立和规范学生社团活动。在20世纪80年代，衡阳师专的社团组织不多，也不够规范。进入20世纪90年代后，学校为了适应市场经济对复合型、应用型人才的需求，师专学生先后成立了公关协会、吉他协会、武术协会、雁翎文学社、雁廻文学社、读读书社、摄影、书法等8个学生社团，由校团委统一管理。学校制定了《衡阳师专学生社团管理制度》，校领导和部分教师积极指导，采用知识讲座、摄影展览、书法交流、征文比赛、音乐沙龙、出版刊物等形式以及提供服务等方式定期举办各种活动。至1994年6月，参加社团的学生为700多人，占全校学生的28.1%。其中雁廻文学社成立一年后，便发表铅字10多万字，入选了中国民间诗歌团体，与校外40余家著名团体建立了联系。至1998年，全校共有14个社团。社团的兴起和发展，对于丰富校园文化生活、培养学生的能力等方面发挥了重要作用。

为了推动校园文化的建设，衡阳师专举办了"校园文化艺术节"。第一届校园文化艺术节于1993年5月20日开幕，5月28日结束。在这届艺术节中，共举行了开幕式、时装表演、青春风采十佳大学生选拔赛、诗歌朗诵赛、文艺晚会、美术、书法和摄影作品展览、游艺晚会、闭幕式等活动。有近800人参加了演出，近3 000人观看了各种文艺节目。湖南电视台、湖南教育报等媒体对衡阳师专首届艺术节的盛况做了报道，产生了良好的社会效益。在这届校园文化艺术节的推动下，校团委、各系、各社团和学生会等定期开展各种文化活动。如举办校园系列文化讲座、演讲赛、英语角、球类和棋类比赛、卡拉OK赛、校园十大歌手赛、毕业生告别演唱会、各种展览等，校园文化建设呈现出参与面广、丰富多彩的发展势头。1997年，学校又举办了第二届校园文化艺术节。这届艺术节从6月26日开始，至9月29日结束，历时3个多月。湖南省高校工委还专门派人参加了闭幕式。

衡阳师专把德育放在首位，建设健康向上的校园文化，全面提高学生的能力，使学校毕业生的综合素质大为提高。原物理第92级1班毕业生何新梅同学，扎根山区，服务乡村教育，被授予"湖南省十佳青年志愿者"称号，物理系的"学雷锋家电维修小组"，十多年如一日，义务维修家电，在校内外树立了良好的形象。中文系9201班在1994年被湖南省教委授予"省级优秀班集体"的称号；历史系1993级学生杨志华于1995年7月，参加了中华全国学生联合会第22次代表大会（湖南代表团共17人）；1997年3月8日，《中国日报》专题报道了衡阳师专"青年志愿者"在常宁开展义务支教活动情况；

1998年，洪水肆虐，学校师生为灾区捐款近9万元，还有大批的物资；等等。这些都是学校精神文明建设的成果。

第二节　管理体制的初步改革

高等学校内部管理体制改革属于微观层次的改革，目的在于转换学校内部运行机制，增强活力，提高办学水平和办学效益。1992年以来，衡阳师专着手进行内部管理体制的改革。为了搞好这次改革，学校做了较充分的准备。一是外出学习考察。1992年，学校先后派出两个考察组，分赴广东、湖北、江西和本省共20多所兄弟院校学习改革经验。二是开展大讨论，集思广益。在20世纪90年代，对学校管理机构、人事分配制度、后勤社会化等方面进行了改革，促进了学校的发展。

一、机构改革

从1981年起，衡阳师专的书记和校长由省委、省政府任命。但在1983年以前，实行以地、市管理为主，省管为辅的体制。此后，变更为以省管为主，地、市管理为辅的体制，副校级以上领导由省委组织部任命，实行党委领导下的校长负责制。1991年，衡阳师专定为副厅级建制。

在学校内部机构的设置上，1980年，设有政工、保卫、学生、教务、总务、办公室、武装部、工会、团委等9个机构，另有7个教学学科。到1988年，衡阳师专设有纪检会、组织部、宣传部、团委、工会、办公室、保卫科、人事科、教务科、学生科、培训部、图书馆、基建科、总务科、计财科、劳动服务公司等16个机构，教学单位8个。1990年年底，学校将办公室分为党委办、校长办、外事办；又增设监察审计室、公共课部、高教研究室等机构。针对学校机构较多，责任不明，互相扯皮的现象，学校对内部管理机构进行了改革。首先，将一些行政机构合并，如组织部和人事处合并为组织人事处；党委办、校长办、外事办合署办公，组成办公室；纪委、监察审计室合署办公，成立纪检监察室。同时，撤销了机关处室下设的7个科。分流出来的机关工作人员成立了科技开发公司，负责科技开发。其次，充实和加强教学机构，设立了实验电教中心、校办产业管理办公室。1997年，又撤销了艺术系、政史系，设立音乐系、美术系、政教系、历史系，其中政教系与马列主义理论教学研究部实行两块牌子，一套人员。另外，为了加强对成人教育的管理，学校设立了成人教育部。最后，将生活服务公司、科技开发公司、学生科下辖的宿管办等单位实行企业化管理。经过调整，学校职能机构理顺了关系，向着小机关、大服务方向发展。

二、以"三定一聘"为核心的人事制度改革

人事制度的改革是这次改革的核心内容。衡阳师专根据"从严定编，转换机制，优化结构，理顺关系"的目标，按照责、权、利相结合的原则，扩大系（部）在聘任、校内津贴分配等方面的权力，建立和完善管理的自我约束和调节机制。在分配制度改革方面，实行国家工资和校内津贴双轨运行模式，打破分配上的平均主义；建立竞争激励机制，调动教职工的积极性。为了搞好这次改革，衡阳师专先后于1992—1993年制定了《衡阳师专人事和分配制度改革方案（试行）》《衡阳师专人员编制使用方案》《衡阳师专聘任制实施办法（试行）》《衡阳师专奖酬金统筹分配办法》等一系列文件，在广泛宣传和讨论基础上，推行了这次改革。

在人事制度改革方面，实行"三定一聘"。"三定"为定编、定岗和定责。在定编方面，衡阳师专规定在现有人员基础上压缩10%的编制。根据湘编〔1990〕29号文件的定编办法，结合学校实际情况，按照1∶46的比例确定学校总编数，按总编数的46.8%控制政工、行政、教辅、工勤、附属单位的编制，保证教师占总编数的53.2%，然后根据这一原则核定各部门、各单位、各类人员的定编数。学校从各类人员定编总数中扣除10%的编制，由学校统一掌握使用，以解决新办专业教学和其他人才的引进、科学研究、教师进修等方面所需的编制。一般专业教师编比例为1∶9.3，音乐、美术与外语专业教师编比例分别为1∶3.5、1∶4.0，教辅、工勤人员编比例分别为1∶38、1∶40，政工、行政人员编比例分别为1∶60、1∶30。按这一编制比例计算，1993年上学期，全校管理干部要裁减25%，工勤人员要缩减30%，教学人员需增加10%，这是学校内部一个比较大的编制结构调整方案。在1993—1994年度人员定编中，学校教职员工总人数为473人，其中所定教师编制为259人，占总人数的52.6%；教辅人员为54人，管理干部为98人，工勤人员为44人，附属单位为15人，成教部为3人，基本上达到了定编要求。

在"定岗"方面，衡阳师专教师按3∶4∶3设置高、中、初级岗位，机关各部门原则上设一正一副，其他部门根据实际工作需要，在规定的编制数

内合理设岗。

在"定责"上，在执行《衡阳师专部门工作责任》的前提下，进一步理顺机关中部门与部门之间、机关与教学等业务单位之间的职责关系，明确职责范围，减少层次，提高办事效率，并逐步放权实行经费承包和目标管理。

"一聘"即推行全员聘任制。聘任制是在学校定编、定岗的基础上，按照德才兼备和"公开、平等、竞争、择优"的原则，实行全员聘任，分级进行，并根据工作需要和受聘人员的政治、业务素质及工作能力，经严格审核后可低职高聘或高职低聘，在校内可以跨单位、跨部门招聘或应聘。在聘任程序上，各单位根据学校编制数进行定岗定责后，公布岗位、对岗申请，按岗实行自上而下逐级聘任。校长聘任正副高级专业技术人员，系主任聘教研室主任及中、初级专业技术人员，其他部门的中、初级专业技术人员由所属部门的行政负责人聘任。为了完善人事管理制度，衡阳师专从1993年开始，对行政部门推行考核评估制度，对教职员工实行年度考核制度。

对于落聘后富余人员的转化分流是人事制度改革的难点。学校采取的方法是原单位能消化的就地消化，有困难的允许富余人员停薪留职，内退或转岗从事其他行业。

衡阳师专通过上述改革，在1993年下学期，减少了行政管理人员和临时工60多人（其中临时工30人），由学校财政负担工资的人员减少57人，一年内减少预算内工资近20万元，对84名（含混岗集体工）未聘人员做了合理分流。

人事制度的改革和年度考核制度的推行，优化了教学、管理和服务队伍结构。方案执行前，专任教师数仅占教职工总数的43.6%，改革的第一年，教师比例就上升到52.6%，干部、教辅、工勤人员从56.4%下降到47.4%，充实了教学第一线。改革引入了竞争机制，严格劳动纪律，在一定程度上调动了广大教职工的积极性。

三、后勤改革的初步探索

长期以来，高校后勤工作受计划经济模式的影响，权责不明，服务意识不强，效率不高。因此，实行后勤改革，是高校内部管理体制改革的必然要求。1985年5月，中共中央公布了《关于教育体制改革的决定》，其中指出，高校后勤服务工作的改革方向是实现社会化。1993年2月，中共中央、国务院印发的《中国教育改革和发展纲要》中再次强调，高校后勤工作要通过改革逐步实现社会化。衡阳师专根据上述精神，开始了后勤社会化改革。改革目标是理顺后勤工作中管理和服务职能，使后勤集团企业化，逐步成为经济实体。

从1992年起，衡阳师专决定把后勤保障体系中管理和服务的职能予以调整，理顺机制，既保留原有机关处室，又根据学校的客观实际，成立了后勤服务公司。公司主管全校饮食、食品加工、开水、澡堂等后勤服务工作，实行全员聘用。同时，学校把后勤系统分为管理服务型和经营服务型两大块。管理服务型，主要是抓好学校基本建设项目，改善办学条件。在经营服务上，逐步建立面向社会的服务体制，采取全面承包，层层聘任，自负盈亏等办法，使后勤服务公司逐渐成为经济实体。此后几年，学校又把改善服务质量，提高经济效益，作为巩固后勤改革的初步成果。1992年，学校水电费实行全面承包，学生食堂实行半承包。改革的第一年，水电费就由1991年的23万元下降到20万元，1994年水电又节约了6.5万元。食堂在改革之后，花色品种增加，服务项目增多，服务时间增长，服务态度明显好转。

从1995年开始，学校后勤改革的重点转向了住房制度改革和教职工公费医疗改革方面。根据省、市有关文件精神，学校制定了《衡阳师专住房制度改革实施细则》和《衡阳师专教职工公费医疗改革实施细则》等文件，以规范和推动这次改革。

住房制度的改革主要是建立住房公积金制度，实行由国家、单位和个人三者结合筹资建设住房的机制，积极推进租金改革，稳步出售公有住房，大力发展社会化、专业化的房屋维修物业管理，实现住房商品化、社会化。在改革中，学校规定了公有住房租金的统一标准、出售公有住房的细则和住房售后维修、管理办法。到1995年年底，衡阳师专开始实行了住房公积金制度，并将全校公房第11栋、12栋、13栋、14栋、19栋、20栋、21栋、22栋、23栋、24栋、综合楼6套家属房予以出售。不过，这一次只购买房产权的75%，到1998年，购房的教职工补交了剩下的25%的经费。至此，住房制度的改革完成了。

医疗改革，主要是改变以前教职工医疗费全部由学校负担的做法，本着"三方（国家、单位和个人）负担，保证基本医疗，减少浪费"的原则，对公费医疗经费实行门诊基本医药费按档次包干，年终统一结算，超支按比例自负，结余按80%奖给个人，住院医药费按档次比例自负的办法进行。

第三节　"三大基础工程"建设

20世纪90年代，为扩大办学规模，创建全国一流的师专，衡阳师专推出了"三大基础工程"建设计划，即师资队伍建设，教学仪器设备建设和校园基本建设。

一、师资队伍建设

如果说，20世纪80年代衡阳师专师资队伍建设偏重于量的建设，那么到了20世纪90年代，则转向了注重师资质量的提高。在1992年年初，学校印发了《衡阳师专"八五"工作方案》。就师资队伍建设的目标、措施等做了具体规定。根据这一方案，学校又出台了《衡阳师专师资队伍建设"八五"规划》，就学科带头人的评定、小学术群体的确立提出了具体目标。"八五"期间，要评出5~10名校级学科带头人，形成了3~4个学术水平较高的学术群体，每个系有2~3名在国内或省内有影响的学术带头人。1996年，在《衡阳师专"九五"发展规划》中，提出了"要建设一支政治素质好，业务精良、结构合理、精干的、能适应本专科教学的师资队伍"的总体目标。规定到1998年，也就是衡阳师专建校40周年时，完成"116工程"，即拥有10名教授，100名副教授，60名硕士、博士生。师资培训要抓住"四个重点"，即在年龄上，重点培养中青年；在学术上，重点培养学科带头人；在学历上，重点培养硕士生；在职称上，重点培养教授。

为了完成这一目标，衡阳师专建章立制，使师资队伍建设逐步制度化、规范化。衡阳师专先后制定了《衡阳师专师资管理暂行条例》《衡阳师专教师优惠政策十条》（1995年又完善为"十二条"措施）、《衡阳师专关于选拔学科带头人和学术骨干的实施办法》《衡阳师专关于选拔和培养青年骨干拔尖人才的试行意见》等8项规章制度，强化科学管理，建立让优秀人才脱颖而出的运行机制，如规定"教授，破格晋升的副教授、学科带头人、省高校青年骨干教师、青年拔尖人才，以及有突出教学和科研成果的其他教师，学校在科研经费、学术交流费、出版资助费、仪器设备的使用、职称评聘、住房分配及子女就业等方面优先""破格晋升的教授、副教授分别给予1万元和5千元的奖励"等。衡阳师专还规定每五年选拔一次学科带头人和学术骨干；每三年选拔一次青年拔尖人才。如1997年，学校评定了第一批学科带头人，他们是数学系刘学圃教授、地理系杨载田教授、物理系曾锡滨教授、中文系朱维德教授和林植峰教授、化学系邝代治教授。

除了上述种种政策之外，衡阳师专还采取措施留住人才。学校从住房分配、配偶调动、子女就业以及家属"农转非"等方面尽力给予解决。从1992年至1997年上半年，学校为专家学者解决农转非15人，子女就业23人，家属和子女调动28人。

在人才引进方面，衡阳师专实施了"筑巢引凤工程"和"青篮工程"。从1996年至1998年年底，学校通过"筑巢引凤工程"，引进了高学历、高职称人才45人。所谓"青篮工程"，就是培养中青年教师队伍的建设工程，要求做到有计划、有经费、有培养学校和培养要求。为了实施这两大工程，学校新建住房共36套，作为引进人才用；每年拿出200万元设立科研启动经费，为他们改善科研条件；解决他们生活上的后顾之忧。通过这两项工程，大大改善了师资队伍的结构状况。

经过几年的建设，衡阳师专基本上建立了一支结构合理、素质较高、治学严谨的师资队伍。到1998年年底，学校共有教职工535人，其中专任教师281人，教授12人，副教授87人，讲师177人；其中博士2人，硕士32人。其中，有享受政府特殊津贴的专家5人，省高校青年骨干教师21人，9人先后获得曾宪梓教育基金奖。教师队伍的实力在全国同类院校中居于前列。其中肖鹏一、朱维德先后被评为"湖南省劳动模范"；曾玲先、杨载田、曾锡滨先后被评为"全国优秀教师"；曾锡滨、刘学圃、高儒、毛代胜、杨载田、孙文愿、周玉明、邝代治等8位教师获得曾宪梓教育基金会教师奖三等奖。

二、教学仪器设备建设

教学仪器设备的建设，它是以实验室建设为重点的包括各专业的教学仪器设备的建设。到20世纪90年代初，衡阳师专有15个教学仪器设备管理和使用单位。整个教学仪器设备归口教务处管理，形成了一套校系两级管理体制。但是，学校实验仪器设备从整体上看，还存在两个不足。一是数量不足。有的教学单位，还不能完全按照大纲的要求开设实验，如地理系的气象、物理系的天文实验和公共课部的心理学实验等。二是设备陈旧落后。如物理系和化学系虽能基本上按大纲要求开设实验，但仪器设备陈旧，实验档次低。因此，在《衡阳师专"八五"工作方案》中，提出教学仪器设备建设的重点："八五"期间，要配备齐或更新物理、化学、地理、电教等基本实验设备，并对使用周期超过15年以上的教学仪器进行一次检查，确定更新或留用，保证实验开出率达98%以上，力争"八五"末期学校仪器设备固定资产达500万元。同时规定实验室建设分重点进行，一年一个重点，兼顾其他。

围绕上述建设目标，学校采取措施筹措资金。一方面，积极争取国家教委、省教委专项仪器补助费；另一方面，学校在紧缩开支的情况下，加大对教学仪器设备的投入。"八五"期间，学校对仪器设备的投入经费每年在30万元以上，如1992年，投入了45.2万元；1993年，投入了31.1万元；1994年，投入了61.7万元；1995年，学校自筹资金100万元用于实验室建设。到1994年年底，共有500元以上的仪器设备1 378台（件）组，总金额为330.99万元。

1996年，学校制定的《衡阳师专"九五"发展规划》中，提出在保证用好省拨经费的前提下，学校每年自筹投入100万元；到1998年，学校仪器设备达1 000万元，保证"九五"末期达到1 500万元。1996年，衡阳师专重点进行了音乐、美术、化学等专业的仪器设备建设，还建成了气象园，建筑面积为99平方米，价值为5万多元。这一年，学校投入仪器设备建设经费达165万元。1997年，学校重点抓好了数学系计算机教育专业的实验机房、音乐系教学设备建设等项目，全年共投入教学设备150万元。

1978年，衡阳师专教学仪器设备总值为7.8万元。到1998年年底，已达到950万元，比1978年增加了133倍。

在仪器设备建设的管理上，衡阳师专先后制定和修订了《实验教学及实验室的有关规定》《衡阳师专技术物资管理办法》《衡阳师专实验室评估方案》等有关实验教学和实验室管理文件。物理系、化学系、地理系和公共课部还专门安排副级干部专管实验室工作和实验室的教学，配备了专门保管人员。1992年以来，学校推行实验室评估制度。1994年下学期，学校专门成立了校实验电教中心。1995年，又改造了语音实验室。

在图书馆建设方面，衡阳师专除了抓好制度建设和管理之外，着重抓了微机管理建设和大量购进图书资料两项工作。学校在1996年完成了图书馆微机管理第一期工程，1997—1998年进行了第二期工程建设，初步实现了图书管理的现代化。同时，衡阳师专还大量购进图书资料，到1998年年底，衡阳师专的图书资料增加到56万册，是1978年的7倍。

三、校园基本建设

进入20世纪90年代之后，衡阳师专为了向更高层次的目标迈进，加快了学校基本建设的步伐。衡阳师专认为，在全省9所师专中，不可能长期同吃"一锅饭"，势必进行调整。一旦调整，必然是谁有条件升本科就上谁。就学校面积而言，衡阳师专的占地面积比岳阳师专、怀化师专、常德师专、邵阳师专和株洲教育学院都要少，学校的发展前景必将受到影响。也就在这一时期，湖南省又将基础教育管理权限下放，把原来由省里承担的师专征地、水电、道路、通信等基础设施、教职工住房以及部分教学、学生生活用房建设责任交由地（州）、市政府管理，以加大地（州）、市政府在师专建设方面的责任。因此，衡阳师专的基本建设，与衡阳市政府的关系更加密切。1995年5月，学校向衡阳市人民政府递交了《衡阳师专关于重新规划校园占地的请示》报告，要求市政府另行规划学校校园南端用地300亩，拟近年征地40亩。不久，在《衡阳师专"九五"发展规划》中提出近期征地为30亩。于是学校就着手在校园南端征地30亩。到1997年，征地完成，并完成了场地平整和围墙的建造。此后，学校陆续在这块新征的30亩土地上建立了一个新的家属宿舍区。到1998年年底，学校的实际占地面积为270多亩。

在学校基本建设上，学校于1992年年初建成了招待所（建筑面积为2 220平方米）、校综合楼（建筑面积为476.32平方米）。1997年，先后完成了音乐楼（建筑面积为2 635.7平方米）、排练厅（建筑面积为3 070平方米）、美术楼（建筑面积为3 127.95平方米）、校体育馆（建筑面积为980平方米）。1998年，建成了化学楼（建筑面积为3 586.55平方米）。此外，还于1993年建成了校幼儿园；1998年，建成了一幢学生公寓（建筑面积为4 529平方米）；1993—1998年，建成了3栋教工住宅（即第24栋、25栋、26栋，总建筑面积为10 346.78平方米），同时还先后改造了教工住宅中的第12栋、13栋、20栋、21栋、25栋等5栋房子，拓宽了面积。经过多年的建设，学校由1978年的10栋房子，发展到1998年的38栋房子。学校整体布局也有较大改观，形成了教工家属区、学生宿舍区、教学区、食堂区等建筑群。

第四节　教学改革和科学研究

根据1992年11月召开的全国普通高等学校教育工作会议精神和1993年中共中央颁布的《中国教育改革和发展纲要》的规定，湖南省教委于1994年出台了两个文件——《关于普通高等学校加强教学工作、深化教学改革的若干意见》（"十八条"）和《关于加强普通高校重点专业建设的几点意见》，将教学的中心地位提到了新的高度，办示范性高等专科学校也被提上了议事日程。在上述文件精神的指导下，衡阳师专积极推进教学改革，重视科学研究。

一、确定新的人才培养规格

从高师发展的战略目标来看，国家教委曾提出"九五"期间，要"适度发展本科，按需发展专科，调整中师"的师范教育发展战略。根据这一发展战略，衡阳师专在本地区做了大量的调查研究。调查结果表明，到20世纪90年代中期，衡阳市将基本完成普及九年制义务教育任务。"普九"完成后，提高初中教师学历的任务又提上了议事日程。同时，衡阳市高中教师还不能满足需要，且现有的高中教师具有本科学历的仅占51.7%，远远低于国家标准，这就迫切需要发展师范本科教育。因此，学校提出口号：我们一定要认定目标，坚定信心，下定决心，励精图治；艰苦奋斗，抓住机遇，实现几十年来学校的愿望，将衡阳师专升格为衡阳师范学院！为了实现上述目标，在《衡阳师专"九五"发展规划》中，学校提出的指导思想是，适应21世纪高科技发展的需要和九年制义务教育的需要，坚持社会主义办学方向，坚持为基础教育服务的目标，全面贯彻党的教育方针，加强思想政治工作，全面推进教学改革，加速基本建设，扩大办学规模，把一个高质量、高效益、充满生机的专本科并存的师范院校带入21世纪。

在人才培养模式上，随着经济的发展和教育改革的深入，学校改变了20世纪80年代中期形成的仅仅为乡镇中学培养合格的初中教师的做法，提出要努力培养德、智、体全面发展的中学教师（包括职业教育教师）和社会经济发展需要的人才。面向世界高科技的发展，从整体上提高学生的思想品德素质、科教文化素质、身体生理素质和能力。

二、面向21世纪的教学改革

根据衡阳师专培养目标和发展方略的变化，学校进行了一系列的教学改革。1992年，衡阳师专成立了以校长曾锡滨为主持人的教学改革课题研究小组，全面铺开了包括专业设置、课程体系与内容、教学方法、教学管理、教学基本建设和师资队伍等六大板块的教学改革体系。

（一）调整专业结构　实行专业综合改革

在此之前，衡阳师专从全日制专科教育到成人教育，都未设立非师范专业，这已不适应经济和社会的发展需要。为此学校提出了改革的五原则：根本上服务培养合格中学教师的师范性原则，适应基础教育和现代化建设需要的适应性原则，增强职业技术教育功能的应用性原则，通过相关学科互相渗透而增强活力的相关性原则，从师专层次的自身能力和客观条件出发的量力性原则。根据这五大原则，进行专业设置。为了适应职业技术教育和经济与社会发展的需要，学校提出姓"师"而不唯"师"，向"农"而不唯"农"的基本方针。从1992年起，学校先后开办了中英文秘、化工、电子电器、旅游管理、工艺美术等5个非师范专业，1995年，增设了计算机教育专业，开办了经济贸易5个成教非师范专业，7个自考短线专业，在专业结构上突破了单一的师范专业的模式。同时，衡阳师专还对现有师范专业进行适当改造，开办双专业。1993年，率先在中文系开办了"汉语言文学专业与文秘"双专业。次年，数学系开办"数学教育与计算机应用"双专业。随后，政教、历史、物理、地理等专业也试办了双专业，增强了社会适应性，提倡学生跨专业听课，扩大知识面，增强了社会适应性。

（二）提出了"U"形课程结构模式

根据国家教委《师范专科教育二、三年制教学方案》，学校对课程设置进行分类，提出了"U"形结构模式。这种模式是以综合基础课为底线，以师范教育的学科专业课和教育类专业课为双柱线共同构成"U"形的课程体系，加大了课程体系和教学内容的调整及改革的力度，强化素质教育。1991年以来，衡阳师专各专业的课程体系经过了多次调整，加强了公共基础课的教学，突出教学中的实践性环节，学科专业必修课程得到适当的压缩，增开了应用性课程。在强化公共基础课的教学中，除此前增加教育学、心理学课程外，加大了大学英语的课时量，其比例由原来的20%提高到25%~30%。英语教学加强后，学生的外语成绩大有提高，在1995年6月举行的全国大学英语非英语专业三级等级考试中，通过率达到了87.3%，居全省专科学校的首位；1996年，居第二位；1997年，通过率为89.84%，又居全省第一位；1998年，通过率居全省第二位。学校开设了计算机课程，增加学生适应社会发展的需要。在突出教学的实践性环节中，衡阳师专还把活动课纳入课程建设中，继续加大普通话、三笔字、音乐与美术欣赏课程的教学。为了适应现代教学的需要，学校增开了电化教学（后来改为现代教育技术）课。为了保证学生的身心健康，增强师范生应有的综合素质，学校开设了卫生课，重点讲授传染病的预防与治疗，加强对学生的心理测试与训练，排除学生的心理障碍。

重视实践环节，加强实习基地建设。学校确定教育实习时间为5周，按1∶10的比例安排指导教师，加强对教育实习的指导力度。同时，加强实习基地建设，到1998年年底，衡阳师专共建立了16个教育实习基地，可同时接纳850名师范生的实习。其中耒阳市二中、衡山城关中学、衡东县一中、祁东县白地市镇中在1995年被省教委评为"教育实践先进单位"，另有7所中学也被省教委确定为教育实践合格基地。

（三）重点课程的建设

1990年，衡阳师专发布了《关于明确各学科主要课程的通知》。不久，就明确了各专业的主干课程。在此基础上，衡阳师专提出要加强重点课程的建设。要求每一个专业确立一门重点建设的课程。1995年上期，学校从各系（部）申报的17门课程中，共评选出9门优秀课程，即政治经济学、中国古代文学、素描、声乐、数学分析、电子技术、中国旅游地理、有机化学、心理学。其中数学分析课程于1993年年初被列为湖南省高校第二批重点建设课程，这是衡阳师专建校以来第一个省级重点建设课程。该课程的负责人是刘学辅教授，经过几年的建设，于1995年通过省教育厅的评估。1996年，化学系的有机化学课程又被评为省级重点建设课程。该课程的负责人是邝代治教授，随后也顺利地通过了省教育厅的评估。

（四）教研室建设

从20世纪80年代以来，衡阳师专将全校教研室建设提上了议事日程。学校要求各专业重新组建教研室。到20世纪90年代，为了进一步加强教学基层组织的建设，促进教学改革，加强教学管理，衡阳师专加大了投入，从教研室基本建设、工作成效、教学运行及教学管理等方面加强教研室建设。从1996年开始，学校对各教研室进行了全面评估，评出了数学分析教研室、光学教研室、有机化学教研室、文学教研室等一批优秀教研室。其中，马列主义教研室、区域地理教研室、数学分析教研室被评为湖南省普通高校优秀教研室。

（五）严格教学管理

衡阳师专除了加强对教学的常规管理外，还致力于教育管理的规范化和科学化建设。第一，对教育管理各项规章制度进行全面修订，建立了教学工作日历制度，对每天的教学运行情况进行详细的记录。第二，建立教学督导制度，提高教学质量。衡阳师专于1994年建立了教学督导制度，由教务处领导，下设文科、理科两个督导小组。教学督导的基本任务是，根据一定的教学目标和标准，常常系统地搜集学校各专业教学的主要信息，深入课堂，深入教师和学生当中，准确地了解教学实际情况，进行科学分析，对各专业课程的教学质量做出评价，并提出改进意见。教学督导制度的推行，对于提高教学质量起了重要作用。第三，推行教学评估制度。1993年12月，学校印发了《衡阳师专教学评估实施办法》，在全校实行教学评估制度。评估范围主要包括课堂教学、重点课程、非师范专业、实验室四方面，后来扩展到教研室等方面，其中课堂教学质量评估是重点。学校成立了教学评估委员会，负责全校教学评估的组织领导工作。在评估操作中，制定了《衡阳师专重点课程评估指标》等量化标准，实行量化考核。把考核的对象评定为一、二、三类，对被评为一类的教师、实验室等个人和单位进行奖励，对被评为三类的要限期改正。第四，改"补考制"为"重修重考制"。学生考试不及格，不予正常补考，只能参加下一届同一门课程的学习和考试。同时，大力开展教学研究。至1999年年底，衡阳师专先后获9项省级教学成果奖。

20世纪90年代的教学改革，使衡阳师专的教学质量和办学水平跃上了一个新台阶，学生的综合素质也大有提高。1992年12月，外语系学生吴岚在湖南省大学生英语即兴演讲比赛中获一等奖；1994年10月，中文系学生彭亮获省大专院校非英语专业听力比赛一等奖；1997年11月，在湖南省普通学校第三届大学生英语演讲比赛中，获专科组团体二等奖，其中历史专业学生冯智荣获个人二等奖。在同年的计算机等级考试（笔试）中，衡阳师专一级通过率为90.86%，二级通过率为98.77%，高出全省平均通过率32%，荣居榜首。在1997年全国大学生数学建模竞赛湖南赛区的竞赛中，衡阳师专两个队获三等奖。在第三届（1997年）全国大学生电子设计竞赛湖南赛区的竞赛中，衡阳师专获二等奖。同时，全校师生坚持体育锻炼，从建校以来到1998年，共举行了32届田径运动会。在1993年11月举行的湖南省大学生田径运动会上，衡阳师专代表队夺得8金6银6铜的佳绩，位居团体总分第一。

三、科研工作

衡阳师专的科研工作起步于20世纪70年代末80年代初，那时，针对各专业教材短缺，进行自编教材和讲义。20世纪80年代中期之后，衡阳师专的科研工作进步较快，到20世纪90年代以后，成为全国同类院校中科研工作的佼佼者。

20世纪90年代以后，衡阳师专坚持以教学带科研，以科研促教学的方针，制定了一系列竞争激励机制，鼓励教师在科研方面出成果，以促进学校科研队伍的不断壮大。学校每年要拨款2~3万元作为科研专项经费，1994年，增设了教育科研专项经费，每年1万元。同时，采取措施狠抓项目管理，保证科研经费的重点投入和有效使用。加上衡阳师专的教师多年来形成了一种艰苦奋斗、严谨治学的优良作风。因此，衡阳师专的多数教师都能积极投身于科研，并在团结协作中初步形成了一些学术群体，产生了一批在全省乃至全国都有影响的优秀学术成果。在科研中，衡阳师专注意国内外学术交流，20世纪90年代以来，先后邀请了新加坡学者杨松年博士，国内知名学者如唐凯麟、谭家健、杨向群等近20人来校做学术报告，营造学术气氛。

1978年至1998年，全校教职工共发表学术论文2 222篇，其中被国际三大检索系统收录论文达50多篇，被国际、国内各种权威刊物发表、转载论文或成果400多项。出版学术著作30部，发表音乐、美术及其他作品224件，获国家、省级优秀科研成果奖80余项。1990年以来，主持或参与省级以上课题57项，承担有关部门与企事业单位委托课题20多项，这对于一个专科层次的学校是难得的。如文双春博士的学术论文刊载于《中国科学》，邝代治教授在有机化学领域研究取得了可喜成果，邓乐群教授先后有5篇学术论文被《新华文摘》全文转载，青年学者刘沛林于1998年获得"全国青年地理科技（十佳）奖"，等等。

在衡阳师专的科学研究中，《衡阳师专学报》在推动学校的科研、培养科研人才、提高学校科研的知名度等方面发挥了非常重要的作用。《衡阳师专学报》创刊于1980年。1984年，办理科版。1987年被批准为正式公开刊物，为双月刊，其中上半年和下半年各有一期为理科版。《衡阳师专学报》作为展示衡阳师专学术水平的窗口和对外学术交流的主要渠道，注重建立一支科研能力较强、学术水平较高的校内作者队伍。学报主编曾锡滨、林植峰、邓乐群等鼓励青年教师向学报撰稿，努力培养青年教师的科研意识和能力。衡阳师专大多数的中青年科研骨干都是在为《衡阳师专学报》撰稿中步入科研门槛并迅速成长起来的。在充分挖掘校内稿源的同时，《衡阳师专学报》还注意采用那些学术水平高、理论观点新颖的外稿，以扩大学报的影响。1992年、1993年和1995年，《衡阳师专学报》（社会科学版）在中国人民大学书报资料中心、《新华文摘》和《高等学校文科学术文摘》等13种文摘报刊上的文摘率，均位居全国师专文科学报的第一。1995年在湖南省高等学校文科学报质量评比中荣获一等奖，排名仅次于《湖南师范大学学报》（社会科学版）和《湘潭大学学报》（社会科学版），位列第三。1997年，《衡阳师专学报》（社会科学版）被评为湖南省一级期刊。

随着学校科研水平的提高，衡阳师专部分专业初步形成了学术研究小群体。如跨文史哲诸学科的王船山研究是衡阳师专的一大科研特色，1980年至1998年，共发表和交流论文120篇，出版专著1部。《衡阳师专学报》于1982年开辟了"船山研究"专栏。到1998年，仅人大书报资料中心全文转载和索引该栏目的文章共34篇。数学系形成了数学理论研究方向、常微分方程研究方向，物理系形成了量子理论、激光物理等研究方向，化学系形成了金属有机化学研究方向，地理系形成了徐霞客研究、区域经济研究、"人居环境研究"方向，等等。这些科研方向的初步形成，将有力地推动学校向更高层次的目标迈进。

综上所述，衡阳师专在经过20世纪90年代的改革之后，全面提高了学校的办学水平和办学效益，为衡阳师专的升格打下了良好的基础。1998年5月，国家教育部领导来衡阳师专视察，认为衡阳师专无论是办学条件、师资队伍，还是教学科研水平，均达到了全国师专一流的水平。但是，学校在发展过程中，资金不够、校园面积狭窄、教学仪器设备和图书资料仍显不足等因素仍然制约着学校的发展。

四、衡阳师专40周年校庆

1998年，是衡阳师专建校40周年。为了回顾建校40年来的发展历程，弘扬严谨治校的精神，联谊校友共商学校发展大计，激励全校师生在新世纪努力奋斗，衡阳师专决定举办建校40周年的庆祝活动。1997年10月，衡阳师专出台了《衡阳师专40周年校庆筹备方案》，成立了校庆筹备委员会，设立了校庆办公室。在1997年年底和1998年上半年，学校派人到各地建立校友分会，加紧联络校友，拟定了《衡阳师专校友总会章程》《衡阳师专校友助学基金办法》等文件，编辑了《衡阳师专校友录》和《纪念册》，举办了《校史》展览，制作了专题片，筹备组了一台丰富多彩的文娱晚会，在《衡阳师专报》上刊载了4期校庆专刊。在此期间，省、市有关领导对衡阳师专的校庆相当重视，并给予了大力支持。1998年10月2日，衡阳师专建校40周年庆典隆重举行。校友和来宾一共3 000多人，欢聚一堂。校长曾锡滨做了《抓住机遇，团结奋进，共创辉煌》的讲话，全面总结了衡阳师专建校40周年来的发展历程。在校庆纪念活动中，社会各界对衡阳师专40年来艰苦创业、自强不息的精神和所取得的成就给予了高度的评价。中华人民共和国教育部在贺信中是这样说的："衡阳师专建校以后始终坚持社会主义办学方向，为基础教育输送和培养了近3万名教师和教育工作者。面临世纪之交，你校全面推进教育改革，调整专业结构，实施素质教育，努力提高办学水平，必将为当地教育和社会的发展做出更大贡献。"这是对衡阳师专办学40年来，尤其是改革开放以来学校所取得成绩的肯定。

　　在衡阳师专校庆期间，2万多名校友怀着对母校的深厚感情，捐资建项，有的不远千里赶回母校，献策献艺。在几个月内，一共收到校友捐赠现金和项目约170万元。其中长沙市校友会为母校捐赠了一辆价值38万元的豪华空调客车；祁东县、衡山县的校友会捐款，在母校图书馆前修建了两座凉亭；历史系校友向明明捐献4万元，在母校图书馆门前竖立了近代著名教育家陶行知先生的塑像。

下　篇
（1999年3月—）

I

雁鸣鄱湖　续谱华章

第七章

建设合格的本科师范院校

本章讲述衡阳师范学院从1999年3月升格后到2006年12月以优异的成绩通过教育部本科教学工作水平评估为止的这段历史。

在教育部和省、市政府的关怀下，1999年3月，衡阳师专成功地实现了历史性的跨越，与衡阳教育学院合并组成了衡阳师范学院，这是衡阳师专几代人奋斗的目标。衡阳师院组建后，励精图治，紧紧围绕着教学的中心地位，努力改善办学条件，探索一条适合学校特点的本科办学管理体制，把学校建设成为一所合格的、多科性的本科师范院校。

第一节　办学层次的大提升

一、衡阳师范学院的成立

为了适应国家经济和社会发展的需要，1999年年初，教育部出台了《面向21世纪教育振兴行动计划》，为我国实施科教兴国战略制定了宏伟蓝图，中国的高等教育进入了一个快速发展的新时期。衡阳师专经过20世纪末的苦练内功后，在校园建设、师资队伍建设和教学基本设施等方面的建设都取得了较大的成绩，升格的时机日益成熟。1999年3月25日，教育部下发了《关于同意衡阳师范高等专科学校与衡阳教育学院合并建立衡阳师范学院的通知》，其中指出："根据《普通高等学校设置暂行条例》和全国高等学校设置评议委员会的评议结果，经研究，同意在衡阳师范高等专科学校与衡阳教育学院合并基础上建立衡阳师范学院，同时撤销原两校的建制。"[①]学校属本科层

---

① 参见1999年3月25日教育部文件（教发〔1999〕第38号）。

次的普通高等学校，实行省市共建、以省为主的办学体制；以师范教育为主，适当发展非师范类教育。

1999年9月28日，衡阳师范学院隆重举行了成立大会和挂牌仪式。教育部副部长周远清、湖南省人民政府副省长贺同新等亲临成立大会。校名由著名书法家李铎题写。随后，衡阳师专和衡阳教育学院进行了实质性的合并。

2001年2月5日，湖南省人民政府办公厅批复将原湖南第三师范学校并入衡阳师范学院。学校遵循"整体并入、实质融合、统一管理、平稳过渡"的原则，积极稳妥地做好了湖南三师人、财、物的接管。在撤销其建制的基础上设立"衡阳师范学院初等教育学院"。至2001年，校园占地面积达481亩，建筑面积23万平方米，教学仪器设备2000多万元，拥有实验室2万多平方米。

学校位于衡阳市雁峰区黄茶岭，东临湘江，北依南岳首峰回雁峰。校园环境优美，是"省文明高校""省级文明卫生单位""省绿化先进单位"和"省级园林式单位"。

学校成立之后，不断加强校领导班子建设。1999年7月9日，湖南省委组织部副部长周阳生来校宣布成立衡阳师范学院第一届领导班子。唐君成任党委书记，古祖雪任党委副书记、副校长、代校长（其中2000年10月—2003年7月任校长），周玉明任党委副书记、纪委书记，许金生任党委委员、副校长，向清成任党委委员（2002年8月任副校长），唐承新任副校级督导。湖南三师并入后，由邓纯元（原湖南三师校长）任学校纪委书记。2001年12月，皮修平经湖南省干部公开选拔后出任学校副校长。2002年8月，刘沛林、邝代治升任学校副校长。2004年，校领导班子做了较大调整。2月，许金生任学校党委副书记、校长；6月，周玉明担任学校党委书记。年底，龙显成（原耒阳市市长）调任学校党委副书记。同年12月，在学校召开的第一次党代会上，增补张登玉为党委委员，2005年11月，被选拔为副校长。

学校根据运作需要进行了机构设置。在党务管理系统中，设置了组织部、宣传统战部、纪律检查委员会、校党政办公室及18个党总支委员会。在行政、教学管理系统中，校行政设立了教务处、人事处、科技处、监察处、后勤处、离退休人员工作处、审计处、学生工作处、财务处、保卫处等机构。部分处室根据需要又分设了科室，各系部也设立了办公室。此外，还设置了图书馆、校报编辑部、学报期刊社3个教辅机构，1个附属机构——后勤服务集团，2个群众机构——校工会、共青团衡阳师范学院委员会。各部门分工明确，各负其责，有利于学校各项工作的顺利开展。

二、"本科意识"大讨论

学校的成立，标志着办学层次的大提升和办学规模的扩大。但是，对一所刚刚升格的本科院校来说，其培养模式、管理模式、教育观念、教学水平等还不能达到本科教育的要求，在办学思想上明显地带有深刻的专科痕迹，本科意识还没有树立起来。能否尽快实现由专科教育向本科教育的实质性提升，是全校亟须解决的首要问题。为此，在成立学校伊始，校党委就决定在全校开展一场"本科意识"大讨论，真正转变全校教职员工的观念，推动学校各项工作的发展，这在当时被称为"先导工程"。

1999年11月25日，学校举行了"本科意识"大讨论动员大会。校党委书记唐君成、代校长古祖雪分别在大会上做了讲话，拉开了历时近两年的"本科意识"大讨论的序幕。

"本科意识"大讨论的主题是，如何搞好本科教学、科研和管理，培养面向21世纪的专业人才。学校认为，首先必须弄清楚专科教育与本科教育的区别，然后领会本科教育应该具有哪些教育理念，并探索出与本科师范教育培养目标相适应的办学思路、教学模式和管理体制。这场讨论前后大致可以分为两个阶段。第一阶段，主要是学习讨论。各部门每周集中学习讨论一次，通过讨论达到思想、观念上有明显转变，认识上有明显提高，能透彻分析各自存在的问题。第二阶段，主要是解决实际问题。要通过本科意识大讨论指导自己的实际工作，针对存在的问题提出解决措施，要出台与各部门工作相适应的一系列制度，提出改革思路，制定未来五年工作规划和设想。

整个大讨论采取"请进来、走出去、坐下来"的方法。"请进来"就是邀请有关教育专家来校做专题报告和现场指导。华东师范大学原校长张瑞琨教授、湖南师范大学原校长张楚廷教授先后应邀来学校进行考察，并分别向全校教职工做了题为"教育创新与发展"和"本科教育的特征与要求"的专题报告。"走出去"就是对国内外高校进行考察，学习先进办学经验。学校主要领导对美国华盛顿等地的大学进行了工作访问，了解国外高等教育的现状和发展趋势。同时校领导还带领中层干部分期分批对上海、江苏、浙江、湖北、广东、江西等地的大学进行了考察学习。通过走出去，找出差距，转变教育观念，明确奋斗目标。"坐下来"就是组织全校教职员工开展大讨论。在方式上，分系别、分层次、分类别进行讨论；在内容上，始终围绕专科教育与本科教育的差别，尤其是人才培养规格的差别进行讨论。

这场大讨论，历时近两年，到2001年基本结束。全校教职工的思想观念得到根本性转变，取得了明显的效果，"本科意识"得以确立。主要表现在以下三方面。

首先，明晰了本科教育与专科教育的区别。第一，本科教育与专科教育的主要差别表现在人才培养规格方面。在知识结构上，不但要告诉学生"是什么"，还要让学生知道"为什么""怎么样"。在能力结构上，不但要培养学生传播运用知识的能力，还要培养其知识创新能力。在素质结构上，不但要培养"实践者"，还要培养"思想者"。反映在实际教学中，本科更注重研究性教学，教师要把最新的研究成果引入教学内容，要突出本科专业的深度和广度。在教学手段上，要加快现代教育技术的应用，精简课时，增加课堂信息量。第二，人才培养规格的差异决定了本科教育在学科建设、学术建设、学位建设上同专科教育有质的区别。本科院校必须以学科建设为龙头，以学术建设为基础，以学位建设为目标。

其次，全校竞争意识、危机意识、质量意识、改革意识进一步增强，认识到教学质量是办学成败的关键，是学校的生命线。作为一所新办的本科学校，与省内同时升格的其他几所学校相比，学校还有差距。在比较中，大家产生了一种危机感，认识到教学改革是提高教学质量的重要手段，不改革就没有出路。

最后，有利于提高整个学校的管理水平。经过本科意识大讨论，学校逐步形成了民主、科学的决策机制和管理体制，建设"精简、高效"的管理机构，强化服务意识。

三、制定学校发展蓝图

为了贯彻落实第三次全国教育工作会议精神和国务院批转的教育部《面向21世纪教育振兴行动计划》，加速学校的改革和发展，进一步巩固"本科意识大讨论"的成果。2001年，学校制定了《衡阳师范学院"十五"计划和2015年发展规划》，这是学校升格以来制定的第一个发展规划，在当时被誉为"旗帜工程"。该规划不仅对"办学指导思想和中、长期发展目标""实施规划的主要措施"等方面做了论述，而且就学校办学属性、办学形式、办学层次、办学模式、办学条件、师资状况、科研水平、服务地域等方面做了实事求是的分析和定位。在类型定位上，属于教学型大学。以教学为主，积极开展科学研究，努力形成教学引导科研、科研促进教学的发展格局。在学科专业定位上，以文、理学科为重点，文、理、工、史、法、经、教、管等学科协调发展。以师范专业为基础，师范和非师范专业互相促进。在办学层次上，要立足本科教育，稳步发展继续教育，积极创造条件开办研究生教育；在人才培养目标定位上，提出培养思想政治素质高、基础理论扎实、基础技能过硬、知识面宽、能力强、具有创新精神和创新能力的高素质中学教师和适应地方经济社会发展需要的应用型人才；在服务面向定位上，要求立足湖南、面向全国，为地方基础教育和区域经济发展服务。

衡阳师范学院采取措施，全面落实上述规划。经过努力，"十五"期间，学校发展规划的各类主要指标都不同程度地超额完成。

表7-1　衡阳师院"十五"计划主要指标执行情况统计表

| 指标 | 校园占地面积（亩） | 全日制在校生（人） | 专任教师 | | | 本科专业数（个） | 教学用房面积（万 m²） | 纸质图书藏量（万册） | 仪器设备总值（万元） |
			总数（人）	教授（人）	硕博比例（%）				
2000年数目	481	4 523	340	20	15	7	55 542	62	1 600
"十五"计划目标	720	8 000	571	40	23.18	26	115 000	80	3 600
现有量（截至2006年8月）	2 166	11 206	634	50	44.79	31	157 700.5	115	6 026.98
完成比例(%)	300	140	111	125	180	111.5	137.13	144	167.42

2004年，学校召开了第一次党代会，对学校发展战略等做了正式的阐述。大会正式提出了学校实施"三步走"的发展战略。第一步，夯实基础。2006年，顺利通过教育部本科教学工作水平评估，实现"确保合格，争取良好"的评估目标。第二步，提升水平。"十一五"期间，努力增强办学综合实力，积极为开办硕士研究生教育打好基础。第三步，打造品牌。努力把学校建设成为在省内有较高地位，在国内有一定影响，在全国同层次、同类型院校中居于先进行列的以师范教育为特色的多科性本科院校。2006年年初，学校根据国家和湖南教育事业的发展规划以及学校第一次党代会的精神，制定了《衡阳师范学院"十一五"发展规划》，该规划内容翔实，全面具体，符合学校发展实际，体现了前瞻性、全局性和层次性。

四、校训　校歌　校徽

为了更好地体现学校的办学理念和宗旨，2002年3月，在全校范围内开展了一次征集校训、校歌和校徽的活动。7月，经过集体讨论，修改后予以确定。

（一）校训

经过一些专家对众多稿件的评议，学校最后确定了"厚德、博学、砺志、笃行"这8个字作为学校的校训。其含义如下。

"厚德"，语出《易·坤》"君子以厚德载物"。"厚德"，即推崇、崇尚道德，也可指道德高尚，体现了学校始终坚持以德育为首要地位的教育原则，教育学生如何做人。"博学"，语出《论语》："君子博学于文，约之以礼，亦可以弗畔矣。""博学"，学识渊博，知识面广，体现了学校始终坚持以教学为中心，抓好教学质量的根本原则，即要教会学生如何做事。"砺志"，语出清代李渔《慎鸾交·久要》"待我砺志青云，立身廊庙"。"砺志"，磨炼意志，亦有追求远大志向、理想之意，表现全体师生员工为实现学校宏伟目标的坚定意志和开拓进取的精神，即重视非理性因素在学校教育中的重要作用。"笃行"，语出《中庸》第十三章。"笃"，忠实，专心，坚定之意。"行"，即行动，实践。"笃行"，坚定地付诸行动，使目标得以实现。表现了广大师生员工求真务实的精神，将远大的理想和志向变为实际行动，达到知行高度统一。

"厚德、博学、砺志、笃行"的校训，取意久远却充盈着现代精神，从德、智、体、意、行等各方面构建出学校特有的办学理念，高度体现了学校的办学思想与文化精神的内核。

（二）校歌

学校校歌歌词经集体创作，由学校音乐系李刚教授谱曲，于2002年7月修改完成。校歌的歌词简洁、明快，内容雅俗共赏，便于记忆和演唱，富有时代气息。歌词内容如下：

巍巍南岳托起旭日东升，滔滔湘水和着时代步伐。春风传颂夏明翰的故事，阳光孕育王船山的诗篇。厚德博学，我们永恒追求，砺志笃行，我们志存高远。老师同学心心相印，共同打造灿烂的明天。

巍巍南岳是我高昂的头颅，滔滔湘水是我奔腾的热血。百年学府播下智慧的种子，教师摇篮放飞理想大雁。厚德博学，我们永恒追求，砺志笃行，我们志存高远。为着中华民族的腾飞，与时俱进勇往直前。为着中华民族的腾飞，与时俱进勇往直前。

校歌歌曲为进行曲风格。全曲音乐分为两部分，整体昂扬向上，刚柔并济，旨在激励师生立志奋发，开创未来，表现了师生们开拓进取、积极向上的精神风貌。

（三）校徽

校徽的确立较早，是由学校美术系教师邓政于1999年设计，后经集体修改完成。校徽的基本外形为大雁与烛火的抽象变形。衡阳又称雁城，大雁体现了衡阳的地域特色，烛火体现了师范学校的办学特色。此外，标志采用了衡阳师范学院的拼音简写，"HYSY"与大雁、烛火的图像融合，以加深标志的可识度。同时，飞翔的大雁体现了衡阳师范学院蒸蒸日上的精神风貌，燃烧的烛火体现了整个学校的热情与活力。

校训、校歌和校徽三者紧密相连、融为一体，既体现了衡阳师范学院悠远的办学历史、深厚的文化底蕴和办学特色，又是人文精神和科学精神的具体体现。

第二节　内部管理体制改革

办学层次的提升对学校的管理体制提出了更高的要求，而学校原有的一些管理制度已不适应新的需要。针对这种情况，学校提出"以改革促发展，向管理要效益"的口号，开展了内部管理体制改革，主要体现在干部任用制度改革、人事分配制度改革、后勤管理社会化改革等方面。

一、干部制度改革

学校的干部制度改革始于2002年5月。当时，校领导分别考察了广东、广西、湖北和省内十几所高校，学习和借鉴了兄弟院校的一些成功经验。校党委经过讨论决定通过引进竞争机制，深化干部人事制度改革，进一步完善干部队伍结构，努力建设一支政治素质和业务素质都比较高的干部队伍，为学校各项工作的深入开展提供强有力的人力资源保障。

2002年9月28日，学校组织召开了干部制度改革的动员大会，对干部制度的改革做了全面部署。随后，学校下发了《关于深化干部制度改革，全面推行干部竞争上岗的决定》和《关于推行干部竞争上岗的实施方案》两个文件，改革正式启动。

这次干部制度改革的总体思路是全员聘任，竞争上岗，即将学校需要竞争上岗的所有职位予以公布，在全校范围内实行公开竞聘。

根据上述指导方针，学校制定了一些具体的政策。首先，精减职数，严格定岗。按照《湖南省普通高等学校人员编制和机构设置和实施意见》的有关规定，校党委最后确定学校内设机构为38个，其中正处建制36个，副处建制2个。在38个机构中，党政管理机构15个，教学系部16个，教学辅助机构5个，社团组织2个。全校正、副处级干部共计110人。另设立科级机构46个。其次，详细规定了任职条件。再次，严格按照竞争程序选拔干部。先进行正处级干部的竞聘，再进行副处级干部的竞聘，最后进行科级干部的竞聘。

干部制度改革从2002年9月开始，至2003年1月结束，共产生了正处级干部45名，副处级干部55名，科级干部44名。正处级干部平均年龄46.5岁，副处级干部平均年龄39岁，科级干部平均年龄35.1岁。在学历结构上，正、副处级干部中，博士6人，占6%，硕士14人，占14%，本科65人，占63%。所有干部于2003年1月底之前全部到岗。

二、人事分配制度改革

为了适应高校管理体制改革的需要，落实教育部《关于当前深化高等学校人事分配制度改革的若干意见》的有关精神，加快学校的发展，从1999年下半年开始，学校进行了人事分配制度改革。

学校首先出台了《衡阳师范学院内部分配制度改革暂行方案》。方案的基本原则有三：打破分配上的平均主义，向教学一线人员和有突出贡献人员倾斜；建立合理有效的竞争激励机制，体现效率优先的原则；贯彻责、权、利相统一的原则。为了使方案不断完善，2000年，先试行了一年。

分配的基本形式分为四类：

A类：各教学系、部、中心在编在岗教职工，采用"国家工资 + 教学酬金 + 出勤津贴（限行政及教辅人员） + 成教课时酬金 + 科研提成 + 创收提成"的分配形式。B类：主要是校党务、行政部门的干部职工，采用"国家工资 + 出勤津贴"的分配形式。医院、幼儿园（未实行社会化之前）和图书馆、学报、现代教育技术中心（其中的教师编制人员执行A类）等单位也参照此办法执行。C类：继续教育学院管理人员，采用"国家工资 + 成教分成"的分配形式。D类：校办经营性企业的职工，采用经费自筹的形式，自行制定分配方案。

在 A、B、C 类人员中，担任实职者均享受相应的实职津贴。方案要求全校行政管理人员的人均出勤津贴按教学酬金人均数的90%计算发放，同时各部门制定具体的二次分配方案。

以该方案为指导，学校首先通过了《衡阳师范学院岗位津贴暂行发放办法》，自2000年下学期起实行，在全校推行岗位津贴制度。具体方法：教学津贴按实际课时核算，课时计算办法按《衡阳师范学院教学工作量计算办法》执行；其他岗位津贴全年按10个月计发，每学期期末结算发放。实行打分制，即按照责任分值的标准区分等级进行分配，一个分值为12元。如管理人员岗位津贴中，正厅86分，副厅72分，校长助理59分，处长52分，副处长（调研员）46分，正科（助理调研员）39分，副科（正科级干事）36分，副科级干事34分，干事32分等；教辅人员中，正高86分，副高40分，中职36分，初职32分；工勤人员中，技工高级33分，中级30分，初级27分，普工24分等。

方案执行一年后，学校征求各方面意见，于2002年年底出台了《衡阳师范学院岗位津贴方案（试行）》，进一步深化分配制度改革。

学校根据实际情况按需设岗，将全校岗位分为校聘关键岗位、系（院、处、部）聘重点岗位和一般岗位三大类。校聘关键岗位，包括教授岗位（具有正高职务的专业技术人员）和管理关键岗位（学校领导、正处级党政部门的正职）。系（院、部）的教学和管理分设重点岗位和一般岗位。将全校各类人员岗位津贴的发放标准细分为五个系列，每年仍按10个月计算，即教学系列专业技术人员岗位、领导职务管理岗位、非领导职务管理岗位、其他专业技术人员岗位。如教学系列技术岗位津贴分为教授岗（12~16档，津贴2 600~5 000元/月）、副教授岗（8~12档，津贴1 000~2 600元/月）、讲师岗（5~8档，750~1 000元/月）、助教岗（2~5档，600~750元/月）、见习岗（每月520元）。刚毕业的博士生和硕士生可分别直接对应表中副教授和讲师岗位按聘任条件确认津贴档次。领导职务管理岗位津贴每月标准为正校岗4 500元、副校岗3 500元、校长助理岗2 500元、正处岗1 700~2 000元、副处岗1 100~1 300元、正科岗750~800元、副科岗650~700元。

学校还详细制定了专业技术人员中教学岗位及其他人员的聘任条件，制定了相应的岗位津贴直接进档条件、教学和科研成果选择条件，即将教学、科研成果与个人的岗位津贴挂钩。

新方案中规定了"双肩挑"人员的津贴发放办法。这类人员的津贴发放采取"按岗取酬"的方式，按"主体岗位津贴100%+附加岗位不同档次津贴"发放。

三、后勤社会化改革

20世纪90年代后期，原衡阳师专启动了后勤社会化改革，并取得了一些进展。但是，后勤服务模式落后、负担过重的状况仍然是制约学校发展的瓶颈。21世纪初高等教育的发展方向是，高校的职责将逐步集中到单一的办学上来，其后勤工作将逐步通过社会化的方式交给社会承担。因此，高校后勤社会化改革已是大势所趋。

2000年1月，国务院办公厅以1号文件转发了教育部等《关于进一步加快高等学校后勤社会化改革的意见》，湖南省政府也颁发了文件，并于2001年3月召开会议，要求各高校在6月底之前全面完成高校后勤服务部门与学校规范分离工作。

2000年6月19日，学校成立了由主管后勤的校领导等组成的后勤社会化改革领导小组，经过多方考察、学习和反复论证，于2001年6月出台了《衡阳师范学院后勤社会化改革方案》，该方案是学校整个后勤社会化改革的指南。6月29日，学校召开了首届后勤工作会议。校长古祖雪代表学校做了题为"以改革促发展，向管理要效益"的动员报告，确定了学校后勤社会化改革的基本方针和基本思路，提出了改革的内容和步骤。

（一）改革的原则与目标

这次改革的目标，就是要使学校后勤成为办事高效、运转协调、行为规范、服务良好、具有自主经营和自我发展能力、符合高校教育特点的新型后勤服务体系，进一步提高服务质量和管理水平，减轻学校负担，使学校党政领导把主要精力集中在教学科研上，摆脱具体的事务性工作，以提高办学效益。

为了实现这一目标，学校拟定改革分两步走。第一步分为两个阶段，第一阶段从2001年6月开始，组建"衡阳师范学院后勤服务集团"，形成自主经营、独立核算、自负盈亏、自我发展的后勤服务实体，实现所有后勤服务人员及相应资源成建制，与学校行政管理系统规范分离。第二阶段从2004年1月开始，在规范分离的基础上，规范"服务内容"、量化"服务标准"，实行服务收费。第二步，到2005年之后，建立专业化、集约化的具有高度教育属性的独立法人企业集团公司。

（二）改革的全面推进

在机构设置上，实行小机关大实体。学校撤销了原后勤处的行政科、校产科、校园环境管理科、宿管科、膳食科和教务处的教材科，后勤处作为小机关只保留行政编制13人。餐饮、修缮、车队、接待、收发、文印、教材、新生物资采购、校园卫生、绿化管理、水电管理、学生宿舍物业管理、商业网点等服务项目统一归口后勤服务集团经营管理，142名职工和相应后勤资源成建制从学校分离出来。后勤服务集团下设饮食服务中心、学生宿舍管理中心、车管中心、校园环境管理中心、教材采供中心、水电管理中心、产业发展中心、建筑修缮队等中心（部）。

在运行机制上，按照事业与企业分开的原则，学校与后勤服务集团签订《后勤服务协议书》，形成甲、乙双方的契约关系，明确双方的责、权、利。后勤处作为学校的一个职能部门，代表学校对后勤工作进行宏观行政管理，行使指导、协调、监督的职能。后勤服务集团要按照《后勤服务协议书》的要求，行使各项服务职能，实行自主经营、自负盈亏。后勤服务集团实行总经理负责制，总经理可按国家和学校有关法规制定内部人事、分配、财务等具体管理办法，并建立必要的约束机制。

在人事制度上，实行"老人老办法，新人新办法"。原属学校在编正式职工保留人事档案和档案工资，享受学校同类人员福利待遇。新进人员按照后勤服务集团新进人员管理办法。学校给予后勤服务集团充分的独立人事权，实行全员聘任。各中心实行定编、定员、定岗、定责，双向选择，竞争上岗。在分配制度上，实行自主分配的效益工资制。2001年12月，采用"基础工资＋岗位工资＋绩效工资＋奖励工资"的新企业结构工资制。在服务质量监督上，学校成立了后勤服务监控小组，制定了《衡阳师范学院后勤集团服务工作监控管理办法》。2004年初，学校出台了《衡阳师范学院后勤集团服务工作评估办法（试行）》，对后勤集团每个服务项目的服务标准进行细化、量化，这在全省高校后勤监控工作中属于首创。

（三）改革成效

学校后勤社会化改革历时三年，取得了一定的成就。体现在以下三方面。

1. 服务质量有所提高。改革前，员工存在吃大锅饭现象。改革后，员工工资与服务质量、经济效益直接挂钩，引入竞争和激励机制，调动了广大员工的劳动积极性，服务质量得到提高。如饮食中心主动在降低成本、优化服务、提高就餐率上做文章；宿管中心以人为本，主动走进宿舍与学生沟通；水电中心主动查违章、堵漏洞。

2. 社会效益比较明显。主要表现在以下两方面：（1）确保学生饮食质量，改善学生住宿环境。后勤集团严格按照《后勤服务协议书》规定，将学生食堂毛利率控制在20%以内，在降低成本节约开支方面做文章。在2003年抗击"非典"斗争中，学校实行封闭管理，后勤集团一手抓抗击"非典"，一手抓后勤保障，为稳定学校大局做出了较大贡献。后来，学校积极参与全省标准化公寓、标准化学生食堂的创建活动，其中有两栋学生公寓被评为全省标准化公寓，3个学生食堂被评为全省标准化学生食堂。（2）校园环境绿化、美化、净化工作取得实效。整个校园干净整洁、四季常青。2001、2002年度学校均被评为湖南省绿化先进单位。

3. 经济效益增长。后勤集团依靠自身力量提高140多名职工的待遇，员工个人收入逐年增长，如第一年度递增5%，第二年度递增10%。2001年9月至2003年12月，后勤集团向学校交纳折旧费28万元，提留公积金125万元，更新设备设施投入10万元，节余90万元。2004年1月至10月，交纳折旧费16万元，提留公积金30万元，更新设备设施投入50万元，完成利润32万元。

第三节　努力改善办学条件

衡阳师专时期，虽然在改善办学条件上做了许多努力，但随着办学层次的提升和办学规模的不断扩大，学校的校园面积、教室与宿舍、图书馆、实验室、师资力量等越来越跟不上形势的需要。学校成立后，继续发扬艰苦奋斗、勤俭节约的建校宗旨，克服资金不足等困难，千方百计地加强学校的硬件建设和师资队伍建设，努力改善办学条件，在新校区、师资队伍、图书馆、实验室、校园网和教育实习基地等方面的建设上取得了令人欣喜的成绩。

一、开辟新校区

2001年，湖南三师并入后，三校加起来的校园面积只有481亩。随着学校招生规模的不断扩大，校园面积日益紧张，而学校周边地段又难以扩展，制约了学校的发展，因此，学校决定筹建新校区。建设新校区大致分为三个阶段：选址和论证；征地拆迁；新校园规划和建设。

（一）选址和论证

2003年1月，学校召开党政联席会议，提出和讨论了征地扩建校园的意见，并成立了征地考察调查小组。同年2月20日，学校再次召开党政联席会议，正式提出征地扩建新校园，成立了征地扩建领导小组，组长为古祖雪，副组长为邝代治（负责整个协调工作）、刘沛林、邓纯元。领导小组下设办公室。领导小组成立后，具体负责学校征地扩建工作。如收集征地文件，掌握政策法规；走访国土、规划等政府职能部门，了解征地程序；征地选址、征地论证与立项等。

从3月开始，学校在衡阳市周边提出了高兴村、红旗村、市林科所等11处备选地块，作为新校区的校址。经充分论证后，将备选地块范围缩小为3块，即南华大学以西、蒸湘区杨柳村、石鼓区角山乡。不久，衡阳市将珠晖区酃湖乡规划为衡阳市科技大学园区，最后，学校将新校区确定建在珠晖区酃湖乡。2003年7月28日，学校在与珠晖区、酃湖乡政府经过多次洽谈后，正式签订了《征地协议》，确定了土地价格、拆迁工作等事项。

（二）征地拆迁

新址选定后，学校进行了地形图绘制、地界勘测和编写"勘测报告书"。学校邀请衡阳市相关单位为新址编制了《地质灾害性评估报告》《矿藏压覆评估报告》《环境影响评价报告》《衡阳师范学院异地新建可行性研究报告》，均得到政府职能部门批复。12月，新校区征地通过省国土厅预审，并被列为2003年湖南省重点立项项目。整个征地共分两期完成：2004年1月，第一期征地932.8亩土地，并被列入衡阳市2003年用地计划得到批准。4月28日，省政府正式批准学校征用932.8亩的第一期用地。8月21日，新校区第二期征用752.7亩土地经省国土厅通过预审，并于12月28日得到省政府的批准。至此，经过两年的努力，学校完成了新校区的征地工作，新校区面积达到1 684.8亩。学校占地面积由原来的480.54亩增加到2 165亩，分东、西两个校区。

2004年2月16日，学校撤销原征地小组，改设新校区建设指挥部。同年7月20日，衡阳市人民政府在珠晖区召开"衡阳师范学院和湖南工学院（筹建中）建设征地拆迁动员大会"，并对拆迁工作提出了具体要求。12月，新校区房屋拆迁协议、土地补偿协议签署完毕，房屋拆迁基本完成，农田附属设施也全部收方、计价完毕。12月16日，新校区建设指挥部现场办公室挂牌。由党委书记周玉明任新校区建设指挥部政委，校长许金生任指挥长，副指挥长为副校长邝代治（常务）、纪委书记邓纯元、副校长刘沛林。

2005年1月16日，新校区建设奠基仪式在新校区南大门隆重举行，省人大常委会副主任唐之享、衡阳市人民政府市长贺仁雨等省市领导出席了典礼，这标志着新校区建设的开始。

（三）新校区的规划和建设

学校新校区是根据1992年教育部等三部委联合颁布的《普通高等学校建筑规划面积指标》来规划和建设的。目标是建设一所高标准、高质量、高起点的现代化新型大学校园，体现现代建筑艺术与高等教育氛围、校园文化与园林景观、人与自然的和谐统一，具有地方特色，环境优美，功能齐备，层次丰富的生态化、花园式校园。2004年3月9日，衡阳市政府组织召开了学校新校区总体规划方案设计评审会。经过认真评选，湖南省城市规划研究设计院设计的1号方案中标。

在规划方案确定后，学校以《湖南省2010年高等教育事业发展规划》《普通高等学校办学条件指标》《衡阳市城市总体规划》等相关规划为依据，制定了《衡阳师范学院2004—2010年校园建设发展规划》（即新校区基本建设规划）。总体建设思路是，2004—2006年在充分利用老校区现有办学条件的基础上，新校区建设的重点是确保本科教学工作水平评估所需教学、科研及配套设施的建设，并实现大部分系（院）搬迁到新校区的目标。在2007—2010年，按照新校区总体规划和建设目标进行建设，以实现学校整体搬迁到新校区的目标。

本着一次规划、分期建设、整体控制的原则，在充分考虑学校承受能力的条件下，经商讨后学校决定分期建设新校区：

第一期工程从2004年7月到2005年8月，主要建设项目有文科教学楼、数学楼、音乐教学楼等能满足第一批进入新校区办学的5 000名学生教学和生活的各种相配套的用房，共计建筑面积147 000平方米。

第二期从2005年上半年开始，到2006年10月完成。开工建设的项目主要有体育教学楼、外语教学楼、美术楼、中心实验室等项目，建设规模按第二批搬入新校区办学的7 000名学生教学和生活相配套的全部用房，连同第一期共12 000名学生学习、生活所需的一切设施，力争达到本科教学工作水平评估所要求的各项指标，使学校能顺利通过2006年教育部本科教学工作水平评估。

学校为加速新校区建设，想方设法筹集资金。一方面，向银行贷款，至2006年6月，学校已同银行进行了多次洽谈，获得贷款约2亿多元。另一方面，向社会筹集资金。2005年7月，学校与衡阳兴盛投资管理有限责任公司就合作开发新校区学生公寓等后勤配套项目达成协议。双方进行合作开发新校区的后勤服务项目，包括学生公寓、学生食堂、澡堂、学术交流中心等，总投资约8 500万元。到2006年年底，新校区第一期建设主体工程竣工，投资共 31 178 万元。完成新校区教学及生活用房的建设并投入使用，包括文科楼、数学楼、计算机楼、音乐楼、风雨训练馆、青年教师公寓、校大门、配电房，共计建筑面积 71 301.66 平方米；完成了标准塑胶田径运动场、风雨田径棚及看台主体工程、环形主干道路、东西主干道路、人工湖景观工程、桥梁建设等。与衡阳市兴盛投资有限公司合作完成学生公寓、学生食堂及学术交流中心建设，共计建筑面积 85 010 平方米。新校区第一期工程建设的成功，改善了学校的办学条件，拓宽了发展空间。

（四）部分机构和专业迁入新校区

新校区第一期建设工程完成后，学校着手计划将部分系部和行政部门迁入新校区。2006 年 7 月 15 日，学校制定了《衡阳师范学院新校区搬迁方案》。8 月 1 日，衡阳师范学院开始乔迁新校区，学校在新校区举行了隆重而简朴的庆典仪式。随后，数学系、大学英语教学部、计算机科学系、现代技术中心、体育系、信息与网络管理中心、中文系、新闻系、人文社科系、经济法律系、教育科学系、音乐系等部门相继搬迁至新校区，5 071 名老生于 9 月初迁到新校区学习和生活，1 400 多名新生也在 9 月 16 日—17 日到新校区报到。至 12 月，分别完成了 9 个教学系部和大多数机关处室的搬迁工作，共搬运安装设备、家具 13 209 台（件），图书 20 万余册。

二、教学基础设施建设

（一）扩建图书馆及馆藏建设

衡阳师范学院组建后，随着学校的迅速发展，原有图书馆难以适应学校发展的需要。2002 年，学校决定在原馆的基础上扩建馆舍，新扩建的馆舍位于原馆的东面和北面，扩建馆舍 10 700 平方米，是原馆面积的 2 倍，这样学校图书馆的面积增至 15 780 平方米，成为规模较大、档次较高、功能较为齐全、结构较为合理的一座现代化图书馆。

图书馆根据学校教学科研的需要，立足于提高质量、突出特色，为适应新时期图书馆发展要求进行积极探索。

加强制度建设，提高服务水平。学校升格以来，图书馆根据本科教学需要，重新制定或完善了一系列规章制度。实行"三定一聘"（定岗位、定职责、定人员，全员聘任），强化责任意识和服务意识，严格考勤制度。推行挂牌上岗，主动接受读者监督。为提高馆员素质，图书馆开展业务培训，提高服务质量。在阅览室的开放方面，要求主要纸质阅览室分为上午、下午和晚上三个时间段开放，每周开放的时间超过66小时。同时，延长电子阅览室的开放时间，由原来每天的10小时延至14小时，满足了师生对资料检索的要求，全馆服务质量得到提高。至2006年上半年，图书馆共有8个书库、13个阅览室。在职员工有50人，其中教授2人，副研究馆员以上职称5人，馆员11人，大学本科以上学历20人，拥有一支素质较高的管理队伍。

加强馆藏建设。图书馆除了定期完成每年的图书、设备采购任务以外，还努力改善馆藏结构，提高馆藏质量。主要做了以下三方面工作。一是改变过去纸质图书的购置方式。采取以圈订为主、直购为辅的方式，解决了直购方式所存在的各专业图书购置不平衡的矛盾，使专业的覆盖面和学术性得以加强。二是注重新开专业和重点学科的图书资料建设。如王船山研究是学校具有全国影响力的地方研究项目，是学校的重点建设项目，图书馆全力配合，设立了"王船山古籍藏书室"。三是加强系（院）资料室的建设，使图书馆与系（院）资料室的藏书结构得以改善。除每年按计划为各系（院）合理购置图书外，还注意加强各系部资料室的管理和监督。

重视信息化建设和管理。图书馆在建馆以来，一直注重使用现代技术从事管理工作。1998年，原衡阳师专开始建设图书馆管理系统。学校升格以后，共投入57万元用于硬件设备和各种数据库的采购。2001年，学校投资将原来DOS的图书管理系统更换为WINDOWS界面的ILAS系统。此系统功能齐全，有完善的期刊管理功能和丰富的读者信息管理功能。到2004年，图书馆开始加大信息化建设与利用的力度，并有新突破，保证了网络优化畅通。至2006年上半年，全馆共有计算机204台，服务器4台，磁盘阵列容量达到1.8T。图书馆的业务工作全部实现计算机管理。

加强图书资料建设。图书资料建设是学校一项长期的、重要的、基础性的建设项目。2003年，图书馆全年购进书架、期刊架、阅览桌等设备价值近139万元。全年共采购图书81 022册，投入经费175.19万元。截至2006年12月，学校纸质藏书已达116.28万册，生均图书占有量达102.1册。学校购置了电子图书10万元，电子图书总量10.3万册，订购中外文期刊数据库和其他数据库多个。阅览室座位由学校升格时的400多个增至3 026个（其中电子阅览室座位130个），基本满足了学生自修学习的需要。

（二）兴建教学楼及相关配套设施

学校升格以来，随着招生人数的不断增加，学校在西校区先后建成了外语楼、物理实验楼、学生宿舍食堂与学生活动中心等，学校的教学条件已大为改善。学校运动场馆及体育设施已经达到相当大的规模。西校区有2个标准的400米田径场、2个足球场、16个篮球场、1个排球场、1个羽毛球场、2个门球场，拥有一座设施先进、功能齐全、总面积为3 415.88平方米的多功能体育馆；室内体育场拥有篮球场、排球场各1个，乒乓球室1间、体操房1间、武术房1间、健美操房3间。新校区已建成多功能体育馆和标准的400米田径场。学校各类运动场总面积6.25万平方米。

三、师资队伍建设

教师是学校办学的主要力量，教师队伍的整体水平标志着一所学校的办学水平。1999年以来，学校十分重视加强师资队伍建设，以全面提高师资队伍的整体水平和学校竞争实力。

（一）升本之初的师资状况

2000年，学校在职教职员工为662人，其中在职教学人员340人。2001年年底，在湖南三师并入后，学校共有在编教职工880人，专任教师达到460人，其中教授21人，副教授159人，博士16人，硕士85人，返聘教授3人，聘请兼职、客座教授4人，外籍教师5人。虽然总体师资数量不少，但随着招生规模的扩大，师资力量仍较薄弱，特别是高学历、高职称教师的比例偏低，如硕士所占比例只有18.5%，差距较大。

（二）主要措施及成效

针对师资队伍的现状，学校采取各种措施，以全面提高教师队伍素质为核心，努力建设一支高素质、高水平的师资队伍。2000年年底，学校根据教育部《关于新时期加强高等学校教师队伍建设的意见》《"十五"期间湖南省普通高等学校教师队伍建设的意见》等文件精神，制定了《衡阳师范学院"十五"师资队伍建设计划》，把教师队伍建设作为学校工作的重中之重，大力推进人才强校战略。

"十五"期间，学校师资队伍建设的总体目标是，优化用人环境，调整、优化教师队伍结构，全面提高教师队伍的整体素质，以本科教学水平合格评估为契机，重点培养、选拔一批中青年学科带头人和学术骨干，贯彻"结构优化、素质优良、数量适当、富有活力、相对稳定"的建设方针，建立一支高素质、高水平的师资队伍。

学校实施了"筑巢引凤"和"蓄水藏龙"工程，大规模引进人才。2001年以来，学校每年都制定《衡阳师院人才引进暂行办法》，向社会广纳贤才，对引进高层次人才给予安家费、科研启动费、解决配偶等。为了引进人才，学校通过多种渠道广为宣传。如除了通过校园网发布招聘信息外，还在《光明日报》《中国教育报》等报刊上发布招聘信息等。2003—2005年学校共收到高层次人才求职材料14 000多份。2004年学校共引进教师60余名，2005年共引进硕士研究生62人，博士1人，教授、副教授4人，是学校历年来引进人才最多的一次。所有引进的人才都具有硕士研究生以上学历、副高以上职称，进一步改善了师资队伍的学历结构。

学校不断创新用人途径，人事处稳妥地在学校中推行了"人事代理制"，较好地解决了不能用编制数解决的几位高职称、高职务或有特殊困难教师的后顾之忧。这种用工制度，得到了省、市人事部门的充分肯定。此外，学校制定并实施了《衡阳师范学院外聘高职称、高学历人才的试行办法》。返聘身体健康的离退休教授，外聘校外人才，扩大用人范围，在一定程度上充实了学校的师资力量。学校还特聘了重点高校的教授5人、专家16人以及外聘兼职教师42人。

加大人才培养力度。学校一直十分注重对教师的培养培训，鼓励教师加强自身建设，不断提高教师的业务素质。第一，鼓励在职教师攻读硕士、博士研究生。学校为此下发了《衡阳师范学院教职工在职攻读硕士、博士学位暂行办法》，将教师培养工作制度化、规范化。2000年，学校要求35岁以下未获硕士学位的教师，必须在三年内考取在职研究生或作为在职人员以同等学力申请硕士学位。同时，鼓励40岁以下的教师在职攻读博士学位。2002年，学校与湖南大学联合举办了同等学力申请硕士学位班；2004年7月，又成功地与武汉大学文学院联合举办高校青年教师在职研究生班，为学校培养了中文硕士研究生40余名。2004—2005学年，在读委托培养、在职培养、同等学力申请硕士学位等形式的硕士92名，在读博士12名。第二，选送教师做国内访问学者或出国留学。学校颁布了《衡阳师范学院教职工出国留学管理暂行办法》，先后选送了8位教师参加出国人员培训，并送出2位教师出国做访问学者。第三，为了提高青年教师的教学和科研水平，各个系都建立了"以老带新"的制度。青年教师来校工作后，由所在系（院）选派高学历、高职称教师担任其指导教师，时间3~5年不等。在此期间，青年教师要制订提高计划，先过教学关，然后选择自己的科研方向。通过这种方法，许多青年教师迅速地成长起来。第四，加强中青年学科带头人和骨干教师队伍选拔和培养。学校按照"高起点、高标准、高要求"的原则，先后从教学一线的教师中选拔了湖南省高校青年骨干教师培养对象40多名，省学科带头人培养对象2人，校学科带头人14人。2004年9月,学校首次设立校级青年骨干教师培养项目,首批选拔了10位青年骨干教师培养对象。同时,学校鼓励教师走出校门积极参与各种学术交流活动。2001—2004年,本校教师走出校门到国内高水平的大学或科研机构进行科研合作、培训,参加国际性、全国性会议达80多人次,外出进修人员40多名。

经过几年的建设,学校在师资队伍建设中取得了较大的成效。不仅教师的数量大幅增加,教师队伍的学缘结构趋向合理,学历结构、职称结构大幅度提高,而且涌现出一批在省内外有较大影响的学者。截至2006年8月,学校共有专任教师634人,外聘教师142人,折合总数705人。各类全日制在校学生11 206人,折合在校生数11 387人。生师比为16.15∶1。在学历结构上,硕士学位教师共265人,占全校教师总数的41.80%;博士生19人。教授50人,副教授152人。省级学科带头人2人,省青年骨干教师45人,校青年骨干教师29人。

在这支教师队伍中,涌现了一批优秀人才。如邝代治、刘沛林两位教授先后被评为湖南省普通高校学科带头人。2005年3月,刘沛林教授被评为湖南省首批"新世纪121人才工程"第二层次人才,张登玉教授、朱迪光教授被评为第三层次人才。刘沛林教授还入选了教育部"2005年度新世纪优秀人才支持计划"。另有14位教师获得曾宪梓教育基金会教师奖。

四、校园网建设

学校是湖南省内较早建设校园网的高校之一。1999年,学校开始启动校园网络建设,是湖南省高校首个千兆光纤校园网。校园网采用千兆以太网技术,网络主干线路为千兆光纤,100M/10M到桌面,完成了530个信息节点的综合布线,光纤接入8栋教学及办公楼,网络管理中心和主节点采用CISCO 2620路由器,Accelar 1200中心交换机,楼栋采用了11台千兆及百兆的交换机,一期工程总造价为820 516元。在全省当时建设的校园网中,是投资效益最高的高校,学校校园网同时通过64K DDN线路接入CERNET。

校园网建设第二期工程于2002年12月完成。至2006年年初,已经完成了三期的建设工程,累计投资2 000万元。有主干交换机70多台、万兆光纤核心三层交换机4台。校园网设计先进、设备齐全、实用性和综合性较强。为适应学校数字化校园建设的需要,学校和中国电信衡阳分公司经过协商合作,将校本部、初等教育学院以及继续教育学院等部门以FTTB+LAN方式联成一体组成校园办公网,新增光纤连入9栋教学楼、办公网络独享一个100M园区交换机端口接入中国电信宽带网。18栋学生宿舍1 316间及31栋家属楼800户以

FTTB+LAN方式组建成宽带接入网，实现"百兆到楼，十兆到桌面"。所有办公楼、教学楼、学生宿舍、教工宿舍均实现了光纤互连，提供近3 000个有线信息点，校园网已经通达了学校的每一个角落。至2006年年初，校园网上的计算机已超过2 000台，日常同时在线计算机近1 000台。

学校于2005年全面启用了教育行政办公系统（OA系统）。该系统利用电信运营商的网络资源，基于LOTUS DOMINO/NOTES软件平台，通过电子化、数字化技术手段实现了学校各部门的日常办公业务流程，杜绝了传统办公管理过程中的漏洞，实现了办公业务的高速、高效、科学化和智能化。

2006年，学校着手设计规划数字化校园建设，与中国电信衡阳公司合作，计划投资2 000万元，以万兆交换机为核心，部署了一台千兆防火墙（VPN）并配备了相应的入侵检测。添加了一台百兆防火墙和一台邮件网关来确保WEB、MAIL等服务器的安全，有效地防范了各种网络攻击行为，阻止了大量非法入侵。一期工程已于2006年8月底完工。

为保证校园网运行高效可靠，学校专门成立了信息与网络管理中心，负责校园网的建设、管理和维护。信息与网络管理中心还制定了《衡阳师范学院校园网管理办法》《衡阳师范学院校园网收费管理办法》《衡阳师范学院信息网络国际互联网安全管理规定》《衡阳师范学院校园网用户入网责任书》等规章制度，保证了网络正常稳定的运行和使用。

第四节　教学与科研

1999年6月，国家召开了第三次全国教育工作会议，对我国现代教育产生了重大影响，标志着中国教育从精英教育向大众化教育的重大转变。在这个转折时期，衡阳师范学院一方面采取措施，实现由专科教育向本科教育的大提升；另一方面，在专业设置、学科建设、课程结构、教学内容、教学方式、教学管理、科学研究、毕业生就业等方面深化改革，尽快将学校建设成一所合格的本科师范院校。

一、教学工作

衡阳师范学院自成立后，学校采取一系列的措施，如开展"本科意识大讨论",每两年召开一次教学工作会议,总结和探讨教学工作等,不断深化教学改革,加强教学管理,努力提高本科教学质量。1999年以来,衡阳师范学院的教学工作可以分为两个阶段。从1999年至2002年为第一阶段,是学校实现由专科教学向本科教学的转变阶段;从2003年至2006年年底为第二阶段,是学校全面提高教学质量的时期。

（一）专业建设和学科建设

为了贯彻落实第三次全国教育工作会议精神和国务院颁布的《21世纪教育振兴行动计划》,根据《衡阳师范学院"十五"计划和2015年发展规划》,教务处和科技处分别于2000年制定了《衡阳师范学院"十五"专业建设规划》《衡阳师范学院"十五"学科建设计划》《衡阳师范学院重点学科建设办法及目标》等文件,加强学校的专业建设和学科建设。

1. 专业建设

专业建设是高校扩大规模,优化结构,体现特色,提高办学质量,培养高素质人才的一项根本性的建设项目。根据我国经济与社会发展需要和学校定位,学校按照"立足师范专业,逐步发展非师范专业;以本科专业为主,适当保留专科专业;分类建设,强化特色;加强专业内涵建设,注重专业外延发展"的总体目标和基本方针,积极调整专业结构,培育优势学科专业群,着力提高学科专业的整体水平。

1999年秋,学校只有7个本科专业,即汉语言文学、英语、地理科学、数学与应用数学、物理学、化学、美术学。次年,又增加了思想政治教育、音乐学、历史学、计算机科学与技术。上述11个专业都是原衡阳师专时期的专科师范教育专业,涵盖文学、历史学、理学3个学科门类。为了改变学科偏窄、基础相对薄弱的局面,学校根据"多科性教学型师范本科院校"的办学理念,经过校内外专家和校学术委员会的论证,有计划、有步骤地建设了一批新专业。新专业绝大多数是在原有专业基础上根据自身特点和社会需求设置的,如以物理学、计算机科学与技术、数学与应用数学等专业为依托,创办了电子信息科学与技术、信息与计算科学、信息管理与信息系统等专业;以地理科学、计算机科学与技术专业为基础,创办了旅游管理等专业;以汉语言文学为基础,创办了新闻学、广告学、编辑出版学等专业;以美术专业为基础,开办了艺术设计专业;以化学专业为依托,创办了应用化学、高分子材料与工程、化学生物学等专业;以历史学、思想政治教育专业为基础,创办了法学和经济学专业;等等。至2006年8月,学校的本科专业共有31

个，其中师范专业14个，非师范专业17个，涵盖普通高校本科专业目录中的法学、文学、历史学、教育学、经济学、管理学、理学、工学8个学科门类。这些新办专业扩大了学校的办学规模，改变了学校原来单一的师范结构模式，适应了经济和社会发展对人才培养的要求。同时，师范专业与非师范专业相互促进，提升了教师的教学水平，为学科交叉融合、共同发展打下了良好的基础。

为了加强专业建设，学校成立了由主管校长负责，校内外资深专家和教授组成的学科专业建设指导委员会。学校设立了"专业建设专项经费"，并保持专业建设经费逐年增长，支持新办专业的起步和发展，尤其是在师资、图书、实验室、实习基地等教学条件和基础设施建设方面，投入大量的人力、物力和财力，来保障和加强新办专业的教学基础建设，完善新办专业的办学条件。在专业建设过程中，衡阳师院按照"学科支撑，重点突出，改造提升"的原则，有计划、有步骤地建设了一批有一定影响的优势专业。2004年，已确立汉语言文学、物理学、化学、美术学、旅游管理等5个专业为学校首批重点建设专业。2005年，又确定了6个第二批重点建设专业。特别是2001年，地理科学被确定为省级重点建设专业，并于2005年通过了省教育厅的验收评估，成为学校第一个省级重点专业。2006年7月，学校的有机化学、美术学两个专业又被确定为湖南省"十一五"普通高校重点建设专业。这些专业在学校建设中发挥了良好的示范作用，为创建特色鲜明的"品牌"专业和形成新的专业发展支撑点奠定了良好的基础。

2.学科建设

学科建设是高校一个永恒的主题，是衡量一个学校办学层次和学术水平的主要标志之一。为此，衡阳师范学院提出了"以学科建设为龙头，以重点学科建设为核心"的口号，本着"集中力量，突出重点，整体提高，协调发展"的原则，巩固基础学科，加强优势学科，扶植新兴学科。经过几年的努力，学校学科建设无论是在门类、师资队伍、办学条件，还是教学质量、科研水平都得到了大幅度提升。

2000年，学校首批确定了历史学、中国古代文学、光学、有机化学、人文地理学5个校级重点学科，经过第一阶段三年（2001—2003年）的建设，均取得迅速的发展。后又新增了马克思主义、政治经济学、文艺学、分析化学、自然地理学、美术学、体育教育学等校级重点学科。至2006年，学校共有校级重点学科12个。

在重点学科建设过程中，衡阳师院无论是从队伍建设、图书资料、仪器设备、课题申报、运行经费、用房等方面都优先加以考虑。如经费上，除给予建设启动经费外，每年都给予1.5万元的资助。校科技处参照湖南省重点学科建设年度检查评价指标体系规定的6个一级指标，制定了《衡阳师范学院院（校）级重点学科评估指标体系》，从学术队伍、科学研究、教学水平、学术活动、条件建设、经费使用和管理等方面细化了重点学科的评价体系，指导和督促校级重点学科建设。

2006年7月，学校人文地理学、有机化学、古代文学3个学科被评为湖南省"十一五"普通高校重点建设学科，这是学校学科建设的一个突破。人文地理学形成了一支结构合理、素质优良，以高职称、高学历为特色，以中青年教师为主体的学科队伍。该学科以科研项目为依托，围绕人居环境学、区域经济与旅游规划、资源环境管理与区域可持续发展3个主要方向，形成了以人文地理学的区域性应用研究为重点，以人居环境研究为特色的学科特点。2001年来，共承担国家级课题3项。有机化学学科在金属有机化学、有机配位化学和有机分析化学方面取得了一批创新性成果，具有一定的学科优势和特色。新建了基础有机化学实验室及有机合成实验室，能满足300多名学生同时完成教学大纲所规定的全部基础实验。该学科曾获得全国教育科学"十五"规划课题1项，主编了《有机化学》教材。古代文学学科的研究特色主要表现在三方面：一是注重地方特色文学的研究，以研究王船山文学与学术思想为重点；二是以文化为视角研究中国古典诗歌、小说；三是中西方文学理论。该学科承担了国家社科基金项目1项，省级课题13项，出版专著7部。

在《衡阳师范学院"十一五"发展规划》和《衡阳师范学院"十一五"重点学科建设规划》中，学校对学科建设提出了符合实际的发展规划。到2010年，经过"十一五"建设期的不懈努力，建设好15个校级重点学科，2~3个省级重点学科，使这一批重点学科达到硕士学位授予权的各项条件。

（二）教学管理

教学管理水平是衡量一个学校教学水平的重要标志，也是一个学校提高教学质量的重要保证。1999年以来，学校在教学规章制度建设、管理队伍建设、教学质量监控和学风建设等方面取得了较大的成绩。

1. 教学规章制度建设

从1999年开始，学校按照本科教学工作水平评估指标体系的基本要求，遵循本科教学管理的规律，制定和修订了一系列教学管理规章制度。学校先后制定了专业建设规划、实验室建设规划，制定与修订了课程教学大纲、课程考核大纲、实践教学大纲、实验指导书、实习指导书等教学基本文件，修订和完善了教学基本建设管理、教学运行管理、实践教学管理、教学组织管理等方面规章制度共60多个。尤其是《衡阳师范学院本科教学工作规程》是规范本科教学工作、保证人才培养目标实现的重要文件，它对本科教学的流程和管理做了明确的规定。至2005年，学校已经形成了一套健全的教学管理制度体系和教学工作激励与约束机制。

2. 教学管理队伍建设

在教学管理队伍的建设中，学校注意把一批年富力强、懂得教学、擅长管理的人员充实到教学管理的队伍中。经过几年的建设，已形成了一支学历结构、年龄结构、职称结构合理且相对稳定的教学管理队伍。至2006年上半年，学校共有教学管理人员78人，其中高级职称（职务）28人，占35.90%；硕士以上学位者15人，占19.23%；45岁以下的65人，占83.33%。教务处教学管理人员共17人，副高以上职称的占17.65%，硕士学位以上的占17.65%。在全校22名教学主任中，有教授5人，副教授14人。为了提高管理水平，学校经常组织教学管理人员参加各类业务培训。

3. 制定科学的教学质量监控体系

学校一直把教学质量视为发展的生命线。为此，根据人才培养目标要求，按照合理性、系统性、可操作性相结合的原则，经过几年的探索，至2005年，学校已经建立起一套较为科学、规范的教学质量监控体系。在2006年3月召开的衡阳师范学院第四届教学工作会议暨第二次评建工作动员大会上，把它概括为"三点四线五面"立体化教学质量监控体系。其中，"三点"是教学质量监控的主要内容，"四线"是教学质量监控的执行主体，"五面"是教学质量监控的重要手段。

"三点"是教学质量监控的三个重点，即课堂教学、实践教学和考试管理。课堂教学主要是通过规范教学计划、课堂讲授要求和教学质量评价等教学制度，为监控提供制度保障；采取常规教学检查（查教案、讲稿、作业等）、听课、学生座谈等来加强教学质量监控。从1999年开始，学校建立了听课制度。如规定校领导每人每学期须听课4学时以上，系部正、副主任每人每学期听课在18学时以上。这对教师的教学水平和学校教学质量的提高起到了良好的促进作用。同时，2001年以来，学校还实施了教师的教学质量评估制度。评估成绩由专家组、学生和同行评分三部分组成，根据得分将教师教学分为A、B、C三类。对评为A类课的教师在年终津贴发放时给予适当奖励，对C

类课教师则扣发一定的酬金。实践教学主要是抓住实验、实习和毕业论文三大关键环节；在考试管理方面，通过颁布《衡阳师范学院考试管理条例》等制度，对考试的各个环节进行规范，并通过实行各系（部）交叉监考，行政人员参加巡考等措施，加强对考试的监控。

"四线"即教学工作线、学生工作线、校系督导工作线和校领导工作线。教学工作线以教学管理队伍为主，主持制定各教学环节的质量标准，开展各项检查评估；学生工作线是以学生管理队伍为主，加强对学生的教育和管理，督促和帮助学生提高学习积极性和学习效率。2004年年底，学校建立了学生教学信息员制度。第一批学生教学信息员为54人。校系督导工作线是为了加强对教师教学和学生学习情况的检查、评估、指导和督促。校级督导重在督促、系级督导重在指导，上下结合，督导呼应。为了加强督导团的建设，2004年，学校颁布了《衡阳师范学院教学督导团工作条例》，对教学督导团成员的基本条件、工作职责、组织管理、待遇做了详细的规定。督导团以本科教学为主，深入教学一线，定期开展听课和教学巡视，及时反馈信息。

"五面"即专项评估、课程考核、教学竞赛、过程督查、社会评价五方面。专项评估是指对教学和管理工作开展的各项评估活动，包括教师课堂教学质量评价、毕业论文工作评估、专业办学水平评估、教学运行检查评估等；课程考核是指通过改革考核方式等措施来监控学生学习效果；教学竞赛是指通过教师教学比武、十佳青年授课教师评选、教学名师评选、A类课教师公开课等办法来促进教学质量的提高；过程督查是指对教学和管理工作的动态过程进行监控；社会评价是指毕业生质量跟踪调查、毕业生对教学满意度的调查等。

与此同时，教学管理手段不断改进。随着校园网的开通，学校适时将原计算机辅助教学管理系统升级到网络版。从2003年开始，学校通过购置和自行研发教学管理软件的方式，积极推进教学管理手段现代化的建设。先后购置了"学籍管理系统""成绩管理系统""精品课程开发管理系统"等教学管理软件，并组织本校教师自主研制了"考试分析系统""网上选课系统""自动排课系统""成绩管理综合信息系统"等教学管理软件。教学管理系统不仅具备日常管理的基本功能，还具有电子公文发布、教学管理文件制度、基本教学信息采集与发布、精品课程教案、教改信息、学籍、教师、网上选课、网上评教、考务、网上成绩登录与查询、网上答疑、等级考试网上报名等管理功能模块，有效促进了教学管理水平的提高。

（三）教学改革

学校坚持以教学为中心，把教学质量视为学校的生命线。学校根据人才培养目标和现代教育改革与发展的要求，在教学上进行了一系列积极稳妥的改革。如实行学分制、进行教学内容和课程体系改革、不断探索新的教学方法和手段、重视实践教学、加强教学研究和进行教材建设等。通过上述一系列综合配套措施的改革，使教师的教学水平跃上了一个新台阶。

1. 编制符合本科教学需要的人才培养方案

学校提出了"厚基础、宽口径、高素质、强能力"的人才培养模式。所谓"厚基础"，就是将人才培养放在从招生到就业整个流程中进行综合思考，贯彻通识教育与专业教育相结合的思想，在精炼专业课程的同时，加强对学生的基础培养，在夯实基础之后再对其进行专业培养。在培养方案中公共基础课和学科基础课占到总学时（学分）的80%左右，从而为学生终身学习与发展奠定了坚实的基础。"宽口径"，就是为了拓宽学生的专业口径，各专业均设置了宽口径的多个专业方向和课程组。"高素质、强能力"，就是坚持共性与个性、统一性与多样性的统一，在使学生达到专业培养基本规格的同时，充分尊重学生的个性，通过将限定选修课和任意选修课的学时（学分）数扩大，并开设全校的公共选修课程，开展多元化的教育，努力提高学生的综合素质和创新能力。总之，衡阳师院在人才培养模式的建构中，力求使学生成为既有特长，又能适应社会发展多样性需求的复合型高级专门人才。

2. 实行学分制

实行学分制是高等院校教育教学改革的需要，是提高教学质量，调动学生自主学习的积极性，促进高校教育事业可持续发展的重要举措。20世纪80年代以来，我国一些办学条件较好的院校相继实行了学分制。学校在1999—2003年，由于刚刚升格，首要任务是让全校教学和管理人员树立"本科意识"，掌握本科教学的要求、方法和流程。随着这一任务的基本完成和高等院校教育教学改革的需要，衡阳师院决定从2004级开始推行学分制。

2004年4月，学校颁布了《衡阳师范学院学分制实施办法（试行）》和《衡阳师范学院学分制学籍管理实施细则（试行）》等文件，以规范和指导学校学分制的实施。其中《衡阳师范学院学分制实施办法（试行）》规定：学校采用绩点学分制。本科专业学生累计修业时间为3~6年。在一个学期内，一般课程，每15~18学时计1个学分；体育课每30~36学时计1个学分；集中进行的实践教学环节（包括专业见习、教育实习、毕业论文或毕业设计、社会调查、军事教育等）每周计1学分；学生参加某门课程的学习并考核及格即取得该门课程的学分，本科生应修读学分数为180±10。对考核不及格的课程，必修课和限选课必须重修，其他课程可重修或改修不同课程。该办法还对选课程序、成绩考核、免修、辅修、双学位、休学、停学与复学、肆业、结业、毕业等做了具体的规定。

3. 推进教学内容与课程体系的改革

衡阳师院教学内容与课程体系改革的总体思路：按照"厚基础，宽口径，高素质，强能力"的要求，不断更新教学内容，改革课程体系，整体优化各专业的知识结构和课程体系；按照"择优扶植，重点建设，注重效益，保证质量"的原则，加快重点课程和精品课程的建设。

基于上述总体思路，学校根据专业的特性，完善教学计划，编写和修订教学大纲与考试大纲体系。至2001年9月，已有18个专业制订了本科教学计划，并汇编成《衡阳师范学院本科专业教学计划》，这是一种学年制的人才培养计划。在该教学计划中，把课程分为必修课程和选修课程两大类。前一类课时占80%左右，后一类课时约占20%。

2004年，学校开始实行学分制的教学计划，逐步由学年制的人才培养模式向学分制的人才培养方式过渡。学校发布了《关于制定2004级本科专业人才培养计划若干意见》。2005年，学校又出台了《关于制定2005级本科专业教学计划的通知》，针对2004级教学计划在运行过程中存在的一些问题进行了调整和完善。课程模块设置包括公共基础课（含必修课、选修课），约占60个学分；专业课程（含必修课、选修课），约占80个学分；跨学科类选修课（旨在培养学生人文修养与科学精神），约占4个学分。为了体现师范特色，学校还在师范类专业增设了教师教育类课程（含必修课、选修课），约占18个学分。整个教学计划原则是，一般专业课堂教学部分的学时不得超过2 600学时。在这个方案指导下，各专业根据教学计划，不断优化课程体系。如物电系在物理学专业2000级学生中试行将"力学、理论力学、量子力学"3门课改革成1门综合力学，并编写了相应的教材《新力学基础》，这既减少了课时数，又增强了课程的系统性、连贯性和科学性。

加强重点课程建设与推进精品课程的建设，是学校深化教学内容和课程体系改革的又一个重要内容。几年来，学校制定了与课程建设有关的管理制度，如《衡阳师范学院重点建设课程管理条例（试行）》《衡阳师范学院重点建设课程验收评估办法（试行）》等条例，深化教学内容和课程体系改革，使学校课程建设稳步推进。从2004年开始，学校着手评选重点建设课程。到2006年6月，学校共有文化史、哲学、中国古代文学、光学、数据结构、人文地理学、有机化学、高等数学等重点课程和重点建设课程共38门。2004年，人文地理学和有机化学被确定为校级精品课程。2006年6月，有机化学、人文地理学、光学、色彩构成被评为湖南省精品课程。

4.教学方法与教学手段的改革

学校积极在实践中探索启发式、讨论式、交互式、探究式等教学方法，推动教师的教学方式由知识传授型向研究型转变，促进学生由接受式学习向探究式学习转变，以培养学生的自学能力、独立分析和解决问题的能力。

同时，学校还在教务处下设了现代教育技术中心，不断推进现代化教学手段的合理运用。从1999年至2006年年底，学校已建成了多媒体教室39间，语音教室27间，共6 538个座位。另配备供教学用计算机2 398台，每百名学生达21台计算机。学校鼓励教师开展多媒体教学研究，自行研制多媒体课件。2003年，采用多媒体教学的课程为133门，2004年为210门，2005年上升至280门，其中引进和制作多媒体课件的有174门课。在湖南省组织的两届高校教师多媒体软件大赛中，学校教师自行研制的多媒体课件共获得省级一等奖3项、二等奖7项、三等奖12项，还有1项获国家级三等奖。

在师范专业中，学校专门开设了"现代教育技术"课程，以推动师范专业学生在教育实习和毕业后能够运用现代化手段教学。同时，学校在西校区建立了微格教学系统，共有8间微格教学实训室供师范生从事教学练习用。

为了落实教育部2001年4号文件中关于在"十五"期间推进双语教学工作的精神，学校于2004年3月颁布了《关于开展双语教学工作的实施意见》，对双语教学课程的设置范围、教学形式、教师资格认定及培训进修等做了具体的规定。2004年下学期以来，学校已有美国史、语言学概论、无机化学（由2位教师分别开设）、旅游文化、地理信息系统等12门课实行了双语教学。

5.加强教学研究，促进教学改革

学校制定了《衡阳师范学院教育教学研究条例》，鼓励教师从事教学研究，每年都拨有专项经费加以资助。1999—2005年，学校共获得各级各类教研课题300项，其中省级教研课题12项，国家级教研课题共5项，均为全国教育科学规划课题，即许金生教授主持的"新世纪高等师范院校课程开发与教材建设"，陈列尊副教授主持的"信息化进程中的教育技术发展研究子课题"，饶平教授主持的"新世纪普通高校体育课程评估与终身体育问题的研究"，刘沛林教授主持的"中小学环境教育创新与高师地理课程改革研究"等。这些教学研究成果直接促进了学校的教育教学改革。如数学专业分别于2002年和2003年起在高等数学和中学数学教学论课程教学中进行研究型教学和交互式教学的实践和研究，取得了良好的效果，并分别获得衡阳市科技局和湖南省教育厅教学方法改革课题立项。据不完全统计，从1999年至2006年年底，学校共获得省级以上的教学成果奖21项。其中刘学圃教授等主持的省级课题"师专数学教育专业素质教育的目标与课题设置"获国家教学成果二等奖。

6. 加快教研室建设

教研室是学校的基层教学管理单位，对深化教育教学改革，提高教学水平和教学质量起到重要的作用。在专科时期，教研室建设开始起步。衡阳师院成立后，于1999年下半年重组了教研室。为了加强教研室建设，学校先后颁布了《衡阳师范学院教研室管理条例》《衡阳师范学院教研室工作考核评估办法（试行）》和《衡阳师范学院教研室工作考核评估指标及等级标准》等文件，就教研室组织建设、制度建设及执行情况、师资队伍、教学档案资料、教学活动、科研、评估机构及方式和程序等内容做了具体的规定。各教学系部挑选教学科研能力强的教师担任教研室主任工作。2002年12月，教务处对全校54个教研室组织了首次评估。通过这次评估，教研室建设取得了阶段性成绩。随着学校专业的扩展，教研室也在不断增加，到2005年年底，增至77个。各教研室在学校教学和科研中发挥了基础性的作用。

7. 重视教材建设

1999年以来，学校重视教材的选用工作，制定了相应的教材选用制度。2005年，学校又根据改革的需要，制定了《衡阳师范学院关于加强教材建设和管理的若干意见》及《衡阳师范学院教材工作管理条例（试行）》（以下简称《条例》）等制度，对教材的选用、征订、发放、编写以及教材的评估等做了明确的规定。《条例》要求各教学单位选用高质量、有特色的教材，选用国家和省部级规划教材、面向21世纪课程教材、教育部推荐教材以及各类获奖优秀教材，且规定教材版次应以近三年出版的新教材为主。2003—2006年，学校有74%的教材是选用"面向21世纪教材""全国规划教材""教育部推荐教材"和获得省部级以上奖励的教材，其中大多数是近三年出版的教材。

同时，学校设立教材建设专项基金，对公开出版的教材，按照出版社的档次和教材所适应的学历层次分类奖励，鼓励教师开展教材编写。学校先后组织教师申报和参与了"湖南省21世纪课程教材"、湖南省"两课"教材主编竞聘、全国教育科学"十五"规划课题"高等教育百门精品课程教材建设计划"等活动。1999年以来，学校共主编和参编教材64部，编写各类参考书38部，其中一些教材在省内外产生了较大影响。如许金生教授主持的全国教育科学规划办"新世纪高等师范院校课程开发与教材建设"课题的子课题项目，共出版有影响的教材3部。其主编的教材《现代卫生学》一书，共135万余字，被教育部列为研究生教学的主要教材之一。此外，许金生教授、邝代治教授、张登玉教授还分别主编了"新世纪高师规划教材"中的《仪器分析》《有机化学》《光学》教材；皮修平教授主编了《马克思主义政治经济学原理》教材，在2004年初获得中南6省（区）优秀教育读物一等奖；杨载田教授主编的《中国旅游地理》，是湖南省面向21世纪课程的立项教材，荣获湖南省优秀教材一等奖。

（四）加强实践教学

1. 实践教学体系的变革

学校在设计实践教学体系时，始终保持整体性（即理论教学与实践教学相互联系、相互渗透）、有序性（即把不同层次的实践教学环节连成一个体系，使实践教学由低层次向高层次结构转变）、开放性（即实践教学环节涵盖校内校外）和高效性（避免实践教学内容重复，节省经费和时间）四个原则，将实践教学环节分成基础实践、专业实践和综合实践三大模块。基础实践是培养学生进行大学学习乃至终身学习所需要的一些基础性技能；专业实践的目的在于拓展学生的专业知识，培养学生掌握基本的专业技能与方法，促进学生思维与创新能力的提高；综合实践在于培养学生综合运用知识分析问题、解决问题的能力与素质，促进学生创新精神与能力的发展。这三大模块都被纳入本科教学计划之中，且有明确的时间要求和学分要求，各专业实践教学环节学分已达20%左右。

在师范专业，除了完成规定的教育考察、教学调查和模拟教学外，还必须完成为期6周的集中教育实习；对于非师范专业，根据其专业特点，分别规定了3~6个月的实习时间，还要完成相关的专业考察或实训等任务。为了保障实习实训的有效开展，学校制定了《衡阳师范学院教育实习工作管理条例》《衡阳师范学院专业实习工作管理条例》等规章制度，由教务处具体负责对实习实训的管理。同时逐年增加实习经费，其中2003—2006年共投入实习经费415万元。

随着实践教学内容的更新，学校不断修订课程计划，同步修订了《实践教学大纲》。2005年年底，学校又组织各专业进一步修订了实践教学大纲，对实践教学内容进行了全面更新。

2. 加强实验室建设

1999年以来，学校按照"加大投入、规范管理、确保教学工作和实验室建设需要"的原则，根据学科专业建设与发展要求，对实验室进行科学设置、适时调整。2003年以来，学校积极筹集资金，大力加强实验仪器设备的投入，共新增仪器设备总值2 862万元，占全部仪器设备值的47.50%。2006年，学校组织了大型仪器设备采购论证会，全年共采购教学科研设备2 116台（件），采购金额1 446.8万元。至2006年8月，学校共有教学仪器设备总值6 027万元，生均5 293元。

到2005年年底，学校已初步建立起符合专业设置和实验教学要求、配套完善的实验室体系。学校有8个系建有实验室，即资源环境与旅游管理实验室、计算机科学实验室、数学与计算科学实验室、心理学基础实验室、化学与材料科学实验室、物理与电子信息科学实验室、人体科学实验室、新闻与传播学基础实验室和经济与法律实验室共8个实验室，占房203间，实验室面积13 058.4平方米。另外，随着次年新校区部分教学楼的建成，各类实验用房建筑面积达到约61 925.9平方米。

为了加强实验室的管理，提高实验室的工作效率，学校制定了《衡阳师范学院实验室管理条例》。以此为依据，各系部又制定了详细的管理规定。如基础物理实验室制定了《实验室低值品、消耗品管理》《基础物理实验室实验课程考核办法》《仪器设备借用办法》《易燃、易爆、剧毒物品管理办法》《实验室安全规则》等。学校对实验室仪器设备，逐一进行了建卡登记，做好养护和保养工作，管理做到微机化、网络化。

至2006年上半年，学校按照教学大纲的要求，实验项目开出率为100%。在实验室的开放方面，2005年12月，建成了物理基础教学实验室、地理基础教学实验室和计算机基础教学实验室等三个校级开放式基础教学实验室，先后于2004年、2005年和2006年夏分别向全校学生开放。2003—2004学年，学校共开设68门实验课程，其中综合性、设计性实验课程为50门，占实践课程总数的73.50%。2005—2006学年，共开设107门实验课程，其中综合性、设计性实验课程为88门，占实践课程总数的82.20%。

在学校众多的实验室中，以基础物理实验室和基础化学实验室规模大、设备齐全、管理规范、使用率高。2006年，这两个实验室都被评为省级基础示范实验室。现将这两个实验室简介如下。

基础物理实验室设立于1999年，是学校设立较早的实验室之一，承担着全校相关专业多门课程的实验教学任务，后发展为物理与电子信息科学实验室。基础物理实验室是全校基础课和技术基础课物理实验教学场地，承担了物理、电子信息科学与技术、数学、化学、计算机共5个专业的普通物理学、力学、热学、电磁学、电工学、光学、模拟电子技术、数字电子技术等8门课程的实验教学任务。经过几年的建设，至2005年年底，基础物理实验室用房有49间，使用面积3 567平方米，共有仪器设备总台件2 838台（件），总价值750.3万元。该实验室根据教育部关于基础课教学实验室评估标准为指导，保证基础课实验按一人一组，技术基础课实验按两人一组的使用要求，保证了不同项目实验学生使用面积达到3平方米／人以上。

基础化学实验室始建于20世纪50年代末，其前身是衡阳师专化学实验室。学校升格后，更名为基础化学实验室，承担基础化学实验教学任务。实验室由无机化学实验室、分析化学（含仪器分析）实验室、有机化学实验室等7个正式建制的实验分室组成。1999年以来，学校累计投入经费400余万元，用于完善实验教学仪器设备的建设。至2006年年初，该实验室拥有固定资产500多万元，实验教学用地面积3 000多平方米。该实验室建立了严格的、完整的管理体系。基础化学实验室担负全校化学专业、应用化学专业、高分子材料与工程、化学生物学等4个本科专业的实验教学工作。开设了17门实验课程，开出的实验项目近300个。

3. 实习基地建设

学校实习基地建设包括师范类和非师范类两个部分。学校成立之初，主要建设师范类实习基地。此后，随着非师范专业的增加，学校把实习基地建设的重点转向了非师范专业。

1999年以来，学校根据实习专业的特点及实习单位的具体情况，采用"一次性投入，监控使用"的原则，从硬件和软件两方面进行实习基地的建设，重点放在硬件建设方面。在选定符合条件的实习单位后，双方签订"实习基地建设协议"，在此基础上学校一次性投入适当的基地建设经费。1999—2002年，学校已分批分专业与24个实习单位签订了"实习基地建设协议书"，包括衡阳市第五中学、衡阳市实验中学、衡阳县第五中学、衡南县第二中学、衡南县第八中学、衡南县车江中学、衡阳铁路第二中学、衡阳市高兴小学、祁阳县第二中学、祁东县第一中学、耒阳市第二中学、耒阳市蔡子池中学等。到2003年初，部分实习基地协议已接近有效年限，由于学校招生层次的变化，一些实习基地已不再适合继续使用。为此，教务处制定了学校《2003—2006年度实习基地建设发展规划》，以指导建设新的实习基地。学校共投入120万元建设教学实践基地，已建成校内外稳定的教育教学实习基地68个，其中校内实践教学基地6个，校外实践教学基地62个。其中，省级重点中学有衡阳市第八中学、衡阳市第一中学、常宁市第一中学、浏阳市田家炳中学、祁东县第一中学、衡南县第一中学等。另外还有一批满足课程教学实践、社会实践的临时性实习基地。2005年，学校4个实习基地——衡阳职业中专、衡阳中国国际旅行社、衡阳县第五中学、衡阳市八中被评为省级"优秀实习基地"，获得省教育厅表彰。

与此同时，学校还在校内建成了微格教室18间，共288个座位，供师范专业学生实习使用。

为了全面贯彻党的教育方针，加强对学生进行爱国主义教育，帮助学生树立正确的世界观、人生观、价值观，切实提高思想道德素质。学校自1998年以来，先后建立了爱国主义教育实践基地6处，它们是湘南学联、毛泽东同志纪念馆（韶山）、王船山纪念馆、蔡伦纪念馆、夏明翰故居、罗荣桓故居。德育实践基地5处，分别是雁北监狱、雁南监狱、燕京啤酒（衡阳）有限责任公司、友爱里居委会、常宁塔山瑶族乡。教育实践内容涉及革命传统与爱国主义教育、传统文化与民俗风情教育、心理咨询与法制教育、扶贫支教、社会调研、学术研讨等方面。

（五）教学效果

学校通过深化教学改革，不断提高教学质量，使学生的基本理论和应用能力、实践能力、自学能力、创新能力都有明显的提高。

2003—2005年，学校报考研究生的人数分别为359人、496人和521人，实际录取人数分别为71人、129人和101人，被"211"工程大学录取的学生占总录取比例的78.7%、73.2%、66%。

学生对英语基础知识的掌握较为扎实，具有较强的英语表达能力。2003年、2004年、2005年学校本科生大学英语四级考试一次性通过率分别为49.1%、51.9%和66.14%。一次性通过率均高出湖南省甚至全国一般本科院校的平均通过率。

此外，学生在全国、湖南省和衡阳市举办的一系列竞赛活动中都取得了优异的成绩。2003年，在全国教师技能比武中，学校学生获得1项一等奖；同年，在全国校园诗歌赛中，获得全国一等奖1项；2004年，在全国优秀美术作品展览中，获得全国一等奖2项；2004年，在省高校音乐教育专业学生基本功比赛中，获得一等奖1个、二等奖2个、三等奖1个。

从2002级到2004级学生体育锻炼标准和体质测试统计来看，50%以上学生体育锻炼标准达到了优良，总合格人数超过98%。同时，学校组建了各种体育代表队，如田径、定向越野、足球、排球、乒乓球、健美操等多个体育代表队，积极参加全国及省市各种体育比赛。2005年，参加省大学生田径锦标赛，实现了田径单项金牌零的突破。同年，学校成功承办了湖南省大学生女子足球赛，学校女足夺得冠军，并代表湖南省高校参加全国大学生女子足球总决赛。2003年至2006年8月，学校体育代表队获得省级个人奖56人次，团体奖9项。

二、迎接本科教学工作水平评估

学校本科教学工作水平评估，大致经历了两个阶段。第一阶段是2000年至2003年，这是学校迎接教育部本科教学工作水平评估的准备和启动时期，并取得了初步的成效；从2004年至2006年年底是第二阶段，是学校迎接本科教学工作水平评估的攻坚阶段。

2000年，学校成立了教学工作合格评估领导小组，组长为古祖雪，副组长为周玉明、许金生（常务），领导小组下设评估办。领导小组的成立，标志着学校迎接教育部本科教学工作水平评估启动。学校提出了"以评促建，以评促改，以评促管，评建结合，重在建设"的方针。校评估办制定了《衡阳师范学院本科教学工作水平评估指标体系分解及其落实建议》《衡阳师范学院本科教学工作水平评估方案》等评估文件，精心组织了一系列评估工作，取得了初步的实效，并于2002年年底确立了学校接受教育部本科教学工作水平评估的时间为2006年，评估的重点时段是从2003年下半年至2006年12月。

2001年6月17日至19日，湖南省教育厅专业评估专家小组一行6人，对学校1999年开办的7个本科专业进行考察评估。次年6月，学校基础物理、基础化学、基础地理3个实验室通过省教育厅的合格评估。

2003年，学校第一批升格为本科的7个专业（中文、外语、地理、数学、物理、化学、美术）接受申请学士学位授予权的评估。在同年5月结束的湖南省人民政府学位委员会学士学位评审会上，学校申报学士学位授予权单位及7个学士学位授予专业获专家组全票通过。标志着学校四年来办学理念、办学层次、教学质量、学术水平和学生素质等方面实现了由专科教育向本科教育的实质性提升。

根据教育厅《关于开展2003年普通高等学校专业办学水平评估的通知》精神，2003年10月底，省教育厅对学校1999年新设立的7个本科专业，进行了专业水平评估，7个专业全部顺利地通过了评估。

这一阶段的评估，是2006年本科教学工作水平评估的基础工作，是一个刚升格的本科院校所必须经历的"考试"。

进入2004年以后，学校迎接教育部本科教学工作水平评估工作进入实质性的攻坚阶段。在这一阶段，学校迎评促建工作目标明确，即实现"确保合格，争取良好"的目标，树立"人人都是评估对象，事事都是评估内容"的意识，充分认识到"评估"是加速学校建设和发展的良好机遇。为此，学校在2004年5月召开了第三届教学工作会议暨迎评促建动员大会，组织全校师生员工学习领会教育部本科教学工作水平评估文件精神，开展迎评促建培训研讨学习活动，召开各类迎评工作专题会议，讲解评估指标，把握评估要求，明确了各部门和个人的工作责任和工作任务。

2005年底，校评估办已撰写了《衡阳师范学院本科教学工作水平评估自评报告》初稿，下发给各部门讨论修改。

进入2006年，学校评建工作的主要任务和目标是进行专家咨询、诊断评估以及进一步整改、建设。同时，集中整治校园环境，迎接省教育厅预评估，并根据省评估专家意见抓建设、抓整改，全面做好迎接教育部正式评估的一切准备工作。

2006年年初，教育部正式下发了关于2006年本科教学工作水平评估的学校和评估时间一览表，学校评估时间确定在2006年12月24日—29日。

2006年6月20日—25日，学校邀请南华大学校长助理涂玉林教授等专家，按照教育部本科教学工作水平评估要求对学校本科教学水平进行了自评。10月16日—20日，湖南省教育厅本科教学工作水平评估11位预评估专家，在以长沙理工大学张志沛教授的率领下，对学校本科教学工作水平进行评估。20日下午，举行了反馈意见会。专家组肯定了学校这几年来的办学成绩，同时，就办学指导思想、师资队伍、教学管理等方面提出了整改意见和建议。

12月24日—29日，教育部本科教学工作水平评估专家组一行11人，在华中师范大学副校长、评估专家组组长李向农教授的率领下，对学校本科教学工作水平进行为期6天的考察评估。专家组严格按照教育部本科教学工作水平评估程序与要求，通过听取许金生校长的本科教学工作水平评估报告，考察了学校的办学条件与环境，观看学校的宣传片，调阅了本科教学工作材料，走访了30个教学单位和职能部门，随堂听课27节，检查了5个专业9名学生的教学技能，测试了119名学生的英语口语、计算机应用能力、物理、化学等专业基本技能，召开了学生、教师、干部等不同类型的6个座谈会，调阅了21个专业969份试卷、19个专业的281篇论文，考察了学校实习基地和用人单位等，对学校本科教学工作进行了全面、细致、客观的考察。29日上午，举行了评估考察意见通报会。会上，专家组组长李向农代表专家组宣读了考察评估意见。专家组充分肯定了学校办学水平方面所取得的成绩：第一，学校定位准确，办学指导思想明确，教学中心地位突出；第二，措施得力，师资队伍呈现良好发展态势；第三，加大投入，办学条件显著改善；第四，管理规范，教育教学改革成效明显；第五，学风优良，人才培养质量不断提高。同时，专家组也就学校发展提出了两点建议：一是要进一步改善办学条件，积极争取更多的经费支持，进一步加大教学经费的投入，重点加强新专业、实验室建设；二是要进一步加强师资队伍建设，继续加大师资引进和培养力度，不断提升教师队伍的层次和水平，促进学科建设。2007年5月23日，教育部印发了《教育部关于公布中国人民大学等133所普通高校本科教学工作水平评估结论的通知》（教高评函〔2007〕1号），学校在这次本科教学工作水平评估中，取得了结论为"良好"的佳绩。

由于学校在本科教学工作水平评估中取得了优异的成绩，省内外高校，如湖南工程学院、湖南城市学院、湖南科技学院、泉州师范学院、湖南农业大学、广西师范大学等10多所高校来校考察学习评建工作经验。

三、科学研究

科学研究水平是衡量高等院校办学水平和竞争实力的重要标尺之一。新兴的本科院校能否形成良好的学术氛围和科研工作机制，能否形成教学和科研的良性互动关系，决定着一个学校能否生存和发展。衡阳师范学院组建以来，提出了"以教学带科研、以科研促教学"的口号，强化学术意识。学校成立了科技处，专门负责学校的科研管理和指导工作，并决定每两年召开一次全校科技工作会议，专门总结和研讨学校的科研工作。努力提高学校科研的整体水平，并在此基础上形成学校的学术群体和科研特色。

（一）强化科研意识，制定科研发展规划

在1999年之前，衡阳师专的科研工作居于全国同类学校的前列。但随着办学层次的提升，学校科研意识不浓、整体水平不强、档次不够高、学术群体和科研特色不强的弱点就凸显出来了。因此，学校采取了一系列措施来强化全校教师的科研意识，提高学校的科研水平。

通过"本科意识"大讨论，使全校上下深刻认识到科研工作的重要性。通过讨论，使全校上下认识到科研工作对于办好一所新兴的本科院校的地位和作用，是学校办学层次实现质的飞跃的重要体现。经过几年的努力，2004年以来，全校上下逐渐形成了科研的群体意识、质量意识和特色意识。以申报省教育厅课题的人数为例，2003年学校共申报11大类课题194项，2004年为172项，2005年为246项。

2004年，学校召开了第二届科技工作会议，副校长刘沛林教授在报告中就学校科研与学科建设和发展策略做了论述。第一，在科研队伍的建设方面，学校提出了以学科建设为"龙头"，加强学科梯队建设。第二，以项目研究为主线，提升课题立项档次。第三，以科研机构为依托，积极拓展横向联合。学校决定以研究机构为依托，结合湖南省和衡阳市经济和社会发展的要求，以基础研究和应用研究为主，积极同各大企业和企业工程中心交流与合作，寻找和构想重点课题，拓展横向联合，推进"产、学、研"相结合。自1999年至2005年，学校先后建立了邓小平理论与"三个代表"重要思想研究中心、旅游规划与设计研究所、湖南省人居环境研究基地、船山研究中心、文化史研究所、光电研究所、应用化学研究所等18个研究机构，为推动学校科研和地方经济的发展，培养研究人才奠定了基础。其中湖南省人居环境研究基地是湖南省2002年首批设立的17个人文社科重点研究基地之一。该基地以地理学科为支撑点，结合经济学、管理学、哲学、法学、历史学等相关学科，共同开展人居环境的综合研究。至2006年，该基地先后获得了3项国家级课题、2项教育部人文社会科学"十五"规划课题、13项省级课题、1项中国和加拿大政府合作项目。

（二）规范科研管理

1.科研管理

科研管理的制度化、规范化是促进科研工作发展的一个基本保障。学校先后出台了《衡阳师范学院科研项目的申报与管理条例》《衡阳师范学院科学基金项目的申请与管理条例》《衡阳师范学院科研经费管理条例》《衡阳师范学院科研成果奖励条例》《衡阳师范学院科研项目经费配套及工作量计算办法》等10多个科研管理条例。这些条例的出台，使学校在学术活动的开展、重点学科建设、课题申报及课题管理等方面有章可循，推动了科研工作的良性发展。在科研管理中，强化服务意识，学校努力建好科研信息网，为科研人员提供及时、有效的科研资讯，认真抓好科研项目的申报、立项、中期检查和结题工作。

从2005年开始，学校的科研管理又实现了两个转变。第一个转变是"由项目型管理向人才型管理转变"，即对科研项目进行全程、全方位的介入。着眼于项目研究过程中科研资源的组合，督促课题组成员以课题为轴心，促进高水平人才的培养、高档次成果的产出和学术群体的形成。第二个转变是"项目管理由零散性、意向型管理向系统性、规范性管理转变"。学校实行校、系及课题负责人三级管理。校科技处加强对课题宏观管理和组织协调等，系部对课题组负责指导、督促、确保项目完成所必要的条件；课题负责人组织做好课题组协同工作，按质完成课题研究。

2.科研奖励措施

从2000年开始，学校设立了科研基金，每年至少投入50万元。这笔资金用于青年科研基金、人才引进科研启动资助、一般课题立项资金、对从校外获得的项目实行1∶1的经费配套，尤其是鼓励40岁以下优秀青年科技人才脱颖而出。另外，加大科研成果奖励力度，定期评选校优秀科研成果奖。对获得市级以上的自然科学奖、科技进步奖、发明奖、社会科学奖等获奖成果给予配套奖励；对核心期刊刊载的论文或被权威刊物转载、摘要的论文、公开出版的著作和获奖的艺术作品给予相应奖励。在《衡阳师院岗位津贴方案》中，突出科研进档的条件。

（三）学术交流

学校建立以来，确定每年投入5~8万元，举办一次学术活动节。2000年1月，举办了为期一周的校首届学术活动节，学术活动节由主会场与分会场两个部分构成。主会场负责外请著名的专家学者来校讲学，另外在各系部设立了14个分会场。各分会场在活动节期间共开讲座50场，外请专家讲学达16人次；共收到校内教职工论文93篇，评出优秀论文41篇。至2006年上半年，学校已举办了7届学术活动节，邀请了国内外大批专家学者来校讲学，其中不少是国内外知名的专家学者，如中国工程院院士范滇元教授、中国社科院文学研究所所长张炯教授，俄罗斯科学院国际生物圈研究中心的首席科学家布格洛夫斯基教授等。仅2003—2005年，学校共外请专家讲学115人次，校内教师学术讲座举行了172场次，师生参与学术交流近3万人次。学术活动节的举行，不仅使学校教师对学术前沿动态有了更深入的了解，拓宽了研究视野，而且为提高学校科研水平、凝练学科方向、创造优秀科研成果打下良好的基础。

2002年以来，学校还举办了中国（衡阳）王船山国际学术研讨会（2002年11月）、中国世界古代史研究会年会（2004年9月）、中国地理学会长江分会2004年学术讨论会等7次省级以上的学术研讨会。这些学术研讨会扩大了学校的影响，带动了学校相关学科和专业的科研工作。

在国际交流与合作方面，学校每年聘请外籍专家6人来校任教，派出人员到国外访学、讲学，邀请国外专家、教授来校进行学术交流。2003年以来，学校先后有4人获得国家留学基金委资助，赴国外留学。

（四）科研成果概览

1. 科研立项

科研立项数量和档次，反映了一个学校科研的整体水平。学校重视科研立项，并投入大量资金资助科研。据不完全统计，自1999年至2006年8月，学校共获得各类科研课题719项，其中国家级课题6项，省部级课题253项。

从科研经费来讲，学校不但在纵向和横向进校经费上不断增长，而且学校对科研资助的总金额也在大幅增加。从2000年到2006年，学校所取得的进校科研经费总额为266.85万元，学校资助的科研经费达544.17万元。

2. 科研成果

1999年至2006年上半年，学校共出版专著41部，在各类学术刊物上发表论文2 659篇，发表作品214件，获得专利2项。在这些学术论文中，根据北京图书馆关于核心期刊的划分标准，教师共在核心期刊上发表学术论文779篇（含作品71件），其中被权威刊物复印、转载和摘录的共429篇，即SCI收录45篇、EI收录27篇、CA收录55篇、MR收录7篇、《新华文摘》转载5篇、人大书报资料中心全文复印58篇、《高等学校文科学术文摘》摘录120篇、CSCI收录4篇、CSSCI收录106篇、CSCD收录2篇。部分教师在《中国科学》《物理学报》《光子学报》和美国光学学会、美国的《分析化学》《有机化学》《无机化学学报》《地理研究》《地理科学》《经济学动态》等国内外著名学术刊物上发表学术论文。获地市级以上政府科研奖励共130项，其中获国家级奖励6项，省部级奖励24项。

在这些科研成果中，影响较大的有刘沛林教授于2001年主持的国家自然科学基金研究项目"中国南方传统聚落景观的区域比较研究"。这是国内外学术界首次对区域聚落景观进行区划研究，也是学校获得的第1个国家级科学研究项目。课题组成员出版了专著1部，发表期刊论文26篇。

刘沛林教授于2003年主持的国家社会科学基金项目"湘西多民族聚居区古城镇的历史地理学研究"，采用溯源法和文化基因分析方法，建立不同时期古城镇的历史景观，从而获得不同历史时期的古城镇的连续断面。另还获得湖南省社会科学3项优秀成果二等奖。

由周唯一教授主持的"南朝学术文化与《文选》研究"，于2006年获得国家社会科学基金立项资助，这是学校获得的第二项国家社科基金课题。美术系阳先顺教授，长期从事中国画的研究与创作。他创作的作品《锦绣山庄》，在2004年获文化部、中国美协主办的"全国第十届美展"银奖，该画由中国美术馆收藏。同年，其作品《梦里家山》获"首届中国美术家协会会员中国画精品展"银奖。2005年，其作品荣获"中国百家金陵画展"金奖。音乐系李纲教授，长期从事作曲教学和创作，其中《常来常往》在2003年中央电视台春节联欢晚会上演唱，《晒秋》《苗山明月》等由宋祖英演唱。《晒秋》还获得了教育部一等奖和优秀创作奖、广电部银奖、文化部"群星奖"。古祖雪教授的论文《国际知识产权法：一个新的特殊国际法部门》，获湖南省社会科学成果评审委员会第七届社科成果三等奖。张少华老师的成果《从新戊二醇副产甲酸钠中回收新戊二醇的方法》获得2003年国家发明专利。

3. 科研特色

衡阳师范学院的王船山研究和人居环境研究，是在全国有影响的两大科研特色，尤其是王船山研究，时间长，成果多，在海内外产生了较大影响。

王船山研究，最早可追溯到民国时期，湖南省立第三师范学校就刻印船山《四书训义》作为教材供师生研习。"文革"后期，衡阳师专的船山研究开始起步。1974年年底，由衡阳地委牵头，组织了由谭雪纯、周示行、曾也鲁等老师参加编写的《王夫之〈读通鉴论〉选注》一书，全书约35万字，次年该书问世。虽然这本书是出于评法批儒政治运动需要而选编的，但带动了衡阳师专的王船山研究。从这时开始，衡阳师专对王船山的研究就从未间断过。1982年，衡阳师专成立了"王船山研究室"，并没有王船山研究。《衡阳师专学报》特设"船山研究"专栏，进一步推动了船山学的研究。同时，多次协王船山学术研讨会，其中影响较大的为1992年纪念王船山逝世300周年的国际学术研讨会在原衡阳师范高等专科学校举行。

1999年，衡阳师范学院组建后，努力将其打造成学校的特色科研品牌，主要表现在以下几方面。（1）研究机构更加健全。2002年，学校将原来的"王船山研究室"更名为"船山研究中心"。2005年10月，湖南省社科院船山分院落户衡阳师范学院。该分院由湖南省社科院、衡阳师范学院联合主管，学术研究业务接受湖南省社科院的指导。同时，2001年，成立了全国大学生第一个王船山研究学会，并编辑刊印自己的刊物《石船山》。至此，学校王船山研究机构已有省级挂靠机构、校级机构和学生机构，为指导和推进王船山研究创造了条件。（2）船山研究的学术队伍壮大。在20世纪90年代，王船山研究队伍为10余人。到2006年，船山研究队伍扩大到20多人，形成了一支以中青年为主体的学历结构和学科结构比较合理的学术梯队，涵盖文学、史学、哲学各个领域。研究方面主要有船山哲学、船山史学、船山文学、船山诗学、船山美学、船山学术研究史、船山教育思想等。（3）成果较多，影响较大。从1982年9月至2005年12月，学校教师发表的各种船山研究的学术论文共128篇，出版专著5部。

为了推动船山学研究，学校先后于2002年和2006年两次举办王船山学术研讨会。其中2002年11月举行的"2002中国（衡阳）王船山国际学术研讨会"，到会的中外代表共80多人。

同时，《衡阳师范学院学报》（社会科学版）在学校及全国发挥了船山学研究的阵地作用。如前所述，《衡阳师专学报》创刊于1980年，1999年更名为《衡阳师范学院学报》，仍为双月刊。1997年和2000年连续被评为湖南省一级期刊，1999年和2006年分别获得"全国百强社科学报"称号，并于2006年成为全国高校人文社科学报核心期刊。《衡阳师范学院学报》（社会科学版）开辟了"船山研究""古村镇研究"和"衡岳文化与经济研究"等特色栏目。其中"船山研究"专栏在国内外有较大影响。该栏目从1982年第3期设立，几十年来相类相续，从未间断，至2005年共发表船山研究方面的文章173篇，160万余字，是全国刊发船山学研究的品牌栏目。该栏目研究内容全面系统，研究方法不断创新，作者队伍精明强干，形成一支相对稳定的颇有学术造诣的学术队伍。有蜚声海内外的船山研究学者，如张岱年、张立文、萧萐父、葛荣晋、陈来、杨国荣等。同时，船山学研究质量稳步上升。1986—2005年，该栏目刊发的文章被人大复印资料中心全文转载的文章已有21篇，索引53篇。2006年3月，《衡阳师范学院学报》（社会科学版）再次荣获"全国百强社科学报"，"船山研究"栏目被评为"全国社科学报优秀栏目"。

"古村镇研究"是《衡山师范学院学报》（社会科学版）的另一个特色栏目。该栏目开办的时间虽不长，但影响较大。如刘沛林教授发表在该刊的《古村落文化景观的基因表达与景观识别》和《古镇各村保护呼唤共同宣言》分别被《新华文摘》2003年第12期全文转载和2005年第20期论点摘要。

（五）大学生科技创新

为了提高大学生的科学素质，培养其科学精神，引导大学生进入科研之门，衡阳师范学院把大学生的科研工作放到学校工作的重要位置。

1999年以来，学校设立了"大学生科技创新基金"，每年拨专款数万元以资助学生开展科技创新活动。制定了《衡阳师范学院大学生科技创新基金项目管理办法（试行）》，规范学生的科技创新管理，并进行科研成果奖励。学校每年开展一次大学生科技创新大赛。2003年至2006年上半年，学校共收到学生科研立项申请书573项，审批学生科研立项资助项目311项，资助经费3.15万元。

学生除参加本校的科技活动外，还参加了全国数学建模竞赛、电子设计大赛、湖南省"挑战杯"大学生课外学术科技作品竞赛和衡阳市科技创新大赛等活动。通过这些科技活动的开展，学校的学风进一步好转，而且还出现了一批有影响的作品和发明创造。如2002年年底，首届本科毕业生李镇东的诗集《稻芒上的蛙鸣》公开发表，引起了社会的关注；2003年，在全国电子设计大赛中获得二等奖1项，数学建模大赛获三等奖1项；2004年，有2项优秀美术作品获全国一等奖；新闻系学生张芊获全国网络文学大赛二等奖；2005年，获得全国电子设计大赛二等奖2项；资源环境与旅游管理系2003级学生刘春腊、徐美，三次获得湖南省大学生科技创新论文或大学生旅游教育创新论文一等奖。特别是物电系2002级物理班学生肖宾宾，改进和发明了新型光盘驱动器，于2005年12月底获得国家专利（专利号为ZL200468158），这是学校大学生首次获得国家专利。该发明将现行使用的光盘驱动器16倍数提高到32倍数，改变了过去光盘驱动器读取数据慢、不稳定的特点，可以广泛地运用于汽车、飞机、家庭影院上的DVD系统中。

第五节　招生与就业

20世纪90年代以来，随着中国特色社会主义市场经济体制的确立，中国教育体制改革向纵深方向发展，教育部对高校的招生和毕业生就业工作实行了全面改革。在湖南省教育厅的部署下，学校的招生与就业工作也随之进行了大改革，转换机制，逐渐建立了一套适应社会经济发展和市场需求的符合学校办学实际的招生与就业管理体制，取得了良好的社会效益。

一、招生与就业制度改革

从恢复高考招生到20世纪90年代中期，我国的教育体制是典型的计划经济体制模式，学校招生计划由国家和省教育主管部门确定，毕业生分配由学校和各级教育部门根据计划统一分配。因此，这一时期，各个高校的招生与分配模式鲜有变化，属双轨制运行。到20世纪90年代中期，全国高校开始实行"并轨"。所谓"并轨"，就是将过去在高校实行的招生、收费、毕业生就业的"双轨制"，合并为一种制度运行。1995年3月18日，湖南省政府召开常务会议，通过了实施招生"并轨"的改革方案。同年开始在湘潭大学和湖南商学院试点，到1997年全面铺开。同时，自1999年起，全国高校开始扩大招生录取比例，即从上一年招生比例的约20%扩大到40%左右，到2000年，又扩大到52%，此后几年又略有增加，这样中国的高等教育已由过去的精英教育转向了大众化教育。高校的"并轨"和"扩招"，给高校增加了巨大的压力，迫使高校走向市场化。一方面，要求各高校在人才培养模式、专业设置等方面进行改革，并要加速学校基本建设；另一方面，各高校的招生与毕业生就业工作的改革也迫在眉睫。衡阳师范学院在升格后，就着手探讨招生与毕业生就业制度的改革。

衡阳师范学院的"并轨"和"扩招"都是从1999年开始的。当时学校的工作重点是放在学校合并与融合、提高教学质量和加大基本建设等方面，对招生与就业体制的改革相对滞后。招生与就业没有组成统一的机构，在教务处下设招生办公室，学生工作处下设毕业生就业指导中心，仍是条块分割的模式。2000年，学校分别设立了招生领导小组和毕业生就业指导工作小组。到2002年，学校正式成立了招生与就业指导处，统一管理学校的招生和毕业生的就业工作。这样招生和就业在机构设置上完成了"并轨"。2004年，该处下设两科，即招生科和就业指导科。

同时，全校上下认真思考"并轨"以后招生和就业工作的变化和特点，主动与市场接轨，全方位地考虑学校招生和就业工作。在毕业生分配观念上，转变过去毕业生单一分配的行政职能，过渡到集指导、管理和服务三位一体的毕业生就业工作运行机制，树立为社会服务，为学生服务的意识。

二、招生工作

1999年以来，学校一方面建立起适应市场需求的符合学校办学实际的招生体制，确立了"立足湘南、面向全省、辐射全国"招生理念，在保证生源数量的前提下确保招生质量。

在1999—2001年，由于学校刚刚组建，专业设置比较单一，生源数量略显不足，其中理科在招生中还适当降分录取，另有部分学生没有来报到。2002年以来，随着学校办学条件的改善，专业的调整和扩展取得了较大的成效，加之当年学校创办的"二级学院"（2004年改组为"南岳学院"）也开始招生。学校生源明显好转，招生超过了国家计划。

从招生的地域来讲，2001年以后，学校实行了跨省招生，从湖北、四川、河南、江西、陕西5省试行招生，共录取本科生162人，专科生10人。至2005年，学校已在全国27个省、区、市进行招生，当年实际录取外省新生872人，占当年学生总数的27%。

学校在2003—2005年的招生计划与执行情况可概括为"一持平，三增加、三减少"。所谓"一持平"指学校每年到校新生与省教委下达的年度招生计划基本持平，且略有增加。所谓"三增加、三减少"，是指本科招生计划逐年增加，专科招生计划逐年减少；本科招生专业逐年增加，专科招生专业逐年减少；南岳学院招生逐年增加，本科定向计划在减少。需要指出的是，在招生中，学校第一志愿录取率相当高。2003年，学校23个招生专业中，省内第一志愿录取率为100%的有13个专业，省内第一志愿录取率在95%以上的有7个专业；2004年，26个招生专业中，省内第一志愿录取率为100%的有15个专业；2005年，学校28个招生专业中，省内第一志愿录取率均为100%，高出全国生源第一志愿平均录取率4.9%。同时，新生到校率上升。从外省来看，2005年，湖北、辽宁、山东、浙江、广东、海南等省新生到校率均为100%；河南、江西、吉林、宁夏、青海、山西、四川、新疆、云南等省新生到校率均超过90%。就湖南而言，2005年，学校在本省录取本科生1 825人，到校1 692人，到校率为92.7%，比2004年增加了2.6个百分点。

在招生录取工作方面，学校以《普通高等学校招生工作规定》为准则，严格执行《教育部关于做好普通高等学校招生工作的通知》和"六公开""六不准"的要求，在招生计划申报、衔接、网上远程录取、新生报到入学等一系列环节中，将教育部于2005年提出的实施"招生阳光工程"落到实处，维护公平公正原则。

实行计算机管理和网上录取是招生工作的重要改革。学校统一认识，加快硬件设备建设，健全网上录取的各项招生规章制度，做到思想、技术、管理三到位。2001年，湖南省首次对本科院校试行远程网上录取。根据网上录取的新特点、新情况，制定了《衡阳师范学院本、专科招生录取工作实施细则》《招生录取工作人员须知》等规则，学校投入资金25万元，配置30台计算机等设备，培训人员进行远程网上录取。从2003年开始，学校校园网辟有专门的招生信息网，招生与就业指导处摸索将考生报名信息、录取信息等利用校园网实行计算机管理。

三、毕业生就业工作

毕业生的就业状况反映了一个学校的办学水平和办学特色。1999年以来，学校在毕业生就业工作方面不断改革，不断进行理论探讨。在毕业生就业制度改革方面，围绕"提供一流指导、创造一流就业、做好一流服务、搭建一流成才桥梁"的目标，建立完善一系列规章制度，如《衡阳师范学院毕业生就业工作评估方案》《衡阳师范学院毕业生就业工作实施细则》等，推动学校毕业生就业工作迈向规范化、科学化、程序化轨道。毕业生就业工作贯彻"统筹兼顾，加强领导，面向社会，合理配置，公开竞争，人尽其才"的方针，重点保证本省教育系统特别是中小学对师资的需求。深入开展对毕业生的教育，教育的内容主要表现在五方面，即"三观三义"（世界观、人生观、价值观，爱国主义、集体主义、社会主义）教育、就业形势政策教育、岗位成才教育、择业观教育、帮助毕业生树立正确的就业观。鼓励和引导毕业生到边远地区、艰苦行业和其他急需人才的地方去创业。

为了拓宽招生与就业渠道，从2000年开始，学校每年深入各地，做好人才论证和预测工作，编制衡阳市、全省乃至全国近几年来初、高中专任教师需求情况调查表，重点掌握人才市场供求状况，做好人才预测工作。为了打破招生和学生就业长期局限于本省的局面，学校同一些省、区、市建立了横向联系。在毕业生就业方面，学校完善就业网络，巩固就业的老渠道，建立就业的新渠道，充分利用计算机网络，获取用人信息。从2003年开始，学校已同省内各级政府、学校、企事业单位（包括一批非国有企业）1 000多家用人单位建立了比较稳定的联系。同时，学校还努力开拓省外的就业市场。在继续巩固对广东、福建、江苏、浙江联系的基础上，不断开发西部地区的就业市场，如广西、云南、四川、贵州、新疆等地。截至2005年年底，学校已开辟了12个外省就业市场，毕业生能在上述地区顺利就业。如学校2003届、2004届和2005届毕业生在外省就业的比例分别为26.5%、31.0%和31.6%。

从2003年开始，学校结合自身实际，与衡阳市人事局、衡阳市教育局合作，每年成功举办一次大型的供需见面会。此外，随时为用人单位举办小型供需见面会，以加强毕业生和用人单位的联系。因此，学校毕业生就业工作一直居于全省的先进行列。

1999—2005年，学校的毕业生仍以师范类毕业生为主。其中2002年之前，均是师范类专科毕业生，其间，学校共完成了所有专科学生3 310人的推荐就业工作。4年的平均就业率达90%，履约率超过99%，居全省同类院校的前列。2003年，学校第一届7个专业的本科生毕业。学校广开就业渠道，引导学生走向社会各行各业。其中以考取研究生、从事教育工作、担任公务员、从事技术岗位工作等主渠道就业的居多。据统计，衡阳市教育局在2005年公开招考教师275个职位，其中有80%是衡阳师范学院的毕业生。2003—2005年，学校共有毕业生6 431人，其中本科生4 000余人，连续三年本科毕业生的年底就业率平均在90%以上，毕业生就业情况良好。

学校为了搞好毕业生的就业工作，建立和健全了毕业生跟踪调查制度。学校从毕业生的思想表现、专业知识、工作责任感、工作态度、适应能力、创新能力、协作精神、工作实绩等方面，对2003—2005届毕业生的用人单位进行了跟踪调查，用人单位和社会对学校毕业生满意度高。对存在的不足，学校及时将信息进行统计、分析，作为学校改正教学和学生管理工作的重要依据。学校许多毕业生在毕业后不久就成为单位的业务骨干，在单位发挥了重要的作用。如衡阳市市直30所中学，共有从事教育工作人员3 369人，其中专业教师2 700余人。属于衡阳师院历届毕业生共有1 700余人，占总数的62%以上。

第六节　党的建设与思想政治工作

学校升格以来，党建工作紧紧围绕教学中心工作和人才培养的根本任务，切实加强对邓小平理论和"三个代表"重要思想的学习教育，加强党的思想建设、组织建设、作风建设和党风廉政建设，贯彻"以人为本"的思想，不断加强和改善思想政治工作，有力地促进了学校的改革和发展。这一时期，群团工作也围绕学校的工作重点，在实践中形成了各自的工作特色。

一、党的思想建设

（一）干部队伍的学习和教育活动

学校坚持把建设一支高效精干的干部队伍作为党建工作一件大事来抓。在选好人、用好人的同时，学校党委不断加强对干部的教育培训工作，全面提高干部的思想素质、政治素质和业务水平。

学校党委坚持"以正确的理论武装人"，对政治理论学习常抓不懈。每年初，党委对校、系两级中心组，学生党员政治学习进行详细的计划安排，明确全年理论学习的中心和各阶段学习重点。

2000年4月—6月，根据上级党组织的部署，在全校范围内集中开展了一场以"讲学习、讲政治、讲正气"为主要内容的"三讲"教育，旨在以整风的精神切实解决领导班子和领导干部在党性党风方面存在的突出问题，使他们在思想上有明显的提高，政治上有明显的进步，作风上有明显的转变，纪律上有明显的增强。整个学习历时两个月，分为学习提高、自我剖析、交心通气、整改提高四个阶段。在"三讲"教育中，校党委将其同学校的工作结合起来，基本上达到了学校所确立的六项目标，即提高领导水平、转变工作作风、增强组织纪律观念、树立公仆意识、促进学校工作、明确前进方向。

同时，学校党委制定了《衡阳师范学院1999—2005年干部教育培训规划》，学校将干部培训列入每年的工作计划中，各部门也相应制定了干部教育培训计划。自1999—2005年，学校处级以上干部参加上一级党校培训的共有35人次。学校党校2001—2005年共举办五期处级干部培训班，培训人数达247人。其中在2003年，学校与省高校工委党校合作举办了省高校工委党校第34期（暨衡阳师范学院第4期）处级干部培训班，共培训处级干部82名。

（二）党员教育活动

学校党委先后以中共十五届五中、六中全会决议、"三个代表"重要思想、"十六大"文件、胡锦涛"七一"重要讲话精神等作为对党员教育的重要内容，贯穿于党员"三会一课"中。在教育方式上，采取集中学习与分散学习、理论学习与实际工作、专题辅导与参观考察三结合的形式，联系思想和工作实际，开展讨论和评议。

2005年7月—12月，学校按照省委的统一安排，在全校党员中开展了一场保持共产党员先进性的教育活动。整个教育活动分为三个阶段，即学习动员、分析评议、整改提高。这次先进性教育活动紧紧围绕"提高党员素质，加强基层组织，服务人民群众，促进各项工作"的目标，边学边改，为群众、为基层办实事，办好事。活动取得了正面教育、自我教育的良好效果，全面完成了保持共产党员先进性教育的各项工作。

二、加强基层党组织建设

（一）领导班子的制度建设

校党委高度重视制度建设，贯彻执行《中国共产党普通高等学校基层组织工作条例》，制定了党员代表大会制度、党委会议制度、会议审批制度、党委民主生活会制度、维护安全稳定制度、廉政制度、勤政制度、政治学习制度、发文制度、紧急问题处理制度、工作汇报制度、民主评议制度、校领导联系系（院）部等一系列制度，各党总支和党支部也相应制定了有关制度。

（二）组织发展概况

学校逐步加大在青年教师和大学生中发展党员的力度，工作成效显著。在党员发展上，学校提出了"坚持标准、保证质量、改善结构、慎重发展"的方针，积极稳妥地吸收大学生和青年教师中的优秀分子加入党组织。发展工作做到规范化、程序化、制度化。编制了《发展党员工作流程图》，规范了党员发展、转正、组织处理等有关材料的格式。学校以党校为重点，培训非党积极分子和重点发展对象以及学生干部。学校建立了校、系二级培训制度，重点发展对象由学校党校负责培训，每年培训2期，每期在400人左右，这一做法被省高校工委推广。2003—2005年，共培训入党积极分子和重点发展对象7 154人次。1999—2005年，学校共发展学生党员3 103人、教职工党员139人。据2005年6月统计，全校学生党员数占全部学生总数的13%，35岁以下的青年教工党员数占青年教师总数的80%，以上两项指标均在全省本科院校中名列前茅，党员队伍逐步壮大。

（三）健全基层组织

学校根据实际需要不断加强和完善教工、学生党支部建设。2002年4月，学校共有党总支19个，党支部48个，党员604人。到2004年，学校进一步完善了教工党支部建设，并在学生各年级中建立年级党支部。学校党支部增加到55个（其中学生党支部23个），共有党员1 430名（含离退休党员）。为了进一步加强学生党支部的建设，2005年，学校根据党章和《湖南省高等学校党支部工作细则》的要求，制定了《关于进一步加强基层党组织建设的意见》《关于加强我院（校）学生党支部建设的意见》，在符合建立党支部的班级普遍建立了学生党支部，大学生班级"低年级有党员，高年级有党支部"的目标得到实现。到2005年12月底，共建立了学生党支部44个。

三、党风廉政建设

校党委十分重视党风廉政建设，认真组织党员，尤其是领导干部学习《湖南省普通高校领导干部廉洁自律行为规范》，将党风廉政建设纳入学校工作的总体部署，坚持标本兼治、综合治理方针，建立和健全教育、制度、监督并重的惩治和预防腐败体系，做好反腐倡廉工作。

学校每年召开"党风廉政建设和反腐败工作会议"，认真学习贯彻中纪委、省委有关会议精神，总结、部署党风廉政工作。在进行党风廉政宣传教育上，校党委首先开展了党纪政纪条规教育，组织党员干部学习《中国共产党章程》《中国共产党纪律处分条例》《中国共产党党内监督条例（试行）》等条规。1999年以来，学校纪委在党员干部中开展了"艰苦奋斗，廉洁从政"主题教育，组织副科长以上党员干部观看了《领导干部要树立正确的权力观》《立党为公、执政为民先进事迹报告》《厦门特大走私案》等20余部廉政教育电教片。还组织副科长以上干部110余人到雁南监狱开展了预防职务犯罪警示教育活动。学校要求各部门党政负责人每年签订《党风廉政建设责任状》，强化了各级干部的"第一责任人"和"一岗双责"意识，将党风廉政建设和岗位业务工作一起部署，一起落实，一起检查，一起考核。

在党风廉政建设的具体落实上，学校采取了一系列措施：第一，加强对基建、维修和大宗物资采购的监督。学校在2002年下发了《物资采购监管办法》《衡阳师范学院合同管理办法》《衡阳师范学院基本建设管理办法》《基本建设领导小组工作纪律》等规定。学校纪检监察部门参与学校基建、维修、新校区建筑设计、勘察、园林景观设计的招投标监督，参与每年全国高教仪器设备订货会、图书资料产销会以及大宗物资采购等活动，以维护学校和师生的利益。第二，加强对校务公开工作的监督，使之制度化、规范化。第三，加强对收费工作的监督。学校党委、行政把规范收费行为作为维护群众利益、保持学校稳定的大事来抓，每年召开专题会议，申明纪律，制定措施。纪检监察部门对违反收费纪律的行为，给予严肃查处。

此外，2000年以来的五年里，共接到来信来访70余件（人）次，纪检监察部门逐一进行了调查核实。

四、宣传工作

学校宣传统战工作坚持正确的舆论导向，认真开展师生员工理论学习、普法宣传教育、统战工作和对内对外宣传工作，为学校思想政治教育工作、教学和科研工作、管理工作和校园文化建设工作、学校安全稳定工作提供了强有力的思想保障。

宣传统战部配合学校先后开展了"三讲"教育活动、保持共产党员先进性教育活动，进行党的路线、方针政策的学习和宣传。始终坚持"以科学的理论武装人，以正确的舆论引导人，以高尚的精神塑造人，以优秀的作品鼓舞人"，坚守马克思列宁主义主流意识形态阵地，利用校报、校园网、广播、电视台、宣传横幅、宣传橱窗等媒体，积极宣传党的路线、方针、政策。在对外宣传方面，以市级媒体为基础，以省级媒体为重点，以国家媒体为发展方向，形成了较为稳定的外宣网络。外宣作品数量和档次逐年上升，据不完全统计，2005年，共发表有关学校的新闻稿件145篇（条），其中国家级媒体15篇（条），如中央电视台、《人民日报》《光明日报》等；省级媒体28篇（条），如湖南卫视、《湖南日报》、湖南红网等；市级媒体102篇（条）。

大力繁荣校园文化。宣传统战部起草修订了《衡阳师范学院学生刊物管理与奖励办法》《关于加强校园内宣传橱窗、阅报栏、公告栏、宣传横幅等环境宣传设施管理的规定》等有关制度，加强对学生刊物、学生社团以及宣传橱窗、阅报栏、排演厅的管理，促使其走向制度化和规范化，有效促进了校园文化的繁荣。

开展普法宣传教育工作。深入宣传、学习和贯彻宪法、教师法、高等教育法、著作权法、专利法等法律法规，举办每年一度的普法考试，教师干部一次性参考率在98%以上。

五、思想政治工作

学校高度重视思想政治工作，把大学生思想政治工作作为一项战略性的工程来抓。牢固树立"学校教育、育人为本，德智体美、德育为先"的理念，全面贯彻落实中央16号文件（2004年颁布）和省委8号文件（2005年发布）精神，以党建为龙头，以课堂教学为主导，以团学组织为依托，以校园文化活动为载体，以学生全面成长成才为目标，增强服务意识和责任意识，努力形成全员育人、全程育人、全方位育人的局面。

（一）"育人为本、德育为先"

学校升格后，决定每两年召开一次思想政治工作和学生工作会议，专题研究思想政治工作和学生管理工作。至2005年，已召开了三届。2005年12月，在第三届思想政治工作和学生工作会议上，通过了《关于推进"三全"育人的实施意见》，提出了要把育人贯穿于教育教学的各个环节，形成全员育人、全程育人、全方位育人的格局，全面推进大学生思想政治教育工作。为了加强对思想政治工作的领导，学校成立了思想政治工作和德育工作领导小组、学生工作委员会等机构，各党总支也相应成立了领导小组，形成了在校党委统一领导下，各部门各司其职的思想政治工作体制。学校每年开展一次学生工作评估，促进了学生工作的规范化、科学化、制度化建设。

在思想政治工作的内容上，学校将世界观、人生观、价值观和爱国主义、集体主义、社会主义教育，作为思想政治教育的主要内容和根本；以学风建设为核心，努力营造良好的学习氛围。学校通过实施"五个一凝聚工程""铸魂"工程等一些活动，在更深的层次上向师生进行理想信念和"三观""三义"教育。2000年9月，学校组织实施了"五个一凝聚工程"，即要求每位师生"操一份心、献一条计、做一件事、省一分钱、争一分光"，增强了全校师生的主人翁意识。2002年，学校党委又决定在全校实施以"三大教育"为主要内容的"铸魂"工程，即在干部中开展以思想作风和工作作风教育为主要内容的干部教育，在教职工中开展以教师职业道德教育为主要内容的师德教育，在学生中开展以遵纪守法教育为主要内容的"文明修身"教育。认真贯彻《公民道德建设实施纲要》，狠抓校风、教风、学风建设。通过"三大教育"，干部的工作作风有了较大改进，教职工的职业道德和学生的文明素养有了明显提高。学校以文件形式下发了《衡阳师范学院教师职业道德规范》，根据新形势的要求，将教师职业道德规范概括为"爱岗敬业，教书育人，严谨治学，关爱学生，为人师表"，要求全体教师自觉加强师德修养。实行师德"一票否决制"。在师德建设中，学校取得了一定的成效。其中，张登玉教授等荣获湖南省师德先进个人的称号。

（二）措施与成效

加强制度建设与队伍建设。2000年12月，学校举行了第一届思想政治工作和学生工作会议，出台了《关于加强和改进思想政治工作的若干意见》《"三育人"工作条例》《学生工作评估办法》《学生政治辅导员考核评估条例》《政治辅导员工作条例》《班导师工作条例》《创建优良学风班级活动实施细则》等规章制度，并修订了《学生手册》，从而使思想政治教育和学生管理工作在规范化、制度化、科学化的道路上不断行进。

2002年以来，学校按照"素质精良、结构合理、相对稳定"的原则，对学生思想政治工作和管理工作队伍做了较大的调整和充实。2003年以来，学校每年要从硕士研究生或优秀本科毕业生中挑选一批高素质人员充实政治辅导员队伍，在较大程度上改变了过去辅导员队伍人数偏少、年龄偏大、学历偏低的状况。为提高这支队伍的工作水平，学校不断加强对他们的培训。培养的方式主要有岗位培训、骨干培训、高级研修和学历教育。同时，学校还努力建设一支政治素质好、业务能力强的班导师队伍。经过几年的建设，学校已有81名专职的思想政治教育工作干部（包括学生辅导员41人），其中有2名博士研究生和26名硕士研究生，15人具有副高以上的职称。

充分发挥"两课"教学的主导作用。高等学校思想政治理论课是大学生思想政治教育的主渠道，学校十分重视，下发了《关于进一步推进邓小平理论和"三个代表"重要思想"三进"工作，加强和改进"两课"教学的意见》等文件，不断加强马克思主义理论课和思想品德课教学。首先，学校认真贯彻了中央关于高校"两课"教学改革的批示精神，全面落实了"两课"课程新方案。积极推进了"三个代表"重要思想"进课堂、进教材、进大学生头脑"的工作。2003年，学校根据教育部通知要求迅速将邓小平理论概论课程调整为邓小平理论和"三个代表"重要思想概论，同时开设马克思主义哲学原理、马克思主义政治经济学原理、毛泽东思想概论、当代世界经济与政治、思想品德修养和法律基础等"两课"课程，在这些课程中全面渗透"三个代表"重要思想。其次，学校"两课"教学取得了较大的成效。学校成立了"两课"教学部。为加强"两课"学科建设，学校把"两课"列为校级重点建设学科，思想品德修养课被列入学校重点建设课程。为了保证"两课"教学质量，积极改革教学和考核方法，注重抓好"读"（读原著）、"听"（听专题报告，每学期10余场次）、"讲"（系统讲授）、"谈"（座谈讨论）、"看"（看录像资料）、"走"（开展社会调查或到德育基地参观学习）、"写"（写调查报告、心得体会）等课堂教学和实践教学环节。在课堂教学中，运用多媒体等现代化教学手段，增大教学信息量，提高"两课"教学的知识性、趣味性，增强说服力。

深入开展社会实践活动。学校坚持实践育人的思路，积极探索大学生社会实践内容与形式的创新，通过各种活动将理论与实践有机地结合起来。为了搞好"三下乡"活动，学校采取的措施是"加强领导，建立制度；推出精品，点面结合，广泛参与"。2000年以来，学校认真组织学生开展了以"做先进生产力的促进者、先进文化的传播者、服务人民的奉献者""旗帜耀三湘、学子播文明""同人民紧密相连、为祖国奉献青春""促健康、奔小康"等为主题的大学生暑期"三下乡"社会实践活动，着重开展了道德实践、文艺下乡、支教服务、科技服务四方面的社会实践，组织大学生文艺队先后赴衡阳、邵阳、湘西等地文艺演出20多场次，观众达3万多人，让贫困山区的老百姓观看到高水平的文艺节目；关心留守儿童，给他们送温暖；在邵阳、凤凰、芷江等地举办英语口语培训班、中小学师资培训班共五期，培训学员300多人；为农民义务维修家电数千件，开展法律咨询、科技咨询等。至2005年，学校大学生暑期"三下乡"社会实践活动已连续6年受到中宣部、教育部、团中央和全国学联的表彰。

加强校园文化建设和文明和谐宿舍建设。学校注重建设具有自身特色的校园文化，并取得了显著成效，产生了良好的影响。学校每两年举行一次校园文化艺术节、社团文化艺术节、宿舍文化艺术节。2001年，学校举办了建党80周年庆典暨第一届校园文化艺术节，把弘扬思想政治教育主旋律推向了一个高潮。

学校于2004年将文明和谐宿舍的建设作为育人环境建设的重点以后，专门出台了《衡阳师范学院关于创建文明和谐宿舍建设的意见》和《衡阳师范学院文明和谐宿舍建设实施纲要》，明确文明和谐宿舍建设的目标：建设一个学风浓厚、诚信文明、人际和谐、安定有序、富有活力的宿舍育人环境。要求每个宿舍实现"五有"，即"有学习计划、有成长目标、有文化活动、有评比机制、有互助氛围"。学生以此为指导，在宿舍内开辟"学习园地""理论之光""生涯规划"等栏目，为不善交流的学生设立"心语"信箱。每年5月举办"宿舍文化艺术节"，同时开展"星级宿舍""文明和谐示范宿舍"评比活动，努力营造一个和谐的成长环境。至2005年年底，全校1 780间学生宿舍中已有40%的宿舍达到了"文明和谐宿舍"评估要求。湖南省委教育工委、省教育厅在全省专门发出简报，推介了衡阳师院创建"文明和谐宿舍"的经验，《湖南日报》也以较大篇幅做了专题报道。

注重大学生心理健康教育。为了贯彻落实《教育部、卫生部、共青团中央关于进一步加强和改进大学生心理健康教育的意见》的指示精神，学校颁布了《关于进一步做好大学生心理健康教育工作的实施意见》等文件，坚持教育、防范、管理与干预相结合的原则，认真落实"两个五"的工作机制，全面推进心理健康教育。"两个五"的工作机制是"早发现、早研判、早预防、早报告、早控制"的"五早"机制和"一名患者、一名领导、一套班子、一个方案、一抓到底"的"五个一"工作机制。学校于2002年11月正式成立了心理咨询中心，每周一至周日上午安排心理咨询员接待来访者，向学生进行心理健康教育。学校开设了健康心理学、社会心理学、人格心理学等心理健康教育公共选修课。建立了心理危机月报告制度，定期对学生进行心理健康普查，建立学生心理档案。这样学校构建了较为完善的大学生心理健康教育、防范和危机干预机制。2004—2005年，成功地对20名学生实施了心理危机干预，挽救了6名有心理问题学生的生命，维护了学校的稳定。

由于学校重视并采取措施大力加强思想政治工作，学生思想稳定，学生素质明显提高，涌现出了一批催人奋进的感人事迹。如体育系学生周军同学因舍己救人而被评为2005年度全国"大学生年度勇气人物"奖。2005年7月15日，周军同学乘坐的衡阳至靖州的中巴车，在途中与一辆货车相撞，周军同学在身负重伤的情况下奋勇救人，《湖南日报》等媒体专门报道了周军同学的先进事迹。又如，音乐系学生王洁拾到50万元巨款主动寻找失主。2004—2005年，全校共有372人获省级以上奖学金，52人被评为省级先进个人，6个班级荣获省级先进班集体。2006年3月15日至16日，湖南省委宣传部、省教育工会、省教育厅、团省委联合组成督查组对学校大学生思想政治教育工作进行督查和调研，认为衡师学生思想政治教育工作有四个方面的经验值得推广：一是队伍建设有活力；二是宿舍管理有层次、有品位；三是心理健康教育卓有成效；四是以学生为本的理念真正得到体现。

第七节　群团工作

学校群团工作，主要是通过群团组织，如工会、团委等，联系和服务广大师生，凝聚师生力量，推动学校发展。

一、工会

校工会在党委的领导下，坚持"组织起来，切实维权"的工作方针，独立自主地开展工作，围绕育人中心，学校改革和发展的主题，履行"维护、建设、参与、教育"等社会职能。加强维权工作，推进学校民主决策、民主管理、民主监督和民主制度的建设，为广大教职工服务。

积极推进学校民主建设，不断完善两级教代会制度，维护教职工合法权益。学校升格之后，着手组建了校工会，随后建立了分工会。2001年年底，学校召开了一届一次教代会、工代会，选举产生了第一届工会委员会。此后，每年召开一次教代会、工代会，对校长工作报告、学校财务预决算和学科、专业建设等重大问题进行认真的审议。会后，教代会提案工作委员会负责对提案的落实情况进行全面督查，推进提案落实。在2005年4月召开的二届二次教代会上还通过了《衡阳师范学院二级教代会规程》，截至2005年年底，应建立二级教代会的18个分工会都召开了二级教代会，二级教代会制度得以确立。在二级教代会上，把中层干部的年终考核、廉政考核与民主评议有机结合起来。2006年1月，配合省委组织部对校级领导进行年终考核，首次开展了对校级领导的民主评议。以教代会为载体，积极开展校务公开，接受群众监督。

在促进教师队伍建设方面，校工会先后组织开展了"十佳青年授课教师"的评选活动，会同有关部门开展青年教师"十佳教案"等岗位技能比武，开展师德教育等，并于2006年9月被省教育工会评为"湖南省师德建设先进单位"。积极开展劳动竞赛和岗位练兵活动，提高教职工业务素质。倡导终身学习观念，促使教职工注重自身学习能力和实践能力的提高。

努力为教职工办好事、办实事。实施"教师健康工程"，组织教职工体检，促进教师身心健康。通过教职工捐赠、校行政拨款、工会资助等渠道筹措资金，建立了"教职工大病救助金"，为全校教职工办理意外伤害保险，为女职工办理防"双癌"保险等。

为了增进教职工身心健康，校工会开展了丰富多彩的文体活动。从2005年开始，连续两年组织了"全省百万职工迎奥运健身活动月"活动，开展太极拳、青年健美操、交谊舞、篮球、排球、乒乓球等比赛活动，学校工会被湖南省总工会评为"全省百万职工迎奥运健身活动月先进单位"。2005年，学校工会被省教育工会评为省级"先进教职工之家"。

二、共青团工作

共青团是党组织联系青年的桥梁和纽带，在大学生德育工作和素质教育中发挥着积极的作用。2005年，学校党委专门下发了《关于进一步加强和改进共青团工作的若干意见》的文件，进一步明确了共青团工作的努力方向。

团委在学校党委的领导下，不断加强团的基层组织建设。一是坚持以党建带团建，充分发挥团支部的作用，加强系、班级基层团组织建设。二是加强团学干部队伍建设，即加强对专职干部队伍和学生干部队伍两方面的建设。三是加强团工作制度建设。在基层团组织考核评比方面，制定出台了《红旗团总支标准》和《先进团支部标准》。四是做好"推优入党"和新团员的发展工作。对非团员优秀青年，也及时进行考察、培养，并通过业余团校对他们集中进行授课培训。在团员自身建设方面，校团委着力推进团员思想政治教育。

为了更好地适应大学生成长、成才、就业创业的需要，2004年学校还下发了《衡阳师范学院"大学生素质拓展计划"实施方案》，成立了专门的指导委员会及各级《大学生素质拓展证书》认证机构。组织学生开展多方面的活动，如青年志愿者服务活动、大学生科技创新活动、"阶梯成长教室"、技能培训、演讲和辩论赛以及大型文艺晚会等，丰富了校园生活，提高了学生的综合素质。各团总支以实施"百花工程"和"双百计划"为依托，打造学校素质拓展品牌。每年同相关部门开展一次大学生课外学术科技创新大赛，开展"师范素质五项全能竞赛"、新秀大赛、双语演讲比赛、舞蹈大赛、课件制作比赛等活动，办好了团校和新素质培训学校。坚持举办两年一届的校园文化艺术节，实行"大型活动节日化，小型活动社团化"。在服务社会方面，学校在全国高校首次建立了大学生自己的血库——"青春血站"，被湖南省卫生厅、省红十字会授予"献血促进奖"的称号。在每年暑假，学校组织开展了大学生暑期"三下乡"社会实践活动，一年一个主题。开展青年志愿者活动，增强了大学生的社会实践能力。2005年5月，学校团委荣获"湖南省五四红旗团委"称号。

第八章

夯实根基　奋力攀登

本章主要叙述从2007年1月至2018年12月学校发展的历史，但有些篇幅因结构的安排，叙事将延伸至2023年年底或2024年上半年。

衡阳师范学院成立以来，目标明确，上下同心，为实现一个又一个既定目标而努力奋斗。根据学校2004年第一次党代会关于学校分三步走的战略安排：从2007年开始，学校将为实施第二步发展战略而奋斗，即提升水平，积极为开办硕士研究生教育打好基础。为了实现这个目标，学校抢抓机遇，迎难而上，奋力攀登，不断夯实根基，使学校综合实力步入了全省同类院校的前列，于2018年被评为硕士学位授予单位，成功地实现了第二步战略目标。

第一节　加强党对学校工作的全面领导

学校党委全面贯彻落实党的路线方针政策，以党的政治建设为统领，全面推进党的政治建设、思想建设、组织建设、作风建设。坚持从严治党，把制度建设贯穿其中，努力建设清廉校园。加强党对学校各项工作的领导，以高质量的党建引领学校高质量发展。

一、全面推进党的建设

（一）加强党组织的政治建设和思想建设

2009年以来，中共中央在全党开展了一系列的学习教育，以切实改进和加强党的建设，主要活动如下。

1.学习实践科学发展观活动。学校党委紧扣学校中心工作和发展大局，坚持党委理论学习中心组和各二级单位中心组学习制度，把理论学习作为一项重要的政治任务和日常工作来抓。2009年，学校开展了一场学习实践科学发展观活动。按照"党员干部受教育、科学发展上水平、师生员工得实惠、实现学校新跨越"的总体要求，紧紧围绕"贯彻落实科学发展观，不断提升学校办学水平"这一主题，密切联系学校实际，突出实践特色，推动学习实践活动不断深入。通过学习活动，提高了学校领导班子科学决策能力，提升了学校干部队伍的整体素质，解决了一些关乎民生的实际问题。

2. 学习型党组织建设。2010年，学校根据中央办公厅《关于推进学习型党组织建设的意见》，校党委以"推进教育改革、服务教育强省、办人民满意学校"为主题，把开展创先争优活动与教职工党员"教书育人做楷模、服务发展当先锋"活动，学生党员"立志成才、报效祖国"活动紧密结合。同年12月，学校被湖南省委学习型党组织建设领导小组和湖南省委宣传部确立为全省"党委学习型党组织建设示范点"。2011年，学校把学习型党组织和学习型领导班子建设结合起来。2012年，校党委中心组积极构建"问题—调研—课题—解题"的学习模式，增强学习的前瞻性、针对性、实效性和全员性，提升党员干部能力素质。2014年，围绕学习贯彻党的十八大精神和十八届三中全会精神、高校内涵式发展等主题开展了专题理论学习。学校党委荣获"湖南省教育系统创建学习型党组织十佳先进单位"。

3. 党的群众路线教育实践活动。为保持党的先进性和纯洁性，中央在全党深入开展了党的群众路线教育实践活动。2014年3月7日，学校召开教育实践活动动员大会，党委书记许金生做动员报告。全校党员全部参加了教育实践活动。省委活动办、省委派驻高校第四督导组来校指导教育活动。教育活动围绕"为民务实清廉"主题，落实"照镜子、正衣冠、洗洗澡、治治病"的总要求，聚焦"四风"（形式主义、官僚主义、享乐主义、奢靡之风）问题，切实改进作风。整个学习教育经过了"学习教育、征求意见""查摆问题、开展批评""整改落实、建章立制"三大环节进行。学校党委制定了《衡阳师范学院党的群众路线教育实践活动制度建设计划》，建立了《关于进一步改进文风会风的实施意见》《关于进一步加强"三公"经费管理的意见》等59项制度。

通过党的群众路线教育实践活动，广大党员、干部受到了一次马克思主义群众观的再教育，增强了贯彻党的群众路线的自觉性和坚定性。"四风"突出问题得到有力整治和有效遏制，贯彻群众路线的长效机制和制度体系初步形成，为民办实事得到较好的落实。

4. "三严三实"专题教育。根据中共中央《关于在县处级以上领导干部中开展"三严三实"专题教育方案》（中办发〔2015〕29号）等文件精神，学校扎实开展了"三严三实"专题教育。对照"严以修身、严以用权、严以律己，谋事要实、创业要实、做人要实"要求，党委书记刘沛林于2015年5月28日做了《自觉践行"三严三实"要求，做忠诚干净担当的好干部》的报告，启动全校"三严三实"专题教育工作。学校成立了领导机构和工作机构，印发了实施方案，制订并实施了专题学习研讨计划。校党委中心组和各二级党组织理论学习分别开展了专题学习研讨。接着广泛征求意见，积极开展谈心谈话，认真撰写对照检查材料。组织开好专题民主生活会和组织生活会，推进"不严不实"突出问题的整改落实。整个专题教育突出问题导向，推进边学边查边改，使党的群众路线教育实践活动成果得以巩固和拓展，党员干部作风建设得以深化，各级班子更加求真务实，从严从实地规范学校管理。

5."两学一做"学习教育专题。2016年，党中央决定在全体党员中开展"学党章党规、学系列讲话，做合格党员"（简称"两学一做"）学习教育。从4月开始，全校党员参加了"两学一做"学习教育。学校制定了《衡阳师范学院"两学一做"专题教育实施方案》，组织召开了全校动员大会。开展"两学一做"学习教育，基础在学，关键在做。学校以党支部为主体，做到党员学习教育全覆盖。认真学习《中国共产党章程》《中国共产党廉洁自律准则》《中国共产党纪律处分条例》等党内法规，读原著、学原文、悟原理，增强自学的针对性和实效性。认真学习习近平总书记系列重要讲话等。学习讨论重点围绕"讲政治、有信念""讲规矩、有纪律""讲道德、有品行""讲奉献、有作为"等"四个专题"进行。各党支部召开了专题组织生活会，开展了民主评议党员，严格党员日常管理，立足单位做贡献等活动。全面开展了党支部及党员个人存在突出问题排查和整改工作。

2017年，为推动"两学一做"常态化，学校制定并落实了《关于推进"两学一做"学习教育常态化制度化的实施意见》《基层党支部落实"三会一课"制度实施细则》等文件制度，将"两学一做"纳入"三会一课"的基本内容，提升政治学习的针对性和实效性。"两学一做"学习教育是深化党内教育的又一次重要实践，也是推进党内教育从"关键少数"向广大党员拓展、从集中性教育向经常性教育延伸的重要举措。

6."不忘初心、牢记使命"主题教育。根据《中共中央关于在全党开展"不忘初心、牢记使命"主题教育的意见》（中发〔2019〕19号）等有关文件要求，学校于2019年9月至12月在全校开展了"不忘初心，牢记使命"的主题教育，党委书记陈晓飞做动员报告。活动全面把握"守初心、担使命、找差距、抓落实"的总要求，以彻底的自我革命精神解决违背初心和使命的各种问题，努力实现理论学习有收获、思想政治受洗礼、干事创业敢担当、为民服务解难题、清正廉洁做表率的目标。首先，按照上级要求编印了学习资料，有计划地通读党章、《习近平关于"不忘初心、牢记使命"论述选编》等重要讲话。举办处级以上干部读书班，组织专题辅导报告会等，整个学习活动覆盖了基层。其次，围绕创建高水平大学、全面提升学科建设水平、加强和改进思想政治工作、构建"大后勤"工作联动机制等12个选题开展调研，查原因、定措施。最后，检视问题，抓好整治整改。学校从思想、政治、作风、能力、廉政五方面进行深刻剖析，召开专题民主生活会和组织生活会，进行民主评议党员。抓好专项治理，认真落实难点痛点问题整改。

"不忘初心、牢记使命"主题教育，进一步提高了党员的理论素养，强化了干部的宗旨意识，解决了学校发展中的一些难题，得到省委巡回第十七指导组的高度评价。

7. 党史学习教育。2021年2月，中共中央印发了《关于在全党开展党史学习教育的通知》，指出：2021年是中国共产党成立100周年。为了从党的百年奋斗历程中汲取继续前进的智慧和力量，巩固深化"不忘初心，牢记使命"教育成果，激励全党全国各族人民满怀信心迈进全面建设社会主义现代化国家新征程，党中央决定，在全党开展党史学习教育。学校党委认真组织各级党组织深入开展党史学习教育，按照学校党史学习教育领导小组文件精神，认真组织各级党组织开展学史明理、学史增信、学史崇德、学史力行四个专题学习研讨，积极开展"我为师生办实事"实践活动。组织开展"学党史、听党话、跟党走"主题党日活动，学校党委和基层党组织书记讲授党史学习教育专题党课，学习教育达到了"学党史、悟思想、办实事，开新局"的目标。

8. 学习贯彻习近平新时代中国特色社会主义思想主题教育。2023年，按照党中央统一部署和省委及教育工委的要求，以处级以上领导干部为重点，科学谋划、精心组织，在全校开展学习贯彻习近平新时代中国特色社会主义思想主题教育，全面实现"学思想、强党性、重实践、建新功"的目标。其间，举办了1期专题读书班，组织开展了4次专题研讨，校领导带头讲专题党课。突出问题导向和目标导向，开展"走基层、找问题、想办法、促发展"活动，大兴调查研究之风，校领导共确定调研课题10个，深入学校各基层单位，广泛开展调研工作，形成高质量调研报告10篇。通过调研排查出来的13个重点问题全部整改到位。"学习强国"以《衡阳师范学院：小小"意见本"解决民生"大问题"》为题进行推介。坚持"当下改"与"长久立"相结合，新制定出台并实施《本科生优秀学生奖学金评定办法》等9个制度。

学校通过上述集中性专题学习教育，从领导干部、党员的思想认识问题入手，着力解决初心使命问题、密切联系群众问题、干事创业的务实担当等问题。对提高学校党组织的领导能力、加强党对学校工作的全面领导打下了坚实的基础。

同时，加强对意识形态的管控。党的十八大以来，中央强调要牢牢把握意识形态的领导权，学校将它作为一项重要的政治任务来落实。2016年，学校制定了《衡阳师范学院落实党委意识形态工作责任制实施办法》等文件，加强对课堂、讲座、网络的监控与管理。2018年，紧紧围绕"两个巩固"（巩固马克思主义在意识形态领域的指导地位，巩固全党全国人民团结奋斗的共同思想基础）根本任务，全面落实中央和省委有关意识形态工作的要求和部署，切实加强对全校所有部门和各教学院意识形态工作的引导和管理。严格执行《衡阳师范学院校园网信息发布管理制度》《衡阳师范学院网络安全应急处理预案》《衡阳师范学院网络安全综合治理行动方案》《衡阳师范学院网络舆情管理办法》等制度，加强信息发布管理，做好舆情监测、研判和引导。2020年，出台了《衡阳师范学院关于加强社科理论类论坛、讲坛、讲座、年会、报告会、研讨会等阵地管理的实施办法》。2022年，成立由校党委书记任组长的宣传思想暨意识形态工作领导小组，组织开展"清风行动""清朗行动"等专项行动，切实落实意识形态风险隐患早发现、事端早处理、信息早报告的要求。

（二）加强基层党组织建设

2007年，全校共有教工党支部41个、学生党支部51个。首先，抓好党支部的组织建设。各支部在发展党员时，严格按照党员发展"十六字"（控制总量，优化结构，提高质量，发挥作用）方针，细化和严格党员发展的条件、标准、程序。2012年，学校紧紧围绕"强组织、增活力"主题，扎实推进基层党组织建设年活动。对基层党组织进行了分类定级，29个党支部定为"先进"，60个党支部定为"较好"。2013年，学校印发了《关于进一步加强和改进党支部建设的意见》，把基层党组织建设成系院发展的"核心力量"。为此，学校把教职工党支部建在教研室、建在学科平台，发挥其在推进学校改革发展进程中的战斗堡垒作用。为了提高党支部书记的水平，学校定期对党支部书记进行培训。如2017年分别举办了教工党支部书记和学生党支部书记培训班。2023年，学校组织开展了"新时代新征程担当作为"党支部书记培训班，使全体党支部书记进一步强化理论武装。其次，教师党支部书记实行"双带头人"制度。2018年，学校根据国家教育部颁布的《中共教育部党组关于高校教师党支部书记"双带头人"培育工程的实施意见》（教党〔2018〕26号），在学校实施教师党支部书记"双带头人"培育工程，即推选思想政治素质强，在教育教学、科学研究等方面能力业绩突出的党员担任支部书记。学校当年选出教师党支部书记"双带头人"25人。到2020年，学校共设100个党支部，在66个教工党支部中，37名教学院教师党支部书记均由具有博士学位或副高以上职称的正式党员担任，管理部门的党支部书记调整为部门主要负责人担任，34名学生党支部书记均由优秀辅导员担任。最后，完善"三会一课"制度，推行党支部"五化"建设。2014年和2018年，学校分别制定并实施了《衡阳师范学院党支部工作细则》《关于推进党支部"五化"建设的实施方案》等文件，提出要加强党支部"五化"（支部建设标准化、组织生活正常化、管理服务精细化、工作制度体系化、阵地建设规范化）建设，进一步落实基层党组织"三会一课"、组织生活会、民主评议党员等基本制度。2020年，经学校、省委教育工委"五化"建设督查组现场核查，全校100个党支部"五化"建设全部达标。其中2个党支部被评为样板党支部，18个党支部为"优秀党支部"，80个党支部为合格党支部。

同时，2018年以来，学校大力推进党组织"对标争先"建设，出台并修订了《衡阳师范学院关于深入开展基层党组织"对标争先"建设计划的实施方案》，深入推进党组织"对标争先"建设和基层党支部"五化"建设提质增效活动，继续开展好"一党支部一特色育人品牌"活动。抓实支部主题党日活动教育，深化"一月一课一片一实践"活动，强化党员干部党性锻炼。先后评选出三批党组织"对标争先"建设计划项目。2022年，文学院船山学社党支部、法学院学生党支部荣获教育部"第三批全国党建工作样板支部"培育创建单位。2023年，学校在全省高校党组织"对标争先"建设计划第三批项目评选中荣获"全省高校党建工作示范高校"。共评选出"标杆院系"2个、"样板支部"10个、"双带头人"教师党支部书记工作室立项建设单位5个、教工党支部书记"双带头人标兵"5名等。通过党支部"五化"建设和"对标争先"建设计划项目，基层党组织建设显著加强，在工作中发挥了越来越重要的作用。

（三）加强干部队伍建设

学校认真落实党管干部的原则，首先，严格选拔任用标准。学校中层干部每三年进行一次集中换届。从2007年至2019年，共进行了五次集中选拔。首先是完善干部选拔任用制度。2010年，学校颁布了《衡阳师范学院处级和科级干部选拔任用工作规定》等。2012年，又颁布了《衡阳师范学院干部管理办法》。2019年，积极稳妥推进机构优化和干部调整工作。学校制定并印发了《衡阳师范学院干部选拔任用工作实施办法》等文件，完善干部选拔制度。其次，严格干部选拔程序和工作纪律。2015年，出台了《衡阳师范学院干部选拔任用实施办法（试行）》，在制度设计上把握好三方面的问题。一是坚持党管干部。高度重视"动议"这个首要环节和"确定考察对象"这个核心环节，同时把住"讨论决定"这个关键环节，强化集体讨论把关。二是坚持好干部标准。三是坚持从严选拔。着重强调了不得列为考察对象的八种情形和干部选拔任用"九不准"纪律要求，强化监督检查和责任追究。再次，加强对干部的教育与管理。学校每年定期举办干部培训班，如2017年，学校与省委教育工委联合举办了湖南省高等学校第105期处级干部培训班；7月19日—23日，组织处级以上领导干部到井冈山接受党性教育。又如2023年暑假，学校积极拓展干部培训途径，委托全国干部教育培训基地——浙江大学继续教育学院举办了处级干部政治能力与履职能力培训班。同时，组织干部进行网络学习，如利用学习强国、湖南省干部教育培训网络学院等平台进行学习等，提高干部的理论水平和领导能力。最后，加强对中层干部的考评与管理。学校对干部采取校领导考评、干部互评、基层群众测评三级考核办法，把干部的年终考核与评议作为以后干部聘任、交流、晋升的重要依据与参考。坚持和完善干部谈话、个人有关事项报告、因私出国出境、人事档案审核等制度。实行党务公开制度、民主生活会制度。同时，从2018年开始，开展年度党支部书记和党总支书记抓基层党建述职评议考核工作。

二、立德树人

学校一向重视教师和学生的思想政治工作，校党委、工会、宣传部、团委、教务处、学生工作处等部门以及各教学院、系相互配合协调，形成各负其责的共同育人局面。

（一）强化师德师风建设

师德师风是评价教师队伍素质的基本底线，直接关系到一个学校的发展和学生的健康成长与成才。因此，衡阳师范学院把师德师风建设放在教师队伍建设的首位。首先，学校成立师德师风建设工作领导小组，全面负责师德师风建设工作总体部署和相关政策制定、检查、督促工作。其次，组织教师学习《中华人民共和国教师法》《中华人民共和国教育法》《中华人民共和国高等教育法》等法规，学习习近平总书记关于"四有好老师"的论述，对教师着力加强理想信念教育，职业道德教育和意识形态纪律教育等。强化师德宣传教育机制，引导教师争做"四有"好老师。学校每年都要举办师德师风建设活动。如组织开展了向全国道德模范学习，举行以师德为主题的演讲比赛，评选师德建设先进集体、师德标兵和师德先进个人等师德建设系列活动。通过这些活动，筑牢教师的师德之魂。同时，为贯彻全国、全省高校思想政治工作会议精神，落实《教育部关于建立健全高校师德建设长效机制的意见》要求，制定和完善师德师风的规章制度。2014年和2017年，学校分别制定了《衡阳师范学院加强师德师风建设工作实施方案》《关于进一步加强和改进师德师风建设的实施意见》等规章制度，明确师德师风建设目标任务和举措。提出要严格规范教师职业操守，坚定教师职业信仰，培养教师职业荣誉、敬业精神等。这些文件的出台，建立和健全了学校加强师德师风建设的长效机制。最后，强化考核监督，充分发挥教职工代表大会、学术委员会、教学督导团等监督作用，完善评教机制，健全师德监督体系；强化师德奖惩，将教师的思想政治素质和师德表现纳入教师考核评价体系，实行教师职业道德一票否决制。2018年，学校为突出师德师风建设，将师德表现作为职称评审的首要内容。

（二）加强对大学生的理想信念和社会主义核心价值观的教育

学校加强对学生的理想信念教育，世界观、人生观、价值观的教育以及爱国主义教育，引导学生践行社会主义核心价值观。这种教育既体现在思想政治理论课教学中，也包括相关部门开展的各项教育活动当中。

1.加强和改进思想政治理论课的教学。高等学校思想政治理论课承担着对大学生进行系统的马克思主义理论教育的任务，是对大学生进行思想政治教育的主渠道。根据中共中央宣传部、教育部《关于进一步加强和改进高等学校思想政治理论课的意见》（教社政〔2005〕5号）精神，学校从2005级开始，开设4门必修的政治理论课程，即马克思主义基本原理，毛泽东思想、邓小平理论和"三个代表"重要思想概论，中国近现代史纲要，思想道德修养与法律基础。同时，开设形势与政策课。后来，"毛泽东思想、邓小平理论和'三个代表'重要思想概论"改为"毛泽东思想和中国特色社会主义理论体系概论"。硕士研究生开设中国特色社会主义理论与实践研究课程。2021年，将"习近平新时代中国特色社会主义思想"纳入思想政治理论课当中。为了加强思想政治理论课的教学，2016年5月，学校在原人文社会科学学院的基础上组建了马克思主义学院。承担全校思想政治理论课的教学工作。该院成立后，不断加强专业建设和学科建设，马克思主义理论一级学科被评为校级"十三五"特色学科。2021年，获得马克思主义理论一级学科硕士学位授权点。推进教学改革，加强教学的针对性。强调思想政治理论课的政治性、思想性和理论性的统一，开展集体备课，实施专题教学，将党的创新理论有计划、分专题地融入课堂。以实践教学环节为突破口，积极推进学生主体参与式教学改革，逐步形成了"系统推进、整体发展"的组织思路和教学特色。该院现有"先锋讲坛""求实论坛"两个学习、研讨交流平台，成立了中国特色社会主义理论体系宣讲团，全方位发挥思想政治理论课的育人功能。

2. 以主题教育为载体，加强对大学生的政治思想和道德引领。首先，以学生党建、团建工作为龙头，深入持久地开展理想信念教育、社会主义核心价值观教育。经常开展具有特色主题教育，如推出了"党员阳光台"、党员示范岗、党员示范宿舍，使学生党员、积极分子在日常工作学习中充分发挥先锋模范作用。校团委在全校掀起了"争创学习型团组织、争做学习型团干部"活动。2007年，校团委组建了"红青年"大学生理论学习型社团。2010年，开办"青年马克思主义者培养工程"，后又成立了青年马克思主义者培养学院——津梁人才学院及湖南省大学生青年马克思主义者骨干网络在线教育培训。学校发挥"校—院—班"三级联动性，以主题宣讲、专题研讨、学习座谈等形式，深入开展理论学习。其中2021—2023年，线上线下培养青年马克思主义骨干学员7 000余人，举办津梁讲坛34期。加强对学生骨干、基层团干部和各类青年骨干综合素质的培养。仅2016—2017年度，培训学生干部2 000余名。同时，以重大事件和重大节庆日为契机，广泛开展爱国主义、集体主义、社会主义教育，如举办各类主题征文、主题演讲、微电影大赛等活动。其次，开展网络思想政治教育，拓展大学生思想政治教育的渠道和空间。构建了易班、今日校园和微信平台三位一体的网络育人机制。组建了第一届易班学生工作站，建设了"大学生网络文化工作室"。其中易班工作案例《"笔墨生辉，厚'记'薄发"学霸笔记大赛》在2023年11月教育部举办的全国易班优课"优秀十佳案例"评选活动中，荣获全国易班优课优秀十佳案例奖第一名。通过"一报"（《大学生手机报》）、"一网"（团委网站）、"一刊"（《津梁电子周刊》），建设服务青年成长成才的重要舆论阵地。最后，以思想道德素质提升工程为契机，组织实施大学生思想政治教育特色项目的建设工作。

227

2011年，学校共筹建了17个特色工作室。通过建设"芳馨德美"等3个省级辅导员名师工作室、"微光"等7个省级特色成长辅导室、"行知小葵花"等10个校级辅导员名师工作室、"H+"等16个校级特色成长辅导室，持续为学生成长提供支持。举行南学津梁教育论坛。开展"榜样的力量"年度人物评选活动。评选出十大学习标兵、十大励志人物和十大道德模范人物等。2013年，组织开展了学校首届"雷锋式"大学生道德模范的评选表彰工作。共有10名同学荣获"助人为乐""见义勇为""诚实守信""敬业奉献""孝老爱亲"道德模范称号。实施大学生文明素养提升工程，引导大学生形成正确的文明行为认知，做到举止文明、课堂文明、宿舍文明、网络文明、就餐文明。

3.通过社会实践活动，提升学生的思想道德水准及服务社会的能力。主要表现在每年开展大学生"三下乡"活动，长期开展青年志愿者活动，活跃学生社团活动和大学生课外科技创新活动。其中学生社团将在本章第七节中叙述。

学校将大学生"三下乡"社会实践活动作为实践育人的品牌来建设，实践活动呈现出活动内容广泛，主题明确，不断创新，特色鲜明的特点。如2006年，实施新农村建设"寸草心"计划，立足衡阳，深入耒阳、衡山、衡东、衡南、常宁5县市开展以服务留守儿童为中心的活动。此后，这个活动不断赋予新的内涵。次年，学校深化这一计划，成立了全国高校第一家留守儿童的系统援助机构——留守儿童"爱心超市"。在衡山白泥村等留守儿童成长站，建立了"三室一听"，即留守儿童读书室、体育器材室、医疗卫生保健室和倾听留守儿童心声的记录本。2010年，为600名留守农民工子女建立档案，并与他们结成帮扶对子。这一计划一直持续到2015年，产生了良好的社会效应，受到团中央、中宣部、教育部、全国学联表彰。同时，结合时代特点，开展了以"青春建功十三五·携手共筑中国梦""喜迎十九大，青春建新功"等为主题的大学生暑期"三下乡"社会实践活动，组织"扶贫建新功·青春勇担当"社会实践服务团奔赴学校对口扶贫点——永州江华瑶族自治县大圩镇，开展扶贫专项社会实践活动。学校同15个地市人民政府共建大学生社会实践基地，年均拨款10万余元专项经费，支持约100支学生社会实践团队，孵化出国家级社会实践重点团队、示范团队3支，大学生参加"三下乡"人数大大提升，至2023年，有15 427人次参加了"三下乡"社会实践活动。因此，学校大学生"三下乡"社会实践活动连续荣获团中央授予全国三下乡"优秀单位"称号，"全国大中专学生暑期'三下乡'社会实践活动先进单位"等荣誉称号。

4.开展青年志愿者活动。学校青年志愿者服务活动开展早，社会影响力大，形成了校内志愿服务常态化、校外志愿服务阵地化、特色志愿活动品牌化的体系。长期坚持的志愿者活动有"责任的春天号雷锋列车"主题志愿者活动、"青春血库"志愿献血、家电维修、心理健康志愿者服务、社区服务、心灵义工、文化公益、法律援助、科技推广、环境保护、"迎新送毕"、毕业生志愿服务西部计划活动等。同时，根据需要不定期地增加一些志愿者服务计划。如"共青园"义务植树、禁毒宣传活动、大学生预防艾滋病知识宣传、奥运志愿服务实践行动、防灾抗灾志愿服务实践行动等。从2008年开始，学校开展了毕业生志愿服务西部计划活动等青年志愿者活动，每年都有不少学生报名。如2014年，学校有81名毕业生报名参与了西部志愿者服务，其中有3名毕业生扎根新疆等西部地区。2019—2023年，学校选派70余名学生赴西藏、新疆、云南、黑龙江等地的基层工作。2017年，学校整合校内志愿者队伍，由学校青年志愿者服务联盟负责管理和调配全校青年志愿者，推进志愿服务长效机制以及志愿服务常态化建设。2021年，学校重视志愿服务台账建设，注册成为志愿者20 000余人，志愿服务组织及团体数13个。学校志愿者坚持服务社会，不仅促进自我成长，而且赢得了良好的社会声誉。如志愿者长期坚持无偿献血，受到湖南省卫生计生委、湖南省红十字会联合表彰，多次获评湖南省无偿献血促进奖。2016年，法学院林佳茹同学积极助人，全国道德模范吴天祥特别寄送感谢信表扬；"守望者心理工作室"被评为"湖南省志愿服务优秀团队"；学校获得了"中国青年志愿服务项目大赛"银奖、湖南省"雷锋杯"青年志愿服务项目大赛金奖等。

5.组织大学生课外科技创新活动。学校每年举行一次大学生科技创新活动，对优秀作品进行立项资助和奖励，调动学生参加课外科技创新活动的积极性。在全校范围内开展了"十大科技之星"评选、"大学生科技创新论坛"等活动。从2013年开始，学校对大学生科技创新投入较往年有大幅度提高，由三年前的每年20万元增加到60万元。申报科技创新的作品数量明显增加，由三年前的每年不足500件增加到2 000多件，形成了学生自发组队、自己提出科研项目、自主选择导师的"三自课外科技活动"模式。2013年，共有1 800多个项目获得学校立项，直接覆盖人群5 400多人次，立项经费14万余元，配套及奖励经费20万余元。同时，每年举办大学生课外学术科技作品竞赛作品展。如2020年，举办了第20届大学生课外学术科技作品竞赛作品展，展出学生课外学术科技作品竞赛中近70个优秀作品。由于学校重视，措施得力，学校大学生科技创新活动取得了成效，直接促进了学生专业能力和实践能力的提升。如2009年，获得第十一届全国大学生"挑战杯"竞赛一等奖1项，三等奖3项；获湖南省第八届"挑战杯"特等奖1项，一等奖1项，三等奖6项，首次捧得"团体优胜杯"。2011年，获得第十二届全国大学生"挑战杯"竞赛一等奖1项，在湖南省第九届"挑战杯"大学生科技创新大赛上，荣获一等奖1项，二等奖3项，三等奖15项。

6. 以学风建设为中心，构建"12580"幸福资助体系，助力学生全面成长。"1"即坚持一个中心——以立德树人、促进学生全面幸福发展为中心；"2"即做到两个结合——"扶贫"与"扶智"相结合，"扶困"与"扶志"相结合；"5"即强化五个保障——强化组织、制度、经费、信息、监督五个保障；"8"即搭建八大平台——搭建经济资助、品德塑造、价值引领、心理促进、能力提升、学业援助、生涯辅导、就业帮扶八大平台；"0"即达到零失学，不让一名学生因家庭经济困难而失学。

学校围绕"以学生为本"工作理念，认真落实《衡阳师范学院关于加强学风建设的实施意见》，修订完善了《衡阳师范学院学生手册》《衡阳师范学院学生违纪处分条例》等制度。健全班级民主管理制度、学生班会制度，充分发挥班级的"自我管理、自我教育、自我服务"功能。引导班级建立了良好的班风、学风。

根据《中共衡阳师范学院委员会关于领导干部深入基层、密切联系学生工作的实施方案》要求，各级领导要到所联系班级听课和走访联系学生宿舍，指导学生学业与人生发展。同时教务、学工、教评中心、学院四方联动，每天不定期抽查学生上课情况，并及时将结果反馈给相关学院或班级，实现以学风督查促进优良学风的形成。

在日常管理中，以宿舍和网络管理颇有影响。学校一直将学生宿舍育人建设与管理作为重点，开展"学风优良宿舍""文明和谐示范宿舍"评比，举办宿舍文化艺术节等。2010年，学校为加强学风管理，启动了学风建设"十百千"（十系百班千寝室）评选活动，着力推进班级学风创建和寝室学风创建，开展了宿舍文化艺术节等活动，学生学习的风气日益浓厚。2018年，学校宿舍育人开辟新途径。构建学生自助式管理和开放式辅导宿舍育人模式，每一栋学生宿舍都建立了自助服务台，设立了自管服务岗和党员服务岗，实现对学生成长辅导的"送教上门""送学上门""送服务上门"，学生宿舍育人向纵深化、网格化迈进。在宿舍楼栋建设临时党支部、特色成长辅导室、心理咨询服务站、师范技能训练室，"三室一班一站"的建设工作进一步完善。2023年3月，新校区8A—503宿舍的李祖英同学在网络平台上分享的"14年前学姐的留信"迅速走红。2009年6月9日，2005级汉语言文学专业毕业生李薇送走了室友，独自坐在寝室里，回忆大学相处的美好点滴，于是写下了《致503室后辈们的一封信》，信中说："503，在这个寝室住着4位为理想而努力奋斗的女孩子。像所有有梦想的女孩一样，她们憧憬未来，喜爱浪漫。2006年入住该室以来，四姐妹从来没有红过脸、吵过架……只是想告诉以后住在503室的后辈们，多一些宽容，多一分理解，就会有快乐的结果……"10多年来，住在503宿舍的学生一届又一届，但明信片仍完好如初传承至今，大家默默守护着这份美好与浪漫的嘱托。留信学姐，文学院2005级汉语言文学1班李薇等503宿舍的学姐通过云端来到故事会讲述团结友爱的宿舍好"家风"。对此，新华社、《光明日报》、央视新闻、人民网、《中国青年报》《湖南日报》、湖南卫视等媒体纷纷推出"503寝室""留信学姐"的暖心报道。503宿舍故事揭示了学校文明宿舍的建设成效显著。

针对部分学生因沉溺网络而熬夜，学校开展了长达两个学期的"三走"（"走出教室、走下网络、走向操场"）主题系列活动，通过阶段性的深入推广，形成了"幸福晨跑·活力青春"晨练活动。

同时，提高和完善对学生的服务管理功能。建成了学生服务大厅，方便学生办理学生证、火车磁条充磁和勤工助学岗位申报。

7. 为了不让贫困学生辍学，加大对贫困生的奖助力度。学校不断完善"绿色通道"，实行"奖、贷、助、补、勤、减、免"八位一体的助学资助体系。如2010年，共为2700余名学生申请了国家助学贷款，贷款总金额达到1350余万元。同时推进"阳光勤工"计划，开辟校内校外勤工助学渠道。2007年，校内提供固定岗位300余个，岗位劳酬达到15万元；2016年提供勤工助学固定岗位共462个，发放工资295640元。建立和完善了学生贫困生档案库，重点组织对建档立卡家庭经济困难学生、农村低保家庭学生、孤残学生、农村特困救助供养等五大类学生的认定工作进行审查，2020年，审核入库贫困学生4390人，其中五大类一共876人。此外，学校还为经济困难学生发放助学金。如2018年，为605名经济困难学生发放春季学校助学金36.5万元，为506名经济困难学生发放秋季学校补助25.9万元。通过这些措施，确保不让一个贫困生因经济困难而辍学。2010年和2013年，学校先后被评为省学生资助工作先进单位。

8. 加强心理健康教育，培养学生健全的人格。学校构筑了多维心理健康教育网络，形成了教育教学、实践活动、咨询服务、预防干预、平台保障"五位一体"的心理健康教育工作格局。健全了机构，成立了心理健康咨询中心，在学生中成立心理协会——心灵家园、心理守望者工作室、5·25心理工作室、大学生心理健康协会，在各班级建立爱心分队、配备了心理委员，各宿舍建立互助群体。2008年，学校加大了心理咨询室建设力度。学校心理咨询室在评估标准的46个观测点中有42个核心观测点达到优秀。学校3个团队辅导室和个体心理咨询室被评为湖南省合格大学生心理咨询室。利用《中国大学生心理健康筛查量表》"中国大学生心理健康网络测评系统"，实现大学生心理健康素质测评全覆盖；建立了学校、院系、班级、宿舍四级预警防控体系。进行心理健康普查，建立了心理健康档案。对心理危机学生进行有效的危机干预。如2019年，对21名有自杀意向或行为的学生和56名重性心理疾病（含休学、复学、退学）的学生进行了有效干预。又如2021年，共管理动态监控危机预警库在库学生303人，化解心理危机37起。组织开展了"5·25心理健康节"活动，校园心理剧创作与表演大赛，创办了《幸福》心理健康杂志，推行心理健康教育活动常态化。2020年之后的新冠疫情期间，学校在线上开展了一系列心理健康教育活动，为学生提供心理支持。与衡阳市第二人民医院签订医校合作协议，共建"专科医院—学校"绿色通道，及时接诊较重的心理疾病患者。2023年，学校通过指导学院建成16个特色成长辅导室、开展专职心理健康教育教师对接学院等方式进一步加强了校院心理健康教育工作机制。2008年，学校荣获湖南省高校大学生心理健康教育先进集体；2015年，获得湖南省高校大学生心理健康教育研究与实践先进单位称号；2021年，学校获批为湖南省高校心理健康教育示范中心建设项目。

学校通过立德树人，使学校师生的道德水平和素质能力得到全面提升，涌现了一大批典型。2007年，张云峰被评为"全国优秀教育工作者"和"全国高校优秀思想政治教育工作者"。2008年，体育系陈宇同学勇救落水父女，先后被《湖南日报》等新闻媒体报道。涌现出"全国优秀共青团员""中国大学生自强之星标兵"等一批榜样模范。如2019年以来，蒋芬芬、陈明珠、戚怀月、王芬、郭影、曹庆云、李佳欣、黄海献等同学分别获得"中国大学生自强之星"称号。学校被授予"2023年湖南省高校学生工作研究与实践先进单位"荣誉称号。

三、建设清廉校园

学校纪检监察工作紧紧围绕学校人才培养根本任务，服务学校发展大局，为学校改革、发展和稳定提供了坚强的纪律保障。在党风党纪党规学习教育、制度建设、规范权力运作、加强对学校重要事项监管等方面常抓不懈，努力建设清廉校园。

（一）党纪党规学习教育常态化

学校坚持将党规党纪教育列入学校党委中心组、各二级中心组的学习计划和干部教育培训规划，并贯穿于党员领导干部、师生员工的教育和管理全过程。学习胡锦涛、习近平总书记在中纪委会议上的讲话及历次中纪委会议精神，学习"一章程两准则四条例"，即《中国共产党章程》《中国共产党廉洁自律准则》《关于新形势下党内政治生活的若干准则》《中国共产党纪律处分条例》《中国共产党问责条例》《中国共产党监督条例》《中国共产党巡视工作条例》等。开展正反两方面典型教育。学校定期组织副科以上干部观看反腐倡廉专题教育片，如《反腐大案纪实》《蜕变的权力》《老百姓是天》和《不可触碰的底线——衡阳贿选案警示录》等。通过学习教育，党员干部牢固树立党纪意识、红线意识和法治思维意识。

（二）制定完善规章制度，规范权力运作

学校根据上级党组织的要求和学校发展的新形势，不断制定和完善党风廉政建设制度和措施。按照"一岗双责"要求，抓好党风廉政建设责任制落实。2014年，学校党委进一步强化了党组织书记作为第一责任人、班子其他成员"一岗双责"的责任。在加强制度建设方面，2008年，制定了《衡阳师范学院关于实行党政领导干部问责的实施办法》，成立了学校党政领导干部问责领导小组。2011年，印发了《衡阳师范学院党政领导班子成员党风廉政建设职责》等文件。党的十八大以来，根据从严治党的要求，加强了制度建设。学校先后制定和完善了《关于落实党风廉政建设党委主体责任和纪委监督责任实施办法》《中共衡阳师范学院落实党风廉政建设主体责任实施办法(试行)》《中共衡阳师范学院落实党风廉政建设监督责任实施办法(试行)》《党风廉政建设责任追究实施办法(试行)》《衡阳师范学院纪检监察监督事项事前备案暂行办法》《衡阳师范学院纪检监察干部监督工作暂行办法》等制度，形成了较为完备的党风廉政制度体系。同时，规范办事程序。2015年，学校党委开展廉政风险防控工作。成立廉政风险防控领导小组，制定了工作方案，公开职权目录485项、办事流程图446个，查找廉政风险点600余个，制定完善制度措施40余项，初步建立了廉政风险防范机制。

（三）实行监督体制机制改革

2019年，根据省纪委办公厅发布的《关于推进省属高校纪检监察体制改革的实施意见》（湘纪办发〔2019〕3号）文件精神，学校出台了《关于进一步推进纪检监察工作"转职能、转方式、转作风"的实施意见(试行)》，进一步明确监督内容和监督任务，调整监督方式和重点；对退出的监督事项，实行备案审查制度；对保留参与的监督事项，明确监督标准，完善监督程序。要求各单位切实履行业务范围内首次监管和主要监督职责。着力整合学校纪检、财务、审计、工会等部门的监督功能，健全完善纪委监督、审计监督、民主监督、自身监督四位一体的监督体制机制。

为了加强对学校各项工作的监督，2020年5月，湖南省监察委员会对学校派驻监察专员，设立衡阳师范学院监察专员办公室，与学校纪委合署办公，对学校工作履行监察职责，首任监察专员为唐国华书记。2021年5月，由李斌书记担任。

进行"三不"体系建设，探索构建"大监督"机制，努力建设清廉校园。为了有效地预防和遏制腐败问题，2020年以来，学校积极探索"三不"（即"不敢腐、不能腐、不想腐"）体系建设，构建"大监督"机制。通过不断完善规章制度，加强廉政文化建设和党纪党规教育，坚持预防为先，认真梳理研究廉政风险防控点位，制定具体防控措施，严格督促落实。2022年，学校制定出台《衡阳师范学院清廉校园建设实施方案》，按照学校党委确定的"任务书"和"路线图"，校属各部门大力落实"清廉衡师"建设标准化、项目化、常态化工作部署，坚持围绕中心、服务大局，将廉政文化创建活动与干部队伍作风建设、文明校园创建活动等有机结合起来。同时，不断加强与工会、财务、审计、党政办、组织、人事等职能部门的联系，按照权限和程序，积极督促指导各个领域的反腐倡廉工作，强化审计成果运用。充分发挥二级单位纪检委员作用，建立全面覆盖、权威高效的监督体系，促进各类监督贯通融合，形成监督合力。

（四）加强执纪监管

校纪委监察部门为保证各项政令畅通，加强了对涉及人、财、物等重要部门、重要岗位和重要环节权力运行的监督。

强化政治纪律和政治规矩的监督。学校经常开展纪律教育和专项检查，严肃查处违反政治纪律的言行，确保了全校各级党组织和全体党员在思想上政治上行动上同党中央保持一致。强化组织纪律的监督。严格执行请示报告制度，党员和领导干部在涉及重大问题、重要事项时，按规定向组织请示报告。加强了对学校"三重一大"事项集体决策等重要制度落实情况的监督。监督学校"三重一大"事项集体决策、"一把手末位表态""一把手三个不直接分管"等重要制度的全面落实。

加强对权力运行的监督。学校纪委一以贯之地重点加强对物资采购、项目招投标、人才引进、人事分配、师德师风、财务预决算、招生、干部提拔等方面的监督和对掌管人、财、物等部门一把手行使权力的监督。盯住"五一"、毕业季、教师节、中秋、国庆、元旦、春节等节点，及时开展提醒教育，确保学校党员领导干部和教职员工过好特殊节点廉洁关。

持续落实中央八项规定，纠"四风"。严格执行公务接待、公务用车、公款出国（境）、办公用房、差旅费管理、会议费管理等有关规定，严格控制"三公"经费支出。严格执行婚丧喜庆事宜报告制度和承诺制度等。2014年，全校公车使用费用下降21.4%，公务接待费用下降30%，公款出国（出境）费用下降100%。党员干部纪律意识和规矩意识不断增强。

督促落实巡视整改。2016年和2018年，省委巡视组两次对学校进行了巡视。对于巡视组反馈整改的问题，学校成立巡视整改工作领导小组及办公室。对巡视组提出问题逐一进行研究，提出整改措施。2016年，对巡视组反映的五大类18项共49个问题完成了34项整改任务，细化任务124项，当年就完成了101项。2018年，根据省委巡视第九组巡视学校反馈问题3类13方面，学校进一步细化为55项任务，完成50项，基本完成3项，长期坚持2项。通过落实巡视整改，促进学校管理的规范化。

2010年以来，学校纪委根据上级相关要求，开展一系列的专项整治工作。2010年6月，根据《关于开展"5+X"反腐倡廉制度执行情况专项检查活动方案》（湘纪发〔2010〕12号）文件精神，确定了新增投资项目财政性资金管理使用、制止公款出国（境）旅游、公务用车配备管理使用、禁止领导干部违反规定插手干预工程项目建设、规范公务接待等6项检查内容，逐一进行了自查自纠。2016年，扎实开展了"雁过拔毛"式治理腐败问题、"纠'四风'治陋习"等3个专项整治工作。2017年，认真开展了教育行业不正之风专项整治、国家公职人员违规参与涉矿等经营性活动专项整治和"国培"问题专项整治等3个专项整治工作，给予7位同志党纪政纪处分，收缴各类违规经费21.7万余元。2018年，扎实开展了违反中央八项规定精神突出问题、领导干部违规在企业兼职（任职）工作等4个专项整治工作，共清退各类违规发放费用共195万元。2019年，组织学校领导干部认真报告近亲属涉砂涉矿、涉企投资入股等经商办企业情况。2022年，推动违规收送红包礼金问题深化整治，以及严格督办高等学校学历继续教育专项整治工作。2023年，深入开展领导干部利用职权或影响力为亲友牟利专项整治，以及开展"以学谋私"问题专项整治。其中在"以学谋私"问题专项整治中，查处学校近五年在8方面23项整治重点存在的问题18起，涉及33人次，全部得到妥善处理并整改到位。同时，全面开展"两带头五整治"[①]专项行动等。

四、统一战线工作

学校统一战线工作在学校党委领导下，围绕学校中心工作，充分发挥统一战线的优势和作用，凝聚力量共谋学校发展。

（一）建章立制

推进统战工作制度化、规范化。2009年以来，学校制定的相关规章制度主要有《统战工作制度》《统一战线工作条例》《统战工作范围》《党委与民主党派民主协商座谈制度》《党委与民主党派民主协商座谈制度》《关于向党外人士通报情况制度》《关于邀请党外人士出席学校有关会议和重大活动制度》《关于加强新时代学校统一战线工作的实施办法》《党员领导干部与党外代表人士联系交友工作制度》《关于民主党派组织发展若干问题的规定》等。2022年，编印了《统战工作制度汇编》。同时，做好各民主党派成员的建档建册工作，及时统计和更新统战成员结构、组织机构建设情况等。

（二）构建"大统战"的格局

学校推进统一战线的"同心工程"，凝聚力量共谋发展，构建了"大统战"工作的格局。首先，加强党对学校统战工作的全面领导。自2015年起，校党委领导班子成员每人联系2名党外知识分子、无党派代表人士。2016年6月，学校成立了统一战线工作领导小组，党委书记任组长，领导小组办公室设宣传统战部，其重要任务是"着力构建大统战工作格局"。领导小组成立以来，多次召开会议，对全校统战工作做出顶层设计和决策部署，初步形成了校党委统一领导，统战部门牵头负责，相关部门密切配合，各教学院积极支持的"大统战"工作格局。在思想引领的内容上，注重分类指导。针对党外代表人士，侧重加强政治引导、强化政治认同；针对党外处级干部，侧重加强合作共事能力、行政管理能力培养；针对其他民主党派成员和党外知识分子，侧重加强统战合作史、民主党派史教育。同时，深入挖掘红色校史文化资源，

---

① "两带头五整治"："两带头"指领导干部和纪检监察干部要落实中央八项规定精神，改正工作作风，发挥示范带头作用。"五整治"指严肃整治违规吃喝问题，严肃整治违规收送礼品礼金问题，严肃整治违规旅游问题，严肃整治打牌、赌博等问题，严肃整治酒后驾车问题。该专项整治行动自2023年7月开始，至11月结束，是一项纠风防腐专项行动。

开辟独具特色的思想政治引领阵地。其次，帮助各民主党派加强自身建设。2007年，学校有中国民主同盟、中国国民党革命委员会、中国民主促进会、九三学社、中国致公党、中国民主建国会6个党派，共有成员98人。除中国民主建国会外，其他5个党派均建立了总支或支部。学校定期组织和帮助各总支或支部做好换届工作。为民主党派基层组织在活动场地、交通工具、活动经费等方面提供了支持与保障，提高了工作经费投入。从2022年起，学校将民主党派负责人和统战团体班子成员工作津贴标准从1 000元/人·年提高至3 000元/人·年。学校高度重视各民主党派的自身建设，特别注重加强民主党派后备干部队伍的建设，选派民主党派干部到省社会主义学院、相关党派省委等参加骨干培训班。同时，协助民主党派做好组织发展工作，如2015年，按比例发展了5名新成员。最后，学校对无党派人士、归侨等做好统战工作。2007年，在全校进行了一次党外知识分子的全面摸底，共有党外知识分子407人，学校为他们正式建档建册。2017年，学校成立了党外知识分子联谊会并成功组织召开了第一次知识分子联谊会代表大会。2013年，学校完成对归侨、侨眷、台胞、留学人员全面的摸底和数据统计工作，共有归侨2人，侨眷38人。次年，学校召开了第一次归侨侨眷代表大会暨侨联成立大会。随后又完成省侨联"侨胞之家示范点"建设项目——"衡阳师范学院侨胞之家"，融权益之家、运动之家、艺术之家3个小家为一体。2020—2022年，完成5个民主党派和侨联、知联会换届选举。2015年以来，学校先后获得省侨联先进单位、"全国侨联系统先进组织"，3次获省侨联目标绩效考核先进单位，1人获全国归侨侨眷先进个人，1人获湖南省归侨侨眷先进个人，1人获"2021'五四'湖南侨界优秀青年"。

（三）深入开展统战理论研究

2007年，衡阳市统战理论研究基地落户学校宣传统战部，这是全省第一个市级统一战线理论研究基地。为了搞好统战理论研究，学校制定年度统战理论研究重点课题研究方案，鼓励基地研究成员之间跨学科组合，形成科研团队，建立起基地研究成员与各民主党派组织和统战机构的广泛联系，组建横向课题组，实现优势互补，共同攻关。由于措施得力，学校统战研究一直走在全省的前列。如2009—2014年，统战理论研究基地连续六年获省统战理论重大课题立项资助，2020年，获得省级统战理论研究重大课题2项等。2012、2013年，衡阳市统战理论研究基地连续2年获得省统战理论研究先进单位。同时，学校积极打造统战工作品牌，主要体现在"一家"（衡阳师范学院侨胞之家）、"一基地"（衡阳市统战理论研究基地）、"一校一品"，即"同心帮教——助力乡村教师发展行动计划"获高校统战工作"一校一品"建设活动统战工作品牌立项，并多次被评为全省志愿者暑期社会实践活动优秀服务团队。2023年，学校被省委教育工委列为"湖南省高校统一战线工作创新中心"首批建设单位，这是一个提升新时代高校统战工作质量的创新性研究型工作平台，建设期为3年。同年下半年，该中心承办了全省高校"同心筑梦新湖南"短视频大赛，学校获特等奖1个、一等奖1个和优秀组织奖。

（四）参政议政与民主监督

学校重视在民主党派和无党派人士中选拔干部。2005年，学校非党员干部已达23人，另有4人被提名进入各自组织的市级领导班子。在2007年学校第二轮干部竞聘岗位中，担任副处以上领导职务的有8人。2010年，学校处级以上职务的党外干部共有13名，培养了1名党外干部赴湖南科技学院任副校长。2013年，有9名处级党外干部，校领导班子中配备了1名女性党外干部。另有一些民主党派和无党派人士担任省、区、市政协委员。至2023年年底，有民主党派成员106人、无党派知识分子320人、归侨侨眷40人、归国留学人员128人、台属5人，团结服务的"同心圆"越来越大。其中有副厅级党外干部1人，正处级党外干部5人，副处级党外干部3人，科级党外干部7人。党外知识分子中，有省人大代表1人，市人大代表、政协委员8人，区人大代表、政协委员6人；市级民主党派委员会副主委2人，市知联会副会长1人。此外，还有衡阳市欧美同学会会长、市侨联副主席各1人。

为了提高党外人士、政协委员参政议政的水平，学校选派党外人士到省社会主义学院，民主党派省委、市委参加参政议政培训班学习，利用各种方式为他们搭建参政议政的平台。党外人士、政协委员也积极为省、市和学校改革发展建言献策，并在参政议政中发挥民主监督的作用。2011年，学校省、市政协委员12人共向政府提出建议、提案共30多条。2016年，学校启动了"党委出题、党外调研、学校采纳、部门落实"的民主党派调研工作。至2023年年底，该项工作已开展了三轮，累计收集选题33个，选取并完成调研选题14个，充分发挥党外知识分子在学校发展建设中的智库作用。同时，党外调研工作较以前更积极主动，提案的质量提高，影响力不断扩大。如2020年，党外人士中的各级人大代表、政协委员年内提交提案20余项、调研报告5项。2021年，提交提案近20项，调研报告5项。其中，省人大代表田小梅的提案《关于将"衡阳师范学院"更名为"衡阳师范大学"列入湖南省教育事业发展

"十四五"规划的建议》,获省发改委和省教育厅批复。同时,学校不断完善和落实党委定期召开情况通报会制度和重大决策前的民主协商制度,促进学校各项决策的科学化、民主化、程序化。

第二节 内部治理体系建设

随着高等院校改革的深入发展,完善内部的治理结构,提升学校的治理能力,建立现代大学制度势在必行。学校为了实现自身的奋斗目标,在改革当中攻坚克难,不断优化内部治理结构,建立"党委领导、校长负责、教授治校、民主管理、依法治校"的现代大学治理模式。科学制定学校发展规划,大力推进学校转型发展。

一、推进依法治校和民主管理

依法治校和民主管理是建立现代大学制度的重要内容,学校为了推进这两项工作,制定了《衡阳师范学院章程》,规范和指导大学内部治理结构。推行校务公开,实行民主管理和民主监督。

（一）制定《衡阳师范学院章程》

大学章程是大学治理的基础和灵魂。2012年11月22日,教育部下发了《全面推进依法治校实施纲要》,要求各级各类学校大力推进依法治校。2014年5月28日,教育部出台了《教育部高等学校章程核准工作规程》,要求各高校制定大学章程,推进依法治校,建立现代大学制度。学校立即启动了编制《衡阳师范学院章程》工作。2015年3月12日,湖南省教育厅核准了学校报送的《衡阳师范学院章程》(简称《章程》)。《章程》分为总则,举办者与学校,组织与机构,教学科研单位,教职工,学生,学校与社会,经费、资产、后勤,校徽、校旗、校歌、校庆日,附则共10章,对学校的权利和义务、学校管理的组织机构、学校与教职工、学校与学生、学校与社会等做了详细的规定。2022年,根据形势发展的要求,学校组织对《章程》进行了修改,突出了加强党对学校的全面领导和全面从严治党,突出了立德树人的根本要求等。如第十八条指出:"学校党委由学校党员代表大会选举产生,对党员代表大会负责并报告工作,学校党委设立委员会,对学校改革发展、稳定和教学、科研管理及党的建设等方面的重要事项作出决定。""按照党要管党、全面从严治党的方针，加强学校党组织的政治建设、思想建设、组织建设、作风建设、纪律建设，把制度建设贯穿其中，深入推进反腐败斗争，落实党建工作责任制，发挥学校基层党组织的战斗堡垒作用和党员的先锋模范作用。"同时，明确了办学目标和办学特色。第六条规定："学校以'特色鲜明的高水平师范大学'为建设目标……以教师教育为核心，适当发展非师范专业。"概括而言，学校章程对于建立现代大学制度，实施民主管理等做了具体规定，为学校依法治校提供了蓝本。

学校为了健全以大学章程为统领的制度体系，在制定和修订学校章程的同时，学校组织各部门加快修订和完善制度建设，在2014—2018年出台了一连串的规章制度，形成相对完备的校内规章制度体系，为推进学校治理体系和治理能力的现代化提供基本准则。

（二）坚持和完善党委领导下的校长负责制

根据《中华人民共和国高等教育法》《关于坚持和完善普通高等学校党委领导下的校长负责制的实施意见》《衡阳师范学院章程》等有关规定，学校坚持和完善党委领导下的校长负责制。

早在1990年，中共中央颁布了《中共中央关于加强高等学校党的建设的通知》，明确提出了在高等院校实行党委领导下的校长负责制。2014年10月，中共中央办公厅印发了《关于坚持和完善普通高等学校党委领导下的校长负责制的实施意见》，进一步明确了校党委对学校的领导职责，党委会是学校的领导核心，把握学校的发展方向，决定学校的重大问题。为此，学校健全了党委统一领导、党政分工合作、协调运用的工作机制。2016年12月，学校根据《衡阳师范学院章程》和学校发展的新特点，重新修订了《衡阳师范学院党委会议议事规程》和《衡阳师范学院校长办公会议议事规程》两个重要文件。前者分为总则、议事范围、会议的组织、议题的提出与确定、会议决策与实施共五方面。规定党委会是学校重大事项的决策机构，对事关学校改革发展稳定和师生员工切身利益及党的建设等全局性重大问题做出决策，对学校教学、科研、行政管理、干部任免与管理等方面的重要事项做出决定。后者在"总则"中明确指出："校长办公会议是学校行政议事决策机构，主要研究提出拟由党委讨论决定的重要事项方案，具体部署落实党委决议的有关措施，研究处理教学、科研、行政管理工作。"2018年6月7日，学校再次修改《衡阳师范学院党委会议议事规程》和《衡阳师范学院校长办公会议议事规程》，进一步细化和完善党委会和校长办公会议议事细则。从两个《议事规程》中可以看出，学校把党的领导贯穿于整个学校办学治校全过程中，认真贯彻"三重一大"集体决策制度，确保党委统一领导、党政分工合作的机制协调运行。不仅体现了学校坚持和完善党委领导下的校长负责制，而且是学校民主决策、科学决策、依法办事的体现。

（三）推进教授治学

为理顺行政权力和学术权力的关系，推进教授治学工作，学校在升格之后，就建立了校学术委员会、教学工作委员会和学位评定委员会，探讨教授治学的有效途径。为了打破行政权力对学术资源的垄断，健全以学术委员会为核心的学术管理体系与组织架构，保障校学术委员会在学校教学、科研和学科建设中发挥有效作用，根据《中华人民共和国高等教育法》及《高等学校学术委员会规程》（教育部令第35号）等相关规定，2014年10月24日，学校颁布了《衡阳师范学院学术委员会规程》（院政字〔2014〕6号）（简称《规程》），明确了"教授治学"的基本内容。《规程》规定：学术委员会作为校内最高学术机构，应"充分发挥学术委员会在学科建设、学术评价、学术发展和学风建设等事项上的重要作用，完善学术管理的体制、制度和规范，积极探索教授治学的有效途径，尊重并支持学术委员会独立行使职权"。

同时，《规程》厘清了行政权力和学术权力的关系。如其中第五条规定："学术委员会一般由学校不同学科、专业的教授及具有正高级以上专业技术职务的人员组成……为不低于15人的单数。其中，担任学校及职能部门党政领导职务的委员，不超过委员总人数的1/4；不担任党政领导职务及院系（二级单位）主要负责人的专任教授，不少于委员总人数的1/2。"同时规定，学术委员会委员实行任期制，任期一般为3年，连任最长不超过2届。另外，校教学委员会、学位评定委员会等机构都规定了合适的比例选用非领导职务教授担任委员，以确保教授群体的学术决策权。学校还不断完善各教学院学术委员会、教学督导组织，将教授治学落实到各教学院。

（四）加强教代会、工代会建设

学校教职工代表大会是党委领导下的保障教职工权益，让教职工行使民主权利、民主管理和民主监督的一项基本制度，是学校建立现代大学制度的重要体现。

学校教职工代表大会制度发端于20世纪50年代，学校升格以来不断完善。2000年12月2日，在衡阳师范学院第一届教代会第一次全体代表大会上通过了《衡阳师范学院教职工代表大会实施细则》，对教职工代表大会的程序、职责和权力做了规定。学校根据2011年《学校教职工代表大会规定》（教育部令32号）和《湖南省学校教职工代表大会规定》（湘教发〔2012〕82号）文件精神，于2015年4月10日下发了《衡阳师范学院教职工代表大会规定》，进一步规范了教代会制度。

学校通过校务公开等形式，推进学校民主决策、民主管理，保障了广大教职工的权益和民主权利。

学校校务公开工作始于升本之后，可谓起步早，发展快。这一阶段，校务公开工作紧紧围绕学校依法治校、学校改革发展和党风廉政建设等工作展开，不断完善公开体制机制、规章制度，丰富公开载体和内容。呈现出校务、系（院）务公开内容进一步细化，公开程序和形式进一步规范，校务公开监督检查实现了常规化。

首先，校务公开工作进一步完善"党委统一领导、学校行政为主、业务部门各负其责、纪检监察和工会监督、教职工积极参与"的校务公开领导体制和工作机制。到2011年，学校设立了校务公开领导小组、校务公开工作小组、校务公开监督小组等"一主二支、三位一体"的领导机制，督促各职能部门建立了实施公开工作的责任机制。其次，学校建立和完善了校务公开规章制度。先后颁布了《衡阳师范学院校务公开监督制度》《衡阳师范学院系（院）务公开民主管理工作考评细则》等制度，细化、量化了公开的内容、工作程序、要求及考核办法。最后，完善二级教代会制度。学校健全完善了《衡阳师范学院二级教代会规程》、二级教代会例会制度、报告制度、代表选举制度、代表巡视制度等，使二级教代会程序进一步规范，职权真正得到落实。在工作推进上，已经形成了职能部门和系院两年一轮回考核的长效机制。

在公开形式上，重点完善了教代会民主决策方式，强化了教代会在学校民主管理与监督中的地位和职权。逐步建立了以教代会制度为基本载体、以其他会议制度，如中层干部调度会和各种形式的座谈会，以及议事决策规则为次要载体、以各种信息公开平台为辅助载体的运行机制。重点完善教代会民主决策方式。如在三届七次教代会审议"西校区部分闲置资产租赁给衡阳市成章实验中学办学"这一议案时，学校首次采用了无记名投票方式进行表决。2011年，校务公开的载体主要有"三会一文"（即教代会、中层干部调度会、座谈会和公文）"两台一网"（校广播电台、手机信息平台、校园网）和"一报一窗一栏"（校报、宣传橱窗和校务公开公告栏）等。

在公开内容上，2014年，修订完善了《衡阳师范学院校务公开指南》，进一步明确了"衡阳师范学院校务公开目录",学校除做好重大决策、重大事项、重大工作以及涉及教职工和学生切身利益事情的公开工作外,着重抓了学校中心工作和教职工关心的热点问题的公开。如干部选拔、校园基本建设、设备采购、职称评定、选调生推荐等。如2014年,学校通过各种形式向校内和社会公开学校事务 224 项近千余条,涵盖学校工作的各方面。2016年,校工会作为学校人事聘用、基建招投标、大宗物资采购等8个工作小组组成单位,通过召开教职工代表大会或在网上公开征集意见,确保教职工在民主决策中的源头参与。2017年以来,实行了党委会、校长办公会会议记录在学校公告栏中公布的制度。政务信息港还开辟了教代会提案"三公开"栏目,进一步扩大了校务公开的范围。

学校推行校务公开制度,促进了基层民主政治建设,提高了民主决策、科学决策水平,调动了广大教职工干事创业的积极性。学校多次被评为全省教育系统校务公开先进单位。

对于学生,学校完善共青团代表大会、学生代表大会等制度,保障学生的权益,从而实现了学校多元参与治理的格局。

二、学校管理体制改革

学校根据我国高等教育事业发展趋势和学校的实际要求,不断通过改革,调整管理机构,推进校院两级管理体制改革,推进人事分配制度的改革。

(一)学校领导班子的调整

这一时期,根据湖南省委的指示精神,学校领导班子进行了适当的配备与调整。其间,担任学校党委书记的有周玉明教授(任期至2008年6月),许金生教授(任期为2008年6月—2014年5月),刘沛林教授(任期为2014年10月—2018年12月),陈晓飞教授(2018年12月从邵阳学院党委书记岗位调入);校长有许金生教授(任期至2008年6月止),刘沛林教授(任期为2008年7月—2014年10月),皮修平教授(于2014年11月起任学校校长);任学校党委副书记的有龙显成(任期为2004年12月—2012年6月,此后至2015年10月任正校级督导员),刘福江教授(2015年10月起)。任学校纪委书记的为向清成教授(任期为2007年9月—2015年10月),唐国华同志(2015年10月起);担任学校副校长的为邝代治教授(任期至2012年10月,此后至2015年12月正校级督导员),张登玉教授(2005年11月起),刘福江教授(任期为2007年11月—2015年10月),王晓成教授(任期为2008年12月—2011年10

月），童小娇教授（任期为2010年1月—2013年6月），陈杰峰教授（2011年10月从湘南学院纪委书记岗位调入，任期至2014年2月），廖北文同志（任期为2012年6月—2015年11月），聂东明教授（2012年10月起），李玲玲教授（2013年6月从湖南科技学院副校长岗位调入），郑金华教授（任期为2015年11月—2021年5月），陈敏教授（2015年11月起）。担任学校党委委员的有涂昊教授（任期为2015年10月—2017年9月），尹季教授（组织部部长，2018年7月起），曹鑫博士（宣传统战部部长，2018年7月起）。

（二）合理调整学校管理机构

学校为了理顺管理关系，根据学校事业发展的需要，适时调整管理机构。2007年，学校编制完成了《衡阳师范学院机构设置方案》，学校设立的处级以上机构有纪律检查委员会、党委办公室、组织部、宣传统战部、工会、团委、机关党总支、人事处、教务处、教育教学评估研究中心、高等教育研究所、科技处、学科建设办公室、学生工作处、招生与就业指导处、规划建设处、资产管理处、计划财务处、审计处、保卫处、学报期刊社、离退休人员管理工作处、国际交流处、档案馆、图书馆、信息与网络管理中心、现代教育技术中心、后勤集团、人文社会科学系、经济与法律系、中文系、新闻与传播系、外语系、数学系、体育系、音乐系、美术系、资源环境与旅游管理系、物理与电子信息科学系、化学与材料科学系、计算机科学系、教育科学系、生命科学系、继续教育学院、南岳学院共45个部门与系院。

2010年，在第二轮干部竞争上岗中，将信息与网络管理中心、现代教育技术中心合并组建为现代教育技术与网络管理中心。另设立校友办，以促进校友联络与发展。2012年3月，机关党总支书记一职改由组织部副部长兼任。2013年，为了加强对学生的心理健康教育，学校增设心理健康教育中心（副处级岗位）；增设协同创新中心，旨在增强学校科技创新能力；另设立了艺术教育中心。2015年，学校根据工作需要，成立了改革与发展研究中心，主要职责是制定学校发展规划，负责学校章程的起草与修订，以及学校改革发展研究等工作。成立了初等教育学院，主要负责从初中毕业生中招生入学的免费师范生的前期培养工作。设立衡阳师范学院——中兴通讯信息工程学院，这是学校为转型发展而设立的一个校企合作办学机构。2016年，为推进学校转型发展和大学生的创新创业工作，学校增设了转型发展办公室和创新创业学院（副处级）。为加强思想政治理论课的教学，设立马克思主义学院，将思想政治教育专业、历史学专业和法律专业合并组成法学院。另将后勤服务集团改设后勤处。2018年，学校被评为硕士学位授予单位后，将学科建设办公室改设学科建设与研究生处。

（三）校院两级管理体制改革

学校升本以后，实行校、系（院）两级管理体制。为了调动各教学单位的积极性，学校积极探索校院两级管理体制改革。2011年，在学校召开的三届四次教代会报告中提出：推进校、系（院）两级管理体制。实行管理重心下移，逐步建立权责分明、运转协调、精干高效的管理体系，使教学系（院）成为责权利统一的办学实体。2015年5月11日，学校根据《衡阳师范学院章程》的规定，以学科专业调整和激发转型发展活力为目标，下发了《关于教学系更名为学院的通知》，决定将中文系等16个教学系部更名为文学院等16个学院，从而形成校—院—系的办学结构。经过几年的探索，学校按照"学院办大学"的理念，实行分权与集权有机结合的原则，构建院校"两级管理，两权明晰"的发挥各自主体作用的办学模式，扩大学院发展和管理的自主权。强化学校在宏观决策、资源配置和目标考核上的主体地位与作用，确立和落实学院作为教学主体、科研主体、管理主体、服务主体的主体地位，发挥院长主责、学术主导、教师主体的学院办学主体作用。学校将教师聘用、教学、科研与学科建设、资源使用、二次分配等权力下放给学院。改革的基本导向是"放管服"。"放"是把学校的权力、资源向下放，在权力和资源配置等方面赋予学院更大自主权，让学院去办好大学，办出特色；"管"是学校管全局、管宏观，管标准和质量，管结构和规模，学校管院系内部管理和机制运行；"服"是各职能部门服务精准到位。通过改革，各教学院办学的主动性得到提高，办学特色也显现出来了。

（四）人事制度改革

1.人事分配制度改革

为了充分调动广大教职工的工作积极性，促进学校事业发展，根据国家和湖南省的相关政策和学校实际情况，2007年以来，学校人事分配制度主要进行了两次改革。第一次改革是2008年，学校在充分调查研究的基础上出台了《衡阳师范学院绩效津贴分配暂行办法》（院人字〔2008〕8号），该方案将绩效津贴分为教学系列绩效津贴和管理系列绩效津贴两类。

教学系列绩效津贴分配办法，是按各系部学生人数、专职教师数、学科专业建设、教学系部目标管理及效益等因素进行核定。其中，按学生人数核拨津贴占教学系列津贴总额的54%，按专职教师数核拨津贴占教学系列津贴总额的

40%，按学科专业建设及教学目标管理核拨津贴占教学系列津贴总额的6%。

在管理系列绩效津贴中，又分为各级负责人管理岗位绩效津贴、一般管理岗位绩效津贴、其他专业技术岗位绩效津贴、工勤岗位绩效津贴4种。其中规定：根据岗变酬变原则，按实际聘用岗位的职务或职称享受相应的绩效津贴。如从事的工作与其专业技术职务相同，可按专业技术岗位享受绩效津贴，否则按管理岗位享受绩效津贴。

第二次改革是2013年，学校制定下发了《衡阳师范学院绩效工资实施暂行办法》（院政字〔2013〕8号）。方案提出：坚持岗位管理、量化考核，总额控制、二次分配的原则，将绩效工资分为基础性绩效工资、奖励性绩效工资、特殊性津贴三部分。基础性绩效工资，是学校根据岗位对各类工作人员在完成规定的工作任务经年度考核合格后发放的绩效工资，其总量约占学校绩效工资总量的70%。如正厅、副厅、正处、副处、正科等的分数分别为280分、260分、210分、180分、150分等。又如教学岗位工资积分标准为二级教授260分、三级教授240分、四级教授220分。奖励性绩效工资，是学校对个人或集体在教学、科研、管理和服务等岗位上取得的成绩和为学校发展做出的贡献给予奖励而设立的绩效工资。它以业绩考核为基础，分为教学岗位教育教学考核奖励性绩效、管理教辅工勤岗位工作考核奖励性绩效、成果奖励性绩效等，总量约占学校绩效工资总量的25%。各系院、各部门根据《衡阳师范学院教学系部二次分配暂行办法》和《衡阳师范学院管理、教辅、工勤岗位工作考核奖励性绩效工资分配暂行办法》的要求，按工作业绩进行二次分配；特殊性津贴，是学校根据国家、省等相关政策规定为在特殊岗位工作的人员发放的津贴，其总量约占学校绩效工资总量的5%。它分为教授、博士、学科带头人特殊津贴标准和其他岗位特殊津贴标准。

2.服务外包与裁撤临聘人员

2014年10月，学校经过多方调查和借鉴兄弟院校的经验，决定将保安、保洁实行服务外包。学校制定了《衡阳师范学院服务外包实施方案》，起草了服务外包招标文件。2015年7月，学校保安、保洁服务外包正式交接，实现了平稳过渡。此后，通过严格考核监督，推进了物业服务整改工作，确保物业服务质量。接着，学校在后勤等部门进行改革。推行劳务项目承包、合同制管理的服务外包模式。饮食服务中心、校园环境管理中心和物业管理中心分别完成了《学生食堂加工销售劳务项目承包方案》《校园绿化管护劳务项目承包方案》《师苑新村环境卫生清洁劳务项目承包方案》，顺利完成了学生食堂加工销售、校园绿化管护和师苑新村环境卫生清洁等3个劳务项目的服务外包工作。但保安、后勤等部门原来临时聘用人员的清退是一个较棘手的问题。由于世纪之初学校实行后勤社会化改革等方面的原因，学校增加了大量的临时聘用人员。到2014年，学校共有临时聘用人员429人，涵盖了后勤、保卫等多个工种，这对学校的发展和管理带来一些隐患。对此，学校在启动外包的同时，一边在考虑清退临时聘用人员。学校制定了《衡阳师范学院关于清理和规范临时用工管理的意见》，在2015年暑假对临时工进行全面清退，人事处对临时工清退工作进行政策指导与总体把关。依法依规核算临时工清退补偿金，共清退临时工393人，核算经济补偿金及社会保险补偿金金额为212万元。对于因工作需要仍需保留的少部分临时工岗位，学校根据"精简、高效、合法"的原则，从严控制、按需设岗、公开招聘，进行规范管理。服务外包和清退临时聘用人员，加强了对编制、岗位的科学管理，理顺了管理关系，节约了用工成本，降低了用工风险。

3. 深化人事管理体制改革

一是创新模式管理，转变用人方式。2016年，学校首次向社会公开招聘与编内人员同等待遇的合同制聘用人员，实行合同管理。合同制聘用人员的聘用、考核、待遇均参照编制内人员管理。二是实行编制和岗位科学动态管理，进一步清理在编不在岗人员。同意9名离校多年、人事关系仍保留在学校的人员辞职。另有7人未能取得联系，通过在《湖南日报》刊登通知的形式，与其解除了聘用关系。三是制订了《衡阳师范学院目标管理实施方案》，在学校全面推行目标管理。

三、制订学校发展规划

学校根据第一次党代会定下的战略目标，制订学校发展规划，并将各项规划分解落实到各部门、各教学院的年度计划中去，定期对规划的执行情况进行评估和考核，确保学校发展规划落到实处。2006—2020年，学校一共制定了三个发展规划。

《衡阳师范学院"十一五"发展规划（2006—2010年）》经过多次讨论和修改，于2006年二届三次教代会审议通过。《发展规划》分为五部分，第一部分是"十五"计划执行情况，第二部分是学校发展面临的形势与任务，第三、四部分是发展规划的主体，阐明了学校"十一五"发展的指导思想与主要目标，办学基本定位，指明了学校的建设目标，对办学规模、教育教学、学科建设、科学研究、队伍建设、校园建设、党建和思想政治教育七方面进行了量化分析，以及发展重点和主要措施。第五部分是结束语。到2010年，学校完成或超额完成了"十一五"规划。

《衡阳师范学院"十二五"发展规划（2011—2015年）》的组织起草工作于2010年9月启动，同年12月，形成了衡阳师范学院学科建设、师资队伍建设、专业建设、校园建设、校园文化建设等五个专项规划和《衡阳师范学院"十二五"发展规划》初稿，在2011年三届四次教代会上审议通过。在"十二五"规划中，学校在师资队伍建设、学科建设、校园基础设施建设等各项事业上得到了发展，办学实力进一步加强，学校的综合实力得到较大提升。

《衡阳师范学院"十三五"发展规划（2016—2020年）》是学校改革与发展研究中心（2015年5月成立）主持制订的，并在2016年学校四届六次教代会上审议通过。《发展规划》提出的"十三五"总体目标是，开办以培养专业硕士为突破口的研究生教育，实现学校第二步发展战略目标；建成具有鲜明教师教育特色和转型发展示范性的、区域内高水平应用型地方师范院校，为建成地方高水平应用型大学奠定坚实基础。为此，规划提出实施人才培养质量提高工程、学科科研提升工程、教师队伍发展工程、基本条件优化工程等"九大工程"，明确预期目标和建设任务。《发展规划》分为四部分，第一部分是发展基础和规划依据，第二部分是指导思想和办学定位，第三部分是发展目标和建设任务，第四部分是保障措施和实施要求。在"十三五"发展规划中，学校实现了第二步发展战略目标，进入全省同类院校的前列。

四、推进学校转型发展

（一）转型发展的政策依据

进入新世纪以来，中国高等教育的改革进入了以提高质量、注重内涵式发展和特色发展的新时期，而转型发展是地方高校内涵式发展的重要途径。2014年4月，由应用技术大学（学院）联盟和中国教育国际交流协会主办的产教融合发展战略国际论坛在河南省驻马店市举行，178所高等学校共同发布《驻马店共识》，提出引导部分地方本科院校向应用技术型高校转型。2015年10月，教育部、国家发展和改革委员会等发布了《关于引导部分地方普通本科高校向应用型转变的指导意见》（教发〔2015〕7号），提出："以改革创新的精神，推动部分普通本科高校转型发展。"以解决高等教育同质化倾向严重的结构性矛盾。2015年12月，湖南省政府将高校划分为综合研究型、学科特色型、地方应用型、技术技能型四种类型。学校属于地方高校，对标地方应用型是学校的正确选择。

2015年10月30日，学校召开了第三次党代会，党委书记刘沛林在报告中指出："今后五年学校发展的总体目标是，到2020年，实现学校第二步发展战略目标——获得硕士学位授予权，建成具有鲜明教师教育特色和转型发展示范性地方高水平大学。"大会报告还专门谈及学校要转变办学思路，转变办学体制机制，深化产教融合、校企合作；转变人才培养模式，培养应用型技术技能型人才等。

第三次党代会后，学校印发了《关于加快学校转型发展的意见》及《转型发展工作方案》，提出了转型发展的基本思路、主要任务和措施，形成了《衡阳师范学院转型发展总体思路》和《衡阳师范学院转型发展路线图》。2016年5月，学校专门成立了转型发展工作领导小组和转型发展办公室，并将学校转型发展工作纳入学校"十三五"发展规划的重要内容，这是学校办学理念的大转变。

（二）办学定位的变化

2014年4月16日，由教育部、全国应用技术大学（学院）联盟、中兴通讯股份有限公司共同主办的2015—2020年教育部—中兴通讯ICT产教融合创新基地校企合作协议签订仪式在河南省驻马店市举行。学校成为该项目第一批应用技术转型试点本科高校合作院校。根据协议，双方通过校企合作方式共建"衡阳师范学院—中兴通讯ICT产教融合创新基地"，共同组建"衡阳师范学院—中兴通讯信息工程学院"。通过该合作项目的实施，将学校计算机科学与技术、电子信息工程专业建设成为全国应用技术型示范专业。2015年5月，学校加盟"全国应用技术大学（学院）联盟"。至此，学校转型发展进入了正式实施阶段。

为了大力推进转型发展，学校重新审定和修改了办学定位。在"十三五"发展规划中提出了学校总体定位，即"努力把我校建设成为在省内有较高地位，在全国同层次、同类型的院校中居于先进行列的特色鲜明的地方高水平应用型大学"。这是学校为适应经济社会发展的需要，推进转型发展而提出的新的办学定位。随着办学定位的变化，学校随后又修订人才培养方案。

第三节　教育教学与人才培养

教育教学是人才培养的中心内容，教育教学质量是学校办学的生命线。这一时期，学校以本科教学为主体，规范高等学历继续教育的办学，推进教师教育职前培养和职后培训一体化。努力办好独立学院——南岳学院。

一、本科教学

学校把本科教学作为学校最基础、最根本的工作，大力加强专业建设、课程建设，创新人才培养模式，进行教学改革，加强教学管理和对教学质量的监控。

（一）专业建设与课程建设

1. 专业建设

2006年年底，学校共有31个本科专业，其中师范专业14个。同年年底通过教育部本科教学工作水平评估以后，学校为培养适应地方经济与社会发展需要的高素质人才以及加快学校转型发展的需要，确立了坚持师范专业与非师范专业并举的专业发展思路，鼓励各系、院积极申办新兴应用性专业。至2018年上半年，学校共有59个本科专业，其中师范专业18个，非师范专业41个，覆盖经济学、法学、教育学、文学、历史学、理学、工学、农学、管理学、艺术学十大学科门类。

由于专业拓展过快，2016年，学校编制的《本科专业"十三五"建设发展规划》和《本科专业建设管理办法》，明确了"调整结构、整合资源、控制总量、体现特色"的本科专业设置原则。2017年，学校先后撤销了物流管理、戏剧影视文学、广播电视学、自然地理与资源环境、动物科学、信息管理与信息系统等6个本科专业，新增了网络与新媒体、软件工程等3个应用型专业。2018年，学校招生的本科专业51个，专业结构渐趋合理。

在专业建设方面，首先，学校不断完善专业培养目标。经过办学定位的探索，提出了以立德树人为根本任务，以社会需求为导向，以全面提高人才培养质量为核心，培养"厚基础、宽口径、强能力、高素质、重应用"的应用型人才。其次，学校提出了规模适当、内涵提升、结构优化的专业建设思路。2007年3月，学校下发了《衡阳师范学院教学质量与教学改革工程实施方案》，提出了专业建设的策略，即按照夯实基础专业、强化优势特色专业、发展新兴专业的理念，不断加强专业建设。在优势专业建设方面，学校按照"优势互补、相互支撑"的原则，有步骤、有重点地开展优势专业群建设。在"十三五"发展规划中，学校一方面努力打造教师教育专业群、电子信息专业群、乡村旅游保护与开发专业群、生物与材料专业群、文化传播专业群、艺术表演与创作专业群等六大专业群建设，其中将旅游管理、汉语言文学、化学、电子信息工程、物理学、地理科学、新闻学、美术学8个专业作为六大专业群中的核心建设专业。同时，学校构建了国家、省级、校级三级品牌特色专业建设体系与建设方案，以辐射带动相关专业协同发展。另一方面，启动校级专业综合改革项目建设，立项部分专业作为校级"十三五"综合改革试点项目，为促进学校向应用型本科院校转型发展打好了专业建设基础。至2016年，共有5个专业被确定为湖南省普通高校"十三五"专业综合改革试点项目。最后，规范新专业建设。学校严格新专业申办资格，按照符合学校办学定位和发展规划，有相关学科专业为依托，有稳定的社会人才需求，有完成专业人才培养方案所必需的师资队伍以及必需的经费、教学用房、图书资料、实验设施、实习基地等基本条件，才能申报新专业。

经过几年的建设，到2017年，物理学专业成为国家特色专业，地理科学专业成为国家综合改革试点专业，另有5个省级特色专业、2个省级重点建设专业、5个省级综合改革试点专业。

2. 课程建设

课程建设包括精品课程建设、课程设置调整和网络课程建设。2004年以来，学校发布一系列文件，构建涵盖省级、校级精品课程的课程体系，全面带动和提高学校课程建设水平。在2007年学校下发的《衡阳师范学院教学质量与教学改革工程实施方案》中，指出要加强精品课程、双语课程和跨学科选修课程建设。学校根据该方案完善了"合格课程、优秀课程、精品课程"三级课程评价机制。2008—2010年，共评选建设15门校级精品课程。在"十二五"期间，学校依托"质量工程"项目，大力推进精品课程建设。整合优质教学资源，构建通识教育体系，建设一批高水平的通识教育课程体系，确立公共基础课教学在本科教学工作中的基础性地位。在学科专业课程的整合上，进一步提供"平台＋模块"的课程体系。学校制订的"十三五"课程建设规划，提出按照"重视基础课程、强化专业课程、扩大选修课程"的原则加强课程建设，强调围绕专业培养目标以优化专业课程体系和课程结构，确定课程与学生能力素质要求之间的对应关系，突出学生技术技能和创新创业能力培养，提高培养目标与培养效果的符合度。因此，学校于2017年推出优级课程建设计划，首批立项建设校级优质课程 89 门（含双语课程 8 门）。至 2015 年，学校共建成了光学、色彩构成、人文地理学、有机化学、区域旅游规划、新闻学概论、田径、政治经济学、油画创作、社会主义市场经济学、翻译12门省级精品课程。

推进课程信息化教学建设，利用优质教学资源平台，建设优质课程体系。早在2006年，学校建设了精品课程网站，立项了10门校级精品课程。进入"十二五"之后，学校越来越重视网络教学综合平台建设，不断拓展学生的学习空间。截至2013年，已经实现了大多数课程的教案、大纲、课件、习题、实验与参考资料等教学资源网上开放。通过网络教学综合平台，学生可自主学习，师生之间也可答疑解惑。同年，学校下发了《衡阳师范学院教师教育精品资源共享课建设实施办法》，评选出中学地理教学设计等5门课程为精品资源共享课立项建设课程。

2014年，开展了MOOC的建设，促进课堂教学模式的转型。确定资旅系的《环境教育概论》为当年慕课立项建设课程。2015年，立项"名师空间课堂""微课"等省普通高校信息化教学应用项目 3 项；引进《音乐鉴赏》《军事理论》等 8 门"超星尔雅"通识网络课程；自主建设校本在线课程，尝试开展了 MOOC 建设。《衡阳师范学院教育综合改革方案》（2016—2020）提出：加强微课、慕课等优质在线课程建设，打造一批省内外有一定影响力的校级精品课程，推进校本在线课程建设。至2017年，学校建有课程资源管理平台、世界大学城云空间平台、精品课程网络共享平台和省内领先的全自动课程录播系统和智慧教室，引进在线网络精品课程137门。鼓励教师开发"翻转课堂"、慕课等，已建设了环境教育概论等21门新型课程。中华传统文化中的音乐故事、婚姻家庭法、数学课程标准与教材研究等3门课程入选为2018年省级精品在线开放课程。

至2018年，学校已有省级精品课程12门、省级名师空间课堂6门、省级微课3门，校级精品课程9门、精品资源共享课5门、校级慕课课程1门、校级优质课程89门，课程建设正朝着规范化、特色化方向发展。

3. 修订人才培养方案

学校根据办学定位和人才培养目标，持续修订人才培养方案，调整和优化课程结构。2013年年底，启动新一轮人才培养方案的修订工作。师范专业确立了由"通识教育课程＋专业方向课程＋教师教育课程＋实践课程"构成的"四位一体"课程体系，非师范专业课程体系则由"通识教育课程＋专业方向课程＋实践课程"构成。2015年，随着学校实施转型发展战略，学校制定了《衡阳师范学院教育综合改革方案》（2016—2020），提出："围绕应用型人才培养目标，加大校本特色课程建设与开发力度，鼓励和支持各教学院与行业企业合作开发应用性、实践性强的专业课程、职业课程。"同年，学校发布了《衡阳师范学院关于2015年修（制）订本科专业人才培养方案的指导性意见》，在培养模式上，探索多元培养、合作培养、分层教学等；在课程体系上，注重优化结构，结合行业需求，开发创新型、实践型课程；在课程设置上，明确课程与毕业能力之间的对应关系，精选课程，精确培养，增强培养目标与培养效果的符合度；在实践环节上，打通"学、教、做"环节，注重应用能力和创新能力培养。在优化原有课程体系基础上，构建"通识教育课程模块＋学科基础课程模块＋专业课程模块＋教师教育课程模块（师范）/专业技能课程模块（非师范）＋素质拓展课程（第二课堂）模块"的模块化课程体系。2017年，对人才培养方案进行了微调，修订的重点是"加大实践学分比重。非师范类专业立足校企合作，加大转型发展力度，促进应用型人才培养；师范类专业强化校校合作，突出师范技能训练，提升学生教育教学水平"。提出坚持突出实践创新能力，培养复合型应用型人才。

4. 教材建设

学校对教材建设一直相当重视，因为课程建设与教材建设是相互关联的。2007年3月，学校在《衡阳师范学院教学质量与教学改革工程实施方案》中提出："严格执行教材选用和评估制度，优先选用适应新世纪教学改革要求的，内容新、水平高、特色突出、实用性强的精品教材，确保教材使用效果好。""鼓励教师积极编写各种规划教材和创新教材，努力建设一批院（校）级精品教材和省部级精品教材。"在教材建设中，学校在选用水平高、有特色教材的同时，要求学校编写出一批精品教材。2010年，学校教师主编的《马克思主义政治经济学原理》《民法学教程》《现代设计素描技法》《环境教育概论》等被评为省级优秀教材。

"十三五"时期，学校对教材建设的要求："一是按要求使用近三年出版的优秀教材或省级以上规划教材，大胆选用企业（行业）培训教材，优化课程资源。二是鼓励教师联合中小学、企业（行业）研究开发应用型、实践型教材，打造特色鲜明的校本教材。"根据上述要求，学校制定了《衡阳师范学院教材建设与管理工作办法》，进一步规范了教材建设与管理。首先，严格按照"选优选新选特"原则，优先选用适应新时期教学改革要求的内容新、水平高、特色突出、实用性强的教材，思想政治理论课和部分人文社科类教材选用马克思主义理论和建设工程重点教材。其次，加强校本教材建设。在校本教材"新时期教师教育改革系列教材""案例教学系列教材"基础上，编写了"基础性、拓展性通识课程系列教材"，获得了有关专家和师生的一致好评。2015—2017年，全校教师出版教材和教学研究专著91部。2018—2023年，新增出版教材和教学研究专著171部。最后，加大优秀教材奖励力度。学校对正式出版的高水平教材，每部给予1.5万元的奖励。

（二）创新人才培养模式

学校根据国家经济和社会发展的要求，积极探索创新人才培养模式。通过实施转型发展战略，实行校企合作、产教融合、校校合作，"卓越教师培养计划"和创新创业教育改革等创新人才培养模式。

1. 产教融合、校企合作与校校合作的人才培养模式

继"中兴通讯ICT产教融合创新基地"签约后，2016年，是学校产教融合发展较快的一年。学校构建应用型人才培养共同体，推行"一师范专业对接一省内示范中学、一非师范专业对接一国内一流企业"，创新应用型人才培养模式，服务地方基础教育和地方经济社会发展。学校与教育部学校规划建设发展中心战略合作伙伴——凤凰卫视集团·凤凰教育正式签订合作办学协议，在新闻传播学院广播电视学专业和美术学院动画专业领域开展紧密合作。2017年3月，全国首批、湖南省首个"高校数字媒体产教融合创新应用示范基地"落户学校。学校携手凤凰卫视，开办了"凤凰数字媒体特色班"。同时，与衡阳市签约"'旅游＋新媒体'营销平台搭建与运营"项目，"乐游衡阳"微信公众号于2017年11月正式运营。2016年9月，学校被湖南省教育厅确定为校地合作试点单位。至2017年年底，学校与行业企业签署校企合作产教融合协议167项，共同建立了产学研合作共享平台，双方在资源共享、人才培养、技术合作、产学研成果转化等多领域开展战略性合作。与企业共建共管中兴通讯信息工程学院和深圳通拓国际电商学院2个二级学院；开设了凤凰卫视·凤凰教育数字媒体特色班、深圳通拓电商订单班、东莞佳睦外贸订单班、深圳深软订单班、金蝶ERP订单班、卓越酒店经理人班等6个特色班。学校对接产业链、创新链调整和设置专业，组建了6个应用型学科群。

2018年，学校实施校企合作提升计划，积极探索非师范专业"本硕一体化"人才培养模式，与企业共建"卓越经理人"班。与上市公司中惠旅智慧

景区管理股份有限公司共建"卓越景区经理人"班,与深圳通拓共建"卓越电商经理人班",与上市公司广州粤嵌通信科技股份有限公司开展教育部新工科建设专题项目,共建高校众创空间。至年底,学校拥有17家省级以上校企合作平台,与企业共建共管2个教学院,开设了5个特色班。

师范专业人才培养模式围绕培养基础教育和中等职业教育师资专业化发展需求,通过建立"衡阳师范学院UGS教师教育联盟""教师专业发展学校"等方式,强化"高师院校—地方政府—中小学校"三位一体的人才协同培养模式。2014年,学校与岳阳市许市中学、衡阳市船山实验中学等11所(2016年增至14所)省内品牌、特色学校合作共建教师专业发展学校。5月27—28日,学校组织召开了联盟成立大会。至2018年,学校先后与省内10个地市教育局、20所基础教育示范学校和113所优质特色学校开展合作,通过双方教师交流、互派、规划教师教育专业实习基地等方式,协同培养符合基础教育改革需求的复合型教师。

在校企、校校合作的过程中,学校不断探索协同育人的培养方式。首先,探索建立校内校外实训基地。通过"衡阳师范学院UGS教师教育联盟"在各地建立实习基地。在非师范专业,学校与深圳中兴通讯股份有限公司、凤凰教育、广州翡翠皇冠假日酒店、江西开昂新能源科技有限公司、深圳通拓科技有限公司、东莞佳睦包装有限公司、衡阳建滔化工有限公司等192家企业联合共建实践实训基地,为非师范专业的教育教学和人才培养提供了优质实训场所。2017年,建立了"衡阳师范学院跨境电商产教融合创新基地",为商务英语、电子商务、国际经济与贸易、视觉传达与设计等专业学生提供了实践实训平台,实现了"校中厂,厂中校,工学结合",并成功入选2017年度中国校企合作优秀案例。其次,为了提高校企合作办学的质量,从2017年开始,学校开展了对校企合作办学重大项目进行专项评估,对存在的问题实行整改"回头看"。通过评估,提高了办学质量,对促进学校内涵式发展、转型发展和特色发展具有重要的引领和示范作用。最后,学校注重合作办学、协同育人的研究,组织教师申报教育部高等教育司的产学合作协同育人项目。学校有4个项目获"教育部高等教育司2017年第一批产学合作协同育人项目"立项资助,协议经费共16万余元。至2023年年底,学校共有教育部产学合作协同育人项目64项。此外,促进了"双师型"教师的成长。

10年来,学校在转型发展方面做了大量的工作,取得了较大的成绩。至2020年,电子信息工程专业成为物理与电子工程学院与中兴通讯ICT产教融合创新基地联合建设专业及湖南省"十三五"专业综合改革试点专业。2021

年，中兴通讯学院有国家网络空间安全人才培养基地授权人才输送中心、教育部产教融合创新基地1个，省级校企合作示范基地2个，湖南省研究生培养创新实践基地1个，众创空间1个。外国语学院依托合作办学项目申报的"衡阳师范学院跨境电商校企合作创新创业基地"入选2019年中国高等教育博览会"校企合作双百计划"典型案例。

2.实施"卓越教师培养计划"

2013年10月，学校下发了《衡阳师范学院关于进一步加强和改进教师教育工作的意见》，其中提出："根据人才培养的要求，推动和落实'卓越教师培养计划'。依据教师专业化的要求和'少而精'的原则，从本校在读师范本科学生中选拔部分优秀师范生，按照'精英化'和'个性化'模式，培养造就师德高尚、理念先进、业务精湛、锐意创新的高素质专业化中小学教师。"学校从2014年开始实施"卓越教师培养计划"。首批遴选了地理科学专业（30人）、英语专业（27人）两个专业。至2023年，学校共立项建设了34个"卓越教师培养计划"项目，取得了一定的成效。

在培养模式上，建构了"叠加式培养、模块化课程、项目化推进、阶段性考核、全程性实践"的卓越教师人才培养模式。叠加式培养是指在原有专业班级学生中遴选具有"卓越潜质潜能"的优秀师范生组建"卓越教师培养计划"实验班，每班25~30人，进行重点培养，在普适性的人才培养方案基础上，针对"卓越教师培养计划"，实验班制订后两年的卓越教师人才培养方案，实行叠加式培养。

模块化课程是指为强化师范生教育教学技能训练，设置了"三字一话"、演讲与口才、书法考试、教学设计、课程标准与教材研究、教学比赛、名校研习等成体系的课程；阶段性考核是指在立项建设期间，学院从学生入班遴选、中期考核、结业审核三个阶段进行考核，能进能出，宽进严出。加强过程考核，注重过程培养；全程性实践指的是学生从入班开始至结业这一全过程均有导师指导带领，校内校外结合，课内课外结合，多层次、多维度开展教育教学实践活动，促进学生教育教学水平的提高。

在培养路径上，构建了"三位一体"协同育人体系，深化与地方教育主管部门、中小学的协同合作。实验班采用校内学习与校外实践相结合的模式，实施"双导师"制，为每个学生配备校内导师与基础教育学校导师，强化教学实践技能的培养。按照"精英化"和"个性化"模式培养，推进教学内容、教学方式改革。在教学内容的设计上注重复合性、对接性、实践性和延伸性；教学方式上注重开放性、活动性和过程性。实验班不断探索能充分发挥学生主体性的多样化教学方式，鼓励开展模拟课堂、案例教学、微格教学、现场教学等。

2021年，围绕着卓越教师培养存在的突出问题（实践特色不突出，对卓越教师培养的成功经验总结和提炼不够）和学校发展需求（申办大学需要国家级教学成果奖）实施改革，卓越教师项目采取两种实施形式，一是以实践为主，理论研究为辅，在现行自然班级中选择一个班作为实验班，开展卓越教师培养的理论研究和培养模式改革实践；二是以理论研究为主，实践为辅，结合学院实际，重点开展教育教学改革研究，在自然班或卓越实验班中开展研究成果的实践应用。两类卓越教师项目均以优秀教学成果奖培育为目标。

至2023年，在学校立项建设的34个"卓越教师培养计划"项目中，其中理论类项目9项，实践类项目25项，已结项项目21项，在研项目13项。全校现有师范专业18个，除教育科学学院的教育学专业和音乐学院的舞蹈专业外，其他16个师范专业均已立项开展了"卓越教师培养计划"工作，占师范类专业总数的88.9%。学校"卓越教师培养计划"工作开展9年有余，取得了一定的成效。

卓越教师的培养是一个系统工程，"三位一体"协同培养机制的实施，是教师教育开放与融合相结合的有效体现。它为深化教师教育改革、构建现代教师教育体系提供了一个新路径。

3. 进行创新创业教育改革

创新创业教育是以培养具有创业基本素质和开创型个性的人才为目标。就高校而言，主要是培育在校学生的创业意识、创新精神、创新创业能力为主的教育。

学校的创新创业教育开展较早。2008年，校团委组织报告会、座谈会和励志讲座，组织开展创业计划大赛，带领学生创业团队参加湖南省第四届"挑战杯"大学生创业计划竞赛，取得2银3铜的成绩。2009年6月，学校成立了全省首个按照准公司化运营的大学生创新创业教育与实践的综合基地——仁智创业学院。其前身是成立于2003年4月的"仁智家园"，其宗旨是为在校大学生提供创新创业的实战平台。仁智创业学院成立后，帮助学生深入开展创业教育和实践活动，全年共孵化新动力素质学校、爱心超市、星仁智传媒等创业项目5个。2014年，为扩大支持学生创新创业的规模和力度，学校与校友企业和社会企业共计投入了100万元基金，建设大学生创业孵化基地，基地建设分两期进行，共占地2 800平方米。在校学生积极参与自主创业项目的申报，在39个创业申报项目中，有15个项目经过审核培训入驻孵化基地，有6个项目全部投入运营。至2017年，大学生创业园累计入驻孵化项目40余个。

"十三五"时期，学校创新创业教育进入改革阶段。学校制订并实施了《衡阳师范学院创新创业改革实施方案》，明确了创新创业教育改革的任务、重点和具体举措。

第一，形成协同改革合力，构建"三结合"体系。学校成立了创新创业教育改革领导小组。各教学院成立工作小组，各年级设立创新创业教育专干。2016年，成立了创新创业学院。建立了由教务处牵头，团委、创新创业学院、教学院等齐抓共管的工作机制，努力构建"全面覆盖与典型培植相结合""校内与校外培养相结合""在线自主学习与课堂学习相结合"的创新创业教育体系。

第二，构建有利于学生创新创业的机制。将创新创业教育贯穿于专业教育、实践教育、理想信念教育、校园活动、学生管理和就业指导中。将大学生就业创新创业指导课等必修课程纳入人才培养方案并赋予学分。给予参加创新创业活动的学生实践学分。通过大学生创业园这一创新创业实践基地，指导大学生创新创业。实施有利于学生创新创业的学习管理制度。包括创新创业学生休复学学籍管理制度、弹性学制，放宽学生修业年限，允许保留学籍休学创新创业等。

第三，打造创新创业平台。2018年，新增3个省级创新创业教育中心、3个省级校企合作创新创业教育基地。创建了"衡阳师范学院大学生创业园"，累计入驻项目43个，覆盖电子、传媒、设计、培训、咨询、旅游等多个领域。其中卓成教育、好机友数码之家等项目已成功孵化，年营业额均在400万以上。与所修专业明显关联的孵化项目10项，占总项目数的60%，科技、产品类项目6项，占总项目数的40%。

第四，创新创业教育改革成效显现。一是学生参加各级创新创业大赛成绩优异。2015—2018年，立项教育部大学生创新创业训练项目36项，省级大学生研究性学习和创新性实验项目立项91项，发表论文138篇，1篇研究论文被EI收录；3项作品获国家级奖励，43项作品获省级奖励，获技术专利32项。二是涌现出一批创新创业优秀典型。如2011级物理与电子工程学院学生张佳毅，是衡阳市大学生创新创业代表，先后获得湖南省"互联网+"大学生创新创业大赛三等奖、"创青春"创新创业铜奖、衡阳市第二届青年创新创业大赛金点子、第三届青年创新创业大赛三等奖，毕业后担任衡阳好机友通讯有限公司董事长兼总经理、湖南小明快跑文化传媒有限公司副总经理。三是社会影响良好。2015年以来，学校先后被评为湖南省高校大学生创新创业孵化示范基地、湖南省大学生就业创业示范校、湖南省创新创业带动就业示范基地等，并成为中国校企协同产学研创新联盟理事单位，产生了较好的社会反响。

（三）加强教学研究，推进教学改革

1. 加强教育教学研究，以研促教

教育教学研究项目分为三类：一是国家级、省部级项目主管部门立项项目及教育学（协）会立项的纵向项目；二是与其他单位合作的横向项目；三是学校立项的项目。学校升本以来，重视教育教学研究，申报教育教学课题的教师渐渐增加。2008年，获得了湖南省教育科学"十一五"规划课题和国家教育科学"十一五"规划课题各1项，这是学校教育教学课题研究的一个突破。2013年，学校申报的《双向渗透式师范生教育实践改革研究与实践》成功入选教育部"教师队伍建设示范项目"。到2018年，学校有26个项目成功立项省级教学改革研究项目。从获奖情况来看，《中国高等师范教育论争问题研究》获第四届全国教育科学研究优秀成果三等奖，另获得湖南省教学改革成果一等奖2项。

通过教育教学研究，做到教研相长。部分教师获得学校资助，赴中小学以及行业、企业开展对接研究，并将研究成果有效转化为教学内容。如外国语学院就有10多名教师获得资助后赴衡阳市成章实验中学、衡东县第一中学等省级示范（重点）中学以及深圳通拓科技有限公司、武汉传神翻译公司、东莞等地知名企业挂职调研，在将调研成果转化为教学内容方面进行了有效尝试，取得了良好效果。教师研究成果驱动了大学生研究性学习。从2009年开始，学校开始立项大学生研究性学习和创新性实验计划项目的申报、评审工作。到2018年，立项大学生研究性学习和创新性实验项目共62项，其中省级立项25项，国家级大学生创新创业训练计划项目12项。同时，教师直接指导学生进行研究性学习。2015—2018年，全校共有677项教师科研成果驱动的大学生科技创新项目获得立项，129项与教师科研方向一致的大学生研究性学习和创新性实验计划项目获得立项，不少学生参与了教师的152项科研项目，学生与教师共同发表科研论文122篇，学生独立发表与教师科研方向相关的科研论文39篇。

2. 开展教学方法改革

教研课题的研究，一般都是要经过实践之后才能结题。因此，教师拿到课题之后，都要在实践中进行教学改革探索。教学改革研究项目能引导教师深化课堂教学改革，优化教学过程，改进教学方式。如在理论课程教学中，教师按照循序渐进的原则构建理论教学内容体系，形成点、线、面相互支撑，有机结合的教学内容体系和知识链，为学生提供完整明晰的知识体系。在教学方法上，教师采用启发式、探究式、讨论式、案例式、参与式、混合式、辩论式、体验式等多样化教学方法，加强师生互动，提高学生的学习兴趣，引导学生主动学习。例如，法律专业进行了大量案例式教学；美术学院每年组织学生走出校门，远赴全国各地野外写生；旅游管理专业经常组织学生到大中型酒店现场观摩学习；等等。

3. 深化课程改革

在课程改革方面，学校在公共基础课改革方面取得了成效。学校下发了《关于做好 2015 年公共基础课教学改革方案的通知》，以"适用、有效"为原则，制订（修改）了思政课等 17 门公共基础课教学改革方案，准确把握课程目标，充分考虑不同专业的需求，因材施教，尝试实行分层分类教学，合理设置公共课程学时，优化和调整授课内容，教学过程更加多样化，灵活性进一步增强。探索大学英语、计算机基础与应用、大学物理、高等数学等课程分层分类教学改革，实行大学体育课俱乐部教学等。在《衡阳师范学院教育综合改革方案（2016—2020 年）》中，对公共课程改革进一步深化，提出：以培养学生普适能力、关键能力和文化素养为导向，着力推进公共课的有效性改革，构建满足学生社会化发展和个性发展需要的多样化通识课程体系和模块。

4. 完善实践教学体系

学校构建了"三四四"实践育人体系，以"基础训练、综合训练、扩展训练"三个模块，"实验实训、实习、毕业论文（设计）、课外实践"四个环节，"课内与课外、校内与校外、第一课堂与第二课堂、知识与能力"四个相结合开展渐进式人才培养，强化学生师范素养，培养学生发展能力。

完善实践教学质量标准与管理制度。编制了实习实训教学大纲，明确实习实训考核内容和标准，形成了目标明确、层次分明、系统性强的实践教学标准。加强了实践教学管理体系建设。2021 年以来，修（制）订实践教学文件 7 个。强化了实践教学环节，2023 年版人才培养方案新增研习课程，总实践学分比例达到 33.59%；强化美育、劳动教育和素质拓展教育，实现第二课堂课程化管理。

在实验教学方面，学校完善制度、整合实验教学资源。学校建立了以教学院为主的校院（系）两级共管的实验教学管理体制。通过整合实验教学资源建立由基础实验室、专业实验室、基本技能训练室和虚拟仿真实验教学平台构成的实验教学体系。2009年，省级实践教学示范中心——音乐艺术实践教学示范中心被批准立项，基础物理、基础化学实验室顺利通过湖南省评估验收。至2018年，学校设置有102个基础实验室（其中2个省级基础示范实验室）、304个专业实验室，45个实训室，2个省级虚拟仿真实验教学中心，实验室总面积为39 362.32平方米，教学科研仪器设备总值达1.71亿元。同时，改进实验教学方式和手段。一是逐步增加综合性、设计性实验项目，为学生提供更多主动学习、分析和探索的机会，充分调动学生的学习积极性。2015年以来，综合性、设计性实验项目的课程占实验课程的比重从不到90%提高到95%以上。二是改进实验考核办法，增加实验考核在课程考试中所占的比例，或对实验单独进行考核，突出对学生动手实践能力的培养。三是引进虚拟仿真实验教学项目，充分发挥现代化教学手段的优势，通过网络平台登记和管理学生开放实验，多形式开放实验室，满足学生自主实验需要。推行教学计划内实验项目全面开放，创新性实验项目、学生参加学科竞赛、大学生创新训练项目等预约开放。常规低值实验设备全天开放，大型贵重设备预约开放。

加大实习基地建设力度，提高实习工作成效。一是加大实习基地建设经费投入，改善实习基地条件。学校自2007年以来，继续加强实践教学基地建设。2010年，新建校级校外实践教学基地6个，其中祁阳县第四中学和衡阳市第三中学获湖南省普通高等学校校外优秀实习教学基地。至此，省级校外优秀实习教学基地累计达9个。2015年以来，投入实习基地建设费用超过400万元。至2018年，学校共建有校内外实习基地210个，其中师范专业实习基地85个，非师范专业实习基地125个。到2023年，学校共建有校内外实习基地350个，其中师范专业实习基地155个，非师范专业实习基地195个。二是强化师范生顶岗实习基地建设。2009年，湖南省在学校首次进行了顶岗实习试点工作，学校选派了178名优秀学生前往衡阳市、常宁市、耒阳市的20所中学开展顶岗实习工作。顶岗实习工作结束后，学校组织召开了"高师教育与基础教育对接论坛——衡阳师范学院师范生顶岗实习专题研讨会"，省教育厅高教处等相关处室以及常宁市、耒阳市教育局，各顶岗实习学校及部分实习基地校等参加会议，总结顶岗实习的经验，取得了良好的社会反响。学校专门整理编印了各年度的《顶岗实习教师指导日记》《优秀顶岗实习心得日记》《优秀顶岗实习教案》等。顶岗实习不但弥补了一些中小学师资紧缺问题，而且学生在双方指导老师的指导下得到了充分的锻炼，受到了省教育厅和社会的一致好评。2014年以来，通过成立教师教育区域联盟，使联盟成员学校成为开展实习工作的重要基地。与顶岗实习基地协同开展实习工作，建立"训—导—顶—评—赛"（顶岗前培训、大学与中学教师"双导师"、考评顶岗表现、汇报比赛）培养模式，提高顶岗实习工作成效。2009年以来，学校共派出近8 000人次赴实习学校进行顶岗实习。三是加强与实习基地联系，协同育人。定期召开实习基地负责人座谈会，对学生实习工作、问题、模式以及基地建设等问题进行深入探讨，不断提升合作质量。

学科竞赛高质量发展。倡议发起并连续9年承办湖南省普通高校师范生教学技能竞赛，共获得24项一等奖、22项二等奖和8项三等奖，在参赛高校中位列前茅。2021—2023年，学校在全国普通高校师范生教学技能竞赛中斩获5项一等奖。学校自本科办学以来，学生共获得省级以上学科和体育竞赛奖项近4 000项，其中国际级、国家级奖项500余项。

5. 推进考试考核方式方法改革

学校一直在探索课程考核的科学性和合理性问题，力图改变由期末考试一次定成绩的考核方式。到"十二五"时期，学校要求加强对学生平时学习成绩的考核。一是调整课程考核权重，要求考核评价全程化。注重过程考核，将课堂评价、课外活动等学习过程纳入总体评价成绩。各教学院可根据课程的不同属性和自身特点确定相应比例。二是实行多样化的考核方式。学校将课程考核的权力下放到各教学院，教师可以针对不同课程的性质和特点，选择闭卷、开卷、笔试、口试、讨论、实践操作、专业技能测试、课程论文等考核形式。在期末考试和平时考核成绩的占比分值上，各教学院根据实际情况确定，这样使得课程考核更加科学合理。

（四）加强教学管理，完善教学质量监控体系

1. 建立完整的教学质量体系标准

为了提高人才培养质量，学校一方面制定教学质量标准，一方面建立完善的教学质量监控体系。2007年，修订了《衡阳师范学院教师教学质量评估方案》《衡阳师范学院系（部）本科教学工作水平评估方案》。2012年，学校又制定了《衡阳师范学院关于全面提高教育教学质量的实施意见》《衡阳师范学院教学质量保障与监控工作规定（试行）》。在"十三五"发展规划中，进一步强调建立人才培养质量标准。制定了《衡阳师范学院课堂教学质量标准》《衡阳师范学院实验教学质量标准》《衡阳师范学院实训教学质量标准》《衡阳师范学院教育实习质量标准》《衡阳师范学院非师范专业实习质量标准》等文

件，明确了实验、实习、实训、毕业论文（设计）等实践教学标准，形成了系统的教学质量体系，并把质量意识贯彻到整个办学过程中。

2. 建立"五位一体"教学质量保障体系

2018年4月，学校在经过探索之后，形成了《衡阳师范学院教学质量保障与监控工作规定》，提出了由管理决策系统、质量标准系统、条件保障系统、过程执行系统、评估与反馈系统构成的"五位一体"教学质量保障体系。

管理决策系统在教学质量保障体系中居于导向统领的核心地位。由学校党委会、校长办公会、校教学工作委员会组成，负责确定和调整人才培养总目标、各专业人才培养目标，分析研判高等教育改革形势和发展趋势，以及社会需求和社会评价，做出决策部署；质量标准系统明确了学生学习标准、教学运行质量标准、教学建设质量标准、教学管理质量标准等；条件保障系统对于保障教学质量具有支撑保证作用。以财务处、规划建设处、资产处、后勤处、人事处、网络中心等部门为主体，保障教学经费、教学设施、教师队伍、信息资源等方面的建设；过程执行系统对于保障教学质量具有基础性、决定性作用。由招生就业处、教务处、学生工作处、团委和各学院构成。基本职能是执行教学质量标准、制订招生方案和人才培养方案、确定课程体系、安排教学计划、组织课堂教学和实践环节、选用和组织编写教材、研究改革教学内容和教学方式方法等，确保教学各方面、各环节有序有效运行；评价与反馈系统对于保障教学质量具有督促、指导和激励作用。以教学质量监控中心、校教学督导团、各学院督导组、教务处为主体。基本职能是对教师课堂教学质量进行评价、组织开展学院教学工作评估并根据实际情况开展专项教学评估和检查，从而形成了上下联动的完整的教学质量保障体系。

3. "一个委员会、两大组织主体、三支监督队伍"

学校按照"指导—执行—监督—反馈"的管理架构来建设教学质量管理队伍。建成由"一个委员会、两大组织主体、三支监督队伍"组成的教学质量管理队伍。一个委员会是指学校教学工作指导委员会，它是学校本科教学质量监控工作的指挥中心；学校教学质量监控中心和教务处是校级教学质量管理与监控的两大组织主体，负责对各学院教学工作组织管理与监控评价，各学院是教学质量建设的管理主体；三支监督队伍是指校教学督导团、院教学督导组和教学信息员，对全校本科教学质量管理与监控发挥着监督、反馈和评价职能。

在质量监控过程中，学校采用了线上与线下相结合的质量管理与监控手段，特别是通过学校可视化教学质量监控平台确保教学管理与质量监控的便捷性和高效性。

（五）2018年本科教学水平评估

根据教育部和省教育厅的要求，学校将于2018年接受本科教学工作审核评估，这是时隔12年之后，学校又一次接受本科教学工作审核评估。2017年3月4日，学校召开了本科教学工作审核评估动员大会。正式揭开了学校本科教学工作审核评估的序幕。学校根据教育部的审核评估要求，有步骤地推进各项工作。同年10月，学校开展了各学院本科教学基础性评估工作。至2018年暑假，学校一共召开了9次本科教学工作审核评估推进会。

2018年9月28日，学校在东校区召开本科教育工作会议暨审核评估誓师大会。10月，开展了本科教学审核评估工作集中汇报评审会，全校28个职能部门和17个教学院接受评审。通过自我评估，全面查找了教学中存在的突出问题并切实加强整改。

2018年12月10日上午，学校本科教学工作审核评估举行专家见面会。随后，本科教学工作审核评估专家组一行9人，在组长、华中师范大学原副校长李向农教授的带领下，对学校进行了为期四天的紧张评估工作。

专家组在研读学校自评报告、教学状态数据分析报告的基础上，通过深度访谈，走访，听课，调阅教学、科研、管理等方面材料等形式，对学校进行全面考察，把审核评估工作覆盖全体校领导、所有教学培养单位和所有党政职能部门，最终形成反馈意见。

12月13日下午，召开了本科教学工作审核评估专家组向学校集中反馈意见会议。专家组组长李向农教授代表专家组介绍了本次进校考察的工作情况。专家组认为，学校本科教学工作值得肯定之处很多，主要体现在七方面：一是办学定位合理，人才培养目标明确；二是重视师资队伍建设，教育教学水平不断提高；三是积极改善办学条件，教学资源保障有力；四是推进教育教学改革，探索协同育人新机制；五是重视学生成人成才，指导服务扎实有效；六是完善质量监控体系，有效保障教学质量；七是坚持开放办学，产教融合培养应用型人才。同时，专家组建议学校重点从以下三方面努力改进不足：一是加强师资队伍建设，不断提升整体水平和能力；二是加强本科教学改革，提高应用型人才培养质量；三是健全质量保障体系，强化持续改进主体意识。

校党委书记刘沛林教授在表态发言中指出：专家组反馈的意见既是一份权威的"体检报告"，更是学校提升办学水平、提高教育教学质量的助推器，为学校深化教育教学改革、进行评估整改指明了方向。

二、继续教育

继续教育事业是高等教育事业的重要组成部分。在衡阳师范学院组建之前，原衡阳师专、衡阳教育学院和湖南三师都采取了不同形式发展成人教育，为国家培养了一批人才。1986年3月，北京师范大学成人教育处在湖南三师设立函授站。到1994年统计，毕业的中文、物理、政教三个专业学员共639人，其中获学士学位的32人。1997年又成立了华中师范大学函授站。此外，学校还开办了中师幼函、专科、本科自考等。原衡阳师专在20世纪90年代也办起了自考、函授等形式的成人教育。

1999年，衡阳师范学院成立后，学校继续教育事业逐步形成了文理齐全，多层次，师范性与非师范性、培养与培训并存的格局。从发展的过程来看，1999—2009年，主要是从事高等学历继续教育。2010—2023年，是高等学历继续教育与在职教师培训并行的时期。

（一）机构设置与办学思路

继续教育学院是在1999年11月由原衡阳师专和衡阳教育学院两校成教部合并组成的，最初叫成人教育学院，2001年更名为继续教育学院。办学思路是突出教师教育特色，积极发展非师范教育，重点培养培训教师，提高其学历层次；根据社会需求，及时开设一些新专业，培养社会需要的人才。2018年以后，学院根据继续教育发展的新特点以及政策要求，提出了"规范办学，突出特色，稳步发展"的办学理念，规范高等学历继续教育的办学及做好"国培计划""省培计划"工作。

（二）高等学历继续教育

1999—2023年，学校高等学历继续教育的发展大致分为三个阶段。1999—2010年，是学校成人本科教育的起步和迅速发展的时期。其间，继续教育学院拓宽办学思路，开启了多层次、多渠道办学。1999年年初，学校只有8个专科专业，学生800余人。为此，继续教育学院力争开办成人本科教育。同年11月，首先开办了英语、物理学、汉语言文学、数学与应用数学等4个专业的函授本科班。2001—2003年，开办了思想政治教育、化学、地理科学等15个本科专业。同时专科教育也进一步发展，由1999年的10个专业扩展到20余个。其间，继续教育学院共招收高等学历继续教育的学生22 077人。

在多年的办学实践中，继续教育学院的发展有以下两个特点。一是办学的层次多。形成了专升本、高升本及专科层次，脱产、函授、业余并存，学历教育、自考助学、短期培训兼有的格局。在此期间，招生专业最多时达到64个。在函授站点设置方面，由最初的6个函授站发展到2010年的48个函授站。同时，学制多样。从2008年开始，由于成教脱产人数逐年减少，学校将脱产学习的学员全部插班到南岳学院相应专业学习，并按南岳学院的要求进行管理。二是在管理上，选择了集中与分散相结合的管理模式。所谓集中，就是继续教育学院既直接在校本部办脱产、函授班，又负责宏观管理整个成教，包括各函授站点工作。

2011—2018年，是高等学历继续教育办学的第二阶段。在这一阶段，成教脱产的学生没有了，重点转为加强以函授站点为中心的教学与管理。至2013年，学校函授站点达57个，湖南各个地州市，以及广东的东莞、深圳等地都设有函授站点。2016年，学校撤销了招生人数较少的广告学、编辑出版学等8个专业。与45个函授站点中的31个函授站点签订了新的成人高等教育联合办学协议。2017年，因国家成人教育政策调整，学校专科专业由2016年的32个缩减为2个，保留了计算机科学与技术和学前教育两个专业。2017年度，教育部共批复学校44个成人招生专业，其中专升本29个、高升本13个、专科2个。

2019—2023年，是学校高等学历继续教育全面调整、规范发展的时期。从2019年开始，学校停止了新建函授教学站点工作，并对现有的函授站点进行整顿，严格招生与学籍管理制度，加强教学管理。

首先，调整专业布局。2019年，裁撤了16个招生专业。教育部审核批准学校的招生专业共22个，其中专升本18个、高升本2个、高升专2个；2020年为21个；2023年，招生专业减至15个，其中专升本11个，高升本2个，专科2个。其次，大量裁撤办学不规范的函授站点。2019—2020年，经校长办公会议讨论通过，先后裁撤了祁东县教师进修学校、常宁市教师进修学校等28个函授教学站点。2021年，增设海南省万宁市成人教育专修学校函授站。至此，学校共有6个函授站，2个教学点。2023年，湖南省教育厅开展了校外教学点备案工作，学校所属的衡阳市石鼓区创意教育培训学校、郴州博泉成人专修学校和永州德宇成人教育中心共3个校外教学点获得教育部备案。再次，做好规章制度的废改立工作。如先后制定和完善了《衡阳师范学院成人高等教育学生学籍管理规定（试行）》《衡阳师范学院函授站（点）管理办法》《衡阳师范学院成人教育本科生毕业论文（设计）规范》《衡阳师范学院高等学历继续教育本科毕业生学士学位授予办法》《高等学历继续教育主要教学环节质量标准》（共6种质量要求）等一系列管理办法。最后，加强教学管理。

组织相关教学院专家对21个专业的人才培养方案进行了全面修订，增强了人才培养的针对性和适用性。组织教师编写了相关专业的学习辅导资料，供学生自学；督促指导各函授站点函授学员的集中面授和论文答辩。建立了网络教学与管理平台。2021年，经学校组织竞争性磋商后，确定由湖南五学教育科技有限公司为学校网络教学与管理平台。2021年起，开始由学校单独组织学位外语考试。此外，从2018年开始，每年撰写《衡阳师范学院继续教育发展报告》，全面反映了学校高等学历继续教育和教师培训的情况。

（三）"国培计划"与在职教师培训

2009年以前，学校开展了一些在职教师培训项目，但规模不大。如1999—2006年，每年为地方教育局开办两期中学校长培训班。先后开办了中学语文、数学和外语骨干教师培训班等。

2009年，国家为了提高中小学教师尤其是农村教师队伍整体素质，推出了"中小学教师国家级培训计划"，简称"国培计划"。随后各个省也相继推出了"省培计划"。同年，衡阳师范学院举办了教育部"国培计划——中小学骨干教师培训项目"湖南省初中化学和语文骨干教师培训。2010年，国家全面实施"国培计划"项目。当年学校获批举办4个"国培计划"项目。2009—2023年，学校除了2018年因本科教学水平评估没有举办"国培计划"项目外，其余每年都举办了"国培计划"项目。其中，2010—2015年，开办了一些长训班，培训时间为3个月左右。2016年之后，均为短训班，为期7~15天不等。从"国培计划"的培训策略来讲，2017年之前培训的主阵地是在高师院校，各高师院校为基础教育培训了大批教师，特别是培养了一批"种子"教师。2018年之后，国家将培训项目下沉到各市县，让一批"种子"教师去培训区域内的其他教师，形成培训的全方位覆盖。据不完全统计，学校从2010—2023年，共举办"国培计划""省培计划"项目123项，培训中小学教师14 996人，进校经费4 042.017万元。

在"国培计划""省培计划"实施过程中，学校主动打造教师职前培养和职后培训一体化模式。在培训中，各项目首席专家团队不断探索提高培训水平新模式，如参与式、研讨式、案例式、情境式、体验式等多种方式，总结提炼出"一对一渗透式培训模式""三带四步研修模式"（"带课题、带课例、带资源"三个研修任务，"发现、研讨、展示、提升"四个研修步骤）、"混合式培训模式"和"影子教师"实践模式等成功经验。2012 年，学校出版发行了由教育部许涛司长作序的"国培计划"课程资源丛书第1辑共8本。在培训管理模式上，2019年以前，实行以继续教育学院为统筹，以各教学院为具体项目负责单位，以首席专家为总负责人，遴选优秀的专职教师担任学术班主任和生活班主任，组成项目管理团队。2019年以后，推行了扁平式管理改革，采用项目首席专家的培训业务负责制和培训部门或教学院的项目负责人管理责任制，推行外聘首席专家和学术班主任的做法。学校的"国培计划"工作，一直走在全省的前列。2015年，学校获得了初中数学、初中英语、初中思想品德和小学语文4个省级学科培训基地。2023年，学校被评为湖南省新时代基础教育名师名校长培养计划（2023—2025）培养基地——青年骨干教师校长实践基地。"国培计划""省培计划"的推行，不仅为地方基础教育做出了重要贡献，同时为丰富师范生的培养提供了经验。

三、独立学院——南岳学院

（一）南岳学院的建立及运作机制

为了优化教育资源，吸纳社会资金，国家鼓励社会力量办学。2002年6月，经湖南省人民政府批准（湘政函〔2002〕124号），衡阳师范学院开办了二级民办学院——衡阳师范学院南岳学院，合作方为湖南华雁建设公司。该公司是隶属于衡阳市建设工程管理局的全民所有制国家二级施工企业。2004年3月，南岳学院由教育部予以确认。2005年5月，改由学校与衡阳市兴盛投资管理有限责任公司继续合作举办。后再次变更为与湖南华雁建设公司合作举办。

南岳学院按照"民办高校"的机制运行，拥有独立的法人资格、独立的校区、独立的财务管理、独立的教学及管理。南岳学院董事会是南岳学院的决策机构，同时采用董事会领导下的院长负责制，下设院长办公室、教务办、学工科、招分办、财务办等机构，分管不同事宜。

（二）办学与管理

南岳学院是在依靠母体学校——衡阳师范学院的基础上进行办学与管理的，其党建与思想政治工作、招生与就业、教学、科研、学生管理等方面与母体学校有较多的共性，但由于其办学层次、性质与母体学校不一样，决定其在办学与管理中又呈现出不同的特点。因此，在概述其办学与管理当中，以记录其不同的办学与管理特色为主，共性的东西不再赘述。

1. 加强制度建设，改善办学条件

南岳学院建立后，首要的问题是通过制度建设来规范学院运作。为此，学院在建立之初，就分门别类地制定各项规章制度，以强化管理人员和广大师生的责任意识和规矩意识。主要包括学生管理类制度，思想政治工作类制度和教学工作类制度等，形成了一套完整的管理制度，做到了有章可循，有章可依。

学院建立后不久，正值母体学校衡阳师范学院开发建设新校区时期，面对办学资金紧张的情况，合作双方采取措施，努力改善南岳学院的办学条件。在创办之初，衡阳师范学院负责提供400万元教学仪器设备和4万册图书。到2004年，南岳学院教学科研仪器设备总值已达到1 013万元。校园内设施齐全，拥有学生宿舍10栋，宿舍建筑总面积为34 071.99平方米；有学生餐厅2个，面积为3 038平方米；体育运动场地（馆）面积为5 859.88平方米，包括现代化的体育馆1座、标准田径运动场1个以及室外篮球场、排球场等。2006年下半年，衡阳师院整体搬迁到新校区之后，南岳学院的办学空间大幅拓展。

2. 招生与就业

南岳学院开办初期仅10个专业，2003—2005年，每年录取的新生均在600~800人之间，主要是省内生源。随着母体学校办学规模的扩大，南岳学院的招生专业也不断增加，生源逐渐向省外拓展。2010年，面向湖南、海南、重庆等12省市安排招生计划1 723人，共录取新生1 725人。2022年，学院普通本科录取1 300人，专升本计划人数350人，实际招生人数为1 650人。南岳学院学生的就业率一直稳居全省15所独立学院的前列。学院认真做好毕业生就业的各项工作，加强就业政策指导，调整学生就业期望值。积极采取措施，拓宽就业渠道。组建专门的就业工作队伍，主动走出校门为学生开拓就业市场。改革就业指导课的授课模式。从单一的理论授课，转变为讲座、实践教学、就业创业竞赛等多种形式相结合。2010年，学院初次就业率达80.22%，在全省所有独立学院中名列前茅，挤进了全省就业工作的第一梯队。2019届毕业生初次就业844人，初次就业率为84.82%，比湖南省本科初次就业率（85.87%）低1.05个百分点。2022年，在严峻的疫情形势下，南岳学院毕业生就业率仍达到了82.94%。

3. 教学工作

南岳学院坚持"学生为本，服务社会，能力为主，质量第一"的办学理念，努力培养具有市场竞争力和创业能力的高素质应用型人才。其教育形式主要以衡阳师范学院全日制本科专业教学形式和教学质量要求为准，并参照母体学校成功做法进行教学管理和学生管理，任课教师和专业指导教师实行全员聘用制和绩效工资制。南岳学院在成立初期聘有教师119人。到2021年，南岳学院有教职工 36 人，兼职教师240 人，其中副高以上职称教师占 42%，硕士博士学位教师占 84.2%。学院以培养应用型人才为目标，以教师教育为主，多学科协调发展。至2019年，学院共有 15 个教学系，教育部备案招生本科专业36个，涵盖经济学、法学、教育学、文学、历史学、理学、工学、艺术学、管理学九大学科门类，形成了以文、理学科为重点，师范类专业和非师范类专业协调发展，基础学科专业与应用学科专业交叉渗透的专业体系。

学院多次修订人才培养方案，特别是2018年4月定稿的人才培养方案，致力于转型发展布局，强化实践教学，实行校校合作与校企合作。在师范专业，学院构建了高校、政府和中学的U–G–S培养模式。形成了"分阶段""分层次""不断线"的师范生技能训练、见习和实习的实践教学体系，突出"师范教育"和"实践育人"的办学特色。按照"一非师范专业对接一国内一流企业"的构想，先后在深圳通拓、东莞佳睦、东莞徐福记、广州翡翠皇冠、杭州太虚湖酒店等知名企业建立了实践教学基地。

为保证人才培养的教育质量，构建了南岳学院教学质量保障与监控体系。加强对课堂教学、实践教学与考试管理三大教学环节的监管，通过学生评教、教师互评、督导督学、院领导听课四个层面的工作，强化对教学工作的监督和获取教学信息，有效促进了教学相长。学院每年划拨专项经费，鼓励和支持学生开展科技创新活动，部分学生获全国以及湖南省大学生研究性学习和创新性实验计划项目。因此，南岳学院学生在各类大赛中取得了优异的成绩。如至2023年，学生获得省部级以上学科竞赛三等奖以上奖项共60项，其中国家级特等奖1项，国家级二等奖7项，国家级三等奖5项，省级特等奖1项等。获得大学生课外学术科技创新作品竞赛暨大学生创业计划竞赛立项200多项。部分学生作品获国家专利，如物理与电子信息科学系学生郭麒自发研制的"一泵多塔式水位控制器"科研成果已获得国家专利；罗晓康同学的作品《新图教育》获"全国大学生创业大赛"铜奖；汤富红团队在2019年第九届全国大学生电子商务"创新、创意及创业"挑战赛总决赛荣获一等奖。

4. 学生教育与管理

学院党总支在母体学校的领导下开展党的建设和思想政治工作。到2021年，学院有教职工党员 29 人、学生党员 432 人。院党总支下设 6 个党支部（教师党支部 2 个、学生党支部 4 个）。学院坚持以育人为中心，以学生全面成长成才为目标，坚持以社会主义核心价值体系为引领，对学生进行理想信念教育和爱国主义教育，如2019年，学院创建了全国首个校园红色微信公众号"红雁"，系统整理了学校校史中的红色英烈，以撰写红色主题文章、制作红色微电影等独特的视角讲述红色故事，淬炼红色基因。加强辅导员队伍、班主任队伍、学生党员队伍和学生干部队伍等4支骨干队伍建设。2010年，学院有2位同学被评为"湖南省优秀共产党员"。2017年5月，院团总支被团省委评为"五四红旗团总支"。

资助贫困生，加强心理健康教育。由于学院的学生均是自费就读，部分学生家庭经济较困难，且就业压力大。因此，学院多渠道地做好贫困学生的资助工作，开辟"绿色通道"，依托母体学校，为学生提供勤工助学岗位和帮扶渠道，为困难学生设立助学贷款，发放特困补助。同时，通过完善人文关怀和心理疏导机制、系列讲座、心理辅导、设立"静苑团体心理辅导工作室"等形式，加强心理健康教育。

南岳学院办学20余年来，为母体学校和地方经济社会的发展做出了重要贡献，共为国家培养了2万多名毕业生，其办学水平位居全省15所独立院校的前列。2010年7月，南岳学院被评为"全国先进独立学院"。

（三）南岳学院的转设

2019年7月4日，学校召开了党委会，专题研讨南岳学院的转设工作。会议决定，成立南岳学院办学体制改革领导小组。领导小组下设南岳学院办学体制改革工作小组，负责实施南岳学院转设各项具体工作。2020年1月7日，南岳学院办学体制改革工作小组召开专题工作会议，研究南岳学院转设工作方案，同时决定邀请专业公司对南岳学院的"举办者权益"进行评估。4月22日，衡阳师范学院组织校内外专家对湖南省湘江公益基金会、希望教育集团、湖南楚医教育科技有限公司、河北国实投资有限公司等4家单位的方案进行评审，确定了南岳学院转设合作单位的洽谈顺序。5月8日，衡阳师范学院召开五届五次（临时）教职工代表大会，听取和审议南岳学院的转设报告和方案。同一天，校长皮修平与湖南楚医教育科技有限公司董事长何彬生签订南岳学院转设的正式协议。

同年5月15日，教育部发布了《关于加快推进独立学院转设工作的实施方案》（教发厅〔2020〕2号），指出独立学院转设的三条路径，即转为民办、转为公办和终止办学。根据该方案，衡阳师范学院南岳学院选择转设为民办高校。

2021年9月，湖南楚医教育科技有限公司启动南岳学院新校区建设。2023年5月6日，教育部正式下文明确南岳学院举办者变更；11月13—14日，省政府高校设置评议委员会专家组完成了对南岳学院新校区考察评估。12月

5日，省政府高校设置评议委员会通过南岳学院转设为衡阳学院。此后，南岳学院新校区对照专家组提出的整改意见进行系统整改，明确了南岳学院转设后办学多科性、地方性、应用型的定位。

第四节　科学研究与社会服务

科学研究与服务社会是现代大学的基本职能。科学研究不仅能提升大学的教学水平和学术影响力，同时能推动经济与社会的发展。学校升格以来，把科研摆在十分突出的地位，通过抓好学科建设，打造科研团队，将学校科研水平提升到一个新的高度，为实现第二步战略目标打下了坚实的基础。

一、学科建设

学科建设水平决定了一所大学科学研究、人才培养和社会服务的能力。因此，学校坚持以学科建设为龙头，确保学科建设资金投入，加大校级重点学科的培植力度，强化优势特色，着力打造省级以上重点建设学科和平台。坚持和完善学科建设三级管理机制，以学科带头人为核心，凝聚创新团队，打造高水平的学科建设梯队和团队的组织模式。

为了加强学科建设，学校规范了学科管理制度，建立健全管理机构。2007年以来，制定和完善了《衡阳师范学院重点学科建设经费管理办法（试行）》《衡阳师范学院省级重点研究基地管理办法（试行）》《衡阳师范学院重点学科建设与管理办法》《衡阳师范学院创新平台管理办法》等文件，建立了规范化、系统化的学科和科研管理、考评、资助和奖励制度。根据学校发展规划，制订学科建设规划。

在"十五"期间，学校先后确立了15个校级重点学科，经过几年的努力，"人文地理学""中国古代文学""有机化学"被确立为湖南省高等学校"十一五"重点建设学科。在"十一五"期间，学科建设基本原则是强化优势学科，突出特色学科，扶持新兴学科，发展交叉学科。明确了"二三三二"的建设思路：要抓好"两个特色"，即地方特色、师范教育特色；要落实"三个培植"，即学术和学科带头人的培植、学科群体的培植和学科方向的培植；要搭建"三级平台"，以系部重点培植的学科方向为第一层次平台，以校级重点学科、研究机构为第二级平台，以省级重点建设学科、省级研究基地为第三级平台，逐步搭建，形成具有坚实基础的学科建设层次体系；要实现"两个促进"，即促进人才培养质量的提高，促进地方社会经济的发展。因此，"十一五"期间，学校学科建设进入了一个新阶段。

从2009年开始，学校实施了"创新团队建设计划"。重点支持校内以学术带头人为核心、中青年骨干教师为中坚力量的学术研究群体，聚集培养一批高素质的学术带头人和中青年学术骨干，造就学术领军人物。

到2010年，学校有省级重点建设学科3个。次年，人文地理学、材料物理与化学、中国古代文学、光学、运筹学与控制论、区域经济学6个学科被确立为湖南省"十二五"重点建设学科。拥有人居环境学研究基地、船山学研究基地、环境教育研究中心、功能金属有机材料湖南省普通高等学校重点实验室、资源环境管理与区域可持续发展湖南省高校科技创新团队等学科平台。

"十二五"期间，学校以优势和特色学科为重点，强化内涵建设，积极推进自主创新，全面提升核心竞争力。为此，学校启动了新一轮校级重点建设学科遴选工作。2012年，学校制订了《"十二五"院（校）级重点学科遴选方案》，评审确立了"分析化学"等15个"十二五"校级重点学科，布局到学校15个系（部），涵盖了哲学、教育学、理学、文学、工学、艺术学、法学、管理学等多个学科门类，初步形成较为合理的学科建设体系。同时，采取有效措施不断加强现有的学科平台建设。

2012年12月，"传统聚落数字化保护技术"实验室获批湖南省工程实验室，2013年5月"聚落文化遗产数字化技术与应用"实验室获批湖南省重点实验室，同年10月，以学校为牵头单位、刘沛林教授任首席专家的"古村古镇文化遗产数字化传承"协同创新中心成为首批认定的湖南省高等学校"2011协同创新中心"，这是省内唯一获得认定的学院级别的高校。依托该协同创新中心，学校与中国科学院地理科学与资源研究所共建"院士专家工作站"，与省旅游局共建"湖南省文化旅游数字景区研发中心"，与省文化厅共建"湖南省文化遗产数字化研究中心"。该项目的成功申报，对于学校申硕工作，对于深化学校科研与学科建设体制机制创新，增强服务能力，持续提升学校教育质量和人才培养水平有着重要意义。2014年5月，"功能金属有机化合物"团队，被确立为"湖南省高校科技创新团队"。同时，还建立了"衡阳市旅游开发与规划研究基地"等4个衡阳市社会科学重点研究基地。经过"十二五"规划，学校省级、校级重点建设学科已经形成"学科带头人—学术骨干—青年教师"的学术梯队，发挥了较好的引领示范作用和辐射作用。

"十三五"期间，根据《湖南省全面推进一流大学与一流学科建设实施方案》的要求，紧紧围绕"双一流"和"创建一流应用学院"的目标，按照"突出地方性和应用性、体现特色和优势"的原则，依托重点学科和省级平台，明确主攻方向，有针对性、有重点地加强学科、学科群及学科平台建设，打造各级各类科研项目和科研成果奖，并以此带动专业群建设。2016年，启动了学科群的建设，并制订出台了《衡阳师范学院学科群组建方案》。学校在省级、校级重点学科和省级协同创新中心建设的基础上，拟组建文化遗产保护与旅游发展、大数据与光电通信、中学教师教育、绿色化工与环境工程、区域经济与国际商务、文化创意与文化产业等六大学科群。制定学科群的运行管理机制，以实施项目驱动的方式加强学科群建设。同时，学校加强对校级重点学科的管理与引导，不断提升建设水平，使其成为高水平学科新的增长点。

在"双一流"学科建设中，学校确定了地理学等16个学科为衡阳师范学院优势特色学科，其中优势学科4个，特色学科8个，特色培育学科4个。应用经济学、教育学、中国语言文学、数学、物理学、地理学、材料科学与工程、计算机科学与技术8个学科被确定为湖南省应用特色学科。

至2018年年底，学校拥有"联合国教科文组织国际自然与文化遗产空间技术中心"衡阳分中心1个（国际3个分中心之一）、国家地方联合工程实验室2个国家平台，15个省级平台，8个省级应用特色学科，8个衡阳市平台，学校入选湖南省"双一流"高水平应用特色学院。

学校通过重点学科建设，实现了凝练学科方向，打造学科特色，学科队伍建设成效显著，人才培养再上新台阶的目标。

二、科学研究

学校通过抓好学科建设，建立学术梯队，申报各种平台和科研项目，促进了学校科研水平的大幅提升。

（一）强化科研意识，规范科研管理

学校构建了良好的校、系两级科研管理队伍，健全了学校科研管理机构，配备了管理人员。从2009年开始，各系设立了半编制科研秘书岗位，省级重点建设学科和省级创新平台设立了专职学科秘书岗位。同年，学校成立了衡阳师范学院科学技术协会。定期召开科技工作会议，总结和部署学校科研工作，不断强化全校管理人员和教师的科研意识，让大家充分认识到科研在现代大学中的地位和作用。推进科研管理目标责任制，坚持考核与奖励并举，把对项目的资助过渡到以成果奖励为主。

建立健全科研管理的长效机制。2011年以来，先后修订和新增了《衡阳师范学院科研管理办法》《衡阳师范学院科研经费管理办法》《衡阳师范学院科研奖励办法》《衡阳师范学院科研项目经费配套及工作量计算办法》《衡阳师范学院科研机构管理办法》《衡阳师范学院科技创新平台管理办法》《衡阳师范学院关于加强科技成果转移转化工作的若干意见（试行）》等科研管理制度，使规章制度日趋完善。对学校研究机构实施评估考核的目标管理，对科研项目和各类研究基地、平台进行中期检查。

（二）"抓项目、抓成果、抓服务"

为了提高全校的科研水平，造就一批高水平科研成果和人才队伍，学校提出了"抓项目、抓成果、抓服务"的方针。所谓"抓项目"，就是要积极申报国家项目和省市重大项目，努力争取获得数量更多、级别更高的科研项目；所谓"抓成果"，是要求教师树立精品意识，在获取科研项目后，不断取得具有代表性、原创性的科研成果，从而获得高层次奖项；所谓"抓服务"，是指要抓好科研成果的转化工作，使产学研一体化有实质性进展，更好地服务于经济和社会的发展。关于"抓服务"，将在后面做专题论述。

学校提倡利用现有的研究基地、实验室和其他科研平台，结合地方经济社会发展，积极申报国家和省市重大项目。进入"十一五"之后，学校加大课题申报力度，项目申报数量不断增加。2006年，学校获得校外科研项目70项，其中国家社会科学基金项目1项，教育部人文社会科学研究项目2项，国家体育总局体育社会科学研究项目1项。进校经费达到历史最高67.9万元。2007—2010年，学校共获得省级以上课题279项，其中国家课题13项，教育部项目15项，进校经费共493.64万元。其间，在《科学通报》、《物理学报》、《地理学报》、《高等学校化学学报》、《生态学报》、《文学评论》、《光明日报》（理论版）、《文艺研究》等学术刊物上发表的论文1 446篇，其中外文26篇、一级13篇、A类95篇、核心410篇。

在"十二五"时期，学校科研项目和科研水平跃上一个新台阶，共获得国家基金项目58项，其中国家社会科学基金项目15项、国家自然科学基金项目43项，涵盖了中国文学、应用经济学、管理学、语言学、体育学等14个学科，较"十二五"规划的既定目标翻了一番，国家自科基金立项数目在全省同类院校中名列第一。其中省级重大项目的立项获得新的突破，如刘沛林教授主持的"传统聚落景观基因识别及其资源数字化开发与管理"和张登玉教授主持的"量子调控光电信息技术及应用"分别于2012年和2014年获得湖南省自然科学创新研究群体基金项目立项资助。李浏兰博士于2013年获得省自然科学杰出青年基金项目立项资助。科研项目进校经费累计达到2 365.24万元。在商务印书馆、人民出版社等出版社出版著作64部。发表学术论文2 267篇，其中SSCI期刊2篇，《中国科学》期刊2篇，SCI期刊187篇，EI期刊15篇，学校认定的一级期刊17篇、A类期刊198篇，CSSCI核心来源期刊178篇。发表艺术作品30件，其中学校认定的一级期刊6件；入选各种艺术作品展览37件，其中第十二届全国美展2件。获国家专利授权52件，其中发明专利26件。获得各级各类科研成果奖励112项，其中湖南省第十一届哲学社会科学优秀成果奖二等奖1项，湖南省科技进步奖三等奖4项，湖南省自然科学奖三等奖1项。在这一阶段，青年教师已经成了学校科学研究的生力军。如2009年，学校共有7项国家级和部级项目，其中只有1项是青年项目；但到2011—2013年，学校共获得国家级科研项目29项，其中面上项目11项，青年项目占了14项。

进入"十三五"时期，学校科研工作继续稳步前进。其中2016—2018年，获得国家级科研项目34项（含国家自科基金项目21项、国家社科基金项目9项），获得省部级科研项目265项。其中刘沛林教授于2016年主持的"历史文化村镇数字化保护的理论、方法和应用研究"（16ZDA159）项目获得国家社科基金重大项目立项，实现了学校国家社科重大项目的突破；谭延亮教授申请的"极低本底氡浓度测量技术研究"获得国家自然科学基金重点支持项目，资助费用为290万元，这在省内同类高校中尚属首次；凌晓辉博士获得湖南省自然科学基金杰出青年基金支持，总计科研进校经费2 730.97万元。获得湖南省第十三届优秀社会科学成果奖一等奖1项，二等奖1项，三等奖2项，获得湖南省科技进步奖三等奖3项，湖南省专利三等奖2项。

总之，10余年来，学校科研数量、质量和学术影响力在不断提升。

（三）广泛开展学术活动和学术交流

学校为提高学术水平，活跃学术气氛，通过每年举行一届学术活动节，或举办一些大型学术交流会，开展校内外学术活动和学术交流。"十二五"期间，学校组织开展了"科普宣传周""学术活动周""学术沙龙"等系列活动，承办省级以上学术会议20场，邀请校外专家讲学243场次（其中境外专家41

场次）、校内专家讲座276场次。2013年，承办由省委宣传部、省社科联主办的"湖湘大学堂·名家论坛——'诗意的栖居'"演讲共4场，其中2场被湖南卫视国际频道制作成电视节目向海内外播放。2015年，举办了衡阳师范学院第三届学科工作、第八届科研工作会议，承办了衡阳市2015年科技活动周启动式。学校共承办省级以上学术会议10场次，邀请专家学者来校讲学74场次（其中境外专家10场次），校内教师讲座78场次。

2016—2021年，外请专家学者来校讲学697场次，校内教师讲座270场次；主办或承办省级以上学术会议41场次，其中国际学术会议11场次。如2017年，学校以"第十八届学术活动节"为契机，推动学术交流活动的开展。全年校内科研人员举办学术讲座63场次；邀请北京大学博士生导师肖立新教授等国内知名专家学者来校讲学95场次；邀请加拿大纽芬兰纪念大学博士生导师袁沅教授、加拿大卡尔加里大学博士生导师卢学文教授、美国德州大学吴思斌教授等国外专家学者来校讲学17场次。

（四）《衡阳师范学院学报》

《衡阳师范学院学报》注重突出地方特色和学校办学特色，表现在栏目设置中，把"船山研究"栏目进一步做强。同时开辟具有地方特色的"衡岳文化与经济"等栏目，体现师范特色的有"高教研究"和"环境教育"等栏目。另有服务地方经济和社会发展的"区块链监管研究"栏目等。《衡阳师范学院学报》由于办刊有特色，学术水平较高，影响力不断扩大。如2009年，该刊被人大复印资料和《新华文摘》《中国数学文摘》《中国化学化工文摘》《电子科技文摘》《中国地理与资源文摘》等国内权威文摘刊物收入共98篇，收摘率达36.03%。《衡阳师范学院学报》综合影响因子不断提升，最高达到69.86%。先后荣获两届"中国高校特色科技期刊奖""全国地方高校十佳学报""RCCSE中国核心学术期刊""中国人文社会科学报核心期刊"等称号，获得了第五届"湖南省双十佳期刊"、湖南省资助优秀理论期刊等荣誉。2020年以来，获评了"中国人文社会科学期刊AMI综合评价（2022版）"扩展期刊、第七届"全国高校优秀社科期刊"等。

"船山研究"是该刊的品牌栏目。2011年，为纪念王船山逝世320周年、《衡阳师范学院学报》"船山研究"栏目开办30周年，《衡阳师范学院学报》编辑部联合湖南省王船山研究基地，编辑出版了《王船山研究论文选集》。该选集中的论文从原《衡阳师专学报》《衡阳师范学院学报》"船山研究"栏目上所发表的400余篇有关王船山研究的论文中精心挑选出来的，选集共160篇文章，分为上（哲学卷）、中（史学卷）、下（文学卷）三卷，由湘潭大学出版社出版发行。该选集的出版，不仅是对30年来王船山研究成果的汇集，而且将推动学术界对王船山学术思想的研究。2013年，与教育部签署了名栏建设协议书，全力打造"船山研究"名栏。力争将"船山研究"栏目办成海内外专家学者研究王船山的基地和重镇、湖南省王船山研究的中心。2015年以来，先后出版了论文集《船山研究新视野》（光明日报出版社2015年版）、《船山研究新论》（岳麓书社2017年版）、《船山思想传播研究：〈船山研究〉栏目（2018—2022）论文集萃》（湘潭大学出版社2023年版）等。2014年"船山研究"栏目获评全国高校社科学术期刊"特色栏目"；2016年，获教育部名栏建设优秀奖。此外，该栏目于2010年获"全国高校百强社科期刊特色栏目"，同年在全国地方高校学报第二届栏目评比中，"船山研究"栏目被评为"名栏"。2023年，获评全国高校社科学术期刊"特色栏目"。

三、社会服务

高等院校的科学研究既是为人才培养服务的，同时也是服务社会，推动经济和社会快速发展的原动力。学校通过产学研一体化，实现科研成果转化；通过智库、扶贫攻坚、乡村振兴等方式服务社会。

（一）产学研一体化与成果转化

学校科研成果转化始于"十一五"期间。2007年11月，学校召开了第三届科技工作会议，校长许金生教授在报告中指出：学校要充分履行科技创新和发展的职能，认真研究地方发展中的难点和重点，发挥学科人才综合优势，为地方重大项目建设提供关键的技术支撑。2009年，召开的第四届科技工作会议提出：要"拓展渠道，促进成果转化"。这一时期，学校开始重视科研成果的转化工作。2010年，依托"铅锌冶化与新材料"产学研合作示范基地平台，学校与常宁市水口山经济开发区分别签署了"低毒或无毒塑料热稳定剂研究"和"间接法汽车轮胎用高档氧化锌研究"项目合同。由衡阳市政府主办、衡阳师范学院承办的衡阳党政门户网英文网站建成并成功运行，在2011年第五届中国政府网站国际化程度测评中，名列全国地市级政府英文网站第8位，提升了衡阳市政府的国际形象。进入"十二五"以后，为了增强科技创新和服务经济社会发展能力，从2012年开始，学校实施了校级产学研用培育项目，首批立项了产学研用项目7项，并给予经费资助。同时，学校积极筹措资金，扶持产学研用项目11项。立足省、市联合基金，积极推进产学研合作。在2011年申报中，与湖南金杯电缆有限公司、湖南江南物流有限公司、衡阳恒飞电缆有限责任公司、常宁市星佳化工有限责任公司、衡阳现代农业示范园、衡阳玉兔化工有限责任公司等企业签订合作项目10项。合作项目涉及新能源、新材料、先进制造、化工环保、生物、经济、旅游等多个领域。省级重点建设学科——区域经济学对衡阳白沙洲物流园等企业长期提供咨询服务；光学学科先后与衡阳北方光电、衡仪电气、恒飞电缆等企业签订研发合同、联合建立实验室等，不断攻克技术难关。与衡阳星鑫绝缘材料有限公司签订了"铁路用新型轨距挡板、挡板座、绝缘轨距块的研制与开发"项目合作协议，与紫光古汉集团衡阳中药有限公司开展"分子印迹技术在中药提取物农药残留中分析检测的应用"的研究等。特别是学校被首批认定的湖南省"2011计划"——"古村古镇文化遗产数字化传承协同创新中心"，在构筑学术高地的同时，积极为服务地方经济社会发展做贡献。协同创新中心首席专家刘沛林教授撰写的《以湖湘特色"旅游小镇"建设为引领，助推湖南新型城镇化》被评为优秀"金点子"，湖南省发改委和旅游局等部门立即跟进，启动"湖湘风情旅游小镇"的创建工作，预计在2015—2020年新建80~100个湖湘风情旅游小镇，项目的选点、布局及技术标准等均由学校协同创新中心负责，产生了较大的社会反响和经济效益。2013年，张春华、刘梦琴2位老师入选首批湖南省企业科技特派专家，分别入驻湖南创大玉兔化工有限公司和衡阳恒飞电缆有限责任公司，协助企业开展技术研发，加快转型升级和转变发展方式。"十二五"期间，学校服务社会、解决实际应用问题的意识和能力不断增强。

　　"十三五"时期，学校科技成果转化提速。学校充分挖掘和整合学科、科研、成果、平台、人才等优势资源，形成整体合力，深度融入国家、区域经济发展战略和行业发展重大需求，加快构建分层对接的社会服务体系，进一步推动学校与地方政府紧密对接、学院与行业部门紧密对接、学科专业建设与产业转型升级紧密对接、科学研究与行业企业技术研发和产品升级紧密对接，努力提升服务地方经济社会发展的能力。其间，学校五大智库机构为地方服务。即联合国教科文组织国际自然与文化遗产空间技术中心衡阳分中心、湖南省"古村古镇文化遗产数字化传承"协同创新中心，湖南省法律援助中心衡阳师范学院工作处成为中央专项公益金的项目实施单位、人居环境学省社科重点研究基地和衡阳市情与对策研究中心主动服务地方经济和社会的发展。2017年4月，学校启动了《衡阳师范学院全面服务衡阳经济社会发展行动计划》(校政字〔2017〕6号)，扎实推进湖南省首批校地合作试点单位工作。

通过企业主动寻求合作、学校主动联系项目和政府牵引介绍，2017年，学校新签校企校地合作项目36个，其中服务衡阳经济社会发展合作项目25个。如化学与材料科学学院张少华教授团队在三氮唑产业化工艺上取得关键技术突破，被全球最大的三氮唑生产商湖南湘硕化工有限公司采用，产学研一体化呈现良好的发展势头。

（二）参与扶贫攻坚与乡村振兴战略

2015年11月，中共中央政治局审议通过《关于打赢脱贫攻坚战的决定》，提出要消除贫困，改善民生，逐步实现共同富裕。于是，一场大规模的脱贫攻坚战在全国打响。至2020年，该项任务全面完成。为了巩固脱贫攻坚的成果，中共中央、国务院于2020年12月16日下发了《关于实现巩固拓展脱贫攻坚成果同乡村振兴有效衔接的意见》，指出脱贫攻坚目标任务完成后，设立5年过渡期。脱贫地区要根据形势变化，转向实现乡村产业兴旺、生态宜居、乡风文明、治理有效、生活富裕，以巩固拓展脱贫攻坚成果和全面推进乡村振兴。根据中央的指示精神，学校积极行动起来，把脱贫攻坚作为一项重要的政治任务来抓。

2015年年底，学校党委、行政选派3名干部组成驻村帮扶工作队进驻省级贫困县——祁东县太和堂镇黄棚村（后合并为高塘村）进行帮扶工作，学校制订了三年帮扶脱贫规划、年度脱贫计划和工作任务清单，全校师生捐款30余万元，用于黄棚村的路灯亮化工程建设。学校处级以上干部分别与黄棚村贫困户结对帮扶。聚焦精准扶贫，着眼整村推进扶贫开发，在创新中寻求新突破，半年多时间实现了贫困村的嬗变。2016年，学校又投入32.3万元用于贫困村帮扶。到2017年，全村108户贫困户431人全部脱贫，顺利通过了省扶贫开发领导小组考核专家组的考核。2018年，驻村扶贫工作被评为省先进单位。

从2018年开始，学校重新选派3名干部对口帮扶国家级贫困县江华县大圩镇横江村。党委班子成员专程赴扶贫点现场调研，指导制订三年帮扶工作规划，校领导分别率领校内外专家60余人，进行了10余次实地调研、深入回访。2018年，学校投入帮扶资金100余万元，全村489个贫困人口受益。学校39名党员干部与贫困户开展"一对一"结对帮扶。2019年7月，江华县脱贫摘帽通过了国务院第三方评估验收。

2021年，学校积极响应党中央、省委关于脱贫攻坚与乡村振兴有效对接的号召，组建乡村振兴帮扶3人工作队，入驻祁东县马杜桥乡延塘村。学校根据延塘村实际，做好了2021—2025年乡村振兴工作计划和规划。学校拨付乡村振兴战略驻村帮扶专项资金40万元硬化道路、完成饮水安全、路灯照明等工程。开展产业帮扶，流转土地，利用财政专项资金50万元发展30亩牛蛙养殖项目于次年投产，每年为村集体经济创收8万元。2022年，学校筹资64万元，解决通组道路硬化1 700多米，整修农田灌溉塘、渠。2023年，全年拨付45.856万元用于延塘村乡村振兴专项经费。加大产业帮扶力度。继续流转土地28.24亩，开创了稻蛙养殖模式。投入资金75万元引进西门塔尔牛28头，建设了养牛场，为集体创收5万元左右。继续扶持致富带头人，组织教授博士下乡服务团到酥脆枣种植园、红薯粉加工厂等地指导种植、加工。这几家企业在服务团的指导帮扶下，实现了产值翻番，朝着规模化、专业化、现代化方向发展。在推进美丽乡村建设方面，新修排洪渠道等6 000余米，新建垃圾收集点32处。帮助八一小学建立阅读体系，选拔2名研究生组成首批研究生支教团，在八一小学开展为期一年的支教活动等。

四、获得硕士学位授予权

早在2007年，学校即启动了硕士学位授予单位建设，成立领导机构和工作小组。2008年、2011年，学校先后申请新增硕士学位授予单位和服务国家特殊需求硕士人才培养项目。2015年上半年，学校正式启动新一轮申报硕士学位授予单位工作，经学校党委讨论成立了教育硕士、材料工程、电子与通信工程、旅游管理等4个申硕小组。随后，4个小组分赴省外10余所高校考察，形成了调研报告，在此基础上制订了学校申硕工作方案。与辽宁师大、湘潭大学、湖南科技大学签订联合培养硕士研究生协议，与湖南师范大学成功签署了战略合作框架协议。2016年，学校专门成立了以党委书记和校长任组长的申硕工作领导小组。学校党委经过反复研究和论证，明确了以教育专业硕士、地理学学术硕士、工程硕士（电子与信息工程、材料工程）为主攻方向。学校全年先后召开了20余次申硕工作会议，并印发了《衡阳师范学院申报新增硕士学位授予权单位暨硕士学位授权点工作方案》，确定了申硕工作进程，积极有效地推进申硕工作开展。同年，学校被列为湖南省新增硕士学位授予单位立项规划建设单位，确定3个硕士学位点的培养目标、方案。教育硕士对接国家发展重点领域，以培养未来教育家为目标，以理论素养和实践能力提升为重点，强化双导师制、案例教学、信息化培养和协同培养；工程硕士直接服务本省新材料和信息两大战略性新兴产业。制订了"以实际应用为导向、以职业需求为目标"的培养方案。突出产教研融合、应用能力与创新思维的培养，注重结合区域与行业特征，强调技术创新与成果转化；地理学硕士制订了"以提高创新能力为目标"的培养方案。注重文、理、工交叉融合，依托国家、省级科研平台和国际合作项目，融合空间技术、信息技术、网络技术，设置具有系统性、区域性、前沿性的课程，重点培养地理科学及文化遗产数字化保护等领域的科研及实践创新能力。

2017年，学科建设办全年组织召开了几十次申硕材料编写会议，明确工作机制和工作要求，全方位联动各个教学院、相关职能部门共同撰写申硕材料，并多次邀请校外专家对编写的材料进行评审修改，进行申硕答辩模拟。同年11月，学校通过了湖南省硕士学位单位推荐评审，作为湖南省第一名被报送到教育部学位办接受审核评估。

2018年5月，经国务院学位委员会批准，学校被增列为硕士学位授予单位，地理学、教育硕士、工程硕士被增列为硕士学位授权点。9月中旬，学校顺利通过国务院学位委员会的核查，成功获得硕士研究生招生、培养、学位授予资格，并从2019年起，开展硕士研究生招生、培养和学位授予工作。

学校申硕的成功，是衡师人多年来以只争朝夕的精神奋力拼搏的结晶，也标志着学校的核心竞争力已居于全省同类院校的前列，从而成功实现了学校第二步战略目标。

第五节　师资队伍建设

学校牢固树立"人才是第一资源"的理念，大力实施人才强校战略，全方位引进人才，培养人才，用好人才，留住人才，建设高水平师资队伍，推动学校可持续发展。

一、实施人才强校工程

（一）"双百工程"

学校升格之初，师资力量比较薄弱。至2006年8月，学校教授、博士人数分别为50人和19人，存在着高层次人才严重不足的情况。基于此，学校于2008年实施了"双百工程"，即到"十二五"规划之初，实现学校百名教授、百名博士的人才建设目标。为了实现这一目标，学校从加强学科建设梯队的目标出发，制订了人才引进规划和方案，如《衡阳师范学院2009—2012师资队伍建设规划》《衡阳师范学院外聘教授管理办法》《教职工攻读硕士、博士学位的有关规定》等文件，其中提出：通过多种途径、多种渠道、多种方式，大量引进学科建设急需的教授和博士。力争到2010年，35岁以下教师95%以上具备硕士以上学位，专任教师中具有博士、硕士学位的比例分别达到15%、65%以上，具有教授、副教授任职资格的比例分别达到15%、40%以上。学校书记、校长等领导亲自带队，到北京、西安、武汉、成都等地参加大型人才招聘会，招揽人才。同时，将引进博士等人才的责权利落实到各用人部门，实行奖惩结合、以奖励为主的新方案。经过几年的积极引进，到2013年，学校已有教授103名、博士128名（另有在读博士46人）。"双百工程"计划超额完成，教师队伍实力明显增强。

（二）"英才支持计划"

为了加强学校教师队伍和学术梯队的建设，激励和造就一批学术造诣深、教学水平高、科研成果突出、创新能力强的中青年学术骨干队伍，学校于2010年决定实施"英才支持计划"。该计划是在校内公开选拔，由个人申报，教学院推荐，人事部门组织专家评审，最后由学校批准。计划每年选拔一批，每批支持年限为4年，每批选拔人员不超过5人，总数控制在30人以内。学校对入选者实行任期目标考核和合同管理，实行滚动选拔制度。同年7月，学校发布《衡阳师范学院"英才支持计划"实施方案》，并开始了首届"英才支持计划"的选拔工作。经过严格评审，确定了汪新文、任美衡两位博士作为首批支持对象，进行重点培养。2016年，学校重新修订出台了《衡阳师范学院"英才支持计划"实施办法（试行）》，更进一步明确了选拔范围和条件，选拔程序、待遇、目标和任务，管理与考核等内容，使该计划的实施更完善。至2023年，学校"英才支持计划"一共选拔了47位学术骨干。

（三）"湘江学者支持计划"

为了培养和造就高水平的学科带头人，提高学校的学术地位和办学实力，学校于2015年决定实施"湘江学者支持计划"。次年1月，学校下发了《衡阳师范学院"湘江学者支持计划"实施办法（试行）》，规定：学校省级以上的重点学科、人文社科研究基地、重点实验室或工程中心才能设岗，且有学科优势和人才团队。湘江学者的应聘条件：具有博士学位或教授职称，年龄不超过52周岁；在国内外学术同行中有较大的影响力，并具有带领团队开展协同创新和科技攻关的能力。同时，对学术成果、成果奖励、科研项目做了规定。"湘江学者支持计划"设置特聘教授和讲座教授两类岗位，面向国内外公开招聘，由个人申请、学院推荐、专家评审、学校聘任。聘期内享受学校规定的相应待遇。学校每年选聘一批，每批选聘人数不超过3人，每批聘期5年。总人数控制在10人以内，实行滚动选聘制度等。该计划于2016年正式启动，同年，湖南师范大学刘旭教授被聘为学校"湘江学者支持计划"讲座教授。2017年，南昌航空大学李金恒等2名博士被聘为学校"湘江学者支持计划"讲座教授。至2023年，"湘江学者支持计划"一共聘有15位教授，其中讲座教授9名，特聘教授6人。

学校实施的三大人才强校工程，是紧密相连的，其中"双百工程"是基础工程，"英才支持计划"是造就学科和学术骨干工程，而"湘江学者支持计划"是选拔学科、科研的带头人工程。经过多年的建设，学校打造了一支高素质的人才队伍，加强了学校教学、科研与学科建设的力量，使学校的办学实力得到明显的提升。如到2023年年底，入选"英才支持计划"的47人中，共获得国家级科研项目57项。

二、教师的培养与发展

学校在人才引进过程中，坚持走引进与培养相结合的发展道路。为了加强对教师的培养，学校专门成立了教师发展中心，采取多途径培养教师，以全面提升教师教学能力和专业水平。

（一）进一步完善青年教师导师制

学校升格后，就实行了青年教师导师制。2008年，学校出台了《衡阳师范学院青年教师导师制实施方案》，要求对新入职的所有专任青年教师实行导师制，并对青年教师导师的遴选、职责，培养期内青年教师的任务、要求等做了详细的规定。导师和青年教师在培养期内均要制订培养计划。培养期为两年，第一年实行中期检查，第二年进行考核验收。2009年，学校全面深入推进青年教师导师制，以提高青年教师的职业道德和专业素质。青年教师在指导教师的培养下，锤炼师德，过好教学关，选择自己未来的科研方面。其中中期检查和考核验收相当规范，也比较严格，达不到要求的将延迟验收。青年教师导师制促进了青年教师的成长，使青年教师能较快地融入各教学院的教学与科研工作，教学与科研水平得到较大提高。

（二）加大"双师型"教师的培养力度

学校为推进转型发展，需要培养一批"双师双能型"教师。2015年以来，学校大力加强"双师双能型"教师队伍建设，出台了《衡阳师范学院双师型、双师素质教师培养与管理暂行办法》，下发了《关于选派教师到行业企业挂职和培训的通知》，建立健全了激励机制，积极选派教师到行业、企业和中学挂职锻炼，提升教师的素质与专业实践指导能力。2015年，学校选派11名优秀中青年教师到行业、企业进行为期1个月至1年的挂职锻炼和培训，并认定10位教师为"双师型"教师。2017年，评选"双师型"教师7人、双师素质型教师59人。到2018年，学校已认定"双师双能型"教师153名。近年来，仅外国语学院就有10多名教师获资助赴衡阳市成章实验中学、衡东县第一中学等省级示范（重点）中学以及深圳通拓科技有限公司、武汉传神翻译公司、东莞等地知名企业挂职锻炼。在师范专业，不少学院选派教师，尤其是师范专业教学论教师到中学进行为期一年左右的教学实践，加强与中小学教育的对接。

（三）支持在职教师提升学历、访学和培训

学校实施"青年教师成长"建设工程和落实"教师整体素质提升"建设工程，鼓励在职教师提升学历，外出攻读博士学位，或做博士后研究。学校先后制定了《关于对2009年以前部分未签协议读博的教师毕业后享受待遇的处理意见》《衡阳师范学院关于照顾性安排特别优秀人才配偶或子女的暂行办法》《衡阳师范学院在编教师出国（境）在职攻读博士学位暂行规定》《衡阳师范学院教职工国内在职攻读博士研究生暂行管理办法》，从政策及经费上支持教师在职攻读博士学位。在学校政策支持下，一大批中青年教师考上了博士研究生，如2009年，有20名教师考取了博士研究生。2011年，在读博士有41人。次年，在读博士为46人。

学校还出台《衡阳师范学院师资培养培训工作暂行规定》，将中青年教师送出去培训、访学等，以开阔视野。比较固定的访学有湖南省教育厅青年骨干教师国内访问学者、教育部组织的高校青年骨干教师国内访问学者。或选派相关院系教师参加信息化培训等网络培训、选派学科教学论教师参加教育部举办的"国培计划"培训项目等。

第六节　服务保障体系建设

高校服务保障体系建设是推进高水平大学建设，提高办学竞争实力，改善师生员工生活质量，为实现高等教育跨越式发展提供强有力的支撑。学校重视服务保障体系建设，着力构建保障有力、服务优质、运行高效、树人育人的综合服务保障体系。

一、招生与就业

（一）招生工作

这一时期，学校的招生工作在省教育厅和学校的领导下，实行招生阳光工程。2007年以来，特别是随着学校办学水平和层次的提升，学校招生形势越来越好。总的来说，学校招生工作呈现出以下几个特点。一是学校招生的专业逐渐增多，招生人数不断增加。2007年，学校二本招生专业33个，招生计划为2 950人（含追加补录计划250人）。2014年，招生专业为54个，录取3 834人。2023年，学校招生专业为51个（实际招生专业48个），本科招生录取5 650人。这表明学校办学专业拓展快，招生人数较2007年将近翻了一番。二是生源质量越来越好。2006年、2007年，学校文史类投档线超出二本线分别为8分、10分，理工类投档线超出二本线分别为0分、5分。新生实际到校率不到95%。2018年，学校录取投档分数线已居同类院校的前列，在湖南省22所本科二批高校中，文科投档线排第四位，理科投档线排第五位。新生报到率上升到98.54%。2019年，学校实现了"纳入湖南省本科一批招生"目标，生源质量进一步提高。在2023年招生中，湖南省非定向生历史类录取平均分为504分（高出一本线22分），物理类录取平均分为500分（高出一本线23分）。特别是公费定向师范生的生源质量大幅提高，录取分数创历史新高，600分以上的有9人。其中历史类录取平均分为542分（高出一本线60分），最高分为598分；物理类录取平均分为547分（高出一本线70分），最高分为609分。三是招生类型不断增多。2007年，学校招生只有普通类。2009年，增加了体育运动训练专业单独招生项目。到2020年，学校招生共有五种类型，即对口升学公费定向师范生、高中起点公费定向师范生、地方农村专项、非西藏生源定向西藏就业师范生和普通类。同年，学校还首次开展了第二学士学位招生工作，录取法学专业29人。

（二）就业工作

学校就业工作有特色，毕业去向落实率稳居全省同类院校的前列。至2023年，学校先后6次获得湖南省普通高等学校就业创业工作"一把手工程"优秀单位，荣获中国教育在线"2023年高质量就业最佳服务高校"荣誉称号。2015年和2020年分别获得"湖南省大学生就业创业示范校"和"湖南省高校毕业生就业创业工作先进单位"称号。

学校以"大就业观"为指导，认真实施"一把手工程"。学校整体推进就业工作，形成了"一把手"负总责，分管领导具体负责，招生与就业指导处统筹协调，相关部门密切配合，教学院主体落实，全员参与，齐抓共管的就业工作格局。

学校成立了毕业生就业工作领导小组，由书记、校长任组长。校主要领导带队外出开拓就业市场，邀请用人单位到学校举行招聘会或宣讲会。2014年，学校强化"一把手"工作机制，出台了《衡阳师范学院就业工作目标考核奖励暂行办法》《衡阳师范学院毕业生就业工作目标考核评分细则》，全面推行系（院）大学生就业工作目标管理。2022年，开展了"书记校长访企拓岗促就业"专项行动，校党委书记陈晓飞、校长皮修平以及校领导班子成员带头走访用人单位101家，拓展岗位1 553个。对182家用人单位开展了满意度调研活动，了解用人单位需求，拓展毕业生就业岗位。2023年，出台了校院两级访企拓岗工作方案，共走访395家用人单位，为毕业生拓展岗位2 096个。2024年上半年，党委书记陈晓飞、校长刘子兰等校领导率队开展访企拓岗专项调研，共走访了304家单位，新增岗位2 000余个。

引导学生转变就业观念，将就业目标转向基层。从2009年开始，学校引导毕业生到基层就业取得新进展。引导毕业生参加"选聘高校毕业生到村任职""大学生志愿服务西部计划""三支一扶计划""农村特岗教师"等，到基层就业已经成为众多毕业生的主要选择。同时对大学生就业指导课程教学进行改革。2010年，学校设立了大学生就业指导课程教研室，组织教师参加培训，注重实践教学。2011年，组织了全校性教师招考和公务员招考笔试、面试技巧讲座5场，分专业举办各类就业讲座100余场，组织了全校性创业设计大赛等。2019年，开通衡阳师范学院大学生职业生涯规划及大学生就业指导在线学习平台，将磨课、翻转课堂等新教学理念融入课堂，实施线上线下相结合的混合式教学模式，切实提升课程为学生就业指导服务的能力。

举办多种类型的招聘会，或发布各种就业信息，帮助毕业生就业。学校升本不久，就开始举办校园招聘会。从2011年开始，学校每年春季举办一场省级大型招聘会，即湖南省湘南地区2011届师范类毕业生供需见面会，标志着学校在就业市场建设层次上实现了突破。组织了280余家单位参会，提供就业岗位5 000余个。至2018年，已有417家单位参会，提供岗位16 413个。同时，还有行业性人才招聘会，中小型专场招聘会等。如2022年，学校共举办招聘会56场，参会企业787家，提供就业岗位4 687个；线下专场招聘会29场，其中"爱心送岗"专场招聘会14场、"就业促进周"专场招聘会5场，参会企业94家，提供就业岗位543个。加强信息化建设，推送就业岗位。学校加强就业信息网、云就业平台、就业官方微信等信息平台建设，将行业性人才招聘会纳入云就业平台统一管理，实现报名、审核、数据统计等便捷服务，为毕业生推送合适就业岗位。2018年，学校云就业平台入驻用人单位3 773家。2024年年初，达到7 614家用人单位。

在就业市场建设方面，学校从2007年开始，主动对接行业，加快毕业生就业基地建设，拓宽就业渠道。如2017年，新建毕业生就业基地27个，涵盖了教育、化工、艺术、计算机、精密仪器等行业。2018年，新建毕业生就业基地19个，并集中举办了签约授牌仪式。到2023年，学校共有毕业生就业基地96家。

开展困难毕业生帮扶行动。2024年年初，学校建立"一对一"帮扶台账，摸清2024届毕业生中符合困难帮扶条件的486名困难毕业生信息，建立帮扶台账，帮扶就业330人。

由于学校在毕业生就业方面措施得力，学生的就业形势一直较好。2007届本科生去向落实率已超过95%，2010届达到96.81%，2018届毕业生初次去向落实率为90.87%，2022届毕业生初次去向落实率为87.68%，2023届毕业生初次去向落实率为85.10%等，均居于全省院校的前列。

二、校园基本建设

校园基本建设坚持服务于学校的教学、科研的理念，根据学校事业发展规划和校园基本建设规划，建设校园、美化校园。

（一）加强制度建设

负责学校校园基本建设的职能部门是基建处，成立于2004年。为规范学校基本建设管理行为，从2016年开始，围绕基建管理的各个主要环节或重要工作，从基建项目立项决策到项目竣工投入使用，从工作总则到具体细则，陆续颁布实施了《衡阳师范学院基本建设管理办法》《衡阳师范学院基本建设工作小组议事规则》《衡阳师范学院基建工程预结算工作实施细则》《衡阳师范学院基建工程招投标实施细则》等7项具体工作实施细则，建立了较为完整的校内基建工作制度体系。在此基础上，学校将校内基建工作制度与国家法律、国务院行政法规、国务院部委规章、地方部门规章等基建工作有关的常用法律、法规和规章相融合，编印了《衡阳师范学院基本建设工作手册》。通过这些制度的建立，规范了对学校基本建设的管理。

（二）校园基本建设

在学校基本建设中，学校定期制订校园基本建设规划，以指导学校的基本建设。这一时期，学校基本建设可分为两个阶段：在2007—2009年，继续完成新校区第一期工程的配套设施建设；从2010年开始，学校开始了新校区第二期工程的建设。在第一阶段，先后完成了新校区风雨田径棚和看台建设；完成了新校区永久性供电工程建设并成功送电，满足了新校区教学、工作、生活需要；督促东西主干道路施工，贯通新校区主要的交通网络；完成了正德路、学术交流中心前坪沥青工程，逸夫美术楼南面护坡工程，东校区篮球场土方工程，北大门土方工程，东校区南面排污沟、西面排水沟等工程。通过上述工程建设，完善了新校区一期工程的基础设施建设。

2010年，学校开启了新校区第二期工程建设。新建了逸夫美术楼，项目投资2 500万元，建筑面积为15 000平方米；外语教学楼，投资2 500万元，建筑面积为15 000平方米；2012年，是新校区二期工程建设任务较重的一年。全年先后建成框架结构的理科教学楼，建筑面积为23 877平方米；建筑面积为1 174平方米的属于框架结构的幼儿园；两栋砖混结构共23 800平方米的学生公寓（11、12号学生公寓）和540平方米框架结构的陶艺工作室；完成了640平方米的美术展厅装修工程等。全年完成基本建设投资达7 350万元。2014年，建设工程量为2 380万元，完成了假山湿地整形等工程。2016年，建设学生公寓第2、14号楼，以及校医院、学生食堂等项目。2019年3月8日，图书馆项目正式开工，当年完成了主体九层建设工作。2021年11月3日，图书馆项目通过竣工验收。新图书馆总用地面积约1万平方米，总建筑面积为

3.61万平方米，建筑总高度为45.3米。地上建筑10层，建筑面积为3.2万平方米；人防地下室1层，建筑面积为4430平方米。项目总投资约14075万元。2022年，东校区新图书馆正式投入运营，并荣获"湖南省建设工程芙蓉奖"。同时，第15号学生公寓项目于2022年1月开始施工，同年11月完成竣工验收等。

（三）校园基础设施维修与改造

按照快速、高效、服务、保障的原则，做好校园基础设施维修与改造，进一步改善学校办学条件。其间，由于学校处于快速发展的时期，各项基本建设及维修改造工程多，任务重，每年都有大小不等的维修与改造工程。特别是2018年，是学校本科教育审核评估的一年，学校对多处设施进行了维修改造，全年共完成了校内大宗维修改造项目19个。主要有东校区的逸夫美术楼维修工程、风雨训练馆南面篮球场改造工程等11个与教学和师生生活密切相关的维修项目；西校区完成了老办公楼后面球场改造工程等8个急需的维修项目。

（四）实施惠民工程

在学校基本建设中，有一些是直接惠及全校师生切身利益的工程。主要有开办幸福午餐、建立学生公寓热水系统、回购兴盛公司经营的食堂和学生公寓等。

为了解决教职工中午就餐的问题，2013年10月28日，学校创办了东、西两个校区的教工食堂，较好地解决了教职工幸福午餐问题。同年12月，采用BOT模式，即建设—经营—转让方式。这是私营企业参与基础设施建设，向社会提供公共服务的一种形式。通过公开招标，建设了东、西校区学生公寓热水系统，惠及学生近13000人。同时，在新校区第一期工程建设中，为了解决资金不足的问题，引进了社会资金——兴盛公司来建设学生公寓和食堂。为了加强管理，改善学生的生活条件，从2013年开始，学校决定从兴盛公司手中收回宿舍和食堂的经营管理权，并按合同约定支付了回收前期款5500万元，确保了学生食堂、公寓经营管理权的顺利交接。至2015年，完成了对兴盛公司学生食堂、公寓的回收工作。

三、后勤服务管理

学校后勤服务工作经历了两种不同的运作模式。第一阶段是2015年以前，是后勤服务集团经营时期。第二阶段是从2016年开始，学校撤销后勤服务集团，重置后勤处，深化后勤服务改革，实行学校直接经营管理与服务外包并行的机制。

（一）后勤服务集团时期

在2015年之前，学校后勤服务管理包括饮食服务、水电保障与服务、校园绿化、维修服务、物业与产业管理、车辆运输、幼儿园服务、保安服务、教材采供、物资采购、医院等方面的后勤与保障工作，涉及内容相当广泛。为了搞好后勤服务工作，集团完善制度建设，初步构建了企业化管理模式。如先后修订了一系列规章制度，最后汇编成《综合管理篇》《职能职责篇》《经济管理篇》三大类制度，为集团实行制度化、规范化管理奠定了基础。全体职工齐心协力，一方面，开源节流，降低成本；另一方面，办好学生食堂，搞好维修工作和校园绿化等各项工作。2008年，按照省教育厅的标准对一个学生食堂进行全面改造，为学校增添了一个标准化学生食堂，赢得了5万元奖金。在校园绿化方面，以2010年为例，在师苑新村栽种乔木和大灌木800余株，色块苗20万余株，移栽麦冬22 000斤。师苑新村移栽乔木800余株；学术交流中心种水面红叶石楠171株；新公寓和美术楼周边种植草地2 000平方米，色块40 000余株，乔木、灌木200余株。新老校区共计管护绿地40万平方米。

值得一提的是，集团在抗击冰灾和甲流防控中保障作用尤为明显。2008年1月，一场罕见的低温雨雪冰冻天气袭击衡州大地，其来势之猛，强度之大，为百年未遇。学校东西两个校区教学楼、办公楼、学生公寓及部分教工住宅房顶水管被冻裂，311块水表被冻坏，两处直径50mm的高压电线被冻断，直径20cm以上的大树被冻倒了29棵。面对道路积雪厚、交通受阻、大面积乔木受损和五天停水、停电的严峻局面，学校党委、行政组织在校中层干部及部分教职工抗击冰灾。集团干部职工中有的顶着严寒徒步赶到市电力局、市路政公司寻求电力和起吊设备的支援，水电保障部的职工站在摇晃的吊车篮里，高空修复主电路，或砍去压在高压线上的树枝。连续五天在校园内清除道路冰雪、转运压断的树枝，取得了抗击冰灾的胜利。2009年，甲型流感流行，学校抓好后勤服务监控及甲流防控，严防死守，突出细节，全力维护师生身体健康。

在集团经营期间，运行平稳，经营均为盈利。如2007年利润为138万元；2008年为148万多元；2015年，盈利167万元。2008年，后勤服务集团被中华全国总工会授予"全国模范职工小家"称号；2014年，后勤服务集团被授予"湖南省工人先锋号"称号。

（二）自主经营管理与服务外包并行时期

2016年，学校将后勤服务集团改设后勤处。2017年，从都市嘉餐饮管理有限公司手中接管了教工食堂，教工餐采取了自助餐的形式，餐饮质量得到明显改善。同时，除特色窗口外，学校8个食堂全部由后勤处自主经营管理，这是学校成立以来自主经营食堂数量最多的时期，提高了学生食堂的经营质量，保障了食品安全。为了给师生提供现代化的、高效优质的餐饮服务，强化对食品安全的监管，2021年，学校完成了第一个智慧食堂。此外，对部分特色食堂、校园绿化管护、保安保洁等实行劳务项目承包、合同制管理的服务外包模式，后勤处加强监管。

学校加大投入，完善后勤基础设施建设。如高效完成了东、西校区电力增容、水电安装改造、高压配电房改造工程，以及食堂、宿舍安装空调工作。协助资产处及施工单位完成了食堂中央空调、学生宿舍5 516台空调的安装调试工作，改善了学生的生活条件。完成东、西校区压缩式环保垃圾站建设。打造"明厨亮灶"监管网络。按照市场监管部门非现场监管要求，对所有食堂和经营档口加装了"明厨亮灶"摄像头，接入省市场监管后台统一监管。完成了中央财政支持地方高校建设项目"东、西校区智慧空调节能管理系统"的设计、预算、施工及验收工作，新图书馆永久性供电项目的设计及预算工作，进一步绿化、美化、亮化校园，改善医院条件和幼儿园办学条件，引进了近邻宝快递公司集中处理全校的快递等。针对2019年以来猪肉及附产品价格猛涨的态势，学校向食堂拨付物价平抑基金，如2019年拨付100万元，2020年拨付40万元等，确保学生生活不受影响。2018年，湖南省第十三届运动会在衡阳市举行，省内1 800名运动员、教练员的住宿和餐饮工作由学校负责完成，学校科学安排住宿，圆满完成了省运会后勤服务保障工作。学校因此获得了衡阳市人民政府授予的省运会"突出贡献奖"荣誉称号。

学校建立以后勤服务为主的内控运转机制，加强对餐饮、物业、水电、建工维修、校园环境等重点服务领域服务质量的内控。后勤督导员加强对后勤服务各领域工作的监督检查。

（三）校医务室

校医务室成立于20世纪50年代。1973年衡阳师专与湖南三师分开后两校都设立了医务室。2006年，学校整体搬到新校区后，在东、西校区设立了医务室。随着办学规模的扩大和门诊量的大增，学校决定在东校区新建一幢医院楼，于2016年正式投入使用。建筑面积为3 600平方米，加上西校区医务室

420平方米，总面积达到4 020平方米。近年来，医务人员稳定在30人左右。

校医院每年门诊量达到6万~7万人次，名列湖南省高校医院门诊就诊量前茅，在全国高校医院门诊就诊量中也是处于第一方阵。在促进大学生整体参加医疗保险方面，成效明显。至2023年，连续五年参保率达到99.7%。校医院积极配合上级疾病控制中心抓好传染病宣传教育与防控工作，特别是在2020—2022年抗击新冠疫情中表现突出。协助学校落实抗疫政策，抓好疫情防控工作。学校封闭了东校区北门和西校区南门，校医务室与校疫情防控中心督促师生佩戴口罩，在东校区南大门、小区大门和西校区北大门设立检测防线，加大对学生公寓、教室环境卫生整治力度，保持室内空气流通，实行公共区域定期消毒制度和体温测量制度。2021—2022年，学校坚持防疫工作常态化，定期参加核酸检测，继续坚持公共区域定期消毒制度等，有效防止了疫情在学校的蔓延。2020年，学校获湖南省教育后勤系统疫情防控工作先进集体称号。

四、国有资产管理与实验室建设

（一）国有资产管理

学校国有资产管理服务于学校的教学、科研工作，主要负责学校教学科研设备的采购、账物卡管理、调拨、维修和报废处置，以及学校公房调配、管理、房产办证、房改等工作。

完善国有资产管理制度，健全管理体制与运行机制，提高管理服务水平。先后建立和完善了《衡阳师范学院物资采购管理办法》《衡阳师范学院国有资产管理办法》《衡阳师范学院仪器设备维修管理办法》《衡阳师范学院教职工周转房管理办法》《机构及人员异动资产交接管理办法》《衡阳师范学院仪器设备报废管理办法》等一整套规章制度。按照"统一领导，归口管理，分级负责，责任到人"的原则，明确了"学校国资委→资产管理处和归口管理部门→资产使用单位"三级管理体制，按照"谁使用、谁管理、谁负责"的原则，形成了一个分工明确、全方位、多层面的资产管理责任体系。构建了涵盖各类资产，包括资产购置、入库、验收、使用、处置、评估等各环节的管理制度框架体系，建立了"产权清晰、配置科学、使用合理、处置规范、监管有力"的国有资产运行机制。

在仪器设备管理方面，将全校教学仪器设备（包括名称、牌号、型号、价值、规格、购入时间、使用单位）按系院、部门分别制作教学仪器设备一览表，建立纸质和电子数据库管理两本账。按程序做好资产的调拨和处置工作。定期进行资产清查。其中最大的一次是2016年3月至6月，对全校资产进行全面清查。截至2015年12月31日，学校校本部资产总额为12.53亿元，净资产总额为12.06亿元，固定资产总额为7.07亿元。南岳学院资产总额为2.14亿元，净资产总额为2.12亿元，固定资产总额为0.89亿元。同时，进一步规范废旧资产的处置工作。

在学校房产管理上，对全校每座建筑物进行统计，对照图纸逐一核实，列出各类用房一览表，完成对学校办公用房普查及统计。对新老校区的教学和行政用房进行统一安排和调整。为了配合学校人才引进，定期安排博士入住周转房。2013年，牵头完成了衡阳市体育中心共建共管共享协议的洽谈和签约工作，为学校争取了正当利益。2016年，制定了《衡阳师范学院国有资产出租出借管理暂行办法》《衡阳师范学院西校区闲置校舍出租可行性论证报告》，对西校区部分闲置校舍租赁问题进行整改，并于2018年5月签订了补充协议。

加强信息化和学校网站建设，提升资产网络化管理水平。逐步建设了"高校用房管理系统""仪器设备维修管理系统"等信息系统，提高了管理水平。

为了满足教学、科研需要，学校每年要采购金额不等的仪器设备、办公设备、图书、教材、家具等。包括"中央支持地方建设项目"和学校自筹资金建设项目等各类经费的招标采购工作，实施了政府协议采购和学校自行采购两种方式。2015年，建立了学校仪器设备零星采购网上竞价平台，规范了校内零星物资设备采购工作。加强采购招标监管，加强采购合同管理，按照采购合同监督供货，加强验收，确保采购质量。

（二）实验室建设

继2006年学校基础物理、基础化学实验室被评为省级基础课示范实验室后，2008年，"功能金属有机材料实验室"获评省级重点实验室，这是学校实验室建设的一个突破，2011年验收通过。经过10年的建设，至2017年，该室拥有实验室面积3 540平方米，仪器设备总值1 143.01万元，下设X-射线单晶室、核磁共振室、气体吸附室、高效液相色谱室、气质联用室、扫描电子显微镜室、红外测试室、紫外测试室、元素分析室、化学计算室、荧光分析室、电化学分析室、微波合成室、普通合成室、晶体培养室等多个分室。同年1月被认定为省院士专家工作站。2012年10月，"光电信息技术"湖南省应用基础研究基地，被确立为湖南省首批三个应用基础研究基地之一。2015年11月，顺利通过湖南省科技厅专家组验收，并被评为"优秀"。2012年12月，湖南省发展和改革委员会批准成立了"传统聚落数字化保护技术"湖南省工程实验室；2013年，成功申报了"聚落文化遗产数字化技术与应用"湖南省重点实验室。同年，学校新增实验室仪器设备278.45万元，完成了食品工艺实验室、食品微生物实验室、食品化学与分析实验室、食品感官评定实验室等4个食品科学与工程专业实验室建设。2014年，完成了微生物学实验室建设。2016年，"智能信息处理与应用实验室"顺利通过省科技厅评审，被确立为湖南省重点实验室。2019年，"南岳山区生物资源保护与利用湖南省重点实验室"经湖南省科技厅批准立项建设，并被确立为湖南省重点实验室。至此，学校湖南省重点实验室增至4个。

学校建立和完善实验室各项规章制度，对实验室、教学仪器设备管理工作规范有序。特别是2018年以来，强调实验室安全管理工作，定期开展实验室安全检查。建立了学校实验室安全督导巡查制度，明确了安全督导的岗位职责。建立安全管理制度，落实实验室准入制度。完善危险化学品管理。规范化学品标识与分类、储存与运输、废弃物处理与回收等。经常开展实验室安全专项检查，并对安全隐患进行整改。

五、建设"智慧校园"

高等学校信息化建设是教育现代化的重要组成部分，数字化校园是推进教育信息化的核心平台，为学校师生的教学、科研、学习、工作和生活提供便捷高效的信息手段和条件。

（一）校园网络建设

学校不断建立和修订网络管理方面的规章制度，汇编成《信息与网络中心管理制度汇编》。制订学校"十二五""十三五""十四五"信息化发展规划。根据学校发展需要，在充分认证的基础上，制订数字化校园建设各类方案。

学校新校区校园网是2006年9月建成开通的。此后，学校数字化校园建设进一步发展。从2014年开始，学校着手实施无线网覆盖可行性计划及探讨合作建设模式。2015年9月，学校正式启动了智慧校园的建设工作，拟订了《衡阳师范学院数字校园建设方案》，2016年，又出台了《数字校园项目之模块化机房方案》《数字校园项目之一卡通建设方案》《数字校园项目之三大平台及应用系统方案》《衡阳师范学院无线校园网络方案》等。同时，与中国建设银行合作完成了"数字校园项目之模块化机房""数字校园项目之一卡通"的招投标工作与建设施工工作。至2017年10月，建成了一卡通数据中心、东西校区校园卡服务中心、门禁系统（25栋学生宿舍的大门，学术交流中心、图书馆、南岳学院办公楼的闸机通道）、智能水表电表系统（5 234间学生宿舍）、消费系统（东西校区食堂、商户共计210台消费POS机），校园卡自助服务终端（圈存机、补卡机共21台）。至2018年，学校已经建立数据中心机房一间，共存储历年精品课程录像资料、一卡通账务数据、各信息系统数据等数据共计200TB。

学校加强网络安全设备的投入，做好安全防范。2017年，完成了WEB防火墙与堡垒机安装调试工作，对学校官网、新闻网网站等原有站点重新设计规划版面并上线，对全校重点部门及二级学院近90个站点进行模板迁移与原站迁移，完成了学校网站站群系统的建设工作。2018年，推进学校数字校园及网络安全建设工作向纵深发展。完成了"漏洞扫描服务器""数据库审计服务器""WAF防火墙"的系统设计与实施等。

（二）服务教学与管理

在教学资源库建设方面，2010年，完善现代教育技术与网络管理中心网站，网站包括教师网盘、课件资源、软件资源、教室管理、视频点播、论坛等10多个栏目。随后，建成了全校课程资源中心，学生可以进入网站自学相关课程。2014年11月，学校正式成立了"湖南省教师教育虚拟仿真实验教学中心"。次年，建成了先进的"教学中心"软件实验平台、远程教学观摩室、3间未来教育实验室及微控室。新建成的设备技术先进，在省内高校中居于领先地位，支持MOOC、翻转课堂等多种互动教学模式的实施。至2020年，全校建成多媒体教室203间；在理科楼、美术楼、计算机楼等楼栋建设标准化考场；精品课程录播教室共6间，承担学校精品课程录播任务；师范生微课实训室（微格教室）共18间。2021年，建成书画教室4间、板书训练室2间、未来教室1间、观摩室1间、互动教室6间等，设备完全能满足教学需要。

在管理服务方面，从"十二五"开始，学校开启了"视频监控项目"建设。在学校重要的交通要道、各教学楼、办公楼、实验室、师苑新村小区等场所建设视频监控系统，为创建平安校园做出了重要贡献。

至此，学校构建了为师生学习、工作、生活和学校领导层管理决策提供全方位、安全、高效服务的智慧校园。

六、财务与审计

（一）财务工作

学校贯彻执行国家各项财经政策和会计法规，规范财务管理，维护学校经济秩序，保护学校资金安全。学校财务包括全面负责日常财务管理和会计核算工作，实行"统一领导、集中管理"的财务管理体制。

强化预算管理，预算编制水平和执行力度不断提高。学校始终坚持按年度财务预算办事，杜绝无预算支出，严格控制超预算支出。追加预算必须理由充分、细化到项目，逐级审批。不断创新清单预算管理模式，提高财务预算水平。

2008年，将"教学实践费""教学耗材费""毕业论文答辩费"等教学经费预算项目细分至各教学系部，进一步落实了"预算细化管理"的政策要求。2010年，学校运用零基预算和综合预算相结合的预算编制方法。2021年，学校财务预算贯彻零基预算理念，以收定支，量入为出，集中财力保障重点支出，以促进学校事业发展。在预算中，体现教学科研的中心地位。如2007年，学校实际收入为13 009.37万元，其中用于教学科研的经费为5 128.98万元，占2007年预算总支出的39.10%。

加大筹资力度。由于学校升格不久，百业待兴，财力入不敷出。为此，学校一方面开源节流，另一方面积极争取资金或银行贷款，加快学校的发展。2007—2009年，学校争取专项拨款分别为1 000多万元、800多万元、900万元。同时，2009年还获得中国建设银行建设项目贷款1.5亿元，成功化解了当年还贷8 050万元的风险。2010年，学校首次进入财政部的笼子，获得中央财政支持地方高校发展专项资金800万元。2011—2012年，学校通过两年的艰苦努力，共化债2.764亿元，银行债务清零。其中2012年是高校化债之年，全年共获中央和省财政化债资金9 940万元，自筹资金化债3 210万元，合计化债13 150万元。此后，学校继续争取中央、省、市财政资金的支持，如2018年，共争取到财政资金支持3 500万元等。至2023年，国库下达给学校的公共财政预算指标共计3.16亿元，较2007年学校总收入增加了1.4倍。

此外，学校加大在校学生欠缴学费的催缴力度。2007年年底，在校生欠费434.36万元，此后连续多年都有不少学生欠费。学校发动各系、院等进行催缴，到2017年，首次实现了二本、三本毕业生零欠费的目标。

严格财经纪律，规范财务管理。学校坚持重大经济事项由党委集体决策，大额资金拨付集体商议，确保经费拨付的准确性、有效性。制定和完善各项财经管理制度。2014年以来，先后出台了《衡阳师范学院预算管理办法》《三公经费管理办法》《科研经费管理办法》《衡阳师范学院专项资金管理办法》《衡阳师范学院财务管理办法》《衡阳师范学院差旅费管理办法》等制度。全面推进财务信息公开。在收费方面，严格按照《湖南省教育收费公示制度实施办法》要求，做好各类收费项目和收费标准的公示。加强对招待费、差旅费、办公费、培训费、科研经费、专项经费等费用开支管理。加强信息化建设，实现互联网平台自助缴费。加强资金监管，控制现金交易，强力推行国库集中支付和公务卡结算工作。从2019年1月1日起，学校开始全面执行新政府会计制度，进一步规范了学校会计核算，提高了会计的信息质量。

（二）审计工作

审计部门是学校内部监督体系的重要组成部分，按照部门职责开展内部审计监督，旨在健全学校内部治理，防范风险，提高学校资金资源的利用效益，从而促进学校事业的发展。

加强队伍建设和制度建设。审计工作专业性强，涉及面广，必须提高审计人员政治和业务能力。学校通过选派审计人员参加教育部、湖南省教育审计学会、南京审计大学等举办的培训班以及线上学习等方式完成了审计、会计后续教育培训课程，提高审计人员的业务水平。在制度建设上，先后制定和完善了一系列规章制度，如《衡阳师范学院专项审计调查实施办法》《衡阳师范学院基建修缮工程监督实施办法》《衡阳师范学院内部审计工作实施办法》，修订了《衡阳师范学院干部经济责任审计工作实施办法》《衡阳师范学院建设（修缮）工程项目审计实施办法》等。

坚持全面审计，侧重内部控制。学校的审计工作主要有财务预决算审计，工程项目预算、决算审计，专项审计，大宗物资和设备采购审计，干部经济责任审计等工作，涵盖了对学校各类经济活动的真实性、合规性、效益性实行监督、评价和建议。同时，突出内部审计的转型与发展，切实履行审计内向性监督功能，提高审计水平和能力。包括前移审计关口，强化预防功能；进一步完善内部审计"预防、揭示和纠正"工作机制等。如在基建项目审计中，注意把握基建预算审计是关键点，跟踪审计是难点，结算审计是重点这些关键节点，将事前控制、过程监督和事后结算审计有机结合起来，加大对重大建设项目立项、设计、招标、施工、竣工等环节的全过程跟踪审计力度。学校将预算财务收支审计作为防范财务风险、提高资金使用效益的有效手段，不断扩大相关审计领域和范围。将内部控制、民主决策、制度建设以及有关规定的执行情况纳入经济责任审计的范围，进一步规范了领导干部任期内履行经济责任的行为。这些措施，规范了学校的经济活动，提高了学校资金使用效益，促进了领导干部履职尽责。

据不完全统计，2007—2023年，学校工程项目和大宗物资设备采购审计共计1 990项，审计金额25.74亿元，核减经费3 477.893万元。其间，对54名干部进行了经济责任审计。

七、图书与档案工作

（一）图书工作

2006年以来，学校工作中心逐渐移至东校区。但由于新校区图书馆尚未立项建设，学校先后在文科楼、学生公寓第14号楼和新食堂开辟多个临时场馆，增加面积5 000余平方米。2022年，东校区新图书馆楼正式建成使用，建筑面积为36 100平方米。至此，东、西校区各有独立馆舍，图书馆总建筑面积近5.26万平方米。新建的图书馆楼是一个以图书馆功能为中心，集档案馆、校史馆、多功能会议室、报告厅、展厅为一体的大型综合性场馆。不仅藏书量可达130万册，而且在功能结构上集文献资料贮藏、信息交流、数字化信息汇集与发散、文化传承、学术研讨、学生课外学习与活动等为一体的大型建筑。

截至2024年年初，图书馆共有各类场馆52个。其中西校区图书馆设有开架书库、阅览室、藏书库等20个，东校区图书馆设有藏借阅一体室9个、古籍室1个、阅览室3个（电子阅览室2个，报刊阅览室1个），另有捐赠展厅1间，集成密集书库1个、藏书库3个，对读者开放46个。图书馆共有阅览座位数5 546个，其中东校区新馆3 500个，西校区馆2 046个。大小各异的研修室共23间，其中东校区新馆15间，西校区馆8间。新馆实现中央空调和Wi-Fi全覆盖，设立450多个有线点位。

图书馆馆藏丰富，特色鲜明。截至2023年年底，图书馆馆藏纸质图书240万余册，其中包括极具研究和收藏价值的古籍及完整的地方志文献3万余册，中外文报刊合订本13万余册，较2006年年底多了一倍多。从2012年起，图书馆资源建设重心逐渐向电子资源转移。至2023年年底，可利用电子图书约122.63万册（不含博、硕士论文折合数），中外文数据库57个（含共享湖南省高校数字图书馆数据库24个），全面覆盖学校所有本科专业的各个学科。

图书馆已形成了以人文社会科学文献为主、包括基础学科文献、自然科学与应用科学等多学科文献有效支撑的馆藏文献基础体系，能满足学校所有学科门类和本科专业的教学科研和人才培养需求。根据学校办学特色，还建有教师教育类和王船山文献研究两个特色专题库，为学校本科、研究生教育教学及地方文献研究工作提供了强有力的支持和保障。

　　建设数字化图书馆。1995年，学校建立了图书馆自动化管理局域网，逐步实行自动化管理。2001年，图书馆管理系统更新为 ILAS 图书管理系统；2017年，选择了功能更强大、服务更全面的图创 Interlib 管理系统。2022年，在东校区图书馆启用 RFID 自助借还系统，东校区实现一站式通借通还。通过智能化的技术手段和设备管理图书馆的物理空间，为读者展示一个高效、智慧的全新图书馆。

　　图书馆也在每次管理进步中不断提升服务育人效能。2013年，学校与湖南工学院签订《湖南工学院与衡阳师范学院图书馆文献信息资源共建共享合作协议》，开启馆际互借、资源共享、联合举办主题活动等联盟活动。从2011年起，开展了数字资源推广服务。13年间，学校数据库数量从5个增加到22个，数字资源利用率实现了跨越式增长。2014年，被评为"湖南省高校数字图书馆建设与推广利用先进单位"。

　　图书馆加强管理，做到服务育人，对读者提供优质服务。图书馆每天开放15小时，数字资源24小时全天候在线服务。拥有一批以人为本、服务至上的图书馆管理人员。

　　（二）档案工作

　　学校档案馆设立于2004年，主要管理学校的综合档案和学生人事档案。教职工人事档案则由学校人事处管理。同时负责学校《年鉴》编撰工作和各类国家教育考试试卷保密工作等。在2022年之前，学校档案馆设在西校区行政楼。2023年，整体搬迁至东校区图书馆楼办公。馆舍使用面积达1 800多平方米，配备有专业化、智能化的档案装具和完善的视频监控系统、恒温恒湿空调系统等设施设备，各类档案库房、业务功能用房布局科学，馆舍条件大幅改善，可满足学校档案事业中长期发展需要。

　　学校档案共分为五个全宗，分别为衡阳师范专科学校、衡阳教育学院、湖南省第三师范学校、衡阳师范学院和衡阳师范学院南岳学院。至2023年年底，档案馆保管各类纸质档案55 000余卷（盒）、声像档案5 200余件、实物档案680余件。

　　在综合档案的征收管理和利用方面，根据教育部第27号令，2007—2008年，学校编制了《衡阳师范学院归档范围和保管期限》，把综合档案分为13大类整理入库。为了改善综合档案的存放条件，2008年，学校拨款30万元，用于档案馆的基础设施建设，建成了密集架165立方米，新购进电脑、扫描仪等设备，建成了2个标准库房和南岳学院档案室。同时，加强档案的征收力度。建立和完善一整套档案征收、整理、入库、借阅、利用、库房管理等方面的规章制度。注意保护和抢救老档案。

在信息化建设方面，从2011年开始，学校进行档案信息化建设，将库存档案进行扫描保管。至2023年，已完成7期项目建设，共扫描纸质档案168万余页，著录条目33万余条，并通过综合档案管理软件平台，实现了数字化档案查询利用的全文检索，大大提高了档案利用服务效率。

在人事档案管理方面，对于学生档案，制定了《衡阳师范学院学生档案管理办法》，每年定期整理毕业生档案，按"一人一袋"的方式封存邮寄。在每年新生入学后，征收新生档案，并给新生建档。开发了"毕业生档案去向查询"系统，方便毕业生查询个人档案转递去向。

在教职员工档案管理方面，至2010年，学校基本完成全校教职员工人事、业务档案的归类和整理。人事部门定期整理、装订新进人员人事档案。完成离校人员档案转递及各类调档、审档工作。按照湖南省干部人事档案数字化管理的要求，做好校内人事档案信息系统的维护工作，执行保密纪律，不断提升管理水平和服务效率。

从2010年开始，学校将《衡阳师范学院年鉴》编印工作交给档案馆。档案馆立即着手《年鉴》编撰工作，其中2006—2008年缩编为一卷，其余每年编写一卷。至2023年年底，已编写了14卷。其中《衡阳师范学院年鉴（2015）》获评第三届湖南省教育历史文化成果一等奖，《衡阳师范学院年鉴（2020）》从框架体例到印刷装帧均实现了优化。此外，组织开展了《衡阳师范学院教育人物志（1978—2015）》编纂相关工作。

档案馆建立以来，学校将各类国考试卷存放在档案馆，由档案馆组织馆内人员进行保密值班。2010年，由档案馆牵头，筹建学校新校区保密室。选址在美术楼，当年建成并投入使用。

八、创建平安校园

学校高度重视安全工作的总体谋划，将"平安高校"建设纳入现代大学治理体系，积极探索和完善平安校园创建的管理体制，建立健全各项规章制度，加强队伍建设，强化安全教育和实战演练，不断提高人防、物防和技防水平。2015年以来，学校连续获评湖南省平安单位。

学校探索创建平安校园的管理体制，坚持运用法治思维和法治方式，依照现代大学治理框架，坚持"大平安"理念，分别成立了社会管理综合治理委员会、"平安高校"创建领导小组、突发事件应急处置领导小组、禁毒委员会和国家安全及保密工作领导小组等机构。建立了党政齐抓共管、保卫处直接负责、职能部门协调督导的安全稳定管理机制和"学校—学院—班级—宿舍"四级安全生产管理层级。构建"大安全观"工作机制。将政治稳定、治安、消防、饮食、网络、交通、心理、校园设施、实验室安全等问题，全部纳入安全管理工作范畴，形成全覆盖、全过程的安全管理体系。到2018年，全面建立了安全工作联席会议研判机制、巡逻防控防范机制、隐患排查整改机制等"五大机制"，夯实了警校维稳研判会商制度、学校内部互联互通制度、校园网络三级监控制度、情报信息效能考评制度、警校维稳处突协作制度等维稳工作"五项制度"，构筑了情报信息搜集网、维稳工作互动网、治安防范群治网、重点部位技防网、应急处置联动网等治安防控"五张网"。

建立相互衔接的规章制度。2007年，共修订完善了各项规章制度达45个。2019年以来，又相继完善了《衡阳师范学院突发公共事件总体应急预案》6大类制度，《衡阳师范学院安全工作规定》《衡阳师范学院消防管理规定》《衡阳师范学院交通管理办法》等制度。

加强队伍建设。2007年12月底，后勤集团保安部成建制移交保卫处。2016年，学校与湖南天创物业公司续签了保安服务协议。2018年，安保人员增至150人。2021年，学校签订了东、西校区新的物业管理合同，配备专职安保人员179人，比例占在校师生员工总人数的6.9‰。学校定期组织安保人员业务学习，规范安保工作的内容和标准，完善考勤考核机制，建立工作巡查制度，提升他们的业务能力和服务水平。组建了学生军事技能训练教导队，肩负校园巡逻、大型活动安保、新生军训等任务。建立了"保消合一"的消防队、志愿消防队。健全情报信息员队伍。

提高人防、物防和技防工作水平。在2012年之前，学校治安管理以人防为主。主要采取对学校重点部位、案件多发地段加强昼夜巡逻；加大布控力度，采取蹲点守候等方式打击各种违法犯罪行为；组织"零点行动""凌晨行动"等，消除校内安全隐患。后来，学校借助信息化建设，进一步提升人防品质，积极构建群防群治格局。到2018年，学校建立了"动态化防控、信息化管理、可视化巡逻、扁平化指挥"校园巡防网络体系。

学校技防工作约始于2012年。到2018年，学校将获得的中央支持地方财政项目资金300万元，用于建设第三期校园视频监控系统和消防设备系统。学校各出入口、校内交通要道、各楼栋、各公共区域等基本实现视频监控全覆盖。全年为外语楼等楼栋安装红外报警设施60套，校园安全保障进一步提升。在物防上，着力解决安全隐患顽疾，提高物防标准。2016年，学校出资21万元在西校区设置智能道闸管理系统，加强车辆管理；出资13万元购置警用电动车8台，提高出警速度和路面见警率；投入10万余元用于交通安全设施设备改造。2019年，校内交通标识、标牌、标线进一步规范完整。在校南北大门和重点安保场所配置了功能齐全的警械警具和防爆设备，以应对各种突发事件。

九、校友工作

2010年7月，学校成立了衡阳师范学院校友会联络办公室。根据"服务校友，服务母校，服务社会"的工作宗旨，着手申请成立衡阳师范学院校友会等工作。经过两年的筹备，于2012年6月召开了第一次校友代表大会，选举产生了第一届理事会。2012年8月，经湖南省教育厅批准、湖南省民政厅核准登记成立湖南省衡阳师范学院校友会。

校友会成立后，进一步明确校友工作的职责，完善校友会管理章程、制度和组织结构。2012年5月，组建了首批校友工作志愿者团队，承担校友信息收集、信息传递等工作。2015年，成立了学生会校友联络部。2016年，确定各教学院校友工作负责人，健全校友工作队伍。2019年，每年从应届毕业生中选聘兼职校友联络员，至2023年年底，共有联络员1 000人，健全了校友工作队伍。2018年，修订《校友办规章制度汇编》《衡阳师范学院校友捐赠管理办法》。2019年，经湖南省教育厅批准、衡阳市民政厅核准登记成立衡阳师范学院教育基金会。至2024年年初，已编校友会刊物《衡阳师范学院校友通讯》《衡阳师范学院校友专刊》共10期。

加强校友联络，推动成立校友会。灵活运用新媒体，打造内容丰富的校友总会网站和微信公众号网络平台、校友总会微信公众号、短信平台、微信群等。

通过到全国各地走访校友，各教学院提供校友信息等方式建立起校友联络的立体空间，推动条件成熟地方建立校友联络点和校友会。截至2021年，学校先后成立了海南、深莞、长沙、广佛中珠、北京、江西6个地方校友会。2024年8月，又成立了上海校友会。

凝聚校友力量，共谋学校发展。各地校友会成立后，开展了为母校的发展做贡献活动。广大校友积极协助学校开展就业工程建设；协助学校转型发展，为校企合作提供平台，或牵线搭桥。不少校友出资出力，支援学校建设。2011年，原湖南三师1982级音乐班邓念念校友捐赠给母校的教育事业发展资金5万元。2004—2013年，1994级美术专业校友王永为美术学院设立"王永奖学金"，10年间，每年奖学金1.5万元，共计15万元。2013年9月14日，原衡阳师专中文科1980级全体校友捐资100万元，设立衡阳师范学院"春华秋实"奖学金。2008—2018年，1981级思政教育专业校友盛建华为法学院设立"中惠旅奖学金"，为期10年，每年2万元，共计20万元。2018—2019年，2004级体育专业校友吴锦平设立"富企来吴锦平师范生师范技能奖学金"，每年12万元，共计24万元。2020年，校友们向母校捐赠防疫物资42万元。2021年，浙江汇翔新材料科技股份有限公司为化材学院设立"衡阳师范学院汇翔奖助学金"，为期4年，每年5万元，共计20万元。2021年，2003级中文专业校友胡应帮、荣誉校友朱国利出资100万元完成东校区"青山亭"建设项目。2021年，2002级新闻专业校友杨杰捐资100万元完成东校区西门建设项目。2022年，衡阳市博文高级中学资助"博文杯"师范生教学技能竞赛每年20万元。2023年，深莞校友会向母校新建图书馆捐赠图书款22万元等。特别是2021年，学校为筹建新图书馆前面的校友广场，于2021年7月制订了《衡阳师范学院校友广场捐赠工作方案》，并启动线上线下捐赠。到年底，完成了校友广场项目捐赠工作，获得捐赠资金总计1 043.59万元等。

十、离退休工作

学校离退休工作认真贯彻党中央的指示精神，全心全意为离退休人员服务，以维护学校的稳定，促进学校的改革和发展。2012年，学校被湖南省委老干部局评为老干部工作先进单位。

2006年年底，学校共有离退休人员398人，约占全校教职工的1/3。至2023年年底，学校共有离退休人员525人，占全校教职工人数39.6%。为做好离退休人员工作，学校初步建立健全了离退休工作制度体系。制定并完善了《关于加强新时代离退休人员管理服务工作的实施细则》《衡阳师范学院离退休工作实施办法》《离退休人员慰问与服务指南》《老年大学管理办法》等制度。建立了离退休工作信息化服务平台，包括离退休网站、关工委网站、短信平台、微信平台等。

根据中共中央、国务院关于"政治待遇不变，生活待遇略为从优"和"共同分享改革开放的成果"等规定，学校积极落实离退休人员的政治待遇、生活待遇和医疗待遇。在政治待遇方面，规定每个单月10日上午为离退休人员政治学习时间，双月10日上午为离退休党员组织生活时间。2009年之前，学校设立4个离退休党支部，2013年增至7个。表彰在党50年以上优秀党员。通过党课教育、座谈会、参观红色景点等形式进行学习活动。学校通过离退休人员大会、支部书记会、座谈会等形式，通报情况，总结和安排工作，使离退休人员及时了解国内外形势和学校的发展建设情况。

学校努力践行好"四个养老"的工作模式。首先，做民生养老的促进者，提升离退休人员的幸福指数，主要表现在落实生活待遇和医疗待遇方面。离退休人员享受与在职人员同等的福利待遇。对抗战时期和解放战争时期参加革命的离休干部，按照政策规定，每月增发护理费。同时，协助学校相关部门认真落实离退休人员医疗待遇。根据《衡阳师范学院医疗补助费及体检费报销规定》《衡阳师范学院教师大病救助金办法》两项报销制度，报销医疗补助费。如2023年，退休人员二次报销医疗补助费76.2万元，大病救助费21.9万元。每年对离退休人员进行健康体检。学校建立健全特殊困难离退休人员数据库，重点对身患重病、"空巢"独居等有特殊困难的离退休人员进行帮扶。

其次，做文化养老的引导者，提升离退休人员的生活品质。学校组织力量编写了《幸福老年生活智慧》第一季、第二季，发给每一个离退休人员阅读。积极筹办老年大学，于2014年开班，落实"老有所教"政策。2005年6月，学校成立了以离退休人员为主体的《夕照明》诗社。经过近20年的努力，诗社的专刊质量明显提升。从2012年开始，认真做好文化传承工作，每年举办大学生传统文化诗词培训班。

再次，做运动养老的组织者，提升了离退休人员的生命活力。组织离退休人员参加门球赛、棋牌赛、乒乓球赛、趣味运动会、渔乐会钓鱼活动等有关赛事活动。运动养老的人数明显增加，生活质量得以提高。

最后，做服务养老的示范者，为离退休人员做好各类服务工作和信访工作等，提升离退休人员的生活满意度。

离退处在为离退休人员做好服务管理工作的同时，还负责学校关工委工作。2003年，学校调整与充实关工委组织，组建了系（院）二级关工委的领导机构。2013年，学校完善关工委二级机构，为每一个二级关工委配备了一名关工委副主任（退休人员）。2022年6月，校党委下发了《关于加强新时代关心下一代工作委员会工作的实施意见》，从加强党的领导、健全工作机制、加强队伍建设等方面对关工委工作做出了全面安排和部署。学校充分发挥关工委教学督导队伍、校园环境督查队伍、特邀党建组织员队伍和二级关工委副主任队伍这4支队伍的作用。学校从2006年开始，选聘了一批又一批老教授参加本部和南岳学院教学督导团工作。关工委配合学校对学生开展思想教育，为大学生成长成才答疑解惑。设立关工委工作基金，开辟了对贫困学生资助渠道，帮助特困生完成学业等。学校关工委工作为学校的建设和发展、为大学生的成长与成才发挥了积极作用。2016年，校关工委网站获得全国基层教育关工委优秀网站三等奖。2022年，生命科学学院、新闻与传播学院、外国语学院获评湖南省"教育系统关心下一代工作先进单位"。

第七节　校园文化与文明创建

　　校园文化建设和文明创建对于加强社会主义精神文明建设，促进学生的全面发展，提升学校的教育水平、综合实力及品牌形象等具有重要作用。学校以社会主义核心价值观为引领，加强校园文化建设和文明创建工作，注重百年师范办学传统的传承，建设内涵丰富的校园文化，持续推进文明创建工程。

一、校园文化建设

　　学校校园文化主要包括红色文化、廉政文化、校园环境文化、学校形象识别文化、社团文化、书香校园文化等。

　　（一）红色文化

　　如前所述，学校是一所具有光荣革命传统的学校，红色资源得天独厚，相当丰富，这是学校一笔宝贵的资源和财富。学校非常重视红色文化的建设，原湖南三师专门编写了《湖南省第三师范学校校史（1904—1949）》《湖南省第三师范校史（1904—1994）》《三师英烈录》等。衡阳师范学院组建后，于2006年编写了《衡阳师范学院校史（1904—2006）》。这些书都用了相当的篇幅叙述了新民主主义革命时期学校光荣的革命历史和140多位校友为国捐躯的英雄事迹。学校在"十二五"和"十三五"期间，对红色文化采取保护、开发和利用的政策，如开展红色校友故事宣讲会、演讲比赛，利用红色校史开展思想政治教育等，使得红色文化成为学校的品牌文化。

（二）廉政文化

学校围绕建设清廉校园，将廉政文化与师德师风、学校改革发展结合起来。2007年，学校着手推进廉政文化进校园、进课堂、进生活的"三进"工作，把廉政文化建设纳入整个育人过程。在大学生中开展了廉洁教育试点工作，学校每年开展一次"党风廉政和反腐倡廉"征文活动，或"廉洁杯"书法、漫画、摄影、演讲、公益广告展、廉政短信创作大赛、平面广告设计大赛等相关活动。学校纪委主办的《纪检监察简报》和《回雁晨钟》，是对全校党员干部进行反腐倡廉宣传教育的主阵地。如《纪检监察简报》设立了"重要讲话""法纪法规""典型案例""工作动态"等专栏。2014年以后，学校纪检监察整合宣传等职能部门和院系力量，着力构建"大宣教"格局，聚焦廉政文化建设路径及品牌特色打造，将廉政文化建设渗透到学校党建的各个环节和学校教学管理及日常管理的各个领域。用好用活学校红色校史资源，赋能廉洁教育和廉洁文化建设，编印了《衡阳师范学院红色校史人物廉洁故事选编》等学习辅助读本，让红色校友的廉政事迹感染和教育全校师生。2024年上半年，学校组织开展"回响·守望薪火"微话剧大赛，其中选送的原创微话剧《"我的红色学长"黄克诚的廉洁家风》获评湖南省第九届高校廉洁教育系列活动一等奖。廉政文化建设对于师生弘扬"淡泊名利、廉洁从教、学为人师、行为世范"的优良教风，增强校园廉政意识，规范校园廉政行为起到了文化引领的作用。

（三）校园环境文化

学校将校园基本建设和改善育人环境结合起来谋划。在"十二五"规划时期，校园规划和建设实现了向高标准、生态化、人文化方向转型。学校在"十三五"校园建设发展规划中提出："建设精美校园，不断提升校园绿化、美化、亮化的质量，提升校园育人环境的文化内涵和品位。"

在校园环境文化的硬件建设方面，学校借助"一湖四园"、笔架山、校友广场等校园景观，建设美丽校园。在理科楼与美术楼之间的人工湖区亲水平台建设及绿化工程，为美丽校园增添一道亮丽的风景，建设了"融冬""知春""晓夏""晴秋"四园，整个校园季相分明。在湖中，长满了莲藕，夏日荷花满湖，亭亭玉立，象征着高洁、纯净与和谐，在岸边赏荷，也是对中华"和"文化的一种弘扬。从学校北门进来，学校修建了笔架山，山的南面绿树成荫，并与图书馆毗邻。山的北面用不同颜色的草皮堆成了一个硕大的"师"字，这既体现了学校的办学特色，也让学校呈现出"湖光山色两相和"的美景。

学校校园环境优美。学校通过自建苗圃培育草花苗，每年通过大面积绿化、美化校园，打造绿色生态园林式校园。如2017年，学校共栽种乔木624株、大灌木570株、草皮51 600捆、地被约3 000平方米、色块196 000株，为全校师生营造了良好的工作、学习和生活环境。因此，学校被评为湖南省"园林式单位"。

（四）学校形象识别文化

2012年，为增强学校文化软实力，学校拟定了《衡阳师范学院形象识别系统建设方案》，明确了学校形象识别系统建设的组织机构、设计的主要内容、要求、方案具体实施等。随后公开征集衡阳师范学院理念和行为识别表述语，在理念识别系统中公开征集衡阳师院精神、办学特色、宣传语、校风、教风、学风和工作作风的表述语，在行为识别系统中公开征集教职员工、学生等行为准则。次年，完成校园文化识别系统，如师院精神、视觉识别系统、宣传画册、宣传片、校园网主页改版等。2017—2018年，学校全面启动学校形象识别系统的建设工作，完成了办公楼的门牌和楼道文化建设，统一制作各部门、教学院办公室门牌800余个。完成了音乐学院、美术学院、外国语学院、中兴通讯信息工程学院、文学院等教学楼的文化建设。2023年，在与学校整体形象识别系统保持一致的基础上，新建特色鲜明、寓意深远的文化墙。重视人文建设，提高校园文化品位，持续推进学校建筑物、道路等命名征集活动，进一步做好文创系列产品的设计与创新。以宣传橱窗、展板、文化微景观、标语等为载体，以"铸魂"和"育人"为导向，以文化人，以文育人，把教育目的和科学文化知识融进校园的每一个角落。

（五）校园文化艺术节和社团文化

学校为繁荣校园文化，举办了每两年一届的校园文化艺术节和社团文化艺术节。2001年，学校举办了第一届校园文化艺术节。次年，举办了第一届社团文化艺术节，形成了两个文化艺术节交替举办的格局。两个文化艺术节具有活动历时长（2~4个月不等），主题活动多，内容精彩纷呈的特点。

至2023年，学校校园文化艺术节共举办了12届。每届突出一个主题，活动内容范围广，学生参与度高。如2007年举办的第四届校园文化艺术节，历时2个月，以"和谐的力量——宣传党的十七大，全面创建和谐校园"为主题，先后组织了"同一个月亮"高雅艺术进校园专场演出、"新生秀"等24个主题活动。到2013年，校园文化艺术节举办机制日益完善，形成了学校统筹、部门实施、系院承办的三级联动机制，人员、经费等方面都有了充分保障。2015年，学校为打造校园文化艺术节的品牌，开始了立项资助。当年共立项资助17个项目，资助经费达4万余元。2023年，学校第十二届校园文化艺术共立项24个子项目，各项活动主题突出，如举办了大学生艺术团专场文艺会演、第十九届校园十佳歌手大赛、草地音乐节活动、手工作品大赛、校园美食节、双语辩论赛、"绘迹井盖"大赛等，校园文化艺术节的魅力与日俱增。在校园文化艺术节活动中，各个系院积极参与，呈送不少特色鲜明的文化品牌，如文学院发挥"中国传统文化与礼仪教育工作室"平台作用，于2013年成功举办了衡阳师范学院第一届大学生成人礼等品牌特色活动，在校内外引起积极反响。2015年，大学生成人礼活动被教育部评为全国高校"礼敬中华优秀传统文化"系列活动"特色展示项目"，受到新华网、光明网、中国日报网、中国教育报等几十家媒体的宣传报道。同时，该院倡导"以文化人"来实现立德树人的目的。2018年，学校创办了"津梁讲坛"的文化品牌，举办了"与信仰对话"专题报告会和专家访谈等活动，引导青年树立远大理想，勇做新时代的奋斗者。至2022年10月，共举办了25期。张云峰老师的"云峰开讲·心灵鸡汤"被教育部评为2008年度校园文化建设优秀成果。2024年上半年，在第十届湖南省青年文化艺术节中，荣获金奖1项、银奖1项、最佳指导老师1人。

学生社团文化建设是学校校园文化建设的又一大品牌。学校学生社团出现于20世纪80年代，20世纪90年代得到初步发展。2002年，学校成立了学生社团的管理机构——校社团联合会。2009年，全校共有56个学生社团，组织各种语言学术类、运动类、文艺类等社团活动，各学生社团都积极打造各具特色的社团文化，从而形成了富有时代特征和衡阳师院特色的社团文化体系。从2015年开始，学校完善了《衡阳师范学院大学生社团管理办法》，坚持"数量建团、质量立团、特色兴团"的方针，加大了对社团活动经费的支持，加强了对社团干部和社团指导老师的培养培训，注重社团专业特色的培育。如2016年，学校以"时光社彩节，共筑青春梦"为主题的第八届社团文化艺术节，各社团承办子项目活动近20项，学校立项资助项目12项，资助经费2万余元。各社团通过举办一系列校园文化活动和专业特色鲜明的活动，如社团主题活动月、社团之夜、社团招新嘉年华、迎新游园会、"心怀家国·启梦衡师"主题书画展等，为繁荣校园文化和提升自身的能力发挥了重要作用。到2019年，全校共有语言文学、公益综合、文艺科技、运动技艺等四类社团72个（含志愿服务协会13个），社团成员9000余名。其中SDU街舞联盟获评2016年湖南省"百优十佳"社团，天璇传统文化协会获湖南省2016—2017年度"百优"学生社团称号。雷锋家电义务维修工作室获全国"百强学生社团"称号，天之翼足球协会获评"全国百佳校园足球社团"称号等。2024年上半年，在中国青年报和中国文联网联合举办的"2023年度大学生社团文化风采展示活动"中，学校获评"百强社团"6个，6人获优秀指导老师奖。

（六）书香校园文化

学校为推进师生阅读经典，传承优秀历史文化，开展了一系列荐书与阅读活动，形成了经典阅读文化。

早在2009年，学校在图书馆大厅专门开辟空间，举行"名师讲坛"展播，循环播放高校名师授课录像。从2014年开始，学校积极推动湖南省教育厅发起的"一校一书"阅读推广活动，创建特色"书香校园"。该活动主要分为书目推荐和有奖征文两个阶段。同期，学校同湖南工学院两校图书馆共同举办"一校一书"暨"读书节"活动。2016年度，湖南省高校图工委向全校师生推荐30本好书，并确定路遥著的《平凡的世界》作为学校2016年精读图书，面向全校师生读者开展了优秀读书心得有奖征文活动。学校图书馆联合校团委同湖南工学院图书馆、团委共同开展了为期5年的以"书启智慧，阅燃梦想"为主题的首届"读书节"活动，得到两校师生读者的积极响应和参与。学校在稳步推进"一校一书"阅读推广的同时，还开展一系列的读书活动，促进书香校园文化建设。至2023年，学校"一校一书"阅读推广活动已经持续了10年，经典阅读内容越来越丰富。通过经典阅读活动，打造学校阅读推广服务品牌特色，全面推进学校师生阅读之风走向深入，使阅读成为衡师人的一种信仰。2015年，学校获湖南省"三湘读书月"活动"书香校园"荣誉称号。

二、校园媒体建设

学校校园媒体主要包括校报、广播站、校园新闻网、微信公众号、视频号、抖音号等宣传阵地，学校利用这些自媒体积极宣传管理、教学、科研、校园文化活动的突出成绩和涌现的典型人物。

（一）《衡阳师院报》

《衡阳师院报》创刊于1987年1月1日，名为《衡阳师专》，四开黑白版，是公开发行的中文半月刊。后改名为《衡阳师专报》。1999年3月，学校升本后，于同年9月15日更名为《衡阳师院报》。2014年2月28日，《衡阳师院报》由原来的四开小报改版为对开大报。其中一、四版彩印，报纸的容量扩展了一倍。2015年3月16日，《衡阳师院报》改为全彩印出版发行。截至2024年6月30日，该报已连续出版573期。

《衡阳师院报》第一版为要闻版；第二版是综合新闻版；第三版为专题报道版，设有"理论实践""青春校园""特别报道"等专栏；第四版为文艺副刊版。推出师生的文学作品、人生感悟及书评影评等。同时设有摄影专题栏目"东洲岛"。学校致力于办报育人。创刊27年来，《衡阳师院报》在宣传党和国家教育方针，报道学校教育教学大事和改革发展的成就，营造健康文明的校园文化等方面做出了重要的贡献。

（二）"校园之声"广播站

"校园之声"广播站成立于1996年9月1日。20多年来，广播站秉承"创新笃行"的理念，致力于以广播为载体，关注校园动态，发挥着新闻传播媒体的舆论导向作用。"校园之声"广播站共有19档风格迥异的节目，其中4档中文特辑栏目，10档中文常规栏目，1档英文特辑栏目，4档英文常规栏目，内容丰富。这些节目在每天中午和下午的课后时段准时与全校师生相约，陪伴衡师学子度过大学时光。

广播站为学校赢得了多项荣誉，同时也为社会培养了众多人才。近五年来，有50人获得校"新闻宣传工作先进个人"荣誉称号，百余部广播作品获得"湖南省高校广播电视（新媒体）奖"。广播站注重学生思想价值的引领，弘扬时代精神，丰富了师生的校园文化生活。

（三）校园新闻网

学校校园新闻网是衡阳师范学院的网上信息发布平台，网络新闻宣传和舆论引导的重要载体，网络思想文化教育的主要阵地。校园新闻网自21世纪初开通运行，充分发挥校园新闻门户网站聚合优势，及时准确报道学校落实立德树人根本任务，是学校内聚力量、外树形象的重要窗口，在省内教育界和新闻界具有一定影响力。

衡阳师范学院校园新闻网开设有"综合新闻""媒体衡师""时政专题"

等近10个栏目。其中，"综合新闻"是全面报道学校改革发展等重大事项、活动，包括党的建设与思想政治教育、教学、科研与服务社会等方面取得的重要成果。"媒体衡师"则是转引国内各大主流媒体对学校各方面的宣传报道。

（四）微信公众号

衡阳师范学院微信公众号创办于2015年4月22日。以互动式运营为主，以活动式运营、社交分享式运营为辅。公众号发布的主要内容为衡阳师范学院的新闻动态、办学特色、校园生活等新闻和消息。截至2024年4月17日，共发表推文2 394篇。

公众号的特点主要有权威性与真实性，即时性与时效性，互动性与个性化，多元化与丰富性等特点。能满足学生获取最新信息的需求，支持学生留言、评论和互动，内容包括学术、文化、生活等各方面，丰富大学生的校园生活和学习体验。

（五）抖音号、视频号

衡阳师范学院抖音号创办于2020年10月，抖音号以学校各类新闻以及创意宣传视频为主，分为新闻视频与创意视频两种。新闻视频以"短、平、快"的快闪视频为主，创意视频以轻松有趣内容为主，将当下热点与衡师师生学习与生活相结合，贴近衡师学子生活。约2~3天更新一次抖音号内容。

衡阳师范学院视频号创办于2022年3月，视频号新闻视频以长视频为主，以学校各类时长较长的新闻视频为主，以及宣传湖南省和衡阳市内与学校的相关新闻视频，更新时间不定。

三、文明创建

高等学校是社会主义精神文明的建设高地，学校历来重视文明创建工作，将其融入育人的系统工程中。2017年度，学校被省教育工委、省教育厅认定为"湖南省文明高等学校"，同时被评为湖南省"文明标兵校园"。

2006年，学校主体搬到新校区后，围绕提升学校形象工程，开始整治校园环境。根据"文明示范单位的考核办法"对各基层单位进行严格考核，划分了"志愿者文明示范区"。此后，学校每年定期召开文明创建工作会议，形成了学校党委领导、宣传部、规划建设处、保卫处、后勤处、相关职能部门和各系院协同联动推动文明创建工作的机制。

2010年11月，学校专门召开了"创建畅通、整洁、绿化衡阳师院"专题会议，一场大规模的校园环境整治工作在全校开展起来。学校规定每周五在新老校区同时开展卫生大扫除，全面清理校园"牛皮癣"活动。这项工作后来成为学校文明创建和净化学校宣传文化环境的常态化工作。

校保卫处从2009年开始，开展了校园环境的综合整治工作，加大力度阻止进入校园的小摊小贩以及整治乱悬乱挂乱张贴等行为。对于东校区南大门和西校区南、北大门一带乱摆摊设点和无证经营、车辆乱停乱放等严重影响学校形象的行为，学校会同当地政府开展了专项整治活动，但一直没有得到根本的整治。2015年，学校与衡阳市交警支队和雁峰交警大队协调，完成了西校区北大门前坪禁停网格线施画、禁停标志安装工作，开展北大门前坪交通整治，取得了明显的成效。同时与酃湖乡合福村村委会合理引导周边摊贩到东校区南大门旁边指定场地经营，根治了各种占道经营行为。制作了东校区南大门广场禁停指示牌，规范了车辆停放秩序。由此，学校东校区南大门，西校区南、北大门占道经营、车辆乱停乱放的现象彻底根除了。同时，学校加大力度整治校内车辆乱停乱放、部分校内外车辆超速行驶等乱象，校园面貌焕然一新。

2016年以来，学校积极配合衡阳市开展创建国家卫生城市和全国文明城市的工作。学校先后牵头成立了衡阳师范学院创建国家卫生城市和全国文明城市领导小组，每年召开两次以上的文明创建工作专题会议。学校决定将全国文明城市创建与"全国高校文明校园"创建工作结合起来，落实"一把手工程"要求，将创建工作与本部门日常工作有机结合，共同推进。重点抓好公益广告宣传，校园环境卫生，消防设施安全，食堂、学生宿舍、教职工小区日常管理，大学生文明行为和文明友善程度，"衡阳群众"志愿服务等六方面，全力打赢"创文"攻坚战。通过"创文"工作，推进了学校师生文明行为和爱国卫生运动常态化制度化，不仅为衡阳市创建全国文明城市贡献了衡师力量，同时为学校争创全国文明高校奠定坚实基础。

第八节　国际交流与合作

学校升本以来，为了提高教育教学质量及管理水平，开阔视野，积极主动地开展国际交流与合作。

一、对外交流与合作

1999—2010年，是学校对外交流开启之时。学校制定了《衡阳师范学院外籍教师管理规定》《衡阳师范学院因公出国（境）手续》《衡阳师范学院出国（境）受理范围》等18项规章制度。其间，学校按程序每年聘请外籍专家来校任教，并为外籍教师提供全方位的服务，让他们全身心地投入工作。校内有4位教师获得国家留学基金委资助，赴国外留学。美、英、俄等国专家来校进行学术交流。2009年，学校与美国得克萨斯大学签订合作协议，这是学校与境外大学签订的第一份合作协议。

2011—2023年，学校加大了国际交流力度，国际交流与合作迅速发展。其间，学校与美国、英国、加拿大、澳大利亚、日本、韩国、新加坡、马来西亚及我国香港、台湾地区等13个国家和地区的30多所高校、研究机构建立了交流与合作关系，应邀出国（境）访学、进修、攻读学位和合作科研增至80人次以上，获得国家出国留学基金项目和国家出国留学基金湖南省地方合作项目支持出国访学交流的教师44人次，获得省教育厅"海外名师"项目15项，省外国专家局"引智"项目5项，获批湖南省"芙蓉学者"讲座教授1人，聘请国（境）外客座教授24人。同时，学校每年选派一批教师赴美国、英国、加拿大、印度和中国香港等国（境）外高水平大学进修、访问和交流。特别是学校先后与美国得克萨斯大学泛美分校（后改为大河谷分校）、英国克兰菲尔德大学、韩国亚洲大学、香港浸会大学、台湾东南科技大学等10多所高校建立了比较稳定的友好合作关系，进行短期交换生、研究生培养，学生暑期赴美社会实践活动，国际交流生计划，教师赴国外高校接受培训等一系列合作项目。学生开启了暑期赴美社会实践活动和赴韩"2+2"交流学习等。如2015年，学校有353名学生到韩国亚洲大学做交换生，或暑假赴美进行社会实践等。从2016年开始，美国得克萨斯大学大河谷分校首批16名学生来学校开展了为期2周的"学在中国——衡阳师院行"海外调研学习活动，这项学习活动持续了3年。

2020年之后，由于疫情影响，暑期赴美带薪实习项目被迫中止。2024年上半年，学校又恢复了暑期赴美带薪实习项目，派5名学生赴美工作及学习。

同时，学校完成了萨摩亚国家篮球队、乌拉圭国家排球队和缅甸国家篮球队的培训任务，学校被评为"湖南省对外体育技术援助工作优秀训练基地"。

二、留学生教育

开办留学生教育是国际交流与合作的重要内容和成果。2012年，学校获批招收来华留学生资格单位。

为了做好留学生教育，学校制定了《衡阳师范学院来华留学生招生简章》，确定了学校开展留学生本科学历教育和汉语言培训（非学历教育）等各项内容，相关院系制订了来华留学生教学计划和方案。为做好留学生管理工作，学校根据国家颁布的《学校招收和培养国际学生管理办法》（第42号令）等文件精神，发布了《衡阳师范学院来华留学生管理工作暂行办法》《衡阳师范学院来华留学生管理细则（试行）》等文件，按照留学生公寓的要求改造了学生宿舍，设立了专门的留学生辅导员办公室。学校相关部门和学院将留学生的培养和教育工作纳入部门的整体规划，分工协调，共同做好留学生的培养和教育工作。2016年10月，学校招收了首批留学生，5名来自哈萨克斯坦的留学生进入学校文学院学习。

学校招收的留学生主要来自"一带一路"共建国家。2017年，招收了14名留学生；2018年，招收了来自哈萨克斯坦、塔吉克斯坦、吉尔吉斯斯坦、越南、科特迪瓦等的28名来华留学生，在文学院学习汉语语言；2019年，学校招收了来自泰国、越南、印度、俄罗斯、哈萨克斯坦、塔吉克斯坦、吉尔吉斯斯坦7个"一带一路"共建国家及非洲科特迪瓦的共40名留学生来校学习；2021年，学校又获得了15个湖南省教育厅分配的"一带一路"共建国家汉语语言生奖学金名额，下半年，学校完成了省教育厅规定的2020年和2021年汉语语言生的招生工作，招收了30名来自越南、斯里兰卡、哈萨克斯坦等国家的学生。截至2023年年底，共计招收留学生233名，分别来自亚洲、欧洲和非洲三大洲共10个国家。

留学生在华学习期间，相关学院与部门认真做好教学和管理工作。学校选派了高水平的对外汉语专业教师担任来华留学生的汉语教学。如文学院为留学生开设了口语、听力、阅读、综合汉语等汉语言基础课程。在疫情期间，为他们进行网上授课。学校留学生教育在质量上有保证。如2019年上半年，学校18名语言生中，2人获得汉语五级水平证书，3人获得汉语四级水平证书，1人被上海财经大学录取为硕士研究生，3人分别被西北政法大学、湘潭大学和衡阳师范学院录取为本科生。在管理上，相关部门关注来华留学生的思想动态和行为动向，通过谈话、谈心、节日慰问等方式与他们进行沟通与交流，解决生活或学习上的困难。如为吉尔吉斯斯坦学生米莉每年争取到省政府的"来华留学生奖学金"和学校的"特困生助学金"，缓解其生活压力。后又因意外摔伤住院手术，国际交流处工作人员轮流陪护，并联系保险机构，报销了其大部分手术和住院费用。组织来华留学生参加元旦文艺晚会演出，春节期间一起包饺子，举办了留学生结业典礼文艺演出、来华留学生与中国师生足球赛等活动。留学生在学习的同时，积极传播和弘扬中国传统文化，由留学生自编自导自演的中国诗词朗诵、书法、剪纸及汉服表演等节目在学校的元旦晚会上呈现。

第九章

循梦而行　砥砺深耕

本章主要叙述2019—2023年学校改革和发展的历史。

2018年，学校被评为硕士学位授予单位后，成功地实现了第二步战略目标。从2019年开始，学校将向第三步战略目标迈进，即为建设特色鲜明的高水平师范大学而努力奋斗。为了实现这个战略目标，学校提出并实施了"三六九"战略，进一步深化改革，启动"申大"工作，致力于本科教育的提质，培育高水平科研成果，提升学校综合实力，推动学校高质量发展。

第一节　"三六九"战略

2019年以来，学校为实现第三步战略目标，提出了"三六九"战略，制定了"十四五"发展规划，开启了研究生教育，启动了"申大"工作，为实现建设特色鲜明的高水平师范大学目标打下良好的基础。

一、"三六九"战略的提出及内涵

2021年5月28日，学校隆重举行中国共产党衡阳师范学院第四次代表大会。这次党代会正值中国共产党建党100周年，"十四五"规划开局之年，也是学校全面开启建设高水平师范大学新征程的关键历史节点上召开的一次重要的会议。校党委书记陈晓飞教授代表学校党委做了题为《坚持立德树人，坚守师范初心，为建设特色鲜明的高水平师范大学努力奋斗》的报告。报告指出，学校在综合分析高等教育发展形势和学校现实基础的情况下，认为在今后五年乃至更长的一段时期，紧紧围绕"建设特色鲜明的高水平师范大学"的奋斗目标，实施"三六九"战略，即力争经过"三个阶段"，全力实施"六大战略"，重点推进"九项工程"。需要指出的是，该战略的提出，可以追溯到学校"十三五"发展规划。该规划明确了学校发展目标和建设任务，并提出了实施人才培养质量提高工程等"九大工程"。

"三个阶段"，即第一阶段，实现更名为师范大学的目标。力争1~2个学科进入国内一流学科行列，1~2个学科进入国内一流培育学科，成为湖南省国内一流学科建设高校和博士学位授予权立项建设单位。第二阶段，实现获批为博士学位授予单位的目标。力争设立3个以上博士点，研究生规模达到3 000人以上，专任教师中具有博士学位教师的比例达到45%以上，在国家科研平台建设、承担国家科研任务、一流高水平师资队伍建设等方面取得重大进展，在全国地方师范院校中教师教育居领先地位。第三阶段，实现建成特色鲜明的高水平师范大学的目标。研究生规模达5 000人以上，10个左右优势学科、专业跻身国内一流行列，学校在国内外的知名度和影响力显著提升，力争使学校成为引领区域教育现代化的先行者、引领区域先进文化发展的开拓者、推进区域经济社会发展的贡献者，走出一条区域性高水平师范大学特色创新发展之路。

"六大战略"，指面向未来的"三个阶段"战略安排，要全力实施"六大发展战略"。一是治理提升战略。优化治理结构，推进学校治理体系和治理能力现代化。改革创新体制机制，改进资源要素配置方式，不断提高办学全要素效率。

二是人才高地战略。坚持引育并重，努力打造以优秀教授、博士为核心的人才高地，为学校可持续发展提供有力人才支撑。

三是质量立校战略。紧紧抓住"提升质量"这个内涵式发展的核心，不断优化适应新发展格局要求的学科专业结构、人才培养结构，切实提高教育教学质量，不断增强学校的综合实力和核心竞争力。

四是创新驱动战略。积极主动融入国家构建新发展格局，将改革创新融入发展全过程，构建新机制、探索新模式、催生新动能，全面提升服务区域经济社会发展能力。

五是重点突破战略。按照扶优扶强扶特的原则，建立"绩效导向、争创一流"的资源配置机制，推动一流学科、一流专业、一流课程、一流平台、一流团队建设，打造国家级教学、科研成果奖等标志性成果，加速突破创办大学的核心指标，全面引领和推进学校各项事业实现高质量发展。

六是开放协同战略。坚持开放办学，积极拓展对外交流合作领域与层次。

推进学校与区域经济社会发展的全面深度融合，扩展产学研合作、校地合作、校企合作、校际合作。推进高水平实质性国际交流与合作，提升学校国际知名度和对外影响力。

"九项工程"：指围绕"六大战略"，实施"九项工程"，即实施质量保障工程，高规格培养一流人才；实施学科攀升工程，高起点提升综合实力；实施创新协同工程，高层次打造一流成果；实施人才强基工程，高水平建设师资队伍；实施特色提质工程，高质量推进内涵式发展；实施开放融合工程，高标准拓展对外交流；实施文化引领工程，高品位建设高雅校园；实施改革攻坚工程，高效能提升治理水平；实施幸福衡师工程，高品质优化办学环境。

二、制订"十四五"发展规划

为了贯彻中共衡阳师范学院第四次党代会的精神，使第三步战略目标开好头，迈好步，由学校发展规划处牵头制订了《衡阳师范学院"十四五"事业发展规划》，明确提出了"十四五"时期是学校建设特色鲜明的高水平师范大学的关键时期。学校提出的总体目标：做大做强教师教育学科，加快建设新文科新工科，学科专业结构趋于合理，"科教融合、产教融合"人才培养模式改革成效显著，科学研究标志性成果取得突破，服务地方经济社会发展能力明显提高，国际交流与合作日益扩大，办学条件进一步改善，机制体制更加合理，人才培养质量显著提高，实现升格为师范大学的目标。该规划共分为四部分：第一部分为发展基础，主要是总结"十三五"发展的主要成就、存在的问题，以及"十四五"发展面临的主要形势；第二部分是发展愿景，主要包括指导思想，发展理念和发展目标；第三部分是发展任务，提出了一系列的策略、重大行动计划，以保证发展目标的实现；第四部分是保障措施。其中第二、三部分是规划的重点。此外，学校还根据该规划制订了专业建设与本科生教育、学科建设与研究生教育、人才队伍建设、学校基本建设、信息化建设、党建工作、教师教育等单项发展规划。

与此同时，学校启动了"申大"工作。2021年，为统筹推进学校更名为大学相关工作，学校党委成立了申请更名大学领导小组和工作小组，并成立了申请更名大学工作办公室，挂靠在发展规划处。

学校组织相关部门到南宁师范大学等高校考察学习"申大"工作经验，多次召开"申大"工作推进会。对照更名大学条件、指标，以及分析研判了评价标准变化趋势，摸清家底，明确短板，讨论对策。同时，围绕师资队伍建设、学科建设、专业建设与特色育人体系进行研讨，明确了要凝练教师教育特色，加强专业建设的力度，打造好专业群，做好学科群建设的顶层设计，优化学科群布局。

根据《普通本科高校设置暂行规定》《湖南省"十四五"教育事业发展规划》文件精神，在对各学院"十四五"时期的重要工作开展情况调研的基础上，发展规划处从高质量成果、科研、学科、教学与专业建设等多维度分析各学院目前存在的问题和短板，拟定了《衡阳师范学院新形势下申大重点工作推进方案》。指出要积极培育省级教学成果一等奖，谋划申报国家级教学、科研成果奖，引进或聘请近五年获得过国家自然科学奖、国家科技进步奖、国家技术发明奖等卓越人才，构建学校特色育人体系等，以推动申大各项工作提速提质。

三、开启研究生教育

学校从2019年起，开展硕士研究生招生、培养与学位授予工作，这是学校发展史上的一个里程碑。

（一）研究生招生工作

在招生方面，2019年，学校首批招收硕士研究生40人，招生专业为学术硕士的地理科学，专业硕士有教育学、电子信息2个专业；2020年，学校新增专业硕士心理健康教育、学科地理、学科语文、学科数学招生专业，共招生110人；2021年，新增专业硕士材料与化工专业；2023年，新增学术硕士有城乡规划学、教育学、网络空间与安全、马克思主义理论，专业硕士有翻译、国际商务、旅游管理、美术、新闻与传播、体育、音乐等专业。至2023年，学校共有招收研究生资格的学位授权点16个，其中学术硕士5个，专业硕士10个，有14个教学院获得硕士研究生的培养资格，共招生1 000人。

（二）创建研究生管理制度

自从招收硕士研究生以来，学校根据研究生的培养要求和学校实际情况，制订了《衡阳师范学院研究生学籍管理办法》《衡阳师范学院学术学位硕士研究生培养方案总则（试行）》《衡阳师范学院硕士专业学位研究生培养方案总则（试行）》《衡阳师范学院研究生硕士学位授予工作细则（试行）》《衡阳师范学院硕士研究生课程管理办法（试行）》《衡阳师范学院优秀研究生导师评选办法》《衡阳师范学院硕士研究生指导教师管理办法》等一系列规章制度，做到研究生管理与培养有章可循。

推动研究生管理制度化、体系化。2021年，学校召开了第一次全体研究生大会暨第一届研究生会成立大会，通过了《衡阳师范学院研究生会章程》，选举产生了第一届研究生会委员会委员。定期举办研究生干部思想政治及业务技能培训班和团学干部等培训班。通过开展研究生干部工作技能与培养、礼仪培训、研究生干部责任与担当、演讲与口才技能培训等主题活动，引导研究生树立正确的价值观，增强研究生综合素质。加强研究生思想政治教育，传承学校红色基因，严格日常管理。建立了研究生心理异常学生档案，并及时跟踪研究生心理与思想状况。推进完善校院两级述职评议制度，组织召开春秋两次校院两级研究生会述职评议会。

（三）提高研究生教学质量

学校在开启研究生教育之初，不断学习兄弟院校研究生教育的成功经验，探索研究生教育的培养路径和方法，并采取措施不断提高研究生教育教学质量和管理水平。第一，学校研究生教学工作实行校、院两级管理机制。学科建设与研究生处作为全校研究生课程教学的管理机构，教务处负责组织研究生课程建设及课程教学的评估、检查工作和教学质量监控，二级培养单位作为研究生课程教学的具体实施单位。第二，加强研究生导师队伍建设。根据师德表现、学术水平、指导能力、培养质量以及科研项目、经费、成果等定期组织遴选出校内、校外研究生导师。举办研究生导师培训和研究生教育教学管理系统培训，组织对研究生导师的考核工作。第三，为深化研究生教育教学改革，进一步明确人才培养定位，推进研究生培养机制改革，实施培养创新型、应用型人才战略，不断提高学校研究生培养质量，启动了对2019年版研究生培养方案的制订及修订工作，旨在提升研究生的教育教学研究与实践能力、科学创新能力、工程实践能力，实现创新型、复合型、应用型高层次人才的培养。同时，加强对学位论文的指导和中期检查、预答辩等工作。第四，引导研究生积极投入科研工作。据不完全统计，2019—2023年，研究生共获得湖南省研究生科研创新等项目共133项。研究生在各类竞赛中成绩突出。如2022年，研究生在各类学科竞赛赛事中荣获国家级一等奖2项、二等奖2项、三等奖6项，省级一等奖14项、二等奖10项、三等奖25项。共发表论文96篇，其中SCI收录20篇（SCI二区收录1篇；SCI三区收录9篇；SCI四区收录10篇），中文核心11篇。另获得发明专利共22项。2023年，研究生共获省级以上各类奖项43项。其中，荣获国家级奖项8项，省级一等奖6项、二等奖14项、三等奖11项等。

2023年，学校地理学一级学科硕士学位授权点，教育、电子信息2个硕士专业学位授权点参加专项核验工作，均顺利通过核验，获得继续授权资格，体现了学位授权点建设的工作成效。学校研究生培养将继续迈向科学化、标准化、体系化，持续提升研究生教育质量，大力促进学位点高质量发展。

第二节 "三全育人"综合改革

"三全育人"是在"教书育人，管理育人，服务育人"的基础上发展而来的。该理念首次提出是2005年1月17日，胡锦涛同志在全国加强和改进大学生思想政治教育工作会议上明确指出：各高校应努力形成党委统一领导，党政群团齐抓共管，全体教职员工全员育人、全方位育人、全过程育人的工作机制。2017年2月，中共中央、国务院下发了《关于加强和改进新形势下高校思想政治工作的意见》（中发〔2016〕31号），进一步提出要坚持全员全过程全方位育人，强调要把思想价值引领贯穿教育教学全过程和各环节。这是习近平新时代中国特色社会主义思想的重要组成部分，是落实"立德树人"的重要举措。

一、项目驱动"三全育人"综合改革

自《关于加强和改进新形势下高校思想政治工作的意见》（中发〔2016〕31号）下发后，湖南省高等教育作为"三全育人"综合改革试点领域，旨在通过整合校内外的育人资源和育人力量，构建全方位、全过程、全员育人的教育体系，探索创新育人模式，进一步提升高等教育的人才培养质量。2019年，根据《关于开展湖南省"三全育人"综合改革试点工作的通知》精神，实行各高校和学校各院（系）自主申报，采用项目驱动的方式来推动全省高等教育"三全育人"综合改革。湖南省教育工委、省教育厅遴选产生了一批"三全育人"综合改革试点高校和试点院（系）。2019年，学校马克思主义学院被评选为湖南省第一批"三全育人"综合改革试点院（系）。2020年，学校申报了题为《新时代"三全育人""42355"》的项目，被遴选为湖南省第二批"三全育人"综合改革试点高校。由此形成了点面结合，共同创新推进学校

"三全育人"综合改革的格局。

二、"三全育人"综合改革的实施

（一）项目简介

学校申报的《新时代"三全育人""42355"》项目，就是要构建学校"42355"的"三全育人"工作模式，并建立健全相关机制。"42355"模式，即发挥学校、社会、家庭、学生四大主体作用，坚持"党和国家需求"与"个人发展需求"有机结合的导向，强化价值引领、五育并举和"双创"教育的实效，拓展思政工作融入课程、实践、网络、环境和生活的深度，推进思政课程与课程思政、教师德育与教师育德、教学与科研、线下教育与线上教育、制度育人与文化育人相协同联动，推进"三全育人"。

马克思主义学院申报的项目旨在加强"大思政"建设，推进"大思政"发展，深化"大思政"成效。以思政课程育人为"体"（主渠道），以实践育人、文化育人、网络育人、心理育人、党建育人、榜样育人、资助育人为"维"（主阵地），"一体多维"形成"大思政"育人格局，以价值体系为核心内容和联系纽带，坚持课堂内与课堂外相结合，构建协同育人的新模式。

（二）项目实施

学校对照《湖南省"三全育人"综合改革试点工作建设要求和管理办法（试行）》规定的建设任务、建设标准等，创新推进"三全育人"综合改革。

1. 在"三全育人"的体制和机制上创新，打造联动工作格局。学校成立"三全育人"综合改革建设领导小组，由党委书记任组长。领导小组下设办公室，以及课程育人、科研育人、实践育人、文化育人、网络育人、心理育人、管理育人、服务育人、资助育人、组织育人等10个工作组。负责统筹推进"十大育人"体系建设、开展"融合""协同""机制""评价"四大攻坚行动，构建以学生、学院为主体，以教师、部门为主导，师生联动、部门联动、校院联动的思政教育运行机制。

各教学院成立"三全育人"综合改革建设领导小组，负责制订"三全育人"综合改革方案，明确时间表、路线图，制定《专业课与思政课协同育人实施办法》。

2. 突出课堂协同育人的主渠道作用，完善"五育并举"工作体系。第一，构建"以思政课为核心、课程思政全覆盖"的课程育人体系。推动思政教育从课堂教学向课外活动、实践教学、创新创业拓展深化，促进第一课堂与第二课堂、网络课堂衔接互补、协同育人。将课程思政融入人才培养方案，优化课程设置，分类制定实践教学标准，构建以"基础训练、综合训练、扩展训练"三个模块，"实验、实训、实习、毕业论文（设计）、课外实践"四个层次，"课内与课外、校内与校外、第一课堂与第二课堂、知识与能力"相结合的"三四四"实践育人体系。以项目为纽带，搭建"院—校—省—国"四级递进的学科竞赛体系，通过产教结合、赛教融合、校企协同、科研反哺、创新驱动，打造以创新创业教育为中心，理论＋实践"两翼"助力，校院专业三级嵌入，现代教育发展学院、教务处、团委、科研处主导的"一体两翼三级四柱"创新创业教育体系，推进"产赛研创"协同育人。打造教室、实训室、食堂、场馆等育人阵地，强化平台融合互通，推进思政工作线上线下互动一体。

第二，修订人才培养方案，制订体育、美育、劳育实施方案，分别设置必修学分和学时，把"五育并举"融入课程教学、主题活动、校园文化、社会实践、竞赛项目、评价考核，纳入人才培养全过程。开设体育、美育、劳育课程29门，打造"劳动日""音乐党史课"等品牌活动，搭建"艺术＋思政""体育＋思政"实践平台，支持建设45个学生体育、美育、劳育社团。"基于'学、练、赛、评'一体化，优化公共体育课程评价"获省深化新时代教育评价改革试点院系项目。

第三，构建"党建＋X"的大党建体系，严格落实高校党委书记、校长思政课建设第一责任人职责，形成学校党委书记、校长为新生、毕业生上思政课的思政教育闭环。推进"一站式"社区建设，推进党的二十大精神、党史学习教育进宿舍工作。开设28个特色主题辅导员工作室，开展非遗传承等各类形式多样、健康向上、格调高雅的社区文化活动。发挥红色校史文化育人引领作用。打造红色校史沉浸式教育基地——中共湖南省立第三师范学校支部革命历史陈列室，构建红色校史育人节日活动体系、文化活动体系、立体传播体系、实践创新体系，开展读红色经典、讲红色故事、唱红色歌曲、赛红色项目、学红色典型、做红色传承的"六个一"活动。

3.围绕幸福成长，深化资助育人、心理育人、服务育人、就业育人。搭建经济资助、品德塑造、价值引领、心理促进、能力提升、学业援助、生涯辅导、就业帮扶八大平台，构建物质帮助、道德浸润、能力拓展、精神激励有效融合的幸福资助体系。推行"经济资助＋成长互助"新模式，常态化引入心理咨询师、生涯规划师、专业教师、优秀校友等力量。完善幸福成长心理健康培养机制，打造了湖南省高校心理健康教育示范中心，新生幸福心理"5+X"素质拓展、大学生幸福节等品牌活动。完善就业育人课程体系、指导体系、活动体系、实践体系、帮扶体系。大力推进文明校园、平安校园、书香校园、绿色校园、节约型校园创建。建设集借阅、咨询、学习、研讨、活动为一体的新型综合服务图书馆。开展"节粮节水节电""节能宣传周"等主题教育活动，组织学生参与"文明餐桌"校园劳动。建立水电维修及报修服务限时监督评价体系。打造全方位、多维度、立体化的安全防护网络，开展卫生、健康、安全等专题教育活动。

4.深化教育评价体系改革。制定"三全育人"重点任务落实清单及量化考核赋分办法，将"三全育人"纳入学校综合考核、专项督查，纳入年度述职考核。完善教书育人评价机制，将课程育人纳入教师绩效评价指标体系中。完善科研分类评价体系，将创新性人才培养列入科研平台建设考核指标。将育人导向融入人事制度改革各环节，融入专业技术职务评聘体系。改革学生评价体系，"学生立体综合评价体系的构建"获湖南省深化新时代教育评价改革试点学校项目。

三、"三全育人"综合改革的成效

通过改革，充分发挥了学校、社会、家庭、学生主体作用，达到了价值引领、五育并举的目的，筑牢了课程育人、实践育人、网络育人、环境育人、生活育人阵地，构建了"42355"工作体系，促进了学生全面发展。其成效主要有以下几方面。

第一，课程育人不断深化。健全了课堂教学、教学竞赛、教学督导、教学评价等制度，推进"基层教学组织"学习共同体建设，开展思政课教师与专业教师集中研讨、备课、培训等活动，以研促教、以赛促教、以训促教、以课促教、以评促教，多学科聚力、跨学科协同提升课程育人质量。2020—2023年，学校共获得省级课程思政教学改革项目38项，获湖南省思政课"金课"2门，获国家级教学成果奖二等奖2项、一流本科专业5个、一流课程5门，省级一流课程65门。

第二，实践育人不断强化。完善了实验教学项目化、实践育人全程化、技能训练制度化、创新创业体系化的"三四四"实践育人体系。构建"导师＋团队＋项目＋竞赛"四位一体的科研育人模式。开展迎新季、毕业季和科技节、心理健康节、宿舍文化节、艺术节、体育节、读书节的"两季六节"校园品牌文化活动，获省高校学生国家安全素养展示活动特等奖，建成国家级、省级教学实践平台48个，建成22个国家级、省级实践教学基地，校级实践基地285个。

第三，网络育人不断优化。打造线上"湘南第一党支部革命历史陈列室"，开展经典诵读、节日文化等系列线上、线下红色校史文化休验活动。打造校园媒体矩阵，建强教师、学生网络工作团队、网络评论员、信息员队伍，强化网络生态引领力。打造了"我和我的红色学长""最美衡师老师"等一批点击率20万＋以上的优秀网络文化产品。《星火起湘南，群英荟三师》等作品在省委教育工委组织的快闪视频大赛、大学生广告艺术大赛中获一等奖等。

第四，环境育人不断完善。将中华优秀传统文化的价值理念、审美观念融入校园整体规划，融汇红色文化、师范文化、绿色文化，打造山水融合的立体生态和文化生态景观，学校获省绿色学校创建示范单位，省节水型高校、省生态环境科普基地。学校获得省平安单位、平安建设示范校等称号。

第五，生活育人不断拓展。推进"一站式"学生社区建设，将育人空间拓展到学生生活一线，形成理想道德培育、学业生涯指导、素质能力提升、优秀文化熏陶、就业视野拓展"五位一体"的教育体系。推动楼层长、寝室长、学生自主管理委员会等学生组织参与日常事务，营造朋辈教育新生态。

第三节　实施"九项工程"

为了实现建设特色鲜明的高水平师范大学的奋斗目标，学校提出和重点推进了"九项工程"。

一、改革攻坚工程

2019年以来，学校进一步推进改革，更好地优化学校的资源配置，调动广大教职员工的积极性，提升学校的办学实力。这一阶段的改革主要表现在进一步优化机构设置，加强对各教学院落实办学自主权的考核，深化人事分配制度和职称制度改革。

（一）学校领导班子概况

2018年年底以来，根据湖南省委的指示精神，科学合理地设置校级领导岗位，配备好学校的领导班子。其间担任学校党政领导干部职务的领导如下：校党委书记陈晓飞教授（任期至2024年8月）；担任学校校长的有皮修平教授（任期至2023年8月），刘子兰教授（2024年1月从湖南师范大学副校长岗位调入）；担任党委副书记的为刘福江教授（任期至2023年9月）、刘子兰教授（2023年12月起）、陈敏教授（2024年2月起）。担任学校纪委书记的有唐国华同志（任期至2021年5月，其中2020年5月—2021年5月任湖南省监委驻衡阳师范学院监察专员），李斌同志（2021年5月起，其中于同年7月起任湖南省监委驻衡阳师范学院监察专员）。担任学校副校长的有张登玉教授（任期至2021年5月），聂东明教授、李玲玲教授、刘俊学教授（2021年5月从湖南工学院副校长岗位调入，任期至2024年5月），陈敏教授（任期至2024年1月），魏晓林教授（2021年5月起），唐芳贵教授（2024年7月起）；担任学校党委委员的有尹季教授（组织部部长，任期至2021年1月），曹鑫博士（宣传统战部，任期至2021年1月），唐艳同志（组织部部长兼党校常务副校长，2021年5月起）。

（二）进一步优化学校管理机构　优化选人用人机制

2019年，是学校干部调整之年。根据发展需要，学校调整了机构设置，增设政策法规研究中心和采购与招标中心；将原转型发展办公室更名为合作发展办公室，校友办更名为校友联络办公室，规划建设处更名为基建处，学报期刊社更名为期刊社，原审核评估办公室更名为教学质量监控中心；校医院升格为正处级单位；撤销艺术教育中心。2021年，学校将政策法规研究中心更名为发展规划中心；将学科建设与研究生处更名为研究生院（研究生工作部）/学科建设办公室；将教学质量监控中心更名为教学质量监控与评估中心；为突出教师教育特色，学校增设教育科学研究院，挂靠教育科学学院；撤销初等教育学院。

2022年，学校按照湘编办函〔2022〕207号文件要求，通过并、撤、降、挂、转、更，完成了机构设置的清理优化工作，总计教辅机构总数减少了9个，减配了8名中层干部。"一并"，合作发展办与校友联络办公室合并，成立合作发展与校友联络中心；图书馆与档案馆合并，成立图书与档案馆；医院并入后勤处。"二撤"，采购与招标中心撤销，其职能并入实验室与资产管理处，更名为采购与资产管理处。"三降"，大学生心理健康教育中心降为正科级建制，并入学生工作部；教育科学研究院降为正科级建制，并入研究生院。"四挂"，教学质量监控中心挂靠教务处。"五转"，实验室管理职能从实验室与资产管理处分离，成立实验实训中心；发展规划中心转为党政管理机构，更名为发展规划处。"六更"，协同创新中心更名为传统村镇文化数字保护与创意利用技术国家地方联合工程实验室（湖南）。通过这次机构改革，学校进一步优化了机构设置，提升了学校治理能力，增强了管理效能。

2022年上半年，是处级干部调整时段，学校落实省委组织部关于大力选配年轻干部的政策，打破论资排辈，突破隐性台阶，及时大胆提拔使用优秀年轻干部，建立上下联动、长期关注的年轻干部常态化培养锻炼机制。提出要注重源头培养，在教学、科研、学生工作一线培养锻炼干部，党务干部注重基层党建和学生工作经历，行政干部注重基层教学、科研一线工作经历，使不同类型的干部有了清晰的成长路径。在这次干部调整中，党政管理机构中有6个部门配备了42岁以下的干部，大部分教学院领导班子中配备了80后干部，新提拔的处级干部中42岁以下的干部有10人，占提拔总数的1/3。从教学一线提拔了8名教学院副院长，均具有副教授以上职称、博士学位。同时，学校形成常态化干部调整机制，三年一任，届满全员卧倒、重新聘用。建立健全干部退出流动机制，推进干部能上能下。

（三）加强对教学院落实办学自主权的考核

学校在推行扩大教学院办学自主权改革之后，决定加强对教学院落实办学自主权的考核，其考核结果与自主权限、绩效分配、奖励等挂钩，以体现学院对提升学校核心竞争力和各项工作做出的实际贡献。学校于2022年10月下发了《衡阳师范学院促进学校高质量发展奖励性绩效综合考核暂行办法》，决定从当年起，改变奖励性绩效综合考核办法。对各教学院的综合考核包括常规性考核和特殊性考核。常规性考核实行"负面清单制"考核。凡是在常规性工作和日常管理工作中，受到上级或学校通报批评、责任追究或造成不良影响、严重后果等，采取扣分、降档或者一票否决等措施核减奖励性绩效。特殊性考核主要是对照学校高质量发展的核心指标，从人才培养、师资队伍建设、科学研究和社会服务等方面进行考核，由相关职能部门制定相应的考核办法。人事处汇总各相关职能部门的考核结果算出总分排出名次，对排名前一半的教学院予以奖励，排名后一半的予以惩罚。

（四）深化人事分配制度改革

学校在2013年进行人事分配制度改革之后，为了进一步调动广大教职员工干事创业的积极性，学校于2022年发布了《〈衡阳师范学院绩效工资实施暂行办法〉部分条款修订稿》，决定对绩效工资做进一步改革。文件规定，绩效工资分为基础性绩效工资、月度奖励性绩效工资、年度奖励性绩效工资、特殊性津贴四部分。其中基础性绩效工资按湖南省有关绩效工资文件执行，按标准当月发放。月度奖励性绩效是全校在岗各类人员在完成规定的教学、科研、管理和服务等工作，经考勤考核合格后发放。基础性绩效工资和月度奖励性绩效工资总量约占学校绩效工资总量的70%。

年度奖励性绩效工资系原来的奖励性绩效工资，以业绩考核为基础，分为教学岗位教育教学考核奖励性绩效、管理教辅工勤岗位工作考核奖励性绩效、成果奖励性绩效等，根据年底综合考核结果进行发放。年度奖励性绩效工资总量约占学校绩效工资总量的25%。

特殊性津贴是学校根据国家、省等相关政策规定为在特殊岗位工作的人员发放的津贴。特殊性津贴总量约占学校绩效工资总量的5%。

同时，学校为了激发学校高层次人才工作积极性，进一步深化人事分配制度改革，完善人才激励机制，推进学校高水平大学建设，加强对在职在岗博士、教授等专业技术人员的目标管理与综合考核。学校重新修订出台了《衡阳师范学院博士、教授目标管理考核与奖励暂行办法》，考核奖励业绩条件分为论文（著）、项目、成果奖励、专业建设、平台建设与人才工程、管理突出贡献等六大类进行，每三年为一个期限。博士、教授考核办法如下：具有良好的师德师风，工作认真负责，较好完成年度本职工作，享受奖励标准的50%，其余50%根据个人完成的业绩条件和主管（分管）工作取得的突出贡献业绩进行考核奖励，每达到1条奖励额度提高10%，达到5条及以上者享受全额奖励；或六年内主持获得国家级二等奖及以上教学科研奖励（单位、个人同时排名第一）的博士、教授，直接享受全额奖励；三年内参与获得国家级二等奖及以上教学科研奖励（单位、个人同时有效排名）的博士、教授，直接享受全额奖励等。

（五）职称评定制度改革

在2018年之前，学校职称评定制度主要标准是师德师风、学术影响力及教学等方面的贡献，学校教师（含实验技术）统一按教学科研型教师（含实验技术）申报职称。随着学校转型发展和办学定位进一步明确，学校决定对职称评定制度进行改革。2019年，学校下发了《关于印发〈衡阳师范学院高校教师（含实验技术）系列专业技术职称（职务）评审工作实施方案（试行）〉的通知》（校人字〔2019〕9号），对学校职称评定制度进行改革，最大的特点是对教师职称评定实行分类评价办法，改变了以前所有教师单一的按教学科研型教师评定职称的方式，将教师职称评定分为教学型、教学科研型（简称教研型）、"双师型"三种类型。对参评教师实行分类评价。根据学校发展需要，在核定的结构比例内，自主确定教学型、教研型、"双师型"教师和实验技术人员专业技术职务的结构比例和岗位评审职数。同时，根据岗位特点，分别对教学型、教研型、"双师型"三种类型在教育教学、科研成果与业绩等方面提出不同的评价标准。2020年，学校对上述方案进行了适当的调整，将"双师型"教师并入教学型教师评审类别。经过职称评定制度的改革，打破了过去对教师评价的单一模式，促进了教学型、技能型、"双师型"教师的成长。

二、质量保障工程与特色提质工程

这两项工程的主要内容包括打造高水平的本科教育，突出教师教育特色，加快新工科、新文科建设，进一步加强创新创业教育。

（一）本科教育的提质

1. 修订人才培养方案，深化人才培养模式改革。2019年和2023年，学校对人才培养方案进行了两次全面修订。2019年版人才培养方案遵循"学生中心、产出导向、持续改进"专业认证的理念，根据学校人才培养总目标定位，结合自身学科专业的基础和特色，合理设定专业培养目标和规格，科学构建课程体系，注重课程设置与培养目标和毕业要求的匹配度，提高课程设置对人才培养目标的达成度；人才培养方案科学精简课内学时，本科四年制学生的总学分从180学分左右压缩至165学分左右，增加学生自主学习时间。加大选修课比重，促进学生个性发展。

2023年版人才培养方案进一步落实OBE理念（又称成果导向教育、能力导向教育、目标导向教育，是一种以成果为目标导向，以学生为本，采用逆向思维方式进行的课程体系的建设理念），全面优化课程体系，明确专业核心课程，科学合理设置各课程模块及学分学时要求，合理安排理论与实践、课内与课外、必修与选修的学时学分，缩减毕业要求学分，提高课程设置对毕业要求达成情况的契合度；坚持"五育并举"，强化新时代体育、美育和劳动教育，促进其与专业教育的融通融合，贯穿人才培养全过程；创新第二课堂育人工作，实施第二课堂课程化管理，以学生全面发展为目标，构建第一课堂和第二课堂相互融通的综合育人体系。

2. 推进一流本科专业和一流课程建设。学校以一流专业、一流课程建设为抓手，统筹规划，推进专业高质量内涵式发展，不断提高人才培养质量。

学校对接经济社会发展需求，建立健全专业动态调整机制，加大了专业优化调整力度。2019年，学校出台了《衡阳师范学院本科专业设置与动态调整办法》，建立了专业调整的动态机制。提出了规模适当、内涵提升、结构优化的专业建设思路，主动对接地方基础教育和区域经济社会发展需求。当年，学校招生专业为48个。2021年，招生专业维持在48个。

在一流专业建设方面，学校拟订了《衡阳师范学院2020—2025年本科专业建设规划》，以2018年本科教育教学审核评估和专业认证等工作为目标，坚持"对接需求、规模适当、结构优化、内涵提升"的专业建设思路，强化专业特色，以一流本科专业建设引领学校人才培养质量不断提升，持续推进专业结构优化和内涵提升。加大对专业建设的投入力度，不断夯实专业基础，突出对专业建设绩效和成果的考核与培育。2019年度，学校经济学、运动训练、汉语言文学、英语、数学与应用数学、物理学、化学、地理科学、计算机科学与技术、美术学10个专业，入选"湖南省一流本科专业建设点"。2021年，学校地理科学和英语2个专业成功入选国家级一流本科专业建设点，广告学等12个专业入选省级一流本科专业建设点。2022年，学校经济学、旅游管理、生物科学3个本科专业入选国家级一流本科专业建设点，地理信息科学入选省级一流本科专业建设点。至2023年年底，学校共有5个国家级一流本科专业建设点，23个省级一流本科专业建设点。

3. 进一步加强课程建设。课程是人才培养的核心要素，课程质量直接决定人才培养质量。学校深入推进课程思政建设。课程思政是学校"三全育人"综合改革的主阵地，近年来，学校积极申报省级课程思政示范课程。其中，无机化学实验、导游学等课程立项为省级课程思政示范课程，课程负责人及团队获省级课程思政教学名师和团队称号。同时，为落实《教育部高等学校课程思政建设指导纲要》等文件精神，深入推进课程思政建设，发布了《关于成立课程思政教学研究中心的通知》，成立衡阳师范学院课程思政教学研究中心，在各教学院设立课程思政教学研究分中心。

在课程设置上，继续完善"通识教育课程＋学科专业课程＋教师教育课程模块（师范）/专业技能课程模块（非师范）＋素质拓展课程"的模块化课程体系，体现了通识教育、专业教育、跨学科培养和个性化培养，以及新工科、新文科的人才培养理念的要求。在跨学科与个性化培养方面，学校出台了《衡阳师范学院普通全日制本科生转专业实施办法》《衡阳师范学院公共选修课程管理办法》等制度。在2023年版本科专业人才培养方案中，优化课程体系，设置了素质拓展课程模块，设立6个自主选修学分，引导人文社科类专业学生选修理工科类课程，理工类专业学生选修人文社科类课程，鼓励学生进行个性化学习和跨学科学习。同时，丰富课程资源，满足学生个性化需求。学校面向全体本科生开设跨学科公共选修课，开设线下选修课22门，同时引进"超星尔雅"300余门在线开放课程，构建起"人文社科＋自然科学＋艺术鉴赏"的素质教育选修课程体系，拓宽学生知识面，完善学生的知识结构。

学校认真落实教育部关于一流本科课程建设的实施意见，通过培育名师教学团队，改革和创新教学方式，加大教师信息化培训力度，实行混合式教学改革，推动信息技术与教育教学深度融合，积极引导学生进行探究式与个性化学习，切实提高课程使用效果和教学质量等措施，着力打造具有高阶性、创新性和挑战度的一流本科课程。2020年，学校有30门课程被认定为省级一流本科课程，其中线上一流课程11门，线上线下混合式一流课程10门，线下一流课程7门，社会实践一流课程2门。2021年，又有22门课程被认定为省级一流本科课程。2023年，学校的中国音乐史与作品欣赏、数学课程标准与教材研究、无机化学实验、旅游管理专业综合实践5门课程成功入选国家级一流本科课程，实现学校国家级本科一流课程历史性的突破。至2023年年底，学校共有国家级一流本科课程5门，省级一流本科课程66门、课程思政示范课程3门、思政课"金课"建设课程1门。

4.认真做好师范专业认证，提高师范生人才培养质量。2018年，教育部正式启动师范类专业认证工作。学校十分重视这项工作，成立了师范类专业认证工作领导小组。学校以师范专业认证国家二级标准、教师教育课程标准和普通高等学校专业类教学质量国家标准为准绳，制订了《衡阳师范学院师范类专业认证工作实施方案》，明确工作任务和要求，强化相关部门和学院职责。第一批参加师范专业认证的是英语和学前教育两个专业，学校组织了校内外相关专家精心指导英语和学前教育师范类专业认证申请书、自评报告的撰写，以及两个专业预认证工作。由于准备充分，在次年上半年的师范专业线上认证中，英语和学前教育两个专业顺利通过了师范专业认证国家二级标准。2022年年底，第二批地理科学、物理学、数学与应用数学等三个专业也通过了师范专业认证国家二级标准。2023年，学校确定汉语言文学、化学、计算机科学与技术、音乐学、美术学、应用心理学等6个专业为第三批接受师范专业认证工作的专业。至年底，计算机科学与技术师范专业已完成了教育部师范类专业认证专家组进校现场考查，其他5个专业通过了湖南省师范类专业认证申请，并于2024年上半年接受了教育部师范类专业认证专家进校现场考查。此外，思想政治教育、历史学、舞蹈学、体育教育、生物科学等5个专业认证申请全部通过省教育厅评审，2025年，将接受教育部师范类专业认证进校考查。学校坚持以师范类专业认证为动力，全面贯彻落实"学生中心、产出导向、持续改进"的理念，建立健全教师教育质量保障体系，推动师范类专业高质量内涵式发展，提高师范生人才培养质量。

5. 构建了"八位一体"教学质量保障体系。学校以提高教学质量为目标，构建了组织机构健全、监控措施完善、过程与目标并重、运行成效显著的"八位一体"教学质量保障体系，包括管理决策系统、质量目标系统、质量标准系统、条件保障系统、过程执行系统、质量监控系统、质量评价系统、反馈改进系统等八个子系统。健全教学质量监控机制。学校进一步完善"决策—执行—监督—反馈—改进—再决策"的监督机制，建立健全了领导听课、教学检查、教学督导、学生信息员、信息化教学质量监控、常态教学信息监控等联动机制，注重过程性监督，实现对教学过程多维度的实时质量监控。

基于OBE理念，学校建立健全了教学质量评价机制，通过教学质量内部评价与外部评价，获得评价结果，用于教学与管理质量的持续改进。建立和完善主要环节质量标准和课程目标、毕业要求达成情况评价制度和机制。完善毕业生质量跟踪反馈、人才培养目标达成情况评价制度和机制；积极参加第三方评估，进行用人单位对毕业生的满意度、毕业生与社会需求的符合度、毕业生职业发展状况等方面的评价。

（二）突出教师教育特色，加强教育教学研究

学校重视教育教学研究，鼓励教师申报更高层次的教学研究项目。2019—2023年，学校共立项省级以上教学改革课题182项。其中立项全国教育科学规划课题教育部重点课题1项，实现了多年来全国教育科学规划课题立项的重要突破。湖南省教育科学规划项目12项，立项省级高等教育、基础教育教改项目169项。为了对接中小学教育，学校每年举办一场"高等教育——

基础教育"论坛学术报告会，至2023年，已连续举办了20场。2021年，学校"教师教育研究基地"列入省"十四五"教育科学研究基地。到2023年年底，学校共获省级以上教学成果奖67项，其中国家级教学成果奖4项，省级教学成果一等奖13项、二等奖21项、三等奖29项。

组织教师参加湖南省教师教学创新大赛、课程思政教学竞赛、信息化教学竞赛等省级竞赛，组建"教师教育教学能力提升指导团"，提高教师的教学水平。几年来，学校教师获省级以上教学竞赛奖14项，其中一等奖3项、二等奖6项、三等奖4项。贺利燕老师荣获全国高校外语教学大赛二等奖，毛芳芳老师荣获第三届湖南省普通高校教师教学创新大赛一等奖，皮金晶老师荣获2023年湖南省普通高校教师信息化教学竞赛一等奖等。2024年上半年，在第四届湖南省普通高校教师教学创新大赛中，音乐学院陈瑾获省级一等奖，并推荐参加第四届全国高校教师教学创新大赛，这是学校参赛团队首次入围国赛；地理与旅游学院凡非得获省二等奖；新闻与传播学院罗兵、杨祎以及地理与旅游学院彭惠军分获省三等奖。在第十二届湖南省普通本科高校教师课堂教学竞赛决赛中，音乐学院王铁荣获文科组一等奖，并被授予"湖南省教学能手"荣誉称号；董文佳荣获文科组二等奖。

同时，师范生的教育教学能力不断提升。2014—2023年，学校连续承办9届湖南省普通高校师范生教学技能竞赛。如在2023年第九届普通高校师范生教学技能竞赛中，学校学生获得省级一等奖6项、二等奖2项、三等奖2项的成绩。在全国性的师范教学技能竞赛中，本校学生也同样取得优异的成绩。如2023年12月29日至31日，在由浙江师范大学主办的第九届"田家炳杯"全国师范院校师范生教学技能竞赛中，共有226所学校、1 611名选手参赛。学校的参赛选手全部获奖，竞赛成绩在全省名列前茅。共获得一等奖3项、二等奖3项、三等奖4项、优胜奖1项。

（三）推进新工科和新文科建设

学校提出要紧跟新一轮科技革命和产业变革新趋势，优化专业结构布局，提升专业建设水平，做强做优传统专业，积极发展新兴专业，推动原有文科和工科专业的改造升级，实现文科与理工的深度交叉融合，引领带动文科和工科专业建设整体水平提升。对标新时代人才培养的新要求，学校有重点、有计划、有步骤地推进新工科、新文科建设。围绕专业改造升级、课程体系构建、产教融合协同育人，开展多样化探索和实践，在专业建设、课程建设、师资队伍建设等多方面构建新工科、新文科体系。

通过产学研、校企合作、科研平台和卓越人才培养推动新工科建设。如2022—2023年，学校先后与湖南省湘雁输变电产业服务中心、湖南电力装备配套产业园（衡阳）签订战略合作协议，学校梳理了专业链、教育链与湖南省输变电产业链的关系，双方在人才培养、研究咨询、科技创新、共建输变电产业学院、产学研合作等方面开展合作，合力创建输变电国家先进制造业集群。

通过卓越教师培养计划、文化品牌建设（船山文化等）、科普基地、研究基地和服务地方推动新文科建设。船山思想文化研究是学校推进新文科建设的重要抓手，能带动和促进哲学、史学和文学研究，在国内有较大的影响力。2019年10月14日至19日，《百家讲坛》衡阳特别版《天地大儒王船山》在中央广播电视总台科教频道（CCTV10）播出。湖南省船山学研究基地首席专家朱迪光教授，湖南省船山学研究基地研究员谢芳博士两名学者分别在4期节目中担任"经典释义人"，解读先贤王船山。这是我校学者首次登上《百家讲坛》的舞台。2021年，学校与湖南省文学艺术界联合会签订共建湖南省文艺评论基地的合作协议。这对学校学术研究、学科建设和拓宽人才培养路径起到了积极作用，对湖南省文艺评论基地的发展也起到推动作用。2021年1月，文学院任美衡教授被湖南省委宣传部、湖南省文学艺术界联合会等部门评选为湖南省文艺人才扶持"三百工程"文艺家。同时，为了推动新文科建设，学校于2023年12月召开衡阳师范学院社科联成立大会暨第一次代表大会。党委书记陈晓飞在会上指出："要凝聚团队力量，推进学科发展，做好'联'字文章，激发创新活力；要坚持产出导向，促进文科振兴，推进有组织科研，促进社科成果转化为现实生产力。"

学校以教育教学改革研究项目为载体，探索新工科、新文科研究与改革。近年来，学校立项教育部新工科、新文科研究与改革实践项目3项、省级新工科、新文科研究与实践项目4项，以推动新工科、新文科教育教学研究。

（四）加强创新创业教育教学改革

学校围绕人才培养的中心任务，构建了"一体两翼三级四柱"创新创业教育体系。以创新创业教育为中心主体，通过课程＋实践"两翼"助力，从校、院、系三级嵌入，由现代教育发展学院、教务处、团委、科研处主导的创新创业大赛、各层次的创新创业实践活动有机融合，将大学生创新创业教育贯穿于整个大学教育之中。

大力推进创新创业教育。设置创新创业教育课程2个必修学分，32个学时，同时还开设了创新创业、创业管理实战、创新创业大赛赛前特训3门在线开放课程。构建线上线下结合，课堂与第二课堂课外活动结合，理论与实践结合的"三结合"模式。积极开展创业沙龙、创新创业知识竞赛、创新创业大赛辅导等系列活动。同时，举办创新创业大讲坛，如"津梁讲坛"开设了创新创业专栏。邀请企业家进校园讲创新创业故事，营造浓厚的创新创业氛围。

强化创新创业教育实践平台建设。充分利用校内创新创业教育平台优势，满足不同专业学生创新创业活动需求，不断加强大学生创业园管理服务工作和对大学生创新创业项目的指导和培育，切实提高大学生创新创业意识和能力。如学校团委、创新创业学院主办了衡阳师范学院网络创业培训班。学校还整合各方面资源，与政府、企业、校内相关职能部门形成合力，搭建创业平台、扶持创业项目。定期做好大学生创业园到期项目退园和新入驻项目申报遴选工作。2019年，组织了2次入驻项目遴选，共吸纳9个大学生创业项目入驻大学生创业园，为创业园大学生创业项目发放创业补贴共计7.3万元，引导广大学生走向创业之路，取得了良好效果。物理与电子工程学院主持的"衡阳师范学院——衡山科学城科技创新研究院光电信息技术及应用大学生科技创新创业培养基地"被省科技厅评为省级大学生科技创新创业能力培养项目；物理与电子工程学院电子信息技术及应用创新创业教育中心、计算机科学与技术学院计算机类专业创新创业教育中心、城市与旅游学院茶文化与茶艺创新创业教育中心被省教育厅认定为省级创新创业教育中心；另有一批被认定为2020—2022年度衡阳市创业培训定点机构。2024年上半年，遴选了7项优质创新创业项目入驻大学生创业园，进一步规范和推进创业孵化基地建设，加强对大学生创业园各创业项目的管理和服务。

积极组织申报湖南省教育厅创新创业教育中心和校企合作创新创业教育基地项目。2021年，学校已有数学与统计学院的数学类专业创新创业教育中心、音乐学院的音乐艺术人才创新创业教育中心、马克思主义学院的马克思主义理论类大学生创新创业教育中心、美术学院的普莱思光环境设计创新创业教育基地、计算机科学与技术学院的网络空间安全创新创业教育基地和物理与电子工程学院的电子信息类专业创新创业教育基地等校企合作创新创业教育基地。同年，学校被省教育厅认定13个创新创业教育中心和12个校企合作创新创业教育基地。

认真组织"互联网+"大学生创新创业大赛。在2021年第七届湖南省"互联网+"大学生创新创业大赛中荣获一等奖1项，三等奖2项。在第七届中国国际"互联网+"大学生创新创业大赛中荣获铜奖2项，这是学校首次荣获"互联网+"省赛一等奖和国家级奖项。在2023年湖南省第九届"互联网+"大学生创新创业大赛中，获得省一等奖、二等奖各1项，三等奖6项的佳绩。在第九届中国国际"互联网+"大学生创新创业大赛中，音乐学院"暖音筑梦"项目获得铜奖。

三、学科攀升工程与创新协同工程

学科攀升工程主要体现在优化学科设置，强化优势学科。创新协同工程的成效表现在改革完善科研评价与考核机制，打造创新平台，培育重大项目和高水平的科研成果，推动科研成果转化等。

（一）优化学科设置，强化优势学科

2018年，学校地理学、物理学、化学等8个学科被评为湖南省应用特色学科，学校入选湖南省"双一流"高水平应用特色学院。标志着学校学科建设取得了阶段性的成绩。接下来，学校进入了优化学科设置，强化优势学科的建设阶段。

2022年，学校整合各优势学科，确立了"十四五"期间三大学科群的发展思路，制订了《衡阳师范学院学科群发展规划》《衡阳师范学院三大学科群发展思路》等，提出努力创建湖南省国内一流学科建设高校，为争取博士学位授予单位立项建设高校打下良好基础。以现有的省、校两级重点学科建设为基础，以学位点建设和发展需要为方向，整合全校资源，支持师范强化特色、工科强化优势、文科加强应用，加强应用型新兴交叉学科建设。集中资源，打造能够凸显衡师特色、彰显衡师水平的"高峰"学科，通过"高峰"学科发展引领，造峰填谷双管齐下，促进多学科高质量协同发展，逐步形成三大学科集群。打造"教师教育""人居环境""新能源新材料"3个学科群"高原"，牵引相关学科高质量协同发展。力争1~2个学科进入国内一流学科，1~2个学科进入国内一流培育学科。

教师教育学科群，是以教育学为牵引学科，打造师范类学科为主的战略性学科交叉集群。重点建设教育学核心学科，改造提质学科语文、学科数学、学科英语主干领域，提升地理学、物理学、化学、历史学、生物学、思想政治教育、艺术和体育等重要学科，打造具有影响力、辐射力和学校特色的品牌项目。

"人居环境学"文理交叉学科群，以助力乡村振兴，服务地方经济发展，打造以地理学牵头的"人居环境学"文理交叉学科群，覆盖学校的城乡规划学、生物学、生态学、环境科学与工程、风景园林学、中国语言文学、新闻传播学等一级学科以及人口、资源与环境经济学、区域经济学和旅游管理3个二级学科。

"微纳能源与智能信息技术"理工科学科群，以紧扣创新性和应用性，瞄准学科前沿和区域重大需求，聚焦新能源、新材料、光电信息方向，打造以物理学牵头的"微纳能源与智能信息技术"理工科学科群，涵盖物理、化学、计算机、数学等优势学科集群。

在学科建设方面，稳步推进"双一流"学科建设工作。2023年，学校应用经济学、中国语言文学、物理学、教育学、地理学、数学、计算机科学与技术、化学8个学科被评为湖南省"十四五"应用特色学科。

2022年，学校出台了《衡阳师范学院联合培养博士研究生管理办法》（校学研字〔2022〕2号），积极鼓励教师申报校外博士研究生指导教师，为学校成功获得博士学位授权立项建设单位奠定基础。学校地理与旅游学院、物理与电子工程学院、计算机科学与技术学院等积极联系相关学校开展联合培养博士研究生工作。

（二）改革完善科研评价与考核机制

2021年以来，学校进一步修订和完善制约科技创新的科研政策。出台和完善了《衡阳师范学院专利管理办法》《衡阳师范学院科技创新平台管理办法》《衡阳师范学院工作量补充规定》《衡阳师范学院集体科研工作目标管理考核办法》《衡阳师范学院横向科研项目级别认定办法》《衡阳师范学院纵向科研项目经费"包干制"试点实施办法》《衡阳师范学院纵向科研项目经费管理办法》等一系列科研制度。解决了科研成果工作量计算办法、科研经费配套管理办法、科研经费报账管理办法、科技成果转移转化实施办法、学科平台管理办法等存在的制度性缺陷问题。建立了课题组任务共担、利益共享的科研基层组织激励机制。探索建立经费多方共担的项目申报指导激励机制，以便组织更好更多专业指导力量，全过程指导申报项目。通过对科研评价与考核机制的改革，既理顺了科研管理体制，又增加了各教学院、教师的科研责任心，激发科技创新活力。

（三）打造创新平台

学校将打造创新平台和基地作为推进学科建设、科学研究和培养创新型人才的重要战略举措。2019年以来，学校持续发力，积极申报和建设各类平台与基地。

2019年，学校申报了湖湘高层次人才聚集工程中的创新团队——身体活动和健康促进，获得湖南省创新型省份建设专项创新平台——南岳山区生物资源保护与利用湖南省重点实验室，"乡村产业振兴研究中心"被确立为湖南省普通高等学校哲学社会科学重点研究基地，"光电调控与检测技术"被确立为湖南省普通高等学校重点实验室，铀矿勘查技术湖南省工程研究中心获批立项。新增"心理学科普基地"和"小微企业创新创业教育中心"等2项湖南省社会科学普及基地。2020年，新增湘江上游重金属污染监测与治理湖南省工程研究中心。2021年，新增湖南省文学艺术界联合会共建的湖南省文艺评论基地。2022年，获湖南省生态环境厅、湖南省科学技术厅批准成立湖南省首批省级生态环境科普基地。2023年，获得2个省级科研平台和1个省级"芙蓉计划"创新团队。至2023年年底，学校共有30个省部级以上科研平台和1个省级"芙蓉计划"创新团队，其中国家级创新平台有2个。

（四）培育高层次项目和高水平成果，促进科研成果转化

学校鼓励教师潜心从事研究，引导教师对接国家战略、地方需求和企业生产要求，申报高层次科研项目，提高研究质量，促进科研成果转化。据不完全统计，2019—2023年，学校教师共申报各类科研项目912项（缺2022—2023年横向项目统计资料）。其中国家科研项目14项，省部级项目324项。进校科研经费7 314.013万元。发表学术论文2 181篇，著作117部，作品210件，获得专利428件。涌现出一批有影响的科研成果。共获得湖南省优秀社科成果奖8项，其中一等奖1项，二等奖3项，三等奖6项；湖南省第十四届精神文明建设"五个一工程"优秀作品奖1项；政策研究报告获中央部委采纳1篇（次）。获得湖南省技术发明奖一等奖1项（第三单位），教育部高等学校科学研究优秀成果自然科学二等奖1项（第二单位），湖南省科技进步二等奖2项，三等奖1项；省自然科学二等奖1项，三等奖5项；文化和旅游部优秀奖1项。

五年间，学校采取措施，加大科研成果转化力度。据不完全统计，实现科研成果转化共212项（件），创造经济效益1 828.56万元。完成科技成果技术合同认定登记91项，合同成交金额2 280.255 3万元，技术交易金额619.825 3万元。如2019年12月，在学校生命科学与环境学院易诚教授研究团队提供的技术支持下，"衡阳湘黄鸡"顺利通过2019年第四次全国农产品地理标志登记专家评审会，成为衡阳第一个畜禽养殖类国家农产品地理标志保护产品，也是

衡阳第一个"多县一品"国家农产品地理标志保护产品。2020年10月，学校生命科学与环境学院唐青海博士团队成功研制出三联卵黄抗体制剂，具有安全、高效的优势特点，市场前景广阔，项目研发的产品已投入生产线，实现了"一剂三防"，在全国200余个猪场应用，为企业带来可观的经济效益和社会效益。

四、人才强基工程与开放融合工程

（一）人才强基工程

学校大力实施高青人才引培计划，充分利用衡阳市高层次人才引进政策，加大引进具有较大影响力、创新能力和发展潜质的人才，打造适应学校快速发展的人才高地。学校加大力度引进博士，继续实施"英才支持计划""湘江学者支持计划""教学名师支持计划"等高青人才引培计划。据不完全统计，2019—2023年，共引进博士146人，支持在职中青年教师54人攻读博士学位；评选"英才支持计划"人才15人，"湘江学者支持计划"7人。2018年12月，任美衡教授获评湖南省121创新人才培养工程第二层次人选；凌晓辉教授等5人获评湖南省121创新人才培养工程第三层次人选，同时凌晓辉教授还被评为湖南省"芙蓉学者"青年学者人选。

2022年，学校制定下发了《衡阳师范学院讲座教授聘任管理办法（试行）》（校人字〔2022〕5号）文件。学校评定了首批13位讲座教授，其中A类8位，B类2位，C类3位。

继续聘用一批企业行业高层次人才和基础教育名师充实师资队伍，同时，加大力度培养"双师型"教师。2019—2023年，学校评选"双师型""双师素质型"教师共75名，打造一支与应用型人才培养相适应的"双师型"教师队伍。

2024年上半年，学校根据衡阳市相关文件，制定了《衡阳师范学院关于衡阳市高层次人才分类认定实施办法（试行）》（校人字〔2024〕12号），组织全校教职工完成了线上认定申请和审核工作，共有233名教职工符合认定条件，已提交市委人才办审核。

（二）开放融合工程

开放办学是高校加快"双一流"建设、实现跨越式发展的必由之路。学校提出建立健全学校与社会深度合作的体制机制，全面落实校地合作协议，构建协同发展平台和联合培养协同育人长效机制，学校进一步深化校地、校企、校际合作。

进入"十四五"之后，学校深化校地合作，提高服务地方经济的能力。学校与衡阳市政府签约共建船山书院，为书院的保护、开发和利用做贡献；与祁东县人民政府共建衡阳师范学院祁东附属中学，与珠晖区合作建立衡阳师范学院附属小学；积极参与衡州大道数字经济走廊建设。2022年，学校制定了《衡阳师范学院现代产业学院建设与管理办法（试行）》，开展了校级现代产业学院建设点申报暨省级现代产业学院建设点培育工作，立项建设5个校级现代产业学院。学校与凤凰卫视·凤凰教育共建的数字媒体产教融合创新应用示范基地和"创新创业驱动的衡阳师范学院ICT校企合作基地"分别入选高教学会2020年、2021年"校企合作、双百计划"典型案例。"凤凰数媒应用型人才培养中心"获评2022年度教育部产学合作协同育人优秀项目案例。2023年，拓展合作领域和层次，深度推进产教科融合，推动企业发展和产业升级。已先后与衡东县人民政府、传奇（湖南）文化旅游有限公司、湖南电力装备配套产业园（衡阳）等12家签订了战略合作框架协议，建立了产学研合作基地。全年共引进合作项目43项。如《新型鱼巢研制及其应用效果评估》《光路由器的多路传感器算法设计与技术服务》《2023—2024年湖南省区域教师专业发展课程体系建设与实践》等大型合作项目。

至2023年年底，学校对接衡阳各县（市）区并逐步辐射湘中南地区，将学校优势学科与地方优势产业"点对点结合"，形成"教育＋产业＋文化"服务地方经济社会发展、提高学校人才培养质量的模式。截至2024年年初，学校与77家企事业单位签订了战略合作框架协议，推动校地、校企合作向更深层次、更宽领域发展。

同时，学校大力提升国际化办学水平。进一步加强与境外高水平大学交流合作的广度和深度，实现借力发展。有关这方面的情况，参见第八章第八节。

五、文化引领工程与幸福衡师工程

（一）文化引领工程

学校第四次党代会报告指出：要将文化建设贯穿人才培养全过程、办学治校各方面，大力彰显学校师范文化和红色文化的鲜明特质，凝聚事业发展的强大动力。

学校进一步擦亮红色文化的底色。首先，建设湘南第一党支部革命历史陈列室，开展红色校史文化教育。如前所述，原省立三师具有光荣的革命传统，红色资源得天独厚。2019年，学校与雁峰区委、区政府通过共建共管共享方式，把位于学校西校区原湖南三师大门口旁的湖南三师革命历史陈列室旧址纳入老旧小区改造范围，筹建"湘南第一党支部"革命历史陈列室。双方共同投入800万余元，完成"湘南第一党支部"革命历史陈列室建设，于2021年6月29日建成后对外开放。陈列室占地面积4 300平方米，建筑面积1 000平方米。该室对80多位革命校友生平事迹进行了介绍。同年，接待参观学习人数达6万余人次，开展研学活动50余场，成为衡阳市党史学习教育和爱国主义教育的红色"打卡"基地。陈列室先后入选湖南省爱国主义教育基地、衡阳市青少年教育基地。学校以此为活教材，加强对学生进行红色校史教育，通过参观陈列室，举办红色校史故事微宣讲大赛，成立红色校史师生宣讲团，开展红色校史故事进课堂、进宿舍、进社区、进中小学活动，打造红色校史立体化传播平台。

拍摄《闪闪发光的学校——湖南省立第三师范学校》等纪录片。2022年，与湖南卫视、芒果TV联合拍摄纪录片《闪闪发光的学校——湖南省立第三师范学校》。同年9月上旬在全国播出，点播量超1 000万次。该纪录片获评国家优秀纪录片。同时，学校与新田县委合作拍摄纪录片《革命英烈蒋先云》，编辑《师者如光——衡师红色校史人物故事选编》。

其次，建设文化广场。校图书馆楼建成后，学校决定在图书馆南面兴建一个标志性的多功能的、宽阔的融文化与休闲为一体的文化广场。2022年4月，文化广场建设项目开始施工，9月，完成竣工验收并交付使用。将人工湖挖通绕图书馆前面通过，上面建有弧形石拱桥，连接图书馆和广场。文化广场北枕图书馆，南连文科楼，整个广场面积为12 176平方米。广场正中间刻有一个大的"师"字，在其周围四角也刻有4个小"师"字。广场东西两侧为微地形草皮和小树，其中东边穿过绿地就来到湖边，建有水边休闲平台。西边穿越绿地可达外语楼。广场的西南角竖有两块碑墙，上面刻有校友为该广场捐款的名单。整个广场开阔，为师生提供了阅读、社交、休闲及充分享受校园风光与生活的独特体验，也可为学生在读书之余提供集会和露天活动的场地，还具有在特殊情况下快速疏散人群的功能。

最后，筹建校史馆和编撰新《校史》。为了迎接学校120周年华诞，传承学校悠久的办学文化传统，弘扬红色师范的革命精神，学校决定筹建校史馆。馆址设在东校区图书馆一楼，建筑面积为1 200平方米。2024年上半年，筹建工作紧锣密鼓地进行，完成了校史馆建设大纲、展陈方案初稿的撰写，各项工作正按计划推进。学校于2023年12月决定编写《衡阳师范学院校史》，由宣传统战部牵头负责，组织专家编写。2024年6月，已完成《衡阳师范学院校史》（1904—2024）的初稿工作，随后进入征求意见和整体修改与定稿阶段。

（二）幸福衡师工程

学校在第四次党代会中提出：要全力打造自然环境优美舒适、人文气息浓厚温馨的校园环境，让师生员工专心治学、潜心读书、舒心生活；要建设平安衡师、美丽衡师、智慧衡师和幸福衡师。

在平安衡师的建设方面，学校按照"党政同责""一岗双责""管业务必须管安全"等有关要求，推动平安校园建设责任的落实。2022年，学校出台了《衡阳师范学院重大事项社会稳定风险评估实施办法（试行）》《衡阳师范学院安全大检查工作实施方案》等制度，促进平安建设工作规范、有序进行。学校进一步加大投入，加强人防、技防和物防水平。2022年，学校组建了实验室安全员、安全工作志愿者等多支队伍，新增队伍人数达2 000人。2019年，妥善处理了西校区与原衡阳市灯泡厂围墙坍塌事故，确保了师生的人身安全。

2022年，学校新增安全生产建设投入经费1 274.4万元。其中新图书馆消防基础设施和消控室建设投入经费达600多万元，90万元用于新建危化品处理中转站。各教学楼、宿舍楼栋配齐微型消防站共68个。2023年，新增投入631.7万元。其中88万元用于应急管理中心升级改造；109.9万元用于加装东、西校区大门口和重点部位人脸识别系统。学校设立专门的应急指挥中心，中心与门禁系统、智能道闸系统、红外防盗报警系统、视频监控系统、电子巡更系统等技防设施实现了联网。学校拥有2 000多个监控点位，实现了公共区域、重点部位和重要路段全覆盖，高清云台摄像500米范围内清晰可见，校园综合技防体系基本建成。组建建筑安全、消防安全、学生安全、食品卫生安全、特种设备安全、实验室及危化品安全、校园周边环境治理等工作专班，进行排查并整改。认真落实国家安全委员会电动自行车全链条整治行动要求，持续推进校园电动自行车、电动摩托车集中整治行动，宿舍区域禁止停放电动自行车、电动摩托车，以确保安全。开展外窗违规设置影响逃生和灭火救援障碍物安全隐患排查，拆除违规设置影响逃生防盗窗，至2024年6月，共开设救援逃生窗口1 600处。重点开展对剧毒、易制毒、易制爆试剂采购、储存、使用、废弃物处置等环节的专项整治。定期开展了反恐、消防、急救、互救、应急疏散和逃生自救演练。加强探索"人力＋科技""传统＋现代"的智能、智慧、联动的校园安防机制，提高对安全威胁的动态监控、实时预警能力，打造人技联动无缝隙、数据应用无死角的安全保障体系。2021年，学校获得首批湖南省"平安高校示范校"项目立项，并荣获湖南省"文明标兵校园"称号。

在美丽衡师建设方面，学校继续美化、亮化学校。学校绿树成荫，绿草萋萋。如2023年，学校栽种时令草花10 000余株，乔木328株，自育苗木夹竹桃2 000株，大灌木1 238株；栽种向日葵约3 000平方米；新种草皮和花草16 400平方米。校园道路及各楼栋之间都安装了节能路灯，凸显了环境育人。2022年，学校被湖南省教育厅、省发改委评为"湖南省绿色学校创建示范单位"；2023年，被湖南省水利厅、教育厅等单位评为"湖南省第四批节水型高校"。

努力建设智慧衡师。2019年，学校完成了数字校园三大平台对接工作，实现了一次登录后便可使用学校资产、图书、学工、科技及教务系统等，促进了学校大数据运用。2021年，引入1 200万元资金对东、西校区核心数据交换机房、UPS机房进行改造、升级教学楼、行政办公楼的接入网络，实现了东西校区40G互联和万兆到楼栋、千兆到桌面。2022年，学校通过湖南通建公司协调联通、移动、电信三大运营商签订相关合作协议，理顺并优化学生网络业务流程与管理机制，实现了学生宿舍区域网络"三网合一"，学生宿舍网络简化成为"一根线、一张网、一个业务大厅"，提升了学生宽带网络服务质量与水平。同年，完成了教师教育虚拟仿真中心二期项目的建设工作，实现了微慕课资源自行录制、移动录播等功能，搭建了全校直播统一云平台，并打通了与衡阳市八中、衡阳市成章实验中学、衡师祁东附属中学的互动课堂。多媒体教室、智慧教室、录播教室、微格实训室、"普通话模拟测试与学习系统"等为教师开展教学、学生普通话等级考试、教师资格证考试、线上比赛创造了有力支撑。同时，切实加强网络运行及网络安全保障工作。

持续建设幸福衡师。2021年和2023年，学校两次印发了《衡阳师范学院"我为师生办实事"实践活动实施方案》，每个方案有10件实事，主要涉及校园基础设施建设，如完成西校区老旧小区改造，学生宿舍升级改造，学生学习运动场地升级改造，改善部分教学、办公场所条件；信息化建设方面，如完成校园网络提速提质改造，建成图书馆座位预约及空间管理系统，提升服务师生信息化能力，升级校园安全监控系统等；学生就业方面，如开展"访企拓岗促就业"专项行动；生活条件方面有提高教职工健康体检费标准，改善教职工工作生活条件，引进共享单车和充电装置，新增机动车和非机动车停车位，启动既有多层住宅加装电梯工作，改善师生就餐环境和饭菜质量等。解决教师后顾之忧的有筹办衡阳师范学院附属小学。上述20件大事，均在规定时间内完成，体现了学校为师生员工办实事的诚意和实效。如学校与雁峰区政府反复沟通、协调，将西校区教职工生活区纳入老旧小区改造范围。该项目于2020年12月开工，2021年年底完工。共完成了原衡阳师专、原衡阳教育学院、原湖南三师、锦绣山庄4个片区沥青道路铺设29 197平方米，雨污水管道埋设2 485米，给水管敷设4 395米，电缆敷设9 667米，屋顶防水20 688平方米，改造范围涉及33栋家属楼，997户。西校区老旧小区改造完成后，西校区各项基础设施得到完善，全面优化了居住环境。

后 记

2024年，是衡阳师范学院建校120周年。为了传承和弘扬百年师范教育的悠久历史和光荣的革命传统，激励全校师生进一步奋发图强，开拓前进，学校党委于2023年年底决定编写《衡阳师范学院校史》（以下简称《校史》），这是学校组建以来编写的第二部《校史》，也是正式出版的第一部校史。《校史》系统地反映了学校120年来教育由艰难曲折走向兴旺发达的历程。

这部《校史》是在编委会主任、校党委书记陈晓飞教授，校长刘子兰教授的直接指导下完成的。陈晓飞书记、刘子兰校长对《校史》的编写提出了指导思想、编写总原则，并在《校史》编写和修改过程中提出了明确、具体的指导性意见。编委会副主任、党委副书记陈敏教授作为负责《校史》编撰工作的部门主管领导，从2024年2月开始编写到《校史》成书，自始至终地支持和指导《校史》的编写工作。这部《校史》是由学校党委宣传统战部牵头，学校各部门、各教学院通力合作，共同完成的。宣传统战部的领导身体力行，为编撰工作排忧解难，蒋杰部长，吴越、冯伟两位副部长，曾朝阳、陈灿灿、段顺林等老师在工作之余搜集资料，提供各种帮助。戴庆、覃梓源、左雯雯、钟宇静、黄智慧等老师对《校史》第八章、第九章进行了史料的整理工作。《校史》初稿完成后，何敦培教授、覃梓源老师等对书稿进行了部分校订。学校各部门、各教学院为校史编撰或提供资料，或给予人员帮助。正是在他们的指导和帮助下，《校史》才得以在较短的时间内完成并出版。

在《校史》编写初步完成后，校宣传统战部多次召开会议征求意见。校党政领导和各部门专门对《校史》进行了审阅。学校党委在2024年7月底专门开会研究新版《校史》编撰问题。他们秉着对学校历史负责任的态度，对《校史》的编写和修改提出了许多宝贵意见。特别是校长刘子兰教授在繁忙的工作中抽出时间，认真审阅《校史》书稿，并提出了中肯的修改指导意见。光明日报出版社的编辑同志为《校史》的出版，付出了辛勤的劳动。因此，在《校史》成书出版之际，特向所有指导、支持《校史》编撰工作的领导、老师及出版社的同志表示衷心的感谢！

  《校史》的前七章是在原《衡阳师范学院校史（1904—2006）》的基础上由刘国武教授修改而成的。根据突出特色的要求，第一、二章内容有所增加，中篇的第四、五、六章的内容及下篇的第七章的内容有所压缩，有的内容与第八章融合在一起。第八章、第九章由刘国武教授执笔。全书最后由蒋杰部长、刘国武教授修改定稿。

  本书在编写过程中，由于时间紧，任务重，人手极缺，再加上水平有限，新版《校史》中存在的疏漏和不足之处在所难免，敬请广大读者不吝赐教！

《校史》编写组

2024年8月